WINDOWS XP POUR LES NULS

3e édition

WINDOWS XP POUR LES NULS

3e édition

Andy Rathbone

FIRST
Interactive

Windows XP Pour les Nuls 3e édition

Titre de l'édition originale : Windows XP For Dummies

Publié par Wiley Publishing, Inc.
111 River Street
Hoboken, NJ 07030-5774

Edition française publiée en accord avec Wiley Publishing, Inc.

© 2004 Éditions First Interactive

27, rue Cassette

75006 Paris - France

Tél. 01 45 49 60 00

Fax 01 45 49 60 01

E-mail : firstinfo@efirst.com

Web : www.efirst.com

ISBN : 2-84427-596-6

Dépôt légal : 2e trimestre 2004

Collection dirigée par Jean-Pierre Cano

Edition : Pierre Chauvot

Traduction : Véronique Congourdeau

Couverture : Antoine Paolucci

Production : Emmanuelle Clément

Imprimé en France

Sommaire

Introduction

Bienvenue dans *Microsoft Windows XP pour les Nuls !*

Ce livre découle de cette simple constatation : certaines personnes désirent devenir incollables sur Windows. Elles adorent interagir avec des boîtes de dialogue. Face à leur ordinateur, elles pianotent fébrilement au hasard sur les touches, en espérant découvrir fortuitement une fonction cachée ou non documentée. Elles mémorisent d'interminables lignes de commandes à s'en arracher les cheveux. Certaines finissent d'ailleurs par n'avoir plus un seul poil sur le caillou.

Mais qu'en est-il de vous ? Vous n'êtes pas si nul, c'est sûr. En fait, vous êtes bien plus avancé que la plupart des allumés d'informatique, car vous êtes capable de tenir une conversation sans râler à tout bout de champ parce que la pizza que vous avez commandée par Internet tarde à venir. Mais dès qu'il s'agit des ordinateurs en général et de Windows en particulier, vous n'êtes plus très chaud... Tout ce que vous voulez, c'est que le travail soit fait, arrêter ensuite la machine puis vous détendre un moment. Vous n'avez pas du tout l'intention de changer quoi que ce soit, surtout quand tout baigne.

C'est là que ce livre devient bien pratique. Il n'a pas pour but de faire de vous quelqu'un d'incollable sur Windows, mais de vous proposer des informations fort utiles. Plutôt que de devenir un expert de Windows XP, vous apprendrez rapidement et sans peine tout ce qui est indispensable pour l'utiliser efficacement et y prendre plaisir.

A propos de cet ouvrage

N'essayez pas de lire ce livre d'une seule traite. Utilisez-le plutôt à la manière d'un dictionnaire ou d'une encyclopédie. Allez directement à la page contenant l'information que vous recherchez. Lisez-la attentivement, posez le livre et appliquez les directives.

Ne vous compliquez pas l'existence à mémoriser toutes les commandes de Windows XP, du genre "Sélectionnez l'option de menu dans la liste déroulante". Laissez ça aux allumés d'informatique. En fait, un pictogramme vous préviendra chaque fois qu'un élément technique apparaît dans un chapitre. Vous pourrez ainsi vous attarder pour le lire ou seulement le parcourir et aller plus loin.

Vous ne trouverez aucun jargon ésotérique dans ce livre, mais des thèmes développés en français clair et accessible, dont voici un aperçu :

- Pourquoi avoir choisi un nom aussi obscur que "Windows XP" ?
- Retrouver le fichier que vous avez enregistré ou téléchargé la veille.
- Déplacer les fenêtres à la souris.
- Obtenir que Windows XP tourne comme votre ancienne version de Windows.
- Démarrer et fermer des programmes d'un seul clic de souris.
- Faire en sorte que Windows XP fonctionne de nouveau comme avant en cas d'incident.

Il n'y a rien à mémoriser et rien à apprendre par cœur. Il suffit d'aller à la bonne page, de lire quelques brèves explications et de retourner à l'ordinateur. Contrairement à d'autres livres, celui-ci vous permet de faire l'impasse sur les subtilités techniques et de ne vous en tenir qu'à l'essentiel pour que le travail soit fait.

Comment utiliser ce livre

Dans Windows XP, bon nombre d'éléments vous laisseront sans doute perplexe. Aucun autre logiciel n'est autant fourni en boutons, barres et autres colifichets. Dès que quelque chose vous intrigue, référez-vous à ce livre. Recherchez le sujet qui vous tourmente dans le sommaire ou dans l'index. Le sommaire indique les chapitres ainsi que les sections et leurs numéros de page. L'index recense les sujets et renvoie à la page où il en est question. Parcourez-les tous deux chaque fois que vous butez sur un point obscur ; ne lisez que ce qui est nécessaire, refermez le livre puis appliquez ce que vous venez de lire.

Si vous avez envie d'en savoir plus, lisez un peu plus loin. Vous découvrirez une foule de détails supplémentaires ainsi que quelques références croisées qui renvoient d'un sujet à un autre. Mais ne vous sentez pas obligé. Vous n'êtes pas tenu d'apprendre ce que vous ne désirez pas connaître, ou ce que vous n'avez pas le temps d'assimiler.

Si vous devez taper du texte, il apparaît sous cette forme :

```
www.vw.com
```

Dans l'exemple ci-dessus, vous tapez la chaîne de caractères www.vw.com et vous appuyez ensuite sur la touche Entrée. Taper des mots au clavier est parfois déroutant ; c'est pourquoi ces mots sont souvent accompagnés d'une petite description. Vous effectuerez ainsi la saisie dans les règles.

Chaque fois qu'un message ou une information est affiché à l'écran, il apparaît dans le livre sous la forme suivante :

```
Ceci est un message affiché à l'écran
```

Ce livre se garde bien de vous infliger des directives du genre "Pour en savoir plus, consultez votre manuel". Windows XP est d'ailleurs dépourvu de tout manuel. Vous ne trouverez pas non plus des informations concernant le fonctionnement de logiciels spécifiquement Windows comme Microsoft Office. Windows XP est en effet suffisamment compliqué comme ça ! Fort heureusement, d'autres ouvrages de la collection *pour les Nuls* sont consacrés aux logiciels les plus connus.

Ne vous estimez néanmoins pas livré à vous-même. Ce livre aborde une foule de détails qui vous permettront de faire du bon travail. Si vous avez des questions ou des commentaires à formuler sur *Microsoft Windows XP pour les Nuls*, n'hésitez pas à me laisser un mot sur mon site Web, à l'adresse `www.andyrathbone.com`.

Enfin, gardez à l'esprit que ce livre est un *ouvrage de référence*. Il n'a pas été conçu pour faire de vous un expert de Windows XP, mais pour vous procurer suffisamment d'informations pour que vous n'ayez justement pas à vous coltiner un apprentissage de Windows.

Et à propos de vous ?

Il y a de fortes chances que vous ayez un ordinateur. Vous possédez Windows XP ou comptez l'acquérir. Vous savez ce que vous voulez faire avec votre ordinateur. Le problème réside justement là : comment obtenir de l'ordinateur qu'il fasse ce que vous désirez. Vous vous êtes débrouillé d'une façon ou d'une autre, peut-être avec l'aide d'un ami ou d'un collègue de bureau qui s'y connaît en informatique. Mais peut-être n'y a-t-il personne dans le voisinage qui sache apprivoiser la bête rétive qu'est un ordinateur. C'est là qu'intervient ce livre. Il saura remplacer au pied levé l'expert cruellement absent. Gardez cependant une carte de Pokémon à portée de la main, ou des trucs à grignoter dans un tiroir, au cas où il vous faudrait quand même soudoyer quelqu'un pour vous aider.

Comment ce livre est organisé

Toutes les informations contenues dans ce livre ont été passées au crible. L'ouvrage est divisé en six parties, divisées chacune en chapitres thématiques. De plus, chacun de ces chapitres est subdivisé en brèves sections qui révèlent tour à tour les différents et mystérieux aspects de Windows XP. Il vous arrivera parfois de n'avoir à lire qu'un tout petit encadré, et d'autres fois de longs passages, voire une section ou un chapitre tout entier. Tout dépend de la complexité du sujet.

Voici les grands thèmes abordés :

Première partie : Tour d'horizon de Windows XP

Ce livre commence par les fondamentaux. Vous découvrirez comment démarrer l'ordinateur, examiner ses différents éléments et voir comment Windows XP se comporte vis-à-vis d'eux. Le premier chapitre explique tout ce que vous êtes a priori censé connaître sur Windows, en séparant le bon grain de l'ivraie et sans vous noyer sous des considérations techniques. Vous saurez si votre ordinateur est suffisamment costaud pour faire tourner Windows XP et, à la fin de cette partie, vous éteindrez – à regret – votre ordinateur.

Deuxième partie : Mettre Windows XP à l'ouvrage

Windows XP apparaît à l'écran rapidement, accompagné de jolies vidéos. Mais comment diable en tirer quelque chose d'*utile* ? Vous trouverez dans ces pages différentes façons de limiter l'énervante tendance ludique de Windows XP et l'obliger à balayer les allées et faire la vaisselle.

Troisième partie : Utiliser les applications de Windows XP (et surfer sur le Web, si le cœur vous en dit)

Windows XP est livré avec tout un lot de logiciels gratuits, mais savoir où ils se trouvent n'est pas une mince affaire. Cette partie du livre dissèque la moelle épinière de Windows XP : l'ennuyeux écran d'accueil et les boutons Nom d'utilisateur, le gigantesque bouton Démarrer, qui occulte tout ce qui est important, et le Bureau, qui occupe l'arrière-plan.

Cette partie du livre explique comment stocker les fichiers de manière à les retrouver aisément. Il montre aussi comment envoyer un courrier électronique et pénétrer dans ce World Wide Web dont tout le monde parle tant. Référez-vous aussi à cette partie pour savoir comment écouter des CD audio, des fichiers MP3 et visionner des vidéos.

Quatrième partie : Graver vos CD avec Easy CD et DVD Creator ou Nero

La gravure sous toutes ses coutures ! Cette partie est entièrement consacrée à la gravure de CD avec les deux standards du marché Easy CD & DVD Creator 6 et Nero 6 (l'un *ou* l'autre, bien sûr, pas les deux en même temps : en fonction de vos besoins, vous choisirez l'un ou l'autre de ces programmes).

Cinquième partie : A l'aide !

Bien que l'ordinateur ne se retrouve pas à six pieds sous terre quand Windows XP se plante, ce genre d'incident est néanmoins très désagréable. Dans cette partie, vous découvrirez quelques recettes pour éviter de tels désagréments. Vous apprendrez aussi à faire appel à différents Assistants de dépannage pour tout remettre en état. Imaginez ça : un ordinateur qui se corrige de lui-même !

Sixième partie : Les dix commandements

Les gens adorent les listes (sauf sur une facture). Cette partie contient une liste de dix problèmes relatifs à Windows et – ce qui n'arrange rien – à Windows XP, et aussi dix icônes Windows XP quelque peu déroutantes avec leur signification, dix façons de remettre Windows XP au travail, et d'autres solutions encore aux problèmes les plus épineux.

Les pictogrammes utilisés dans ce livre

Vous avez déjà vu Windows ? Si oui, vous aurez sans aucun doute remarqué ses *icônes.* Ce sont des petits pictogrammes qui servent à démarrer toutes sortes de programmes. Elles ont leur place dans ce livre et sont faciles à identifier :

Attention les yeux ! Ce pictogramme vous prévient qu'une information technique vous attend au tournant. Prenez le large si vous ne tenez pas à subir un déluge de salades techniques.

Ce pictogramme signale d'intéressantes informations qui facilitent l'utilisation de l'ordinateur. Une méthode éprouvée pour empêcher, par exemple, que le chat s'endorme sur le moniteur.

Rappelez-vous ce dont il est question ici, ou cornez la page du livre à cet endroit précis afin d'y revenir par la suite.

L'ordinateur ne risquera pas d'exploser lorsque vous exécuterez les délicates tâches associées à ce pictogramme. Mais un minimum de vigilance s'impose cependant pour éviter une regrettable fausse manipulation.

Vous êtes déjà familiarisé avec Windows 98 ou Me, ou toute autre version de Windows ? Ce pictogramme signale une information susceptible de faciliter votre migration d'une version ancienne vers la version la plus récente.

Et ensuite ?

Vous êtes maintenant paré pour passer aux choses sérieuses. Feuilletez le livre et repérez éventuellement des sections qui vous seront utiles plus tard. Rappelez-vous que c'est *votre livre,* l'arme absolue contre les illuminés qui ont concocté des ordinateurs aussi compliqués. Ne prétendez pas que vous avez passé l'âge de retourner à l'école et que vous n'y pigez rien : lisez et relisez les paragraphes qui vous semblent utiles, surlignez les concepts-clés, annotez à foison et gribouillez dans les marges, juste à côté de ce qui vous paraît obscur.

Plus vous annoterez ce livre, plus il vous sera facile de retrouver les informations dont vous avez besoin.

Première partie

Tour d'horizon de Windows XP

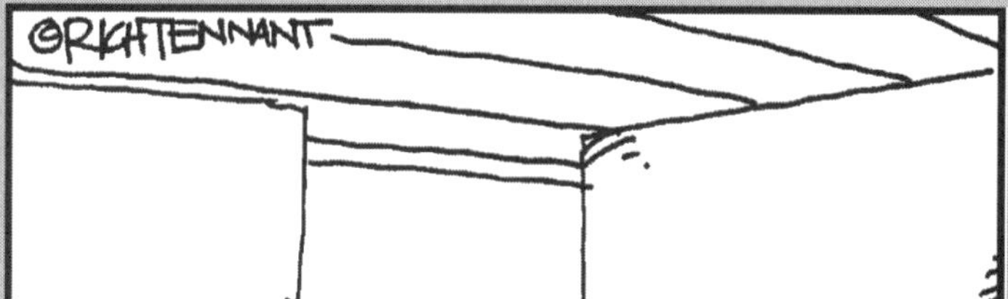

"Nom d'un chien ! Je croyais que la Base de registre servait simplement à choisir le papier peint affiché à l'écran."

Dans cette partie...

La plupart des gens se retrouvent avec Windows XP sans trop avoir le choix, car leur nouvel ordinateur a probablement été livré avec ce logiciel préinstallé. Ou alors, la dernière version de votre logiciel préféré exige Windows XP, ce qui vous oblige à vous y mettre.

Peu importe comment vous avez fait la connaissance de Windows XP. Vous devrez désormais vous accommoder de ce personnage un peu bizarre qui est entré dans votre vie professionnelle ou privée.

Quelle que soit la situation, cette partie du livre vous aidera à préserver votre calme et votre sérénité. Si vous n'avez jamais touché à un ordinateur, le premier chapitre répondra à la question que vous n'avez jamais osé poser à quiconque à la cantine : "Windows XP, c'est quoi au juste ?"

Chapitre 1

Windows XP, c'est quoi ?

Dans ce chapitre :

- Comprendre ce qu'est et n'est pas Windows XP.
- Découvrir en quoi Windows XP affecte les programmes en cours.
- Définir si une mise à niveau vers Windows XP s'impose.

D'une manière ou d'une autre, vous avez sans doute entendu parler de Windows, un logiciel développé par la société Microsoft dont le propriétaire est l'un des hommes les plus riches du monde. Windows est omniprésent dans les boutiques d'informatique. Les mots *Windows*, mais aussi *Internet* et *Web* sont entrés dans le langage courant. Des mots aussi ésotériques que www.wv.com apparaissent un peu partout dans les magazines, les journaux, sur les abribus et sur les montgolfières.

Pour faciliter votre entrée dans le monde de Windows, ce chapitre présente les bases de la toute nouvelle version de Windows, *Windows XP*. Il explique ce qu'est Windows XP et ce qu'il est capable de faire. Il montre aussi comment Windows XP s'accommode des logiciels que vous possédez, et qui tournaient sous les versions antérieures de Windows.

Du fait que Windows XP est préinstallé sur les nouveaux ordinateurs, ce chapitre aborde aussi la question qui taraude tout possesseur d'un ordinateur : une mise à niveau vers Windows XP en vaut-elle la peine ?

Que sont Windows et Windows XP ?

Windows n'est rien d'autre qu'un programme, comme les milliers d'autres qui s'alignent sur les linéaires des boutiques. Mais ce n'est pas un logiciel dans le sens habituel de ce terme, c'est-à-dire un outil permettant d'écrire des lettres ou de jouer avec vos collègues de bureau à *Bozark the Destroyer* sur le réseau local de l'entreprise une fois que tout le monde a quitté les lieux. En fait, Windows contrôle la manière de travailler avec l'ordinateur.

Il y a quelques années, un ordinateur ressemblait à une machine à écrire connectée à un téléviseur. L'ordinateur se contentait d'aligner à l'écran des caractères tous pareils, ce qui était mortellement ennuyeux.

Cet ennui était dû au fait que seuls les informaticiens utilisaient les ordinateurs. Le commun des mortels n'y avait pas accès. On n'en trouvait pas dans les bureaux, dans les tanières et moins encore dans les cuisines. Windows a changé tout cela de diverses manières :

- Les logiciels sous Windows prennent leurs distances avec l'analogie de la machine à écrire et adoptent un *look* informatique. Les caractères et chiffres vieillots sont remplacés par des images colorées et d'amusants boutons aussi sautillants et tape-à-l'œil qu'une cravate de chez Versace.

- Windows XP est le plus puissant des logiciels Windows produits par Microsoft ; il a fait l'objet d'un grand nombre de mises à jour depuis sa première édition, en janvier 1985. XP est l'abrégé d'*eXPerience*. Microsoft a choisi l'appellation "Windows XP" pour son côté "branché", comme si Jimi Hendrix l'avait déjà utilisée.

- En jargon de programmation, Windows est un *système d'exploitation*. Il exploite en effet l'ordinateur. D'autres logiciels indiquent à Windows ce qu'il doit faire ; il traite les commandes et les transmet à l'ordinateur.

- Windows XP a été développé d'après Windows 2000, une version un peu plus ancienne mais fort puissante, conçue pour un usage en entreprise. Il en découle que Windows XP plante bien moins souvent que Windows 98 ou Me. Malheureusement, cela signifie aussi que, pour un débutant, Windows XP est beaucoup plus difficile à maîtriser.

Windows ? Une affaire de fenêtres

A l'instar d'une maîtresse de maison qui règne chez elle, Windows contrôle toutes les parties de l'ordinateur. Vous allumez l'ordinateur, démarrez

Quelle version de Windows XP me faut-il ?

Windows XP est proposé en deux versions de base : Windows XP Edition Familiale et Windows XP Professionnel. Il est possible que vous utilisiez la version Edition Familiale conçue pour la maison et pour les petites entreprises (indépendants, libéraux...). A l'instar de son prédécesseur Windows Me, Windows XP Edition Familiale supporte le travail en réseau, le partage de modems et autres fantaisies. Vous pouvez installer Windows XP Edition Familiale par-dessus Windows 98 ou Me, mais pas sur Windows 95.

Les entreprises plus grandes ont besoin de la version la plus avancée, Windows XP Professionnel, capable de répondre à des exigences de réseau beaucoup plus importantes. Elle comporte des fonctionnalités plus sophistiquées, comme la sécurité de l'entreprise, la gestion des groupes, divers profils d'utilisateur, le protocole SNMP (*Simple Network Management Protocol*), des services clients pour Netware et autres termes techniques indigestes. La version Professionnelle peut être installée par-dessus Windows 98, Me, NT, 2000 et XP Edition Familiale.

Bizarrement, la version XP Professionnel fonctionne mieux sur les ordinateurs portables que la version XP Edition Familiale. La version professionnelle contient un gestionnaire de batterie plus performant et fonctionne mieux avec les connexions Internet sans fil.

Microsoft propose également une édition Windows XP Server. Personne n'a besoin de cette version, hormis les informaticiens chevronnés qui pourront vous expliquer en quoi elle leur est nécessaire.

Windows, puis lancez un logiciel. Chaque logiciel s'exécute dans sa propre fenêtre, à l'écran, comme le montre la Figure 1.1. Windows maintient l'intégrité de chacun d'eux, même si ces programmes échangent des données.

Le nom *Windows* ("fenêtre" en anglais) provient de toutes ces mignonnes petites fenêtres qu'il ouvre à l'écran. Chaque fenêtre présente des informations telles qu'une image ou le programme en cours d'utilisation, ou une sévère réprimande technique. Il est possible d'afficher plusieurs fenêtres à la fois et de passer de l'une à l'autre, et de ce fait d'un programme à un autre. Une fenêtre peut même être élargie afin qu'elle remplisse l'écran tout entier.

D'après certaines personnes, les fenêtres colorées, les images et le son facilitent l'utilisation de Windows ; mais selon d'autres, Windows est un peu trop "artiste". Par exemple, pour écrire une lettre avec Windows XP, vous sélec-

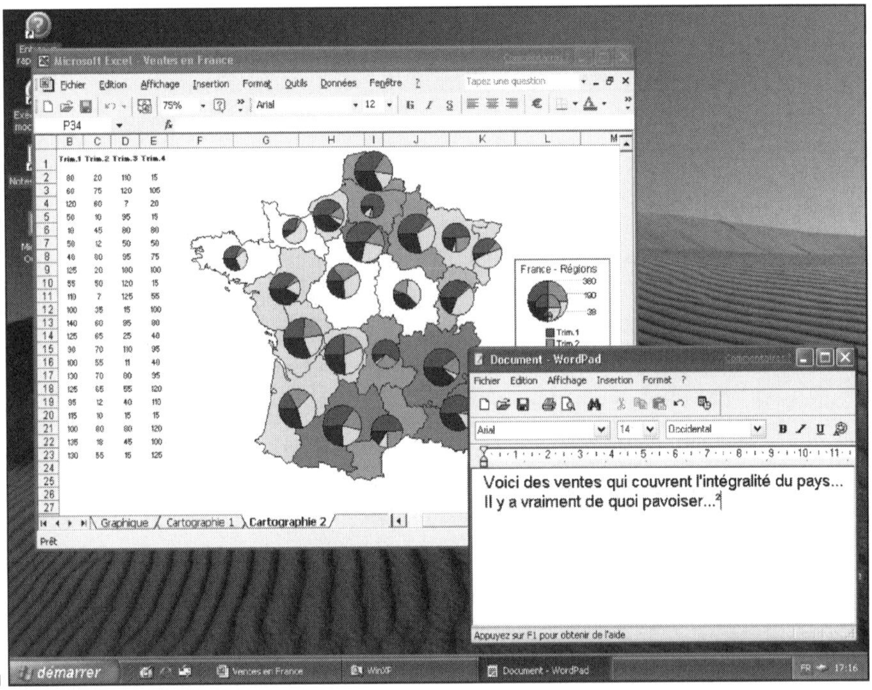

Figure 1.1 Les logiciels s'exécutent chacun dans une fenêtre, sur le Bureau de Windows XP.

tionnez l'icône du Bloc-notes – celle montrant un stylo à bille – ou le dossier Communications ?

- Un environnement informatique qui utilise des petites images et des symboles est appelé *interface graphique.* L'affichage des images exige beaucoup plus de puissance de calcul que celui des caractères typographiques. C'est pourquoi Windows XP réclame un ordinateur relativement puissant (nous reviendrons sur ces spécifications dans le Chapitre 2).

- Les fenêtres s'ouvrent sur le Bureau de Windows. Notez que chaque fois que le mot "Bureau" commence par une majuscule, c'est de celui de Windows qu'il s'agit. Mais s'il commence par une minuscule, c'est d'un bureau classique dont nous parlons, de style Louis XVI ou Ikea. Tout dépend des moyens dont vous disposez...

- Du fait que l'interface Windows est graphique, elle est plus facile à utiliser qu'à décrire. Pour indiquer comment se déplacer dans un document Windows, il vous sera dit : "Cliquez sur la barre de défilement vertical, sous le curseur de défilement." Ces directives paraissent obscures, mais une fois que vous les aurez appliquées, vous vous exclamerez : "Ce n'était que ça ?" Qui plus est, vous pouvez vous contenter d'appuyer sur la touche PageBas. Dans ce cas, vous n'êtes pas du tout tenu de cliquer sous le curseur de défilement.

- Avec Windows XP, votre Bureau n'a pas à ressembler à une page dactylographiée *ou* à un bureau. Il peut prendre l'apparence d'une page Web comme le montre la Figure 1.2 (vous en apprendrez plus sur les pages Web et Internet au Chapitre 12). En vérité, à l'instar du caméléon, Windows XP peut prendre l'apparence qu'il veut : celle d'une page Web, d'une ancienne version de Windows, ou celle d'une page personnalisée à votre convenance, ce qui entraîne d'ailleurs un risque supplémentaire pour que les choses se passent mal.

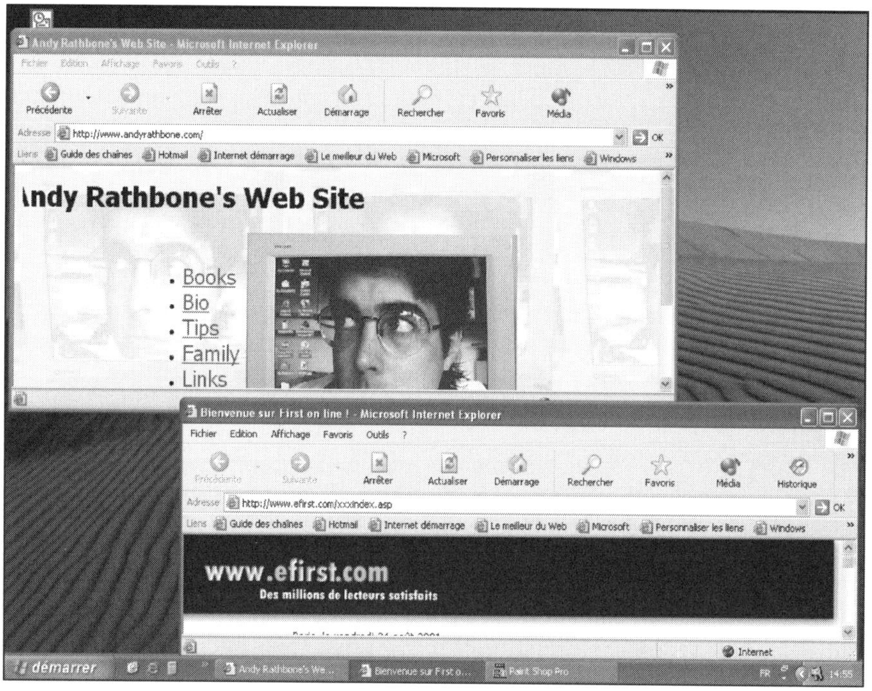

Figure 1.2 Windows XP permet aux internautes de remplir le Bureau avec des pages Web.

En quoi Windows XP affecte-t-il mes anciens logiciels ?

Windows XP est capable de faire tourner la plupart des anciens programmes. C'est pourquoi, après une mise à niveau XP, vous n'aurez pas à racheter immédiatement d'onéreux logiciels. Windows XP accepte quasiment tous les programmes qui fonctionnaient sous Windows 95, 98 et Me.

NOTE TECHNIQUE

- Comme Windows XP est basé sur les versions Windows NT et 2000 destinées aux grandes entreprises, il accepte aussi tous les logiciels qui leur étaient destinés.
- Vous ne pourrez pas installer Windows XP sur un ordinateur vieux de cinq ans et espérer le voir tourner décemment. Windows XP est un gros système d'exploitation destiné à de gros ordinateurs. Il vous faudra sans doute acheter une nouvelle machine ou muscler notablement l'ancienne que vous possédez. En jargon informatique, "muscler" un ordinateur consiste à changer son processeur pour un plus puissant, à ajouter de la mémoire, un disque dur plus gros, voire un lecteur de CD-ROM. Malheureusement, ces opérations sont souvent plus onéreuses que l'achat d'un PC neuf (le Chapitre 2 décrit le type d'ordinateur exigé par Windows XP).

N'OUBLIEZ PAS

- Windows XP préfère le matériel *Plug and Play*. Autrement dit, il préfère les périphériques à brancher sur un connecteur PCI. Ainsi, si votre ordinateur est surtout équipé de connecteurs ISA, vous devrez probablement en acquérir un nouveau.
- Si l'un de vos anciens logiciels rencontre des problèmes lors de l'installation ou de l'exécution sous Windows XP, utilisez le Mode de compatibilité décrit dans le Chapitre 17.
- Lorsque des gens vous diront que Windows XP respecte la *compatibilité ascendante*, cela signifie tout simplement qu'il est capable d'utiliser des logiciels destinés à des versions plus anciennes de Windows (mais ne vous imaginez pas que vous pourrez aussi faire tourner des programmes pour Macintosh).

Pourquoi passer à Windows XP ?

Deux utilisateurs de Windows, l'un de la version 98, l'autre de la version Me, se rencontrent à la machine à café et se posent l'angoissante question : pourquoi acheter Windows XP, se coltiner les affres de l'installation et l'apprentissage de nouvelles fonctionnalités ?

Eh oui, bon nombre de personnes s'en tiennent à ce qu'elles ont : Windows XP est préinstallé sur la plupart des nouveaux ordinateurs. D'autres préféreront Windows XP pour sa robustesse. Microsoft a pris la version d'entreprise la plus fiable, l'a retravaillée et l'a appelée Windows XP. Cela signifie surtout qu'elle est plus adaptée au travail en réseau. Qui mieux est, elle plante moins souvent. Si un programme se bloque, il suffit de l'arrêter. L'ordinateur continuera à tourner et les autres logiciels aussi.

La question de la mise à niveau se pose réellement lorsque l'ordinateur, équipé d'une version antérieure de Windows, plante vraiment trop souvent. Mais, si vous êtes satisfait de votre actuelle configuration, pourquoi en changer ? Après tout, pourquoi acheter des pneus neufs pour la voiture si les anciens tiennent encore un peu le coup ? (NDT : parce que l'informatique tue moins que la route.)

Migrer, vous et votre ordinateur, vers Windows XP

Avec Windows, tout se passe en même temps. Ses différents composants courent en tous sens comme des hamsters dont la porte de la cage aurait été ouverte. Les logiciels se recouvrent les uns les autres sur l'écran. Ils se masquent les uns les autres les parties les plus intéressantes. Et parfois, ils sont complètement occultés.

Préparez-vous à quelques énervements lorsque les choses n'iront pas comme vous le désirez. Vous aurez tendance à bondir, à jurer et à faire valser gomme et agrafeuse à travers la pièce. Après quoi vous prendrez calmement ce livre, rechercherez le problème à résoudre dans l'index et trouverez dans ces pages le remède à vos maux.

- Les logiciels sous Windows peuvent s'avérer accommodants, mais aussi redoutablement sournois. Par exemple, Windows XP offre pas moins de trois manières différentes d'effectuer une même tâche. Ne vous compliquez pas la vie à mémoriser chaque commande. Adoptez simplement la méthode qui vous convient et tenez-vous-y. Par exemple, Andrew et Deirdre Kleske découpent en tranches la pizza qui vient de leur être livrée avec des ciseaux. Ce qui surprend la plupart de leurs hôtes, mais ça marche.

- Windows XP fonctionne au mieux sur un puissant ordinateur neuf équipé d'un processeur Intel Pentium III ou 4, ou d'un AMD Athlon (avec ou sans testostérone). Equipez l'ordinateur d'autant de mémoire RAM (*Random Access Memory,* mémoire à accès aléatoire) que possible et d'un disque dur de quelques dizaines de gigaoctets. Vous trouverez des spécifications plus détaillées dans le Chapitre 2.

Chapitre 2

Ignorez ces considérations matérielles !

Dans ce chapitre :

- Connaître ces trucs et machins qui peuplent l'ordinateur.
- Savoir à quoi ils servent.
- Découvrir ce qui est indispensable pour que Windows XP puisse fonctionner.

Ce chapitre présente les trucs et machins de tout poil que l'on trouve ordinairement dans un ordinateur bien ordonné. Vous pouvez le sauter et aller plus loin. Car qui peut s'intéresser à tous ces gadgets ? A moins que votre PC se mette à couiner comme une alarme de voiture – au lieu d'émettre les joyeux bips qu'il a coutume de produire – vous n'avez aucune raison de vous infuser tout ça. Cornez simplement cette page en vous rappelant que c'est là que tout est expliqué, et poursuivez votre lecture.

Dans Windows XP, vous appuyez simplement sur des boutons, et celui-ci se charge des basses besognes et d'aller là où il faut, dans l'ordinateur, pour lancer les opérations. Pour le cas où Windows XP trébucherait, ce chapitre vous indique où appliquer des bandages. Et, comme toujours, les paragraphes les plus techniques sont clairement signalés ; pincez-vous le nez et faites précautionneusement un grand détour.

L'ordinateur

L'ordinateur est cette boîte, généralement beige, avec des tas de câbles qui en sortent par l'arrière. Il répond officiellement à l'une de ces appellations : IBM (initiales de *International Business Machine*) ou "compatible IBM", voire "clone".

Aujourd'hui, la plupart des gens appellent leur ordinateur *PC*, car c'est ainsi qu'IBM a nommé son premier *Personal Computer*, en 1981. C'est donc à IBM que l'on doit ces prises de tête informatico-bureautiques, à l'époque où d'autres vilipendaient les jeux vidéo.

L'idée d'un petit ordinateur trônant dans un bureau ou un recoin fit son bonhomme de chemin et surtout la fortune d'IBM. Une fortune telle que d'autres fabricants s'emparèrent du concept. Ils *clonèrent*, c'est-à-dire copièrent l'œuvre d'IBM pour créer un ordinateur fonctionnant à l'identique. Ces machines, fabriquées par des sociétés comme Dell, Gateway ou d'autres, sont *compatibles* avec le PC d'IBM. Elles peuvent utiliser les mêmes logiciels sans aucune restriction.

Les compatibles IBM coûtent généralement moins cher que le PC estampillé IBM, et fonctionnent tout aussi bien (voire mieux). Le fait est que les compatibles sont plus nombreux que les IBM.

- Windows XP fonctionne aussi bien sur des compatibles IBM que sur des IBM de pure souche. Le mot-clé est *IBM*. Les ordinateurs provenant d'une autre planète, comme le Macintosh, n'acceptent pas Windows XP, ce dont les utilisateurs n'ont que faire. Ils se contentent d'afficher un sourire entendu lorsque vous leur expliquez comment créer une "association de fichiers" sous Windows XP.

- Bon, je vous l'accorde, un Macintosh *peut* s'accommoder de certaines versions de certains logiciels Windows, mais au prix –assez élevé – d'un logiciel d'émulation Windows (vous pouvez par exemple tester Virtual PC en le téléchargeant à l'adresse suivante `www.microsoft.com/windowsxp/virtualpc/`). Par les temps qui courent, il vaut probablement mieux s'en tenir au Mac ou au PC ; inutile d'essayer de mêler les torchons et les serviettes.

- Bien que construisant des ordinateurs dits *compatibles*, les autres sociétés se sont efforcées de prendre leurs distances avec le concept IBM de base. Elles ont ajouté des cartes son, des cartes couleur et une foultitude d'éléments sympas. Par bonheur, Windows XP reconnaît automatiquement ces différents éléments et sait comment il doit les gérer.

- Les ordinateurs portables et les "notebooks" tournent sans problème sous Windows XP ; vous devez cependant acheter une version du logiciel pour chacun d'eux (vous n'y couperez pas, car Windows XP est équipé du tout nouveau procédé de protection contre la copie illégale appelé *activation,* décrit dans le Chapitre 3).

- Les divers modèles et marques d'ordinateurs modifient souvent subtilement Windows par l'ajout de programmes spécifiques ou l'utilisation de touches particulières. Ne vous étonnez pas si vous constatez quelques menues différences entre les instructions que vous trouverez dans ce livre et votre ordinateur.

Le microprocesseur (CPU)

Le cerveau de l'ordinateur est une pièce de silice placée dans les profondeurs du boîtier : le *microprocesseur,* appelé parfois CPU (*Central Processing Unit,* unité centrale de traitement) ou tout simplement "processeur".

Le microprocesseur définit la vitesse et la puissance de calcul de l'ordinateur. Windows XP nécessite au moins un microprocesseur Pentium III, ou plus. Vous pouvez opter pour un Pentium 4 ou un Itanium, ou encore un AMD Athlon. En clair, pour utiliser Windows XP, vous serez peut-être amené à acheter un nouvel ordinateur.

- Le microprocesseur est né de l'évolution d'un modeste composant qui, dans les années 70, équipait les calculettes. Le microprocesseur exécute tous les calculs en tâche de fond, qu'il s'agisse des cogitations effectuées par un puissant tableur ou de la prise en charge des blagues douteuses envoyées par courrier électronique.

- Le type d'un microprocesseur est décrit par plusieurs chiffres. Plus ils sont élevés, plus le processeur est puissant et rapide.

- Vous n'avez aucune idée du processeur qui se trouve dans votre ordinateur ? Cliquez avec le bouton droit sur l'icône Poste de travail et choisissez l'option Propriétés. Le nom du processeur apparaît dans la fenêtre Propriétés Système. Si ce nom vous semble obscur, sachez qu'Intel propose un logiciel gratuit qui l'identifie plus clairement. Il est téléchargeable à l'adresse `www.intel.com`.

- N'hésitez pas à acquérir un microprocesseur rapide Athlon fabriqué par AMD. Il est aussi rapide qu'un Intel, meilleur marché et quasiment aussi bon (je travaille avec un Intel, mais je ne suis pas opposé à AMD).

- Les fabricants de processeurs ont pris l'habitude de faire suivre le nom de leurs produits par des chiffres : Pentium II, III, 4... La vitesse de traitement d'un processeur est évaluée en *mégahertz* (*MHz*), la taille du *cache* en *kilo-octets* (par exemple : 512 Ko). Lorsque vous comparez des processeurs, rappelez-vous simplement que plus ces chiffres sont élevés, plus Windows travaille vite.

Disques, disquettes et lecteurs

Le *lecteur de disquettes* est cette fente située en façade du boîtier de l'unité centrale ; il rappelle un peu le lecteur de cartes bancaires d'un distributeur automatique de billets. Le lecteur de disquettes permet d'entrer des informations dans l'ordinateur et aussi de les enregistrer. Les types de supports les plus connus sont la disquette, le disque compact, le DVD, la disquette Zip et le disque dur. Ils sont décrits dans les sections qui suivent.

Vous ne connaissez pas leurs capacités de stockage en kilo-octets ou en mégaoctets ? Reportez-vous au Chapitre 3 pour en savoir plus.

La disquette

Le lecteur de disquettes d'un ordinateur a été conçu pour recevoir des *disquettes magnétiques*. Comme, d'un point de vue purement technique, les choses sont un peu compliquées, vous avez intérêt à vous accrocher. Les informations sont en effet stockées sur ce genre de support sous la forme d'un flux d'impulsions électromagnétiques.

Ces impulsions magnétiques sont disséminées sur la disquette afin de conserver des données en toute sécurité. Mais la disquette est aussi capable de restituer ces données. Il suffit de la placer dans le lecteur et de demander à Windows de récupérer les informations. En jargon informatique, ces opérations sont appelées *copier sur* (ou *vers*) et *copier depuis*.

Les disquettes sont des petits boîtiers plats carrés contenant un disque magnétique souple de trois pouces et demi de diamètre. Elles sont peu à peu supplantées par les disques compacts, décrits plus loin.

- Un lecteur de disquettes "avale" automatiquement la disquette 3"1/2 lorsqu'elle est introduite assez loin dans la fente. Si ce n'est pas le cas, c'est que vous l'avez introduite dans le mauvais sens : la glissière métallique entre en premier et l'axe circulaire en métal doit être orienté vers le bas. Pour éjecter la disquette, appuyez sur le bouton saillant situé à proximité de la fente ; récupérez-la une fois que le lecteur l'a fait réapparaître.

- Vous trouverez dans les boutiques informatiques des disquettes vierges sur lesquelles vous pourrez copier un travail en cours. A moins que la boîte de disquettes soit estampillée "préformatées" ou "formatage IBM", vous ne pourrez pas utiliser les disquettes telles quelles. Vous devrez d'abord les *formater.* Cette tâche ô combien joyeuse, bien que fastidieuse à la longue, est décrite dans le Chapitre 11.

- Les ordinateurs adorent *copier.* Lorsque vous copiez un fichier d'un disque (ou disquette) vers un(e) autre, vous ne déplacez pas le fichier en question. Vous en réalisez simplement une copie. Il est bien sûr possible de *déplacer* un fichier, comme nous le verrons dans le Chapitre 11.

Le disque compact (CD-ROM)

Les informaticiens se sont vite appropriés la technologie du disque compact dès lors qu'ils se sont rendu compte que, sur un CD audio, la musique était stockée sous une forme numérique. Aujourd'hui, la plupart des logiciels et des données sont diffusés sur des disques compacts. Un seul d'entre eux contient plus d'informations que plusieurs centaines de disquettes.

Pour lire un disque compact, l'ordinateur doit être équipé d'un lecteur de CD. Celui de votre chaîne stéréo ne fera pas l'affaire ; en revanche, le lecteur de CD de votre ordinateur est capable de lire des CD audio, s'il est équipé d'enceintes.

Le CD est introduit dans l'ordinateur avec plus d'apparat qu'une disquette : appuyer sur le bouton du lecteur de disque compact fait sortir un petit plateau (NDT : qui n'est pas un porte-gobelet, comme il m'est arrivé de l'entendre de la part d'un client, dans un supermarché). Placez le CD sur ce plateau, étiquette vers le haut, et appuyez de nouveau sur le bouton. Le plateau disparaît et le CD est prêt à être lu ; si l'accès au bouton n'est pas évident, poussez un peu le plateau, et il rentrera tout seul.

- Pendant des années, il fut impossible de copier des fichiers sur un CD ; les données ne pouvaient être que lues. Les informations étaient gravées une fois pour toutes au pressage, dans l'usine de fabrication des CD, au moyen de machines fort onéreuses. Mais maintenant, des graveurs bon marché permettent de lire et d'écrire des fichiers informatiques ou de la musique sur vos propres CD, au grand dam des éditeurs qui multiplient les recours légaux pour se protéger du piratage.

- Windows XP est livré avec des logiciels permettant de graver des CD. Pour effectuer une copie de vos albums audio préférés, reportez-vous au Chapitre 13.
- Un CD qui se contente d'enregistrer des informations jusqu'à ce qu'il soit plein est un CD-R (NDT : "R" comme *read only,* lecteur seule). Un CD dont les informations peuvent être lues, écrites, effacées et qui peut être réécrit est un CD-RW (NDT : RW comme *read and write,* lecture et écriture). Un CD-RW est bien sûr plus cher qu'un CD-R.
- En plus du lecteur de disques compacts, les ordinateurs multimédias doivent être équipés d'une carte son, car le lecteur est incapable de produire du son par lui-même. Un autre moyen pour les fabricants informatiques de soutirer l'argent de la poche des utilisateurs... Notez toutefois qu'actuellement la plupart des ordinateurs sont vendus avec une carte son et un lecteur de CD.
- Le Lecteur de médias de Windows XP est capable d'enregistrer des fichiers sonores au format MP3 à partir de vos CD ; ces fichiers se caractérisent par leur très petite taille.
- Les lecteurs de disques compacts les plus récents lisent à la fois les CD et les DVD (ces derniers sont décrits dans la prochaine section).
- Windows XP est équipé d'une fonctionnalité appelée *Exécution automatique* ou *AutoPlay :* insérez simplement le CD dans le lecteur, et Windows XP se charge de le démarrer automatiquement, qu'il contienne de la musique, des logiciels ou une vidéo. L'exécution automatique est un autre grand pas en avant dans l'éradication des affres de l'installation.

Le DVD

Bien qu'à première vue il soit difficile de différencier un CD d'un DVD, l'ordinateur, lui, ne s'y trompe pas. Un DVD peut contenir jusqu'à 25 fois plus d'informations qu'un CD classique, c'est-à-dire de quoi héberger un film long métrage en plusieurs langues et des séquences supplémentaires fournies en prime comme un reportage sur le tournage (*making of*) ou l'interview du metteur en scène.

Un lecteur DVD est un peu plus onéreux, mais il lit les CD audio, les CD-ROM et bien sûr les DVD. La plupart des DVD sont en revanche incapables d'écrire sur des CD ; des graveurs de DVD ont toutefois commencé à faire leur apparition sur des PC multimédias haut de gamme.

Les lecteurs de DVD conviennent aux allumés d'informatique désireux de regarder des films sur un écran de 15 pouces et de les écouter sur de minuscules enceintes. Cependant, la plupart des gens sensés préfèrent regarder les DVD sur un téléviseur grand écran ou une installation de type *home theater.*

Bien que quasiment toutes les cartes son fonctionnent avec les lecteurs de DVD, seules certaines cartes compatibles DVD sont capables de restituer le son *surround.*

Les lecteurs Iomega

Ayant constaté un "fossé" entre la capacité des disquettes et celle des CD, la société américaine Iomega a créé et proposé une gamme de lecteurs et de disquettes de moyennes et grandes capacités. Les disquettes Zip contiennent jusqu'à 250 Mo de données, et les disquettes Jaz jusqu'à 2 Go, ce qui en fait des produits de choix pour la sauvegarde des informations.

Le dernier disque produit par Iomega, le PocketZip, contient de 40 à 100 Mo de données ; il est surtout destiné à contenir des fichiers son au format MP3 pour le lecteur HipZip MP3.

Les lecteurs Iomega sont très pratiques, non seulement pour tous ceux qui sont toujours à court de place pour leurs données, mais aussi pour tous ceux qui ont perdu un jour des informations et sauvegardent désormais constamment leurs données.

- Un lecteur Zip Iomega ressemble à un baladeur. Les disquettes PocketZip stockent de la musique et des données, ce qui fait du lecteur HipZip MP3 un périphérique de stockage fort commode dans lequel les feuilles de calcul d'un tableur voisinent avec Britney Spears.
- Les disquettes Zip, Jaz et PocketZip sont un moyen facile et rapide d'emporter des données au cours de vos déplacements, ou pour ramener du travail à la maison, si jamais vous étiez contraint à une telle extrémité.

Le disque dur

Tous les ordinateurs ne sont pas équipés d'un lecteur de disque compact, d'un lecteur Iomega, voire d'un lecteur de disquettes, mais quasiment tous possèdent un disque dur. Ce petit boîtier situé dans la machine peut héberger des milliers de fois plus d'informations qu'une disquette. Le disque dur est aussi beaucoup plus rapide lorsqu'il s'agit de lire ou d'écrire des données (et aussi infiniment plus silencieux).

En ce qui concerne Windows XP, le disque dur joue un grand rôle car ce logiciel est un vaste programme. A lui tout seul, il occupe plus d'un gigaoctet.

- Le point clé : achetez le disque dur le plus gros que vous puissiez vous permettre. Une capacité de 20 Go n'est pas du tout excessive.
- Si un programme comporte un grand nombre de fichiers *multimédias* (des sons, des images ou des vidéos), vous devrez acquérir un disque dur plus gros encore, voire en ajouter un second, car ce type d'informations est le plus gourmand en espace de stockage.

Que signifie "protégé en écriture" ?

La protection contre l'écriture est une fonctionnalité censée aider l'utilisateur, mais la plupart d'entre eux la découvrent au travers d'une réaction assez abrupte, pour ne pas dire rude, de l'ordinateur : lors d'une tentative de copie d'un fichier sur une disquette ou un CD, Windows XP envoie sans ambages le message que montre la Figure 2.1.

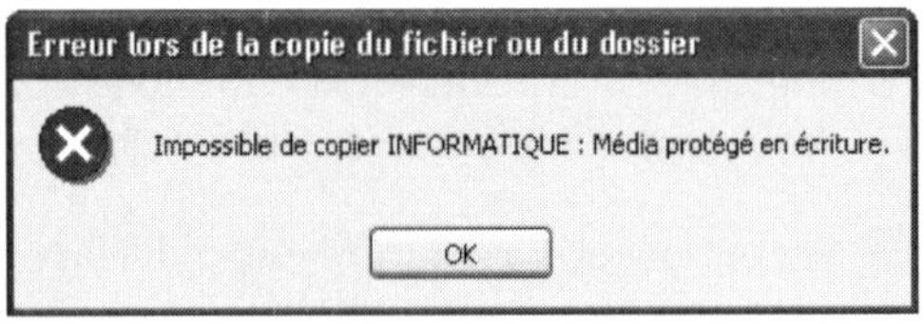

Figure 2.1 Windows XP affiche ce message d'erreur lorsqu'un disque ou une disquette est protégé en écriture.

Un *disque protégé en écriture* a simplement été arrangé pour que personne ne puisse copier des fichiers dessus ou supprimer ceux qu'il contient. La protection contre l'écriture (mais aussi la déprotection) est une procédure fort simple, mais qui surprend toujours son petit monde.

- Pour protéger une disquette 3"1/2 en écriture, recherchez le petit cache carré mobile, en bas de la disquette. Repoussez-le avec la pointe d'un stylo à bille ou l'ongle afin de dégager l'orifice. La disquette est maintenant protégée en écriture.

- Pour ôter la protection en écriture d'une disquette 3"1/2, faites de nouveau glisser le petit cache mobile afin que l'orifice soit obturé.

- Tous les CD sont protégés en écriture. C'est pourquoi vous devez utiliser l'outil spécial d'écriture sur CD livré avec Windows XP afin de préparer le CD à l'écriture des informations (la copie des données sur un CD est expliquée dans le Chapitre 13. Si vous disposez des logiciels Easy CD et DVD Creator ou Nero, voyez également les Chapitres 14 ou 15).

- Si vous voyez apparaître le message d'erreur en écriture de la Figure 2.1, attendez jusqu'à ce que le lecteur n'émette plus aucun bruit. Retirez ensuite la disquette, déverrouillez la protection en écriture, puis réinsérez la disquette dans le lecteur. Répétez ensuite l'opération qui avait été interrompue par le message.

- Les messages de la protection en écriture sont différents des messages de type "Accès refusé". Si Windows interdit l'accès à quoi que ce soit, rendez-vous au Chapitre 9 pour comprendre les raisons de cette rebuffade.

Souris et double-clic

La *souris* est cette chose arrondie en plastique qui ressemble à un jouet d'enfant. Les gens du marketing ont pensé que l'appeler ainsi serait amusant, et ce nom lui est resté. A vrai dire, imaginez la souris comme une sorte de doigt électronique qui vous servira à designer des éléments à l'écran.

La plupart des souris comportent une boule, visible lorsqu'on la retourne. Lorsque la souris est déplacée sur le bureau, le mouvement de la boule est transmis à un mécanisme de détection de la direction et de la longueur des déplacements. Les données qui caractérisent ces mouvements sont ensuite acheminées à l'ordinateur via la "queue" de la souris, c'est-à-dire le câble de liaison branché à l'arrière de l'ordinateur.

Lorsque vous déplacez la souris, vous apercevez une *flèche,* ou *pointeur,* qui se déplace de la même manière à l'écran. C'est là qu'intervient le doigt électronique ! Lorsque le pointeur se trouve au-dessus de l'image d'un bouton, et que vous appuyez et relâchez le bouton gauche de la souris (vous effectuez un *clic*), le bouton virtuel est sélectionné comme si vous aviez véritablement appuyé dessus avec votre doigt. C'est une fonctionnalité bien plaisante, issue de l'imagerie 3D, qui vous incite à cliquer encore et toujours.

- Quasiment tout, dans Windows XP, peut être contrôlé en le pointant et en cliquant dessus avec le bouton de la souris (elle émet un petit clic). Il

Les disquettes : à faire et à ne pas faire

- Etiquetez les disquettes afin d'identifier leur contenu (il est possible d'écrire sur le dessus des CD avec un feutre indélébile).
- Faites l'effort, certes surhumain, de retirer l'ancienne étiquette d'une disquette avant d'en coller une nouvelle. Car l'empilement des étiquettes finirait par gêner l'insertion de la disquette dans le lecteur.
- Vous avez le droit d'écrire sur une étiquette après l'avoir collée sur la disquette.
- N'inscrivez jamais rien sur la pochette d'une disquette au lieu de l'étiquette. Les pochettes finissent toujours par être utilisées pour d'autres disquettes, d'où des risques d'erreurs et de confusions aux conséquences parfois dramatiques.
- Recopiez systématiquement les fichiers importants du disque dur vers des disquettes ou sur un CD (en jargon informatique, ces opérations sont appelées *sauvegardes*).
- Ne laissez jamais des disquettes exposées au soleil.
- Ne placez pas une disquette 3"1/2 à proximité d'une source magnétique tel qu'un aimant à trombones, des enceintes audio, ou près de certains téléphones anciens.
- Manipulez les disques compacts et les DVD par leurs bords, et non par leur surface. Maintenez leur verso aussi propre que possible, et rangez-les dans leur boîtier de protection lorsque vous ne les utilisez pas. N'en faites pas des dessous de verre.

vous faudra parfois cliquer deux fois à intervalle très rapproché. L'avant-dernière section du Chapitre 5 explique ce qu'est le double-clic.

- Certains ordinateurs portables sont équipés d'un pavé tactile, ou *touch pad* ; il s'agit d'un petit carré en plastique mat sur lequel vous déplacez votre doigt. Le pointeur reproduit les mouvements du doigt à l'écran. D'autres ordinateurs, comme les ThinkPad d'IBM, sont équipés d'une sorte de gomme de crayon qui pointe hors du clavier, entre les lettres B, G et H. Il suffit de l'incliner dans la direction que le pointeur doit prendre.

- La souris IntelliMouse de Microsoft (et certaines autres) est équipée d'une petite roulette. En l'actionnant vers l'avant ou vers l'arrière du bout de l'index, la page affichée défile ligne par ligne. Amusant ! De plus, un seul appui sur la roulette produit automatiquement un double-clic, selon la manière dont la souris a été configurée.

- Toutes les souris ne sont pas équipées d'une boule. Certaines sont dotées d'un senseur lumineux qui détecte leurs mouvements. Dave Chapman m'a envoyé une lettre concernant sa souris optique qui ne fonctionnait que par intermittence. Une souris de rechange présentait le même défaut : elle réagissait tantôt bien et tantôt de façon désordonnée. Le problème empira à l'approche du printemps. Il s'aperçut un jour que sa femme, qui n'y connaissait rien en ordinateurs, avait fini par placer une feuille de papier sur la souris pendant qu'elle l'utilisait. "Tu ne me croiras pas, lui dit-elle, mais quand le soleil éclaire la souris, elle ne fonctionne plus du tout." Dave vint à bout du comportement erratique de la souris en fermant tout simplement le volet de la fenêtre.

TRUC

Dans Windows XP, la forme du pointeur de souris varie selon l'élément sur lequel il se trouve. Vous savez ainsi qu'il est prêt à effectuer une autre tâche. Le Tableau 2.1 montre toutes les formes du pointeur selon les diverses tâches qu'il peut être amené à effectuer.

TRUC

N'essayez pas de mémoriser toutes les formes que peut prendre le pointeur. Elles changent automatiquement au moment opportun. Les descriptions qui suivent n'ont été données que pour vous rassurer sur le fait que ces nombreuses variations sont parfaitement normales.

Tableau 2.1 : Les diverses formes du pointeur de souris.

Forme	Pointeur sur...	Que faire dans ce cas ?
	Quasiment n'importe quoi	Le déplacer n'importe où. Cliquez ensuite sur ce que vous voulez indiquer à Windows.
	Une seule fenêtre	Vous avez certainement sélectionné l'option Dimension ou Déplacement dans le menu de commandes. Appuyer sur les touches fléchées du clavier permet d'agrandir ou de réduire la fenêtre courante. Appuyez sur la touche Entrée lorsque vous aurez fini, ou sur la touche Échap pour quitter cette inconfortable et étrange situation.
	Le bord supérieur ou inférieur d'une fenêtre	Le bouton de la souris enfoncé, avancez ou reculez la souris pour augmenter ou réduire la hauteur de la fenêtre. Relâchez le bouton dès que la nouvelle taille vous convient.

Tableau 2.1 : Les diverses formes du pointeur de souris. (*suite*)

Forme	Pointeur sur...	Que faire dans ce cas ?
	Le bord gauche ou droit d'une fenêtre	Le bouton de la souris enfoncé, déplacez la souris vers la gauche ou vers la droite pour augmenter ou réduire la largeur de la fenêtre. Relâchez le bouton dès que la nouvelle taille vous convient.
	Le coin d'une fenêtre	Le bouton de la souris enfoncé, déplacez la souris dans n'importe quelle direction afin de redimensionner librement la fenêtre. Relâchez le bouton dès que les nouvelles dimensions vous conviennent.
	Une zone de texte d'un logiciel qui accepte du texte (ce pointeur est appelé *barre d'insertion*)	Placez le pointeur là où le texte doit être tapé, cliquez puis commencez la saisie. Cette opération n'est possible qu'aux emplacements prévus pour recevoir du texte (traitement de texte, formulaires...).
	Mots commentés, dans Windows ou sur Internet	Cliquez avec la souris et Windows XP affichera d'utiles informations concernant ce sujet précis.
	Rien de particulier (Windows est occupé et vous ignore)	Vous pouvez déplacer le sablier pendant que Windows travaille. Il apparaît notamment lorsque vous chargez des fichiers ou lors d'une copie sur une disquette.
	Une activité en cours	Ce pointeur indique que Windows XP est à l'œuvre en tâche de fond, d'où un léger ralentissement.
	N'importe quoi	En cliquant sur le point d'interrogation que l'on trouve en haut à droite de certaines boîtes de dialogue, Windows affiche ce pointeur. Cliquez sur un élément qui vous paraît peu clair pour obtenir une aide contextuelle à son sujet.
	Un élément interdit	Déplacez le pointeur ailleurs, ou appuyez sur la touche Échap, et recommencez l'opération (vous avez certainement tiré un fichier vers un endroit où vous ne pouvez pas le déposer).

Les cartes graphiques et les moniteurs

Le *moniteur* est cet objet que vous regardez à longueur de journée, à moins que vous ne soyez scotché devant la télé. La façade du moniteur comporte l'*écran* ; c'est là que Windows XP officie et que vous pouvez observer les fenêtres qui apparaissent tour à tour en s'occultant mutuellement.

Un moniteur est équipé de deux câbles, ce qui évite toute confusion avec la souris. L'un de ces câbles est branché sur l'alimentation électrique (secteur), l'autre à la *carte graphique,* un circuit électronique dont une partie émerge à l'arrière du boîtier de l'ordinateur. L'ordinateur indique à la carte graphique ce qu'il est en train de faire ; la carte graphique traduit ces événements en informations graphiques qui sont acheminées vers l'écran via le câble, après quoi elles sont dûment affichées.

- Nettoyez l'écran avec du produit pour vitres en imbibant d'abord le chiffon avant d'essuyer. Ne projetez pas le produit de nettoyage directement sur l'écran, car il s'infiltrerait à l'intérieur du boîtier, au risque de créer des courts-circuits.

- Certains produits pour vitres contiennent de l'alcool, qui peut abîmer le traitement antireflet appliqué à quelques nouveaux moniteurs. Dans le doute, consultez le manuel de votre moniteur pour vérifier si le nettoyant à vitres est autorisé. Mon moniteur de la marque Nanao est livré avec des chiffons spéciaux pour le nettoyage de l'écran.

- Quand Windows XP vient d'être installé, il interroge la carte graphique et l'écran afin de connaître leurs marques ainsi que leurs caractéristiques. Windows XP arrive presque toujours à déterminer le matériel automatiquement, de sorte que tout fonctionne correctement du premier coup.

- Windows XP est certes parfois dominateur, mais il sait aussi être accommodant. Il est capable de prendre en charge une grande variété de cartes et de moniteurs. En fait, la plupart de ces matériels peuvent basculer dans les divers *modes,* ce qui permet d'afficher plus ou moins de couleurs ou plus ou moins d'informations. Windows XP vous permet de jouer avec toutes sortes de paramètres d'affichage, si le cœur vous en dit (si c'est le cas, nous y reviendrons au Chapitre 16).

Le clavier

Le clavier d'un ordinateur ressemble à celui d'une machine à écrire, avec cependant quelques touches particulières de-ci, de-là. Au milieu se trouve le classique clavier alphanumérique. Les touches grises avec leurs codes obscurs se trouvent au-dessus. Elles seront décrites d'ici peu.

NOTE TECHNIQUE

Vous pouvez ignorer ces affreux termes infographiques

Pour certaines personnes, un écran est couvert de carrés ou de poils de chats. D'autres préfèrent utiliser une terminologie plus savante :

- **Pixel :** Un pixel (NDT : de l'anglais *picture element,* élément d'image) correspond à un point affiché à l'écran. Tout ce qui apparaît à l'écran est constitué de pixels. Chacun peut prendre une teinte ou une luminosité spécifique. L'ensemble forme une image. Rapprochez-vous de l'écran, et vous distinguerez chaque pixel (NDT : en y regardant de plus près, vous distinguerez même les trois luminophores rouge, vert et bleu qui forment le pixel). Si, sur le moniteur à cristaux liquides d'un ordinateur portable, la couleur d'un seul de ces pixels est différente des autres – dans un aplat –, ce pixel est hors norme. Ne manquez pas de le signaler si l'ordinateur est encore sous garantie, car ce défaut justifie le remplacement de l'écran.
- **Résolution :** Il s'agit du nombre de lignes de pixels (résolution verticale) et du nombre de pixels par ligne (résolution horizontale). Plus les pixels sont nombreux, plus la résolution est élevée : les caractères typographiques apparaissent en plus petit et l'écran affiche beaucoup plus d'informations. Sur un écran de petite dimension, la résolution est généralement de 800 x 600 pixels. Sur des moniteurs plus grands, elle est de 1 024 x 768 pixels, voire plus.
- **Couleur :** Ce terme indique en fait le nombre de couleurs susceptibles d'être affichées à l'écran. Aujourd'hui, les moniteurs sont capables d'afficher plusieurs millions de couleurs.
- **Mode :** Une combinaison prédéfinie de pixels, de résolution et du nombre de couleurs est appelée *mode graphique.* Lorsqu'il vient d'être installé, Windows XP est affiché dans un mode qui convient à presque tous les ordinateurs. Il n'est pas indispensable de connaître les différents modes. Si vous voulez en savoir plus, vous découvrirez comment changer les modes graphiques de Windows XP dans la section "Apparence et thèmes" du Chapitre 16.
- A l'instar des herbivores et de la flore intestinale capables de digérer la cellulose des plantes, le moniteur et la carte graphique dépendent l'un de l'autre. Aucun des deux ne saurait fonctionner sans l'autre. En fait, la qualité de l'affichage dépend étroitement de ce que lui fournit la carte graphique. Les moniteurs à cristaux liquides exigent une carte particulière capable de leur fournir les signaux appropriés.
- Contrairement à d'autres parties de l'ordinateur, la carte graphique et le moniteur n'exigent aucune attention particulière. Contentez-vous de les dépoussiérer de temps en temps (et, autant que faire se peut, *essayez* de tenir le chat à distance du moniteur, sous peine de voir ses poils attirés par l'électricité statique).

Les groupes de touches

Les touches du clavier sont réunies par groupes :

Les touches de fonction : Situées en haut du clavier ou – plus rarement – regroupées à gauche, ces touches agissent sur les programmes. Par exemple, la touche F1 demande une aide, où que vous soyez dans Windows XP.

Le pavé numérique : Les comptables, banquiers et financiers ont toujours des chiffres à l'esprit, mais aussi sous la main. C'est pourquoi ils pianotent volontiers sur l'ensemble de touches situé à droite de la plupart des claviers. Pour l'utiliser, vous devrez parfois appuyer d'abord sur la touche Verr Num ; autrement, ces touches sont considérées comme des commandes de déplacement du pointeur, comme nous l'expliquons ci-après.

Les touches de commande du curseur : Si vous *n'avez pas* appuyé sur la touche Verr Num, les touches du pavé numérique commandent le déplacement du curseur. Remarquez qu'elles comportent des petites flèches qui indiquent dans quelle direction le curseur se déplacera à l'écran (la touche 5 n'en a pas). Certains claviers sont équipés d'un seconde jeu de touches de contrôle, juste à côté du pavé numérique ; ces touches font exactement la même chose. D'autres touches de commande du curseur ont pour nom Origine (NDT : touche avec une flèche orientée vers le haut à gauche), Fin, PageHaut, PageBas (ou PgHt et PgBs). Pour passer à la page suivante, dans un traitement de texte, il suffit d'appuyer sur la touche PageBas.

L'appui sur une touche de commande de curseur ne déplace pas le curseur visible à l'écran. Ces touchent contrôlent en fait le positionnement dans un programme, ce qui permet de toujours taper les données à l'emplacement prévu pour les recevoir.

Les touches Windows : Désireux de gagner de l'argent en vendant non seulement des logiciels mais aussi des claviers, Microsoft a mis au point un concept tout neuf : le *clavier ergonomique*, qui comporte des touches dites *Windows*. Situées de part et d'autre de la touche Espace, juste avant la touche Alt et après la touche Alt Gr, elles agissent comme si vous aviez cliqué sur le bouton Démarrer. Une petite touche à côté de la touche Windows, reconnaissable aux petits menu et pointeur, donne rapidement accès à des menus. Le Tableau 2.2 en dit plus long sur les touches Windows.

Tableau 2.2 : Les raccourcis clavier de la touche Windows.

Pour effectuer ces actions...	Appuyez sur...
Afficher l'aide de Windows XP	Touche Windows + F1
Afficher le menu Démarrer	Touche Windows
Passer d'un bouton à l'autre de la barre des tâches	Touche Windows + Tab
Afficher l'Explorateur Windows	Touche Windows + E
Rechercher des fichiers	Touche Windows + F
Se connecter à d'autres ordinateurs du réseau	Ctrl + touche Windows + F
Réduire ou restaurer toutes les fenêtres	Touche Windows + D
Annuler la réduction ou la restauration de toutes les fenêtres	Maj + touche Windows + M

Les autres touches

Les touches décrites ci-après peuvent paraître un peu déroutantes, mais Windows en fait un usage intensif :

Maj (majuscule) : Comme sur une machine à écrire, cette touche permet d'écrire en majuscule ou d'accéder aux chiffres et aux signes ° (numéro, degré...), + (plus), £ (livre), % (pourcentage) ainsi qu'à certains signes de ponctuation.

TRUC

Alt : Faites bien attention à celle-ci ! Lorsque vous appuyez sur cette touche, dont le nom est l'abrégé du mot anglais *alternate* (remplacement), Windows exécute l'une des curieuses opérations suivantes : il active l'un des petits boutons de menus situés en haut de la fenêtre courante, ou alors, si un menu est déployé, il souligne un seul caractère d'une option du menu. Pour revenir à la normale, appuyez de nouveau sur Alt.

Ctrl : Cette touche (abrégé de *Contrôle*) agit comme la touche Maj, sauf qu'elle sert à obtenir les étranges combinaisons de touches des raccourcis clavier. Par exemple, lorsque vous maintenez la touche Ctrl enfoncée tout en appuyant sur la touche Échap (décrite plus loin), vous affichez le menu Démarrer de Windows XP.

Echap : Abrégé de *Echappement,* cette touche fut longtemps une chimère pour les constructeurs d'ordinateurs. Ils ont fini par l'inventer pour trouver une échappatoire lorsqu'un ordinateur fonctionnait mal. En appuyant sur la touche Échap, l'utilisateur était censé échapper à toutes les innommables horreurs qu'un ordinateur rétif pouvait lui infliger. Cette touche n'est pas toujours limitée à cette seule fonction, mais c'est une bouée de sauvetage qui vous tirera souvent d'affaire. Essayez-la lorsque vous n'arrivez plus à sortir d'un menu ou d'une infâme boîte de dialogue.

Arrêt défil : Cette touche est vraiment trop bizarroïde pour vous compliquer la vie avec (elle n'a rien à voir avec les *barres de défilement*). Si son témoin lumineux est allumé, appuyez sur la touche pour l'éteindre. Sur certains claviers français, cette touche est parfois appelée Scroll Lock, Scr Lock ou encore Scr Lk.

Suppr : Appuyer sur la touche Suppr – parfois appelée Del – fait disparaître le caractère qui se trouvait *à droite* du curseur. Tout ce qui a été sélectionné (surligné ou, en jargon informatique, "mis en surbrillance") est également supprimé.

Ret.Arr. : Appuyer sur la touche Retour arrière (elle se reconnaît, sur le clavier, à la flèche vers la gauche et au fait qu'elle se trouve au-dessus de la touche Entrée) supprime l'infortuné caractère qui se trouvait *à gauche* du curseur. Elle supprime elle aussi les éléments sélectionnés (en surbrillance).

TRUC

Si vous vous êtes trompé, maintenez la touche Alt enfoncée et appuyez de nouveau sur la touche Ret.Arr. Cette action annule une erreur dans la plupart des logiciels tournant sous Windows XP (l'appui sur Ctrl+Z produit le même effet).

Inser : La touche Inser (parfois nommée Ins) active le mode d'insertion : lors de la frappe, les caractères situés à droite de la barre d'insertion sont repoussés vers la droite. Lorsque vous appuyez sur la touche Inser, l'ordinateur passe en mode d'écrasement : les caractères tapés au clavier remplacent au fur et à mesure les caractères existants. La touche Inser est une bascule : appuyer dessus fait passer d'un mode à un autre.

Mise en garde sauvage : certains logiciels Windows XP, comme le Bloc-notes, sont toujours en mode d'insertion. Il n'existe aucun moyen d'enclencher un mode d'écrasement.

Entrée : Cette touche est l'équivalent du retour chariot des machines à écrire, mais à une grosse exception près : il n'est pas nécessaire d'appuyer dessus à la fin de chaque ligne. Un traitement de texte détecte en effet l'arrivée au bout de la ligne et effectue automatiquement le saut à la ligne suivante, ce qui permet de taper "au kilomètre". Vous n'appuyez sur la touche Entrée qu'à la fin de chaque paragraphe.

Vous aurez aussi à appuyer sur la touche Entrée chaque fois que Windows XP exige la saisie d'un texte comme le nom d'un fichier ou des numéros de pages à imprimer. Notez aussi que cliquer sur un bouton OK équivaut souvent à l'appui sur Entrée.

Verr Num : Si vous savez utiliser la touche de verrouillage des majuscules d'une machine à écrire, il vous sera agréable de savoir que la touche Verr Num fonctionne de la même façon, ou presque. Lorsque cette touche a été appuyée, il n'est pas nécessaire de maintenir la touche Maj enfoncée pour accéder aux chiffres du clavier alphanumérique. Notez cependant que Verr Num est inopérant avec les signes de ponctuation.

Tab : Il s'agit d'une tabulation. Appuyer sur cette touche insère cinq ou huit caractères d'espacement selon le traitement de texte utilisé, ou décale la barre d'insertion à l'emplacement d'une tabulation préalablement définie.

TRUC

Dans un panneau de Windows XP (souvent appelé *boîte de dialogue*), la touche Tab permet aussi de passer d'une zone de texte à une autre (une *zone de texte* est une zone rectangulaire, parfois appelée "boîte", dans laquelle vous tapez du texte ; on en trouve dans les boîtes de dialogue de Windows mais aussi dans les formulaires de divers logiciels).

Impr écran/Syst : Lorsque vous appuyez sur cette touche, Windows effectue une capture d'écran – c'est-à-dire une sorte de photographie – du Bureau qui peut être collée dans un logiciel de dessin comme Paint. Si la touche Alt est enfoncée au moment où vous appuyez sur Impr écran, Windows ne capture que l'image de la fenêtre active. Utilisez la fonction Coller, décrite dans le Chapitre 8, pour récupérer l'image capturée dans un autre logiciel. La touche Syst n'a aucun effet.

Ctrl+Alt+Suppr : Appuyer simultanément sur ces trois touches affiche le Gestionnaire des tâches de Windows XP. Décrit dans le Chapitre 7, il permet de passer d'une fenêtre à une autre et d'arrêter n'importe quel programme dont le comportement est problématique, ou qui s'est bloqué :

- Si l'ordinateur n'est pas équipé d'une souris ou de tout autre périphérique de pointage, vous pouvez commander Windows XP au clavier, mais c'est assez fastidieux.

- Les touches Arrêt défil et Pause/Attn (ou Pause/Break sur certains claviers) ne font rien d'intéressant dans Windows. Cependant, si vous maintenez la touche Windows enfoncée et que vous appuyez sur Attn, la boîte de dialogue Propriétés système apparaît. Elle est bourrée d'informations concernant l'ordinateur.

TRUC

- Enfin, certains claviers sont dotés de touches spéciales conçues par le fabricant. Mon clavier Gateway, par exemple, est capable de régler le son, d'établir une connexion Internet, de télécommander un CD ou un DVD ou de mettre l'ordinateur en veille. Les informations concernant ces touches sont réunies dans un panneau de contrôle accessible au travers d'une icône nommée Clavier multifonction.

Les modems et Internet

Je le reconnais : j'ai utilisé mon modem la nuit dernière pour commander un repas au restaurant thaïlandais qui se trouve de l'autre côté de la ville. Comment ? Ma femme et moi avons tapé restauthai (`www.restauthai.com`) dans le navigateur Internet, choisi les plats dans le menu affiché à l'écran, puis tapé notre adresse et notre numéro de téléphone. Une heure plus tard, nous nous sommes régalés de Mee Krob et autres délicieusetés aux noms exotiques.

Le *modem* est un appareil électronique qui traduit les données numériques produites par l'ordinateur en signaux analogiques capables d'être acheminés sur les fils du réseau téléphonique. Nous avons coché sur l'ordinateur la case Mee Krob ; de l'autre côté de la ligne, un logiciel spécialisé a pris note de cette demande et transmis la somme à débiter de la carte de crédit directement à la banque.

La plupart des ordinateurs récents sont équipés d'un modem qui permet de se connecter au Web (NDT : et aussi sur le Minitel, si le logiciel approprié est installé). Si vous venez d'acheter l'ordinateur, il y a de fortes chances pour qu'il soit équipé de tout ce qu'il faut pour accéder à Internet. Windows XP est équipé des logiciels indispensables pour gérer Internet Explorer.

Internet Explorer est un logiciel qui permet de surfer sur le Web et d'afficher les pages de plusieurs sites, comme le montre la Figure 2.2.

- Même si vous possédez déjà un modem et Internet Explorer, vous devrez en plus souscrire un abonnement pour l'accès à Internet auprès d'un fournisseur d'accès Internet (FAI) (NDT : il existe cependant des fournisseurs d'accès gratuits). Le FAI vous permet de choisir le nom sous lequel vous apparaîtrez sur Internet et vous fournit un mot de passe.

- Le Chapitre 12 est consacré à Internet et au Web. Mais vous n'en saurez pas plus sur le Mee Krob.

Figure 2.2 Windows XP permet d'afficher des pages Web sur le Bureau.

- De part et d'autre de la ligne téléphonique, les ordinateurs sont équipés d'un modem. Fort heureusement, la plupart des fournisseurs d'accès Internet sont équipés de centaines, voire de milliers de modems afin de gérer les innombrables connexions de leurs clients.

- L'ADSL (*Asymmetrical Digital Subscriber Line*) est un mode d'accès Internet s'effectuant en haut et moyen débit ; il permet une connexion rapide, permanente, qui ne bloque pas votre ligne téléphonique. Avec une connexion ADSL, vous pourrez visualiser des contenus Web riches (son, vidéo, 3D...). La plupart des FAI proposent des accès haut débit.

- Certains modems rapides n'utilisent pas les lignes du réseau téléphonique. Ils sont reliés à un réseau par câble qui véhicule aussi, parfois, des programmes de télévision.

- Un accès Internet est bidirectionnel, ce qui permet aux correspondants de communiquer simultanément, et non chacun à leur tour. Pour filtrer les appels entrants et évincer les malfaisants qui voudraient profiter de cette fonctionnalité pour visiter votre ordinateur, Windows XP est équipé d'un *pare-feu*. Le Chapitre 12 explique comment l'installer.

Les imprimantes

Après s'être rendu compte que le concept de "bureau sans papier" qui prévalait il y a quelques années était une douce utopie, Microsoft s'est assuré que Windows XP soit capable de communiquer avec des centaines de modèles d'imprimantes. Il reconnaît en fait la plupart des imprimantes, dès lors que l'imprimante a été branchée à l'ordinateur.

Si tel n'est pas le cas, le Chapitre 16 vous expliquera comment indiquer le nom de son fabricant, choisi dans une longue liste. Windows recherche ensuite les spécifications de l'imprimante dans ses dossiers, puis communique aussitôt avec elle dans son langage natif.

C'est ainsi que les choses se passent, sauf si votre imprimante fait partie de la liste des quelques centaines de modèles superbement ignorés par Windows XP. Dans ce cas, il ne vous reste plus qu'à croiser les doigts en espérant que le fabricant de votre imprimante existe encore, car, pour imprimer la moindre page, vous devrez obtenir de lui un logiciel spécial appelé *pilote,* comme nous l'expliquons dans le Chapitre 17.

- L'imprimante doit être branchée pour que Windows XP puisse l'utiliser (vous serez surpris de constater par vous-même combien ce détail anodin est facilement oublié).

- Windows XP imprime en mode WYSIWYG (*What You See Is What You Get,* ce que vous voyez est ce que vous obtiendrez). Autrement dit, ce qui apparaît sur le papier est très proche de ce qui est affiché à l'écran.

Les réseaux

Un réseau relie des PC de telle sorte que leurs utilisateurs puissent partager des informations. Ils peuvent chacun envoyer leurs données vers une seule imprimante, se partager un modem ou s'échanger des messages électroniques.

Certains réseaux de petites entreprises sont relativement modestes – à travers moins de cinq ordinateurs – alors que d'autres s'étendent à travers le monde entier. En fait, Internet n'est qu'un vaste réseau dont les ramifications arrivent jusque dans les pays les plus reculés.

- Windows XP découle de la version de Windows destinée aux grandes entreprises. Autrement dit, il gère les réseaux avec finesse et délicatesse. En contrepartie, il en résulte quelques difficultés de compréhension, notamment dans le domaine des réseaux locaux et des connexions. Le Chapitre 9 aborde tous ces points en détail.

- La version Edition Familiale de Windows XP contient tout ce qu'il faut pour permettre à plusieurs ordinateurs de partager une imprimante, un modem ou des fichiers. La version Professionnelle comporte des fonctionnalités de réseau plus avancées, destinées aux administrateurs système. Les utilisateurs travaillant à domicile ou dans une petite structure s'accommoderont sans problème de Windows XP Edition Familiale.

Les cartes son

Pendant des années, les utilisateurs de PC ont envié les possesseurs de Macintosh. Celui-ci, en effet, était doté de puissantes fonctionnalités audio, capables de produire non seulement un son simple, mais aussi de la musique, de la voix et autres bruitages de tout acabit.

Les ingénieurs en costard-cravate de chez IBM avaient tout simplement décidé, eux, que pour un ordinateur signé International Business Machine le son ne ferait pas sérieux. Cependant, d'autres fabricants ne partageaient pas cette idée, de sorte que, par la suite, quasiment tous les PC – y compris ceux d'IBM ! – furent livrés avec des cartes son.

- Une carte son ressemble à une carte graphique. En fait, toutes les cartes se ressemblent : toutes se présentent sous la forme d'un circuit imprimé allongé truffé de composants électroniques que l'on insère dans un connecteur de la carte mère de l'ordinateur. A l'instar du moniteur, les enceintes sont branchées sur des prises spécifiques (NDT : en général des jacks de 3,5 mm).

- Bien que la plupart des ordinateurs récents soient équipés d'une carte son dûment installée, les sociétés spécialisées éditent sans cesse de nouveaux logiciels afin d'en améliorer les performances. Une section du Chapitre 17, consacrée à l'installation de nouveaux pilotes, vous sera sans doute utile pour savoir comment améliorer le son d'une carte qui commence à faire des siennes.

- Windows XP est livré avec une grande variété de sons. Le Lecteur Windows Media décrit dans le Chapitre 13 permet d'écouter des CD audio, des stations de radio sur Internet, la piste audio des DVD, des fichiers MP3 et en fait tout ce qui produit un son.

- Les ordinateurs les plus récents sont équipés d'un lecteur de DVD, d'une carte son spéciale et de ses logiciels, et d'enceintes supplémentaires permettant de bénéficier du son "surround" lorsque vous visionnez des films en DVD. Vous avez intérêt à faire de la place sur la table de travail pour y placer les énormes haut-parleurs et les enceintes supplémentaires qui font partie d'une telle installation.

- A l'instar du Macintosh, Windows permet d'affecter des sons marrants à diverses fonctions. Il est par exemple possible de faire hurler l'ordinateur au moment où il se plante ou de lui faire émettre un bruit de verre cassé. Reportez-vous au Chapitre 16 pour savoir comment faire.

Les ports

Vous trouverez à l'arrière de l'ordinateur bon nombre de connecteurs qui servent à envoyer ou à recevoir des informations. Plus vous vous plongerez dans les subtilités de Windows, plus vous rencontrerez ce mot un peu mystérieux : le *port* (NDT : synonyme de "connecteur", le port concerne davantage la nature du signal qui transite par lui que la forme physique sous laquelle il se présente). Le Tableau 2.3 indique sur quel port doivent se brancher les périphériques que vous pourriez être amené à utiliser.

Tableau 2.3 : A quel port cela se branche-t-il ?

	Port	Commentaires
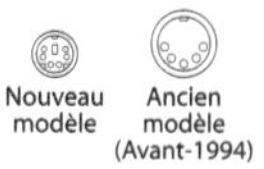	Clavier	Reçoit le câble du clavier. Il existe deux types de prises : DIN ou Mini-DIN, toutes deux à cinq broches. Sur certains ordinateurs, le port Souris est identique au port Clavier (prise Mini-DIN).
	Souris	Prise Mini-DIN, appelée aussi PS/2. Elle peut parfois être confondue avec le port Clavier.
	Vidéo	Reçoit la prise vidéo de la carte graphique (l'autre câble du moniteur doit être branché sur le secteur).
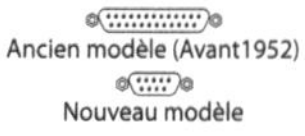	Série (COM)	Modem externe (NDT : ou câble de communication avec divers types de périphériques, notamment les anciennes souris).
	Parallèle (LPT)	Imprimante.
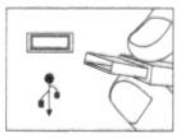	USB	*Universal Serial Bus,* bus série universel. Branchement d'imprimante, de scanner, photoscope, gamepad, lecteur MP3, etc.

Tableau 2.3 : A quel port cela se branche-t-il ? (*suite*)

	Port	Commentaires
	Son	Une carte son est équipée d'au moins trois de ces petites prises : une pour les écouteurs (casque), une autre pour le microphone et une troisième pour toute source externe telle que radio, magnétophone, caméscope, carte TV, etc.
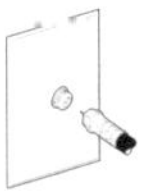	TV par câble	Reçoit une carte TV. Ce port est aussi utilisé par les modems à connecter au réseau câblé.
	Téléphone	Sert à brancher le modem au réseau téléphonique (la deuxième prise permet de connecter un combiné téléphonique ; regardez bien les étiquettes).
 	Réseau	L'accès à un réseau local s'effectue au travers de l'un ou l'autre connecteur. Le connecteur 10BaseT ressemble à celui d'un téléphone, en un peu plus gros. Le connecteur coaxial est métallique et circulaire.

Les éléments requis par Windows XP

Le Tableau 2.4 compare les exigences minimales de Windows XP (celles qui figurent sur la boîte du produit) avec celles *réellement* requises pour qu'il fonctionne décemment.

Tableau 2.4 : Les exigences de Windows XP.

Ce qui est gentiment exigé par Microsoft	Ce qu'il faut réellement	Pourquoi ?
Un microprocesseur Pentium III	Un Pentium III ou un Athlon cadencé à 500 MHz.	Pendant que vous êtes dans la boutique, comparez Windows XP sur des ordinateurs équipés d'un Pentium III cadencé à différentes vitesses. Plus l'ordinateur est rapide, plus Windows XP est prompt à exécuter une tâche.

Tableau 2.4 : Les exigences de Windows XP. (*suite*)

Ce qui est gentiment exigé par Microsoft	Ce qu'il faut réellement	Pourquoi ?
64 Mo de mémoire vive (RAM)	Au moins 128 Mo de mémoire vive.	Avec 64 Mo de mémoire, Windows XP rame désespérément. Avec 128 Mo, il est plus à l'aise. Comme le prix des barrettes de mémoire a baissé, autant passer directement à 256 Mo voire plus.
2 Go de libre sur le disque dur	Au moins 20 Go.	L'installation complète de Windows XP occupe un bon gigaoctet, et il faut ajouter les diverses applications que vous ne manquerez pas d'installer. De plus, les sons et les vidéos que vous récupérerez sur Internet ou les images prises avec un photoscope prendront aussi beaucoup de place. N'hésitez pas à acquérir un disque dur de 40 Go ou plus, afin de pas être pris de court.
Un lecteur de disquettes 3"1/2 haute densité	Inutile pour installer Windows XP.	Il arrive encore que des logiciels soient diffusés sur des disquettes 3"1/2 HD d'une capacité de 1,44 Mo. Les disquettes sont de plus très commodes pour transporter des fichiers d'un ordinateur à un autre.
Carte graphique SVGA	Idem.	Pour visionner des vidéos, assurez-vous que la carte graphique installée dans l'ordinateur réponde aux spécifications suivantes : 32 Mo ou plus de mémoire, support AGP, DVD, DVI, S-Video et sortie vidéo composite.
Lecteur de CD-ROM ou de DVD x12 ou plus rapide	Idem.	Vous aurez besoin d'un lecteur de CD-ROM pour installer Windows XP (comme un lecteur de DVD est capable de lire des CD-ROM, il fera aussi l'affaire). Nouveauté : Windows XP gère aussi les graveurs de CD.
Accès à Internet	Modem à 56 000 bits par seconde ou plus.	Windows XP fait un usage intensif d'Internet, de l'enregistrement du produit aux mises à jour en passant par les correctifs et les jeux en ligne. Plus le modem sera rapide, moins vous perdrez de temps à vous tourner les pouces.

Tableau 2.4 : Les exigences de Windows XP. (*suite*)

Ce qui est gentiment exigé par Microsoft	Ce qu'il faut réellement	Pourquoi ?
Souris compatible PS/2	Idem.	Microsoft fabrique d'excellentes souris. J'ai une préférence pour l'IntelliMouse, celle avec une molette sur le dessus.
Un moniteur de 15 pouces de diagonale ou plus	Un moniteur à cristaux liquides.	Plus l'écran sera grand, plus vous aurez de place sur le Bureau, ce qui évitera que les fenêtres se recouvrent les unes les autres. Malheureusement, les écrans à cristaux liquides de grande dimension sont encore hors de prix.

Que dois-je installer sur mon ordinateur portable ?

Microsoft a conçu Windows XP Professionnel – mais pas Windows XP Edition Familiale – pour tourner sur des ordinateurs portables ou des "notebooks". La version professionnelle fonctionne mieux sur les ordinateurs alimentés par batteries et offre de meilleures options de connexion Internet sans fil.

Un ordinateur portable doit comporter les éléments suivants pour recevoir Windows XP :

- Un exemplaire de Windows XP qui lui est propre. Rappelez-vous que chaque exemplaire de Windows XP ne peut être installé que sur un seul ordinateur. Il vous sera impossible d'installer un même exemplaire sur l'ordinateur de bureau et le portable.
- Un processeur cadencé à 600 MHz ou plus avec 128 Mo de mémoire vive (RAM).
- Un disque dur ATA/66 de 20 Mo.
- Un adaptateur graphique AGP de 8 Mo avec accélération 3D logicielle.
- Un lecteur DVD ou CD-RW/DVD.
- Des haut-parleurs intégrés.
- Un modem 56 000 bps intégré.
- Deux ports USB.
- Un réplicateur de port (station d'accueil) pour une connexion aisée d'un clavier externe, d'une souris et d'un moniteur.

Les autres éléments qu'il vous faudra sans doute acquérir

Votre ordinateur correspond-t-il aux spécifications du Tableau 2.4 ? Certes, mais ce n'est malheureusement pas assez. Avec cette configuration, Windows XP fonctionnera au niveau le plus élémentaire. Pour qu'il donne la pleine mesure de ses capacités, vous devrez le vitaminer.

Par exemple, pour bénéficier de toutes les possibilités audio, vous devrez installer une carte son performante et brancher des enceintes ainsi qu'un caisson de basses (*subwoofer*). Si vous avez opté pour des enceintes USB, l'ordinateur devra être équipé de ports USB. Un casque s'impose pour une écoute nocturne.

Envisagez la connexion de plusieurs ordinateurs en réseau afin qu'ils puissent se partager des fichiers, l'imprimante ou le modem. Vous devrez installer une carte réseau dans chaque machine et acquérir les câbles correspondants, comme expliqué dans le Chapitre 9.

Pour regarder la télévision sur le moniteur, vous devrez installer une carte tuner (vérifiez la possibilité d'une connexion à la télévision câblée, car la plupart des cartes TV donnent de piètres résultats par voie hertzienne).

Vous comptez regarder des DVD ? Il vous faudra installer votre propre logiciel de lecture de DVD afin que le Lecteur de multimédia de Windows XP soit capable d'afficher le contenu des DVD. Cela paraît surprenant, mais nous y reviendrons au Chapitre 13.

Pour lire avec le Lecteur multimédia de Windows XP les images filmées avec un caméscope numérique, l'ordinateur devra comporter un port IEEE 1394 (Firewire).

Chapitre 3

Ce que vous êtes censé connaître de Windows XP

Dans ce chapitre :

- Quelques explications sur les termes étranges utilisés dans Windows XP.
- Savoir où chercher des détails supplémentaires sur cette terminologie.

Lorsque la première version de Microsoft Windows arriva sur le marché, en 1985, elle se planta misérablement. Les premières velléités graphiques de son interface ne s'accommodaient pas du tout de la faiblesse des ordinateurs de cette époque. Certes, Windows fonctionnait, mais il était lent, peu maniable et à vrai dire rebutant.

Grâce à la puissance des actuels ordinateurs, Windows a des ailes. Après une quinzaine d'années d'existence, ce système d'exploitation le plus vendu au monde est préinstallé sur presque tous les PC.

Comme Windows existe depuis si longtemps, beaucoup de gens ont eu l'occasion de s'y faire la main. Les plus jeunes l'ont découvert dans la salle d'informatique de leur école. Pour beaucoup d'entreprises, il est évident qu'il donne les moyens de naviguer efficacement sur leurs pages Web.

Pour que vous puissiez vous initier facilement à Windows, ce chapitre a été conçu à la manière d'un guide touristique qui passe en revue chacun des termes bizarres qu'aux yeux des autres vous êtes cependant censé connaître.

Activation

Vous ne le saviez peut-être pas, mais vous n'êtes en rien l'heureux propriétaire de Windows XP. Bien que vous l'ayez acheté dans une boutique, ou bien qu'il ait été préinstallé sur votre ordinateur, il ne vous appartient pas. La documentation contractuelle qui l'accompagne indique clairement que *Microsoft est le propriétaire de Windows.* Vous avez simplement acquis une licence – c'est-à-dire la permission de l'utiliser sur votre ordinateur. Qui plus est, ce droit ne vous est accordé que pour un seul ordinateur.

Dans le passé, bien des gens achetaient un seul exemplaire de Windows qui était installé à la fois sur leur ordinateur de bureau et sur leur ordinateur portable. Après tout, pourquoi pas, puisqu'ils utilisaient l'un ou l'autre, mais jamais les deux à la fois ?

La nouvelle fonction d'activation de Windows a complètement changé la donne. Lorsque vous installez Windows XP, une agaçante petite fenêtre apparaît, qui vous demande de l'"activer". Lorsque vous acceptez l'opération, Windows XP prend une "photographie" des composants de votre ordinateur, les associe au numéro de série de votre exemplaire de Windows XP et envoie cette information à Microsoft par Internet.

Par la suite, si quelqu'un d'autre tente d'installer le même exemplaire de Windows sur un autre ordinateur, Windows XP signale qu'il a été attribué et refuse de fonctionner.

- Bon, OK. Mais que se passe-t-il si vous omettez d'activer votre exemplaire de Windows XP ? Il cesse simplement de fonctionner après 30 jours. La nouvelle fonction d'activation s'assure que chaque exemplaire de Windows ne tournera que sur un seul ordinateur. Même si Windows XP a été préinstallé sur votre ordinateur, vous ne pouvez pas utiliser le CD-ROM livré avec pour l'installer sur une autre machine.

- Pas de connexion Internet ? Vous devrez dans ce cas appeler le numéro gratuit de Microsoft pour activer Windows XP par téléphone.

- Si vous désirez installer Windows XP sur plusieurs ordinateurs, il sera plus avantageux d'acquérir une licence multiple.

- Lorsque vous mettez votre ordinateur à niveau – par l'ajout de matériel nouveau –, Windows risque d'en déduire qu'il a été installé sur une nouvelle machine et cesser de fonctionner. La solution ? Vous devez appeler le numéro gratuit de Microsoft et convaincre ces gens que vous ne tentez pas de pirater leur produit.

- Bienvenue dans Windows XP !

Sauvegarder un disque dur

Un ordinateur stocke une kyrielle de fichiers sur son disque dur. Cette profusion de fichiers peut être une source de problèmes. Lorsque le disque dur tombe en panne – rien n'est éternel – tous ces fichiers cessent d'exister. Il n'en reste plus rien.

Tout utilisateur désireux de ne pas être victime d'un tel incident devra consciencieusement *sauvegarder* son disque dur. Il dispose pour cela de trois moyens.

Certaines personnes copient l'intégralité de leur disque dur sur une série de disquettes ou sur un ou plusieurs CD. Bien que cette tâche soit facilitée par des logiciels de sauvegarde, elle est fort longue. Qui en effet accepte de perdre une bonne demi-heure à recopier des fichiers, après sa journée de travail ?

D'autres utilisent un *enregistreur-lecteur à bande magnétique*. Cette bande, spécialement conçue pour stocker des données informatiques, est intégrée au boîtier de l'ordinateur ou branchée à l'arrière. Elle enregistre toutes les données du disque dur. Si jamais le disque dur venait à rendre l'âme, vous auriez néanmoins un double des fichiers. L'enregistreur à bande duplique fidèlement tous les fichiers modifiés ; vous n'avez plus à vous soucier de les enregistrer sur des disquettes.

Enfin, d'autres personnes utilisent un *lecteur de cartouches*. Ces appareils fonctionnent à la manière d'un disque dur amovible que vous pouvez insérer ou retirer de l'ordinateur. Les lecteurs Jaz de Iomega, par exemple, peuvent stocker jusqu'à 2 gigaoctets de données sur une seule cartouche. Les cartouches Peerless ont une contenance de 10 à 20 Go. Une seule cartouche est bien plus facile à manier que des centaines de disquettes (reportez-vous au Chapitre 2 pour en savoir plus sur les lecteurs Iomega).

- N'utilisez pas les anciens logiciels de sauvegarde avec Windows XP. A moins que leurs spécifications signalent explicitement qu'ils sont compatibles avec Windows XP, la sauvegarde pourrait ne pas être fiable.

- Le coût moyen d'une unité de sauvegarde est de 150 à 400 €, selon la taille du disque dur à sauvegarder. Certaines personnes effectuent leurs sauvegardes quotidiennement, en utilisant une nouvelle bande ou cartouche pour chacun des jours de la semaine. Si elles découvrent le mardi que le rapport enregistré la veille contenait de bien meilleures informations, elles le récupèrent sur la sauvegarde du lundi.

- Windows XP permet de copier les fichiers sur des CD-ROM ; leur contenance est d'environ 600 Mo. Pour effectuer cette copie avec un graveur de CD, insérez le CD inscriptible, cliquez avec le bouton droit sur les fichiers à sauvegarder, puis choisissez l'option Envoyer vers. Sélectionnez ensuite CD inscriptible. Attention toutefois : seuls les utilisateurs considérés comme *administrateurs* par l'ordinateur peuvent utiliser cette fonctionnalité. Nous reparlerons d'eux – les administrateurs – dans le Chapitre 9.

Le clic

Un ordinateur émet une foule de cliquètements. Celui qui nous intéresse ici, à vrai dire le plus important, est le clic produit par le bouton de la souris. Vous serez amené à cliquer des centaines de fois dans Windows XP. Par exemple, pour activer à l'écran le bouton portant l'inscription "Cliquez ici", vous déplacez le pointeur de la souris jusqu'à ce qu'il se trouve sur le bouton en question, puis vous cliquez avec le bouton de la souris.

- Si des gens vous disent "appuyez sur le bouton de la souris", ils oublient généralement un important détail : *relâcher* le bouton juste après l'avoir enfoncé. Appuyez et relâchez aussitôt, comme vous le feriez avec le bouton d'un ascenseur.

- La plupart des souris ont deux boutons, certaines en ont trois, et certains modèles bizarroïdes venus d'ailleurs en ont jusqu'à une douzaine. Dans Windows XP, la plupart des clics doivent être effectués avec le bouton *gauche* de la souris. C'est celui qui se trouve tout naturellement sous votre index lorsque vous la maniez (mais pour les gauchers, Windows XP peut être configuré de manière à permuter les boutons gauche et droit). Le Panneau de configuration décrit dans le Chapitre 16 permet de régler finement la souris.

- Windows XP distingue les clics effectués avec le bouton gauche de la souris de ceux effectués avec le bouton droit. En fait, chaque fois que vous vous demandez ce que vous pouvez bien faire d'un élément de Windows, cliquez dessus avec le bouton droit de la souris. Un petit menu contextuel apparaît, qui propose diverses options.

- Ne confondez jamais le *clic* avec le *double-clic*. Pour en savoir plus, reportez-vous aux sections "La souris", "Le double-clic" et "Pointeurs et flèches", plus loin dans ce chapitre. Les curieux insatiables découvriront quelques détails supplémentaires dans le Chapitre 2, concernant notamment la nouvelle souris IntelliMouse de Microsoft et sa drôle de petite molette.

Le curseur

Les machines à écrire sont équipées d'un petit mécanisme à tiges qui produit la frappe sur la page. Les ordinateurs ne sont pas dotés de ces tiges (sauf dans les vieux films de science-fiction), mais sont équipés d'un *curseur.* Ce dernier est un petit trait qui matérialise l'emplacement du prochain caractère typographique, dans un texte. Le curseur se distingue du pointeur par son apparence : le curseur clignote, ce qui n'est pas le cas du pointeur de souris.

Pour en savoir plus, rendez-vous à la section "Pointeurs et flèches", dans ce chapitre, ou au Tableau 2.1 du Chapitre 2. Ou encore, lisez chacun des points qui suivent :

- Le curseur n'apparaît que si Windows XP attend que vous tapiez du texte, des chiffres ou un symbole, notamment quand vous écrivez une lettre ou un rapport, ou quand vous remplissez des formulaires.
- Le curseur et le pointeur de souris sont deux éléments différents qui effectuent chacun une tâche spécifique. Lorsque vous tapez du texte, les caractères apparaissent sous le curseur, et non à l'emplacement du pointeur.
- Le curseur peut être déplacé dans le document en utilisant les *touches de commande du curseur* (celles avec une petite flèche). Vous pouvez aussi désigner un endroit avec le pointeur de la souris puis cliquer. Le curseur se positionne à cet endroit.
- Un formulaire à remplir ? Voici une astuce pour les paresseux : appuyez sur la touche Tab après avoir rempli chaque champ (ou zone de texte). A chacune de ces actions, le curseur passe au champ suivant. L'appui sur Tab évite un grand nombre de positionnements du curseur et de clics. Pour revenir au champ précédent, maintenez la touche Maj enfoncée tout en appuyant sur Tab.

Par défaut (et sur n'importe quelle touche)

Certains logiciels proposent une liste de choix plus ou moins obscurs et suggèrent éventuellement de sélectionner la seule option qui n'y figure pas : l'*option par défaut.*

Inutile de vous tourmenter pour si peu : contentez-vous d'appuyer sur la touche Entrée.

Ces vieux renards de programmeurs ont en effet prédéfini l'option qui convient le mieux à 99 % des utilisateurs. Donc, en appuyant simplement sur Entrée, le logiciel fait le choix le plus judicieux pour la majorité et vous dispense de vous poser d'inextricables questions.

- L'option par défaut est analogue à l'injonction "appuyez sur n'importe quelle touche", laquelle touche n'est évidemment indiquée sur aucun clavier, quel qu'en soit le modèle ou le prix.

- L'option *par défaut* peut aussi être considérée comme une option *standard,* autrement dit l'option à choisir lorsque vous êtes complètement perdu. C'est par exemple le cas des gens qui ne se connaissent pas et qui, fortuitement réunis dans un ascenseur, regardent leurs pieds par défaut.

- Lorsqu'un programme vous invite à appuyer sur n'importe quelle touche, appuyez sur la barre d'espace. Notez à ce propos que la touche Maj ne réagit pas du tout.

Le Bureau (et comment changer l'arrière-plan)

Pour ne pas abuser d'affreux termes informatiques, Windows XP utilise souvent des mots empruntés à l'environnement bureaucratique. Par exemple, toutes les actions effectuées dans Windows XP se produisent sur le Bureau. Le *Bureau* est la zone dans laquelle s'empilent les fenêtres. Pour faire plus joli, il peut être agrémenté d'une image qui occupe tout l'arrière-plan (dans les anciennes versions de Windows, cet arrière-plan était appelé *papier peint).*

Le Bureau standard de Windows XP montre une dune. Elle ne vous plaît pas ? Pas de problème. Vous trouverez d'autres images d'arrière-plan dans Windows et ailleurs. Le Chapitre 16 explique comment les installer.

Vous pouvez en effet personnaliser l'arrière-plan selon vos préférences avec la photo de votre chat ou d'un mille-pattes. Vous pouvez aussi dessiner un arrière-plan dans le logiciel Paint livré avec Windows, que vous enregistrerez dans le format requis pour en faire un arrière-plan.

TRUC

Internet Explorer ainsi que d'autres navigateurs permettent de récupérer des images sur le Web et de les transformer en arrière-plan de Bureau. Pour ce faire, cliquez avec le bouton droit de la souris sur l'image qui vous intéresse puis choisissez l'option Etablir en tant que papier peint. Vous pouvez également consulter le Chapitre 10 pour d'autres précisions.

Le double-clic

Windows XP accorde une grande importance à une action qui semble bien simple : appuyer sur le bouton de la souris et le relâcher. Cette action est le *clic.* Mais l'effectuer deux fois à la suite très rapidement, est un *double-clic.*

Windows XP distingue attentivement le clic du double-clic, car ces deux actions sont fondamentalement différentes. En règle générale, le *clic* sert à sélectionner un élément tandis que le *double-clic* déclenche une action. Ces effets seront plus clairement expliqués à la fin du Chapitre 5.

- Le double-clic exige un peu de pratique pour être maîtrisé, même si vos doigts sont agiles. Si l'intervalle de temps qui sépare les deux clics est trop long, Windows XP peut en déduire que vous cliquez deux fois, ce qui n'est pas un double-clic. Essayez de nouveau, cette fois plus vite, et Windows XP réagira sans doute plus conformément.

- Vous n'arrivez pas à double-cliquer suffisamment vite pour que Windows XP fasse la différence avec de simples clics distincts ? Dénichez un allumé d'informatique et demandez-lui d'aller dans le Panneau de configuration pour régler le double-clic. Vous n'avez pas trouvé la bête rare ? Allez à la section "Faire reconnaître le double-clic", dans le Chapitre 16, où vous pourrez modifier les paramètres de votre souris et notamment la vitesse du double-clic.

Glisser-déposer

Ce terme curieux, qui semble issu de la science-fiction, décrit une action effectuée avec la souris. Elle consiste à faire glisser un élément de Windows XP à l'écran – disons, l'image d'un œuf – et à le déposer à un endroit précis, sur l'image d'un coquetier par exemple.

Pour *faire glisser* l'œuf, placez le pointeur de la souris dessus, maintenez la touche gauche ou droite de la souris *enfoncée* (je préfère le bouton gauche) et tirez l'œuf à travers l'écran. Amenez le pointeur jusqu'à l'endroit où il doit se trouver, puis *relâchez* le bouton de la souris. L'œuf est *déposé,* sans même se casser.

TRUC

- Lorsque vous maintenez la touche *droite* de la souris enfoncée pendant que vous faites glisser, Windows XP affiche un petit menu contextuel comportant l'option Déplacer ici. Continuez à maintenir le bouton droit enfoncé pendant le déplacement.

- Pour en savoir plus sur ces amusantes actions, reportez-vous aux sections "Le clic", "Le double-clic" "La souris" et "Pointeurs et flèches" dans ce chapitre, et si vous n'en avez pas encore assez aux informations concernant les divers éléments de l'ordinateur, dans le Chapitre 2.
- Vous avez fait glisser un élément et vous vous rendez compte à mi-chemin qu'il ne fallait pas le déplacer ? Inspirez très fort, comme au yoga, et appuyez sur la touche Échap. Relâchez ensuite le bouton de la souris. Ouf ! Si vous avez fait glisser l'élément avec le bouton droit de la souris, vous avez une autre possibilité : choisir Annuler dans le menu contextuel.

Les pilotes

Bien que Windows XP soit capable de tout, je veux dire d'effectuer plein de choses, il lui faut parfois un petit coup de pouce. Car, dès qu'il doit communiquer avec une partie de l'ordinateur qui ne lui est pas familière, il le fait au travers d'un logiciel spécial appelé *pilote* (NDT : ou encore *driver,* pour les inconditionnels du franglais informatique).

Des centaines de fabricants de matériel informatique vendent des périphériques complémentaires, des imprimantes aux cartes son en passant par des systèmes de réfrigération. Microsoft a demandé à ces sociétés de programmer des pilotes afin que leurs produits soient reconnus par Windows XP.

- Il arrive parfois qu'un allumé d'informatique vous signale que votre *pilote de souris* fait des siennes. Il ne fait pas du tout allusion aux mouvements désordonnés de votre main, mais au logiciel qui permet à Windows de communiquer avec la souris.
- Les produits informatiques exigent souvent la mise à jour d'un pilote. Le meilleur moyen de se procurer ces mises à jour consiste à aller sur le Web, généralement sur le site du fabricant. Il arrive parfois que l'on trouve le pilote idoine sur le site de Microsoft.
- Vous ne disposez pas d'une connexion à Internet ? En écrivant au fabricant de la souris, vous obtiendrez certainement une disquette contenant le pilote. Il se peut aussi que vous l'obteniez du jeune homme hirsute qui vous a vendu l'ordinateur. Trouvez quelqu'un qui s'y connaît pour installer le pilote, ou reportez-vous au Chapitre 17.
- Windows XP est accompagné d'un logiciel opportunément nommé *Windows Update*. Décrit dans le Chapitre 17, il établit une connexion en

un lieu précis sur Internet, où un stéthoscope virtuel examine les tripes de votre ordinateur puis implante les mises à jour nécessaires.

Les fichiers

Un *fichier* est un ensemble de données organisé sous une forme compréhensible par l'ordinateur. Un *fichier programme* contient des instructions qui indiquent à l'ordinateur les tâches qu'il doit exécuter. Un *fichier de données* contient des informations que vous avez vous-même créées dans un traitement de texte, WordPad par exemple, ou avec un logiciel de dessin comme Paint.

- Les fichiers ne peuvent pas être touchés ou manipulés ; ce sont des objets immatériels. On peut imaginer leur stockage sous la forme de petites impulsions électromagnétiques appliquées à une surface sensible, la disquette ou le disque dur (NDT : ou à des cuvettes gravées dans la partie métallique d'un CD, le passage du rayon laser de la partie haute à la partie basse de ces cuvettes, et inversement, produisant un signal lumineux qui est ensuite converti en signal électrique).

- Un fichier est identifié par son *nom de fichier*. Windows permet de nommer un fichier par une phrase descriptive dont la longueur ne doit pas dépasser 255 caractères.

- Un nom de fichier comporte aussi une *extension* facultative de trois caractères. Ces derniers sont propres au logiciel qui a produit le fichier. Par exemple, un dessin créé dans Windows XP avec le logiciel Paint est automatiquement enregistré avec l'extension .bmp (NDT : abrégé de *bitmap*, point à point). Les programmeurs de chez Microsoft ayant constaté que la plupart des utilisateurs ne se souciaient pas des extensions des noms de fichiers ont fait en sorte que, par défaut, Windows XP ne les affiche pas.

- Les noms de fichiers obéissent à des règles plus contraignantes que celle de l'utilisation du jacuzzi d'un club sportif. Pour en savoir plus qu'il le faut sur les noms de fichiers, allez au Chapitre 11.

Les dossiers (ou répertoires)

Personne n'assimile sérieusement l'ordinateur à un véritable bureau, bien que Windows XP s'efforce d'exploiter à fond cette métaphore. Le contenu de l'écran, par exemple, est appelé *Bureau* et, comme dans un bureau digne de ce nom, les fichiers sont classés dans des *dossiers*.

Quelles que soient les qualités de Windows, le stockage des fichiers n'est jamais une mince affaire. Il ne vous est pas possible d'ouvrir un tiroir et d'en extraire le dernier avis d'imposition. Manipuler des fichiers est en fait aussi délicat que d'attraper un ours en peluche, à la fête foraine, avec la pince télécommandée.

Comme les fichiers et les dossiers sont un sujet assez ardu, ils sont décrits en détail dans le Chapitre 11. En attendant, considérez que les dossiers sont tout simplement des sortes de chemises (et aussi de sous-chemises) dans lesquelles vous rangez vos fichiers. Vous créez en principe un dossier par type de travail, et vous passez de l'un à l'autre selon vos activités.

- Un dossier Comptabilité peut comporter un sous-dossier Amortissement, ce qui permet de mieux classer les documents. En fait, la plupart des dossiers contiennent plusieurs sous-dossiers. Vous devez être très rationnel et bien organisé lorsque vous travaillez avec un ordinateur. C'est le meilleur moyen de vous y retrouver, et surtout de retrouver tout ce que vous lui avez confié.

- D'un point de vue technique, un sous-dossier est un *sous-répertoire imbriqué* qui contient des données qui doivent rester ensemble. Vous pouvez par exemple créer, pour le sous-dossier Amortissement, des sous-dossiers Linéaire et Progressif.

L'interface graphique

Les utilisateurs communiquent avec l'ordinateur à travers un dispositif appelé *interface*. Par exemple, dans la série télévisée *Star Trek,* l'ordinateur de bord du vaisseau spatial *Enterprise* fonctionne grâce à une interface verbale : le capitaine Kirk se contente de lui dire ce qu'il doit faire.

Windows XP est équipé d'une *interface graphique.* L'utilisateur communique avec lui au travers de *symboles graphiques,* c'est-à-dire des images. L'interface graphique fonctionne à la manière de ces panneaux que l'on trouve dans les offices de tourisme et les aéroports, où vous sélectionnez l'hôtel qui vous intéresse en appuyant sur un bouton placé à côté de son logo.

- Contrairement à ce que laissent entendre certaines publicités de Microsoft aux Etats-Unis, Windows XP n'est pas le seul système d'exploitation fonctionnant grâce à une interface graphique. Celle du Macintosh d'Apple est apparue bien des années auparavant.

- Peut-être avez-vous entendu parler du système d'exploitation Linux (inventé par un étudiant finlandais, Linus Torvald). Bien que très apprécié des programmeurs et des passionnés d'informatique, il n'est pas doté – et de loin ! – d'autant de logiciels que Windows. Evitez d'acheter un PC tournant sous Linux si vous n'êtes pas vous-même un programmeur professionnel.

- Les petits symboles graphiques, ou boutons, qui apparaissent un peu partout dans une interface graphique sont appelés *icônes*. Vous trouverez une description des icônes les plus fréquemment utilisées dans le Chapitre 22.

NOTE TECHNIQUE

- Sur certaines versions étrangères (américaine, chinoise, japonaise...) de logiciels comme Office (versions XP et 2003), il est possible de communiquer vocalement avec l'ordinateur. Cette fonctionnalité n'est pas opérationnelle sur la version française (bien qu'elle soit mentionnée dans l'aide d'Office XP et d'Office 2003).

Matériel et logiciel

Fondamentalement, tous les éléments qui constituent le vaste domaine qu'est l'informatique peuvent se résumer à deux mots : le matériel et les logiciels.

Un lecteur de CD est du *matériel* (NDT : le terme anglais *hardware,* voire l'abrégé *hard,* est parfois utilisé). Lorsqu'il vient tout juste d'être allumé, l'ordinateur n'est encore qu'une masse de composants électriques et électroniques inertes. Pour qu'il puisse "penser", il faut lui communiquer des instructions dûment programmées selon une logique précise. Ce programme – qui est en quelque sorte le pur produit de la pensée du ou des programmeurs – est un *logiciel.*

- Le *matériel* est tout ce qui est tangible, y compris des appareils tels que l'imprimante, le moniteur, les lecteurs de disquettes et les consommables (disquettes, encre...).

- Le *logiciel* est la partie éthérée, immatérielle, qui permet au matériel de faire et de produire quelque chose. Un logiciel est aussi appelé *programme informatique.* Ce dernier est stocké sur un disque ou sur une disquette.

- Lorsque le passionné d'informatique qui se penche avec sollicitude sur votre machine déclare : "Ça doit être un problème de matériel", il vous apprend que c'est l'ordinateur lui-même qui est en panne (disque dur, clavier, processeur...). Mais s'il dit : "C'est un problème logiciel", il pense que c'est le programme informatique qui est en cause.

- NDT : les logiciels sont écrits – on dit aussi "développés" – par des *programmeurs,* et non par des programmateurs. Ces derniers élaborent en effet les grilles de programmes des stations de radio ou de télévision, ce qui n'est pas du tout le même métier.

Les icônes

Une *icône* est un petit pictogramme, comme celui qui illustre ce paragraphe. Windows XP les utilise abondamment ; elles servent à lancer l'exécution de diverses tâches. Vous choisirez par exemple l'icône Imprimer – celle avec une imprimante dessinée dessus – pour faire en sorte que l'ordinateur démarre une impression. Le mot "icône" (du grec *iconos,* image) est un synonyme de "bouton".

- Windows XP fait appel à des icônes pour presque toutes les tâches, de l'ouverture d'un fichier à la libération des singes hurleurs.
- Certaines icônes sont accompagnées d'une info-bulle qui explique succinctement son utilisation, comme Nouveau document ou Houspiller Dorothée. D'autres vous laissent deviner de quoi il s'agit. Par exemple, l'icône avec le jongleur ouvre la messagerie en réseau.
- Pour en savoir plus sur les icônes, reportez-vous à la section ci-dessus, "L'interface graphique".

Internet

A la fin des années 60, le gouvernement américain vivait dans la crainte qu'un ennemi bombarde les ordinateurs du Département de la Défense, ce qui aurait anéanti toute l'infrastructure informatique. Les ingénieurs décidèrent alors de disperser les ordinateurs, de tous les programmer de la même façon et de les relier par des lignes de télécommunication à grand débit.

Ainsi, sur un ordinateur était mis hors d'état à San Diego, la chaîne de données issue des ordinateurs environnants cesserait d'alimenter la machine détruite. Les données seraient simplement déroutées vers d'autres ordinateurs du réseau et tout le monde aurait du courrier électronique le lendemain, sauf bien sûr les malheureux techniciens de San Diego.

Grâce à ce vaste réseau fonctionnant en permanence en tâche de fond, l'ennemi n'aurait plus le plaisir de ne s'en prendre qu'à une seule cible. Le système s'étant avéré fiable, des milliers d'autres réseaux vinrent s'y greffer. De nombreuses institutions universitaires s'y ajoutèrent, de sorte que le réseau prit rapidement de gigantesques proportions. Désormais connu sous le nom d'*Internet,* le réseau échappa à ses créateurs, se distingua par son absence de contrôle, de censure et aussi par sa qualité quelque peu aléatoire.

Quiconque se connecte à Internet, et plus précisément à sa partie grand public, le World Wide Web (la "toile d'araignée mondiale"), parcourt virtuellement la planète. Windows XP est équipé de tous les outils nécessaires pour surfer.

- Windows XP est grandement basé sur Internet. Il comporte tous les logiciels nécessaires pour naviguer sur le Web, visionner des clips vidéo, écouter les stations radio Internet du monde entier et télécharger des programmes.

- La seule restriction est que, pour bénéficier des outils Internet de Windows XP, vous devez souscrire un abonnement auprès d'un fournisseur d'accès à l'Internet (FAI). Notez cependant qu'il existe en France des FAI gratuits ; ils compensent les frais de connexion par de la publicité et des relances publicitaires qu'ils diffusent auprès de leur clientèle.

- Pour en savoir plus sur Internet, reportez-vous au Chapitre 12.

Kilo-octets, mégaoctets et ainsi de suite

Il est facile d'estimer la taille d'un véritable classeur : il suffit en effet d'évaluer l'épaisseur de la pile de papier en centimètres. Mais, comme les fichiers informatiques sont invisibles, leur taille est mesurée en *octets*.

Une page de texte en double interligne dans le Bloc-notes de Windows fait à peu près un millier d'octets, soit approximativement 1 kilo-octet, ou encore, en abrégé, 1 Ko. Un millier de ces kilo-octets forme un mégaoctet, soit, en abrégé, 1 Mo. Un millier de mégaoctets forme environ un gigaoctet, ce qui nous amène à la capacité des disques durs. La plupart de ceux vendus actuellement ont une capacité de 20 Go et plus.

- Les disquettes actuellement en vente contiennent jusqu'à 1,44 Mo. Les logiciels, eux, sont diffusés sur des CD-ROM capables de contenir plus de 600 Mo.

- La taille de tous les fichiers est exprimée en octets, qu'ils contiennent du texte ou toute autre chose. Par exemple, l'arrière-plan sablonneux que Windows XP affiche sur le Bureau occupe 1 440 054 octets (reportez-vous au Chapitre 16 pour en savoir plus sur les papiers peints).

- Une page en double interligne dans le Bloc-notes équivaut à environ 1 Ko, mais la même page dans Word occupe plus de place car le fichier contient des informations supplémentaires, notamment la taille de la police, le nom de l'auteur, les favoris, les résultats de la correction orthographique et une foule d'autres codes de mise en page...

- L'Explorateur Windows et le Poste de travail indiquent la taille des fichiers en octets. Pour en savoir plus, reportez-vous à la description de l'Explorateur Windows, dans le Chapitre 11. **Une astuce à l'intention du lecteur pressé :** cliquez avec le bouton droit sur le nom d'un fichier et, dans le menu contextuel, choisissez Propriétés. Vous obtiendrez plus d'informations sur ce fichier qu'il vous en faut.

Un kilo-octet n'est pas *véritablement* égal à 1 000 octets. Ce serait trop facile. En fait, les calculs informatiques s'effectuent sur une base de 2. C'est pourquoi un kilo-octet fait 1 024 octets, c'est-à-dire 2 à la puissance 10 (2^{10}). Cela signifie que les 1 440 054 octets de l'arrière-plan du Bureau font en réalité 1,37 Mo. Le Tableau 3.1 fournit des informations supplémentaires sur l'évaluation des tailles en octets.

Tableau 3.1 : Octets et tailles de fichiers.

Terme	Abréviation	Taille approximative	Taille exacte
Octet	Aucune	1 octet	1 octet (soit 8 bits)
Kilo-octet	Ko	1 000 octets	1 024 octets
Mégaoctet	Mo	1 000 kilo-octets	1 048 576 octets
Gigaoctet	Go	1 000 mégaoctets	1 073 741 824 octets

Charger, démarrer, exécuter et lancer

Dans un bureau – un vrai –, les fichiers proviennent du service des archives et sont placés sur le bureau afin d'être consultés. Dans un ordinateur, les fichiers sont *chargés* depuis une mémoire de masse (disque dur, disquette, CD...) et placés dans la mémoire vive afin d'y être traités. Il est impossible de travailler sur un fichier ou avec un programme tant qu'il n'a pas été chargé dans la mémoire vive de l'ordinateur.

Quand vous *démarrez, exécutez* ou *lancez* un programme (logiciel), vous le mettez tout bonnement en route afin de pouvoir travailler avec. Le fait de *charger* revient à peu près au même, mais pour les pinailleurs, ce terme recouvre à la fois le chargement du logiciel et aussi des données du fichier à traiter.

Ceux qui aiment les petites images peuvent démarrer un logiciel en cliquant sur le pictogramme approprié – l'icône – visible sur le Bureau de Windows XP. Ceux qui préfèrent la littérature démarreront un logiciel en cliquant sur son nom, dans l'Explorateur Windows ou dans le Poste de travail (mais ces deux interfaces permettent aussi de cliquer sur des icônes).

La mémoire

Nous abordons ici un point délicat. Fort heureusement, il se résume à une seule règle : plus un ordinateur possède de mémoire, plus Windows XP est agréable à utiliser.

- A l'instar des fichiers, la mémoire se mesure en octets. Celle des vieux ordinateurs remisés dans un fond de garage n'était que de 640 Ko. Récemment encore, les ordinateurs étaient équipés de 64 Mo de mémoire. Aujourd'hui, cette mémoire est de 128 Mo.

- Windows XP exige au minimum 64 Mo de mémoire. Sous cette barre, il est inutile de la sortir de son emballage.

N'OUBLIEZ PAS

La mémoire vive et l'espace disponible sur le disque dur sont tous deux exprimés en octets, mais ces deux termes recouvrent deux notions fondamentalement différentes : la *mémoire vive* est celle que l'ordinateur, plus précisément le microprocesseur, utilise pour effectuer très rapidement des calculs et des traitements à la volée pendant que le logiciel est affiché à l'écran. L'espace disponible sur le disque dur est celui d'une *mémoire de masse,* le disque dur en l'occurrence. Elle n'est utilisée que pour stocker les logiciels et les fichiers informatiques.

Dans un ordinateur personnel, la mémoire de masse est supérieure à la mémoire vive pour des raisons de prix : un disque dur est moins cher que son équivalent en barrettes de mémoire vive. De plus, une mémoire de masse conserve les données même après que l'ordinateur a été éteint, alors que la mémoire vive est volatile : à la moindre coupure de courant, aussi brève soit-elle – ou si quelqu'un a l'inconséquence d'appuyer sur le bouton de réinitialisation généralement marqué *Reset* –, les données s'évanouissent sans laisser de trace.

Perdu dans ces notions d'octets, de kilo-octets, de mégaoctets et autres trucs du même tonneau ? Allez simplement en arrière à la section "Kilo-octets, mégaoctets et ainsi de suite" et (re)lisez-la.

La souris

La *souris* est cette petite chose en matière plastique avec une longue queue qui lui sort de la tête. Elle se déplace sur une grosse bille, la *boule*. Le fil est branché à l'arrière du PC. Lorsque vous bougez la souris, elle envoie à l'ordinateur des informations concernant son déplacement ; ce dernier les applique au pointeur – la flèche – visible à l'écran.

Vous pouvez déplacer la souris en cercle et observer comment le pointeur tourne en rond. Ou, pour être plus pratique, il est possible de placer la flèche visible à l'écran sur un bouton également visible à l'écran, puis de cliquer sur un bouton de la souris pour déclencher une action (pour en savoir plus, référez-vous aux sections "Le clic" et "Le double-clic" et, si vous n'êtes pas saturé, reportez-vous au Chapitre 2, qui décrit les composants de votre ordinateur).

Les réseaux

Un *réseau* interconnecte des ordinateurs afin que leurs utilisateurs puissent se partager des équipements et des informations. Tout ordinateur est capable d'envoyer des données à une imprimante, par exemple, et des gens peuvent s'envoyer des messages pour dire ce qu'ils pensent de la nouvelle coupe de cheveux de Jane.

Comme vous débutez avec Windows XP, vous pouvez vous dispenser de savoir ce qu'est un réseau. Laissez ça aux malheureux techniciens qui en ont la charge.

- A moins que vous ne travailliez en entreprise, vous n'aurez sans doute pas à vous soucier des réseaux. Mais si vous vous posez des questions, vous trouverez les réponses dans le Chapitre 9.
- Pour savoir comment vous relier à un réseau, notamment comment vous connecter à Internet avec Windows XP, allez au Chapitre 12.

Pointeurs et flèches

De prime abord, ce concept paraît élémentaire. Lorsque vous déplacez la souris sur la table, vous actionnez une petite flèche visible à l'écran. Cette flèche est un *pointeur,* parfois appelé *flèche* (dans Windows XP, beaucoup de choses ont deux noms).

Multitâche et commutation de tâches

Windows XP est capable de faire tourner plusieurs logiciels en même temps, mais les passionnés d'informatique ont en général beaucoup de mal à expliquer ce processus en termes clairs. Vous pouvez donc ne pas lire cet encadré, car ce que vous y apprendrez ne vous servira pas à grand-chose.

Les termes *multitâche* et *commutation de tâches* sont volontiers mis en valeur dans les publicités de matériel informatique, mais il n'y a pas de quoi en faire tout un plat.

Lorsque deux programmes tournent en même temps et que vous passez de l'un à l'autre, vous effectuez une *commutation de tâches.* Par exemple, si Jeff vous appelle pendant que vous êtes en train de lire, vous déposez le livre pour lui parler. Vous effectuez une commutation de tâches : vous cessez une tâche pour en commencer une autre. Il en va de même lorsque vous travaillez avec votre traitement de texte puis que vous cessez de l'utiliser pour rechercher un numéro de téléphone dans votre logiciel de gestion d'adresses.

Mais si les deux logiciels tournent simultanément, vous faites du *multitâche.* Par exemple, si vous continuez à lire tout en écoutant Jeff parler des vases grecs qu'il a vus au Musée Archéologique d'Athènes, vous faites du multitâche : vous faites deux choses à la fois. Dans Windows XP, le multitâche peut consister à jouer au Solitaire ou à élaborer une feuille de calcul compliquée tout en téléchargeant un fichier en tâche de fond et en gardant un œil sur les cours de la Bourse.

Ces deux concepts ne diffèrent que très peu, c'est pourquoi les passionnés d'informatique ont tant de difficulté à les expliquer. D'où les haussements d'épaules accompagnés d'un banal : "Oui, et alors ?"

Le pointeur est en quelque sorte un *doigt (index) électronique.* Au lieu d'appuyer directement sur l'écran, vous amenez le pointeur à l'emplacement désiré puis vous cliquez avec le bouton gauche de la souris.

Qu'y a-t-il de si compliqué ? C'est qu'en fait le pointeur n'est pas toujours une flèche. Selon l'emplacement qu'il occupe, dans Windows XP, il peut se présenter sous la forme d'une petite barre, d'une flèche à deux pointes, ou à quatre, ou se transformer en sablier, en une petite colonne dorique ou en une foule d'autres choses. Chacun de ces symboles correspond à une tâche ou à une action spécifique. Ces différentes apparences du pointeur ont été décrites dans le Chapitre 2.

Plug and Play

Autrefois, l'installation d'un nouveau matériel dans un PC exigeait de substantielles connaissances techniques pour le mettre en place puis le configurer à l'aide des logiciels qui l'accompagnaient. Autrement dit, seuls les passionnés arrivaient à comprendre ce qu'il fallait faire et parvenaient à le faire fonctionner.

C'est pourquoi des fabricants décidèrent un jour de se réunir autour d'une table pour élaborer le concept révolutionnaire du *Plug and Play* (NDT : ce terme anglais qui signifie "branchez et ça fonctionne" est utilisé tel quel en informatique). Il permet à Windows XP de reconnaître et de régler automatiquement tous les périphériques que vous serez amené à brancher sur le PC, sans aucune intervention humaine, ou si peu. Il suffit de le brancher au connecteur ou au port requis, et de laisser Windows l'interroger afin qu'il s'informe de ses spécifications et choisisse la bonne configuration.

Comme Windows XP s'occupe de tout, il ne vous est plus demandé de choisir le meilleur paramètre dans une liste. Après avoir branché le nouveau matériel, l'utilisateur n'a plus rien à faire, sinon appuyer sur le bouton Marche.

- Le processus n'est pas toujours aussi simple. Seul le matériel estampillé "Plug and Play" est automatiquement pris en charge. Avec d'autres matériels, vous devrez parfois effectuer vous-même les réglages. Avec un peu de chance, ils fonctionneront du premier coup.

- La mention "Plug and Play" est parfois remplacée par l'abréviation "PnP". Les plus sceptiques se font un malin plaisir de l'appeler "Plug and Pray", *branchez et priez.* Windows XP est capable de reconnaître toutes sortes de matériels, y compris des éléments assez anciens.

- Pour avoir les meilleures chances de succès, n'installez que des nouveaux matériels dont la boîte comporte la mention "Plug and Play" ou "Compatible Windows XP". De plus, n'installez *jamais* un deuxième périphérique avant de vous être assuré que le premier fonctionne parfaitement.

Quitter ou sortir

Dès que le moment est venu d'éteindre l'ordinateur et de reprendre le cours d'une vie normale, vous devez arrêter ou quitter les logiciels que vous utilisiez. Les termes *Quitter* (qui figure dans le menu des logiciels) et *Sortir* (en langage parlé) ont tous deux la même signification : il s'agit d'arrêter le fonctionnement du programme en cours afin de passer à des activités plus gratifiantes.

Il est fort heureusement assez facile de sortir d'un programme XP, car tous sont censés utiliser la même commande Quitter. Mais vous pouvez aussi quitter en cliquant sur le petit bouton marqué d'une croix (X) dans le coin en haut à droite de la fenêtre du logiciel.

N'arrêtez jamais l'ordinateur en coupant simplement le courant, car vous risqueriez d'engendrer une sacrée pagaille dans son contenu. Vous devez toujours quitter les programmes proprement, en laissant Windows XP effectuer le ménage. Ceci fait, il vous indiquera que l'ordinateur peut être éteint en toute sécurité.

- Quand vous appuyez sur Alt+F4 ou que vous cliquez sur le petit X en haut à droite de la fenêtre, le programme demande si vous voulez enregistrer les modifications apportées au fichier. Normalement, vous cliquez sur le petit bouton comportant une indication du genre "Ah que oui et comment que je tiens à enregistrer ce foutu travail qui m'a pris trois plombes et que je voudrais pas perdre, non mais !". En revanche, si vous n'êtes pas très fier des horreurs que vous avez pondues, cliquez sur le bouton Non. Windows éliminera toutes les modifications que vous avez apportées.

- Si, vos petits doigts s'étant incongrûment mêlés sur le clavier, vous avez appuyé sur Alt+F4 par accident, cliquez sur le bouton Annuler. Le logiciel fera comme si rien ne s'était passé. Vous pourrez poursuivre votre travail en toute quiétude.

- Windows XP permet de fermer la plupart des fenêtres des programmes en double-cliquant sur l'icône présente dans le coin en haut à gauche. Mais il est beaucoup plus simple de cliquer une seule fois sur le X en haut *à droite.* Ces deux actions sont équivalentes.

- Sauvegardez avant de quitter un programme ou d'éteindre l'ordinateur, car les ordinateurs n'ont pas toujours la délicatesse d'enregistrer automatiquement votre travail.

La commande Enregistrer

Enregistrer signifie que le travail que vous venez d'effectuer sur l'ordinateur (NDT : pour être plus précis, dans la mémoire vive de ce dernier) est recopié sur une mémoire de masse (le disque dur) pour plus de sécurité. Tant que vous n'avez pas enregistré votre travail, l'ordinateur considère que vous avez vaguement bricolé de-ci, de-là ces quatre dernières heures ; vos œuvres sont à la merci de la moindre coupure de courant ou, ce qui est plus fréquent, d'un blocage inopiné du logiciel ou de la machine. C'est pourquoi vous devez demander spécifiquement à l'ordinateur d'enregistrer le travail sur le disque dur afin de le mettre en lieu sûr.

Grâce aux préconisations formulées par Microsoft, tous les programmes tournant sous Windows XP utilisent la même commande Enregistrer, quel que soit l'éditeur qui a pondu le logiciel. Appuyez puis relâchez les touches Alt, F et S, dans n'importe quel logiciel XP, et l'ordinateur enregistre docilement le travail (NDT : dans la majorité des programmes, le raccourci clavier Ctrl+S effectue la même chose).

Si l'enregistrement est effectué pour la première fois, Windows XP demande de nommer le fichier et de choisir le dossier dans lequel il sera stocké. Nous allons parler de tout cela dans le Chapitre 4.

- Les fichiers peuvent être enregistrés sur le disque dur ou sur une disquette. Certaines personnes les enregistrent sur des disquettes Zip à grande capacité ou sur des disques compacts inscriptibles (reportez-vous au Chapitre 2 pour en savoir plus). Si vous avez accès au réseau informatique d'une entreprise, vous pourrez souvent enregistrer vos fichiers sur d'autres ordinateurs.

- Si vous préférez utiliser la souris pour enregistrer des fichiers, cliquez sur le mot Fichier, dans le menu principal situé en haut de la fenêtre, puis, dans le menu déroulant, choisissez Enregistrement. Dans de nombreux logiciels, une barre d'outils affiche l'icône d'une disquette ; cliquez dessus pour procéder à l'enregistrement.

- Donnez un nom évocateur à vos fichiers. Windows XP autorise jusqu'à 255 caractères. Il est ainsi plus facile de retrouver un fichier nommé *Rapport des ventes de balayettes* qu'un fichier nommé *Machins*.

- Dans certains programmes, comme Microsoft Word pour Windows, une fonction d'*enregistrement automatique* enregistre le travail en cours à intervalles prédéfinis, toutes les cinq minutes par exemple.

La commande Enregistrer sous

Non, cette commande ne sert pas à enregistrer vos petites économies, car l'ordinateur n'est pas un tiroir-caisse (du moins pas encore…). Elle sert en fait à enregistrer un fichier sous un autre nom, ou à un autre endroit.

Supposons que vous ayez ouvert le fichier nommé Rêveries aléatoires, que vous avez stocké dans le dossier Ecrits divers, et que vous y avez modifié quelques phrases. Vous voulez enregistrer ces modifications, mais sans toucher au fichier original. Pour ce faire, vous choisirez la commande Enregistrer sous, et vous nommerez le fichier *Rêveries aléatoires - ajouts*.

- La commande Enregistrer sous est identique à la commande Enregistrer lorsque cette dernière est utilisée la première fois. Dans les deux cas, vous pouvez nommer le fichier à votre guise et choisir librement le dossier de stockage.
- Le plus gros coquillage du monde peut peser jusqu'à 250 kilos.

ScanDisk

Vous avez peut-être déjà eu affaire à ce programme, souvent assez abruptement et au plus mauvais moment. Il apparaît en effet suite à un plantage de l'ordinateur, ou si ce dernier a été éteint sans passer par les commandes Démarrer puis Arrêter. ScanDisk est automatiquement démarré lorsque l'ordinateur est rallumé.

Vous lui devez beaucoup. ScanDisk est en effet un analyseur de disques qui examine le disque dur, recherche les éventuelles erreurs causées par l'interruption intempestive – ou par toute autre manipulation – et les répare avant d'autoriser le démarrage de Windows.

Les raccourcis

Le concept de *raccourci* est familier à la plupart d'entre nous : pourquoi se fatiguer à contourner tout un pâté de maisons pour aller à l'école ou au travail quand un raccourci à travers le potager d'Hilarion Lefuneste fera gagner plus de la moitié du chemin ?

Il en va de même avec Windows XP. Au lieu de se coltiner une tapée de fenêtres ou de menus pour atteindre un élément (fichier, lien Internet...), vous pouvez créer un raccourci que vous affecterez à une icône. En double-cliquant sur l'icône de ce raccourci, Windows XP vous amènera directement à cet élément.

Vous pouvez créer un raccourci pour le courrier que vous êtes en train d'écrire, par exemple ; vous le placerez sur le Bureau, à portée de main (ou plus exactement de souris). Double-cliquer dessus permettra à Windows XP d'accéder directement au dossier et au fichier concerné, de démarrer le traitement de texte et de charger la lettre, qui apparaît aussitôt à l'écran.

Un *raccourci* n'est finalement qu'un bouton qui charge un fichier et/ou un programme. Vous pouvez même créer des raccourcis pour votre imprimante ou pour un dossier souvent utilisé.

Pour créer sur le Bureau un raccourci vers un fichier, un dossier ou un programme (logiciel), ouvrez le Poste de travail ou l'Explorateur Windows, puis cliquez avec le bouton droit de la souris sur l'élément vers lequel le raccourci doit pointer. Dans le menu contextuel, choisissez l'option Envoyer vers, puis Bureau (créer un raccourci). Le raccourci est l'icône qui apparaît aussitôt sur le Bureau. Très plaisant !

- Fou d'Internet, Windows XP permet même de créer des raccourcis vers vos pages Web favorites, ce qui facilite leur accès directement depuis le Bureau : pointez simplement sur l'icône située à côté de l'adresse du site Internet, puis faites-la glisser sur le Bureau.

- Le toujours utile bouton Démarrer crée automatiquement un raccourci vers les cinq derniers documents que vous avez ouverts. Cliquez sur ce bouton et recherchez les raccourcis. Pour régler leur nombre, cliquez sur le bouton Démarrer avec le bouton droit de la souris, choisissez Propriétés puis cliquez sur l'onglet Menu Démarrer. Cliquez ensuite sur le bouton Personnaliser. Vous pourrez définir le nombre de raccourcis affichés, de zéro à neuf. Le bouton Effacer la liste sert à supprimer la liste afin d'en commencer une nouvelle.

- Un raccourci n'est pas un logiciel. Ce n'est qu'un bouton contenant une commande qui démarre un programme. Quand vous supprimez un raccourci, vous ne supprimez pas du tout le programme lui-même ; vous supprimez seulement un bouton qui pointe vers ce programme. Vous pourrez toujours accéder au logiciel à travers la fenêtre Poste de travail ou celle de l'Explorateur Windows.

Les fichiers temporaires

A l'instar des enfants qui ne rangent jamais leurs jouets, Windows XP laisse traîner un tas de choses dans l'ordinateur. Ces choses sont notamment les *fichiers temporaires,* c'est-à-dire des fichiers "secrets" que Windows XP utilise pour stocker des informations techniques pendant qu'il fonctionne. Ils sont normalement détruits lorsque vous quittez le programme. Mais parfois Windows oublie de faire le ménage et en laisse de-ci, de-là dans le disque dur.

- Les fichiers temporaires ont généralement – mais pas toujours – une extension .tmp. Des fichiers comme ~DOC0D37.TMP, ~WRI3F0E.TMP, ~$DIBLCA.ASD et autres fichiers de ce genre usuellement précédés par un tilde (~) sont des fichiers temporaires.

- Si vous sortez de Windows XP comme un malpropre – c'est-à-dire en éteignant l'ordinateur sans autre forme de procès –, ce dernier n'aura aucune possibilité de faire le ménage et d'éliminer le fouillis de fichiers temporaires qu'il a engendré. C'est ainsi que vous découvririez jusqu'à des centaines de fichiers TMP qui encombrent joyeusement le disque dur. Veillez toujours à quitter Windows dans les règles, en cliquant sur le bouton Démarrer et en choisissant dans le menu l'option Arrêter.

- Pour libérer de la place inutilement occupée sur le disque dur, utilisez l'option Nettoyage du disque. Dans le menu Démarrer, choisissez Poste de travail, cliquez sur un disque dur avec le bouton droit de la souris, choisissez Propriétés, puis cliquez sur le bouton Nettoyage du disque. La boîte de dialogue qui apparaît permet d'éliminer des kyrielles de vieux fichiers de maintenance désormais inutiles, notamment les fichiers temporaires.

Les fenêtres

Windows XP permet de faire tourner plusieurs programmes en même temps en les plaçant dans des *fenêtres*. Une fenêtre est fondamentalement un rectangle affiché à l'écran.

Ces boîtes peuvent être déplacées. Il est aussi possible de les agrandir ou de les réduire, et de faire en sorte que l'une d'elles occupe la totalité de l'écran. Vous pouvez les réduire à la taille d'une icône, en bas de l'écran ; c'est ce que finissent par faire les nouveaux utilisateurs de Windows XP qui commencent à en avoir un peu marre.

- Vous pouvez placer autant de fenêtres à l'écran que vous le désirez, et les contempler toutes en même temps ou les regarder chacune tour à tour. Ces options réveillent le voyeur qui sommeille en chacun de nous. Notez cependant que plus vous ouvrez de fenêtres, plus Windows a tendance à être ralenti.

- Pour savoir comment déplacer les fenêtres et les redimensionner, allez au Chapitre 6. Pour savoir comment atteindre une fenêtre spécifique dans un empilement, allez tout de suite au Chapitre 7.

Le World Wide Web

Le World Wide Web (la "toile d'araignée mondiale"), plus simplement appelé le "Web", est le moyen idéal d'acquérir des quantités d'images, de sons et d'informations à partir du réseau Internet. Reportez-vous à la section "Internet", précédemment dans ce chapitre, ou, si vous êtes *vraiment* intéressé, jetez un coup d'œil au Chapitre 12.

Deuxième partie

Mettre Windows XP à l'ouvrage

"Oui, Unicenter est équipé d'une fonction d'aide automatique. Pourquoi tu me demandes ça ?"

Dans cette partie...

Windows XP est plus amusant que les gadgets à trois sous d'une pochette-surprise. Avec lui, vous pouvez faire d'infernales parties de flipper, jouer au backgammon sur Internet avec des adversaires que vous ne connaissez pas, et aussi monter les films que vous avez tournés avec votre caméscope numérique ou envoyer des photos à vos amis.

Certains de vos amis gâcheront évidemment tout votre plaisir en vous demandant bêtement : "Montre-moi un peu ce que Windows XP sait faire d'utile comme gérer les comptes ou apprendre aux enfants qu'il faut rincer une assiette avant de la mettre dans le lave-vaisselle."

Cette deuxième partie du livre vous donnera de quoi répondre du tac au tac.

Chapitre 4

Démarrer Windows XP

Dans ce chapitre :

- Démarrer Windows XP et terminer la session.
- Démarrer un programme.
- Découvrir les menus déroulants.
- Charger un fichier.
- Afficher deux programmes à la fois.
- Imprimer et enregistrer votre travail.

Microsoft a conçu Windows XP afin qu'il puisse s'insérer dans les vastes réseaux d'ordinateurs d'une entreprise, mais il est aussi adapté au fonctionnement sur un seul ordinateur. Que votre ordinateur connaisse une douce solitude ou s'ébatte joyeusement en compagnie de ses semblables, l'apparence de Windows XP est à peu près la même, comme nous le verrons dans ce chapitre.

Vous découvrirez dans ces pages comment démarrer Windows XP, lui faire faire certaines choses et comment le quitter quand vous aurez fini. Vous constaterez aussi que non seulement Windows XP vous reconnaît, mais qu'il vous met à l'aise en vous autorisant à modifier ses couleurs selon vos préférences.

Ce chapitre explique où se trouve Windows dans l'ordinateur et comment s'en occuper correctement. Vous apprendrez à le faire travailler avec plusieurs programmes à la fois sans renâcler à la tâche. Vous découvrirez aussi comment envoyer un travail vers l'imprimante, ce qui vous permettra de convaincre vos collègues dubitatifs que vous êtes quand même capable de tirer quelque chose d'utile de Windows XP.

Enfin, vous verrez comment *fermer une session* de Windows XP, autrement dit comment éteindre l'ordinateur jusqu'au lendemain, ou jusqu'à ce que vos gamins s'en emparent pour jouer à des jeux vidéo jusqu'à des heures indues.

Ouvrir une session de Windows XP

Si Windows XP est déjà installé dans l'ordinateur (ce qui est le plus souvent le cas), il apparaît automatiquement dès le démarrage. Mais avant de commencer quoi que ce soit, il affiche le bel écran d'accueil que montre la Figure 4.1 et attend que vous *ouvriez une session de travail.*

Figure 4.1 Windows XP demande à chaque utilisateur d'ouvrir une session. Cela lui permet de savoir qui est en train de travailler sur l'ordinateur.

Comme vous le constatez, Windows XP permet à une foule de gens de travailler tour à tour avec le même ordinateur, en distinguant bien l'environnement des uns et des autres. Pour ce faire, il doit savoir qui est au clavier. C'est pourquoi il vous demande de démarrer une *session de travail* et de vous présenter en cliquant sur votre *nom d'utilisateur,* comme on le voit Figure 4.1. Quelques instants après le clic, Windows XP affiche votre Bureau, prêt à être mis en désordre.

Quand le travail sera fini, ou si vous comptez faire une petite pause, vous quitterez la session de travail, comme nous le verrons à la fin de ce chapitre. Quelqu'un d'autre pourra ainsi utiliser l'ordinateur. Vous pourrez reprendre le travail plus tard et retrouver le fouillis tel que vous l'avez laissé sur votre Bureau.

- Si le Bureau est un infâme fouillis, c'est de *votre* désordre qu'il s'agit. De retour à l'ordinateur, votre courrier sera là où vous l'avez enregistré. Jerry ne pourra en aucun cas avoir accidentellement supprimé vos fichiers ou vos dossiers en jouant à Devastator. Si vous avez laissé le Bureau en désordre, vous le retrouverez en désordre.

- En ouvrant un compte distinct pour chaque utilisateur, Windows XP fait comme si chaque personne du foyer avait son propre ordinateur, configuré de la manière qui lui plaît. Le Bureau de Jerry contient les icônes de ses jeux préférés, et celui de Tina des liens Internet vers les sites d'aquarelle et de décoration qu'elle affectionne. Quant à Mélissa, elle a rangé tous ses fichiers MP3 dans son dossier Musique personnalisé.

- Si vous êtes seul à utiliser l'ordinateur, Windows XP passe la page d'accueil. Vous n'avez pas à ouvrir une session de travail.

- La grande question, bien sûr, est de savoir comment personnaliser les icônes du nom d'utilisateur avec une image particulière, comme dans la Figure 4.1. Nous verrons cela en détail dans le Chapitre 9.

TRUC

- Vous n'avez pas reçu de nom d'utilisateur ? Trois possibilités s'offrent à vous : si vous venez d'acheter l'ordinateur, recherchez celui nommé Administrateur et utilisez-le. Si vous n'êtes pas le propriétaire de l'ordinateur et que vous avez trouvé l'icône Invité, cliquez dessus pour obtenir gracieusement un compte à ce nom. Ou encore, adressez-vous au propriétaire de l'ordinateur, qui est sans aucun doute l'Administrateur, et demandez-lui de vous créer un compte.

Il me demande un mot de passe !

Windows XP permet à une foule de gens d'utiliser un même ordinateur sans interférer avec le travail d'autrui. Mais comment s'assurer que quelqu'un ne lise pas subrepticement les lettres d'amour d'Henry Rollins ? Et comment configurer l'ordinateur afin que personne ne puisse accidentellement supprimer vos lettres à vous ? Comment Josh fera-t-il pour que le papier peint rose à pois verts de Grace ne remplace pas le sien, avec le vaisseau spatial, lorsqu'elle démarre une session de travail ? Un mot de passe résout la plupart de ces problèmes.

En entrant un mot de passe secret au démarrage d'une session, comme dans la Figure 4.2, vous faites en sorte que l'ordinateur ne reconnaisse que *vous*. Si

Démarrer Windows XP pour la première fois

Vous venez juste d'installer Windows XP ou d'allumer votre nouvel ordinateur ? Vous devrez dans ce cas procéder à quelques tâches supplémentaires. Elles varient selon la manière dont l'ordinateur a été configuré par le fabricant ou en boutique. Voici toutefois un aperçu des points que vous devrez vérifier (cliquez sur Suivant après avoir rempli chaque page) :

Options régionales et linguistiques : Windows XP se doit de connaître votre langue et votre situation géographique afin d'afficher les termes appropriés, le format monétaire et autres informations typiques.

Personnalisez votre logiciel : Tapez votre nom ainsi que celui de votre organisation.

Clé du produit : Tapez le code composé de lettres et de chiffres qui figure sur le boîtier du CD-ROM (sans ce code, Windows XP ne peut pas fonctionner).

Nom de l'ordinateur : Choisissez librement un nom pour votre ordinateur et tapez-le dans la zone de texte (ce nom facilite l'identification de votre ordinateur sur le réseau).

Options de modem et de téléphonie : Tapez le pays, le code régional et toutes autres informations téléphoniques.

Réglage de la date et de heure : Windows arrive à déterminer automatiquement la date et l'heure correctes.

Paramètres de gestion de réseau : À moins que vous ne vous y connaissiez, choisissez Paramètres classiques.

Windows XP vous demande ensuite de patienter quelques minutes pendant la configuration de l'ordinateur.

Connexion Internet : L'ordinateur sera-t-il connecté à Internet au travers d'un réseau ou directement par son modem ? Cliquez sur Oui ou sur Non, puis sur le bouton Suivant.

Activation de Windows : Vous pouvez activer Windows dès à présent ou le faire dans les 30 jours. Après ce délai, il cessera de fonctionner.

Enregistrement : Si vous désirez des informations publicitaires émanant de Microsoft, cliquez sur Oui. Sinon, cliquez sur Non pour ignorer cette option facultative.

Groupe de travail ou domaine d'ordinateurs : Tapez les noms des personnes qui utiliseront l'ordinateur, en commençant par le vôtre, tout en haut de la liste. Personne d'autre que vous n'est censé pianoter sur le clavier ? Ne tapez que votre nom puis cliquez sur Suivant.

Démarrer Windows XP pour la première fois (*suite*)

Si ces différents éléments vous déroutent, cliquez sur le bouton Aide, en bas de l'écran.

C'est fait ! Si vous avez commis une erreur dans l'une ou l'autre de ces boîtes de dialogue, vous pourrez la corriger dans le Panneau de configuration décrit dans le Chapitre 16.

vous avez pris la précaution de protéger votre nom d'utilisateur par un mot de passe, personne d'autre n'accédera à vos fichiers, hormis cependant l'administrateur de l'ordinateur qui bénéficie d'un accès complet à l'intégralité de la machine et peut même supprimer votre compte.

Figure 4.2 L'utilisation d'un mot de passe garantit que vous seul pouvez accéder à vos fichiers.

- Selon l'étendue du réseau et le niveau de sécurité, un mot de passe permet de faire beaucoup de choses. Le plus souvent, il se contente de vous laisser utiliser l'ordinateur. Mais parfois aussi il vous autorise à partager des fichiers avec d'autres ordinateurs du réseau.
- Comme un réseau peut s'avérer terriblement difficile à configurer et à gérer, la plupart des entreprises qui possèdent un vaste système informatique emploient un administrateur de réseau à plein temps. C'est à lui que vous devrez vous adresser si quelque chose va mal.
- Windows XP exige que quelqu'un soit déclaré comme administrateur, même si l'ordinateur n'est pas relié à d'autres. Seul l'administrateur a le droit d'ouvrir de nouveaux comptes à de nouveaux utilisateurs, d'installer des logiciels, de graver des CD et d'accéder aux fichiers de

l'ordinateur, même à ceux des autres utilisateurs. Si ce domaine vous intéresse, rendez-vous au Chapitre 9.

- Vous n'avez pas de mot de passe ? Après avoir ouvert une session, cliquez sur le bouton Démarrer, choisissez Panneau de contrôle puis sélectionnez l'icône Comptes d'utilisateur. Cliquez sur les mots *Créer un mot de passe* puis tapez un mot de passe facile à se remémorer et bien sûr inconnu de quiconque. Retapez-le dans la deuxième zone de texte et, dans la troisième, tapez une indication – un pense-bête – qui facilite sa remémoration. Cliquez sur le bouton Créer le mot de passe. Windows XP vous le demandera la prochaine fois que vous ouvrirez une session (si vous êtes l'administrateur, vous devrez d'abord choisir un compte et ensuite seulement sélectionner l'option Créer un mot de passe).

- Vous avez oublié le mot de passe ? Cliquez sur le point d'interrogation visible dans la Figure 4.2 ; il est affiché chaque fois que vous cliquez sur un nom d'utilisateur. Un pense-bête donne une indication qui vous permet de le retrouver (d'où l'intérêt de choisir un petit texte ayant véritablement une valeur mnémotechnique, lorsque vous créez le mot de passe). Attention : n'importe qui peut lire votre pense-bête. A vous de faire en sorte qu'il vous mette sur la voie sans que les autres puissent le deviner.

TRUC

- Choisissez un mot de passe bref et simple : le nom de votre légume préféré, par exemple, ou la marque de votre dentifrice (NDT : ou un lieu géographique exotique ou un mot dans une langue rare. Le nom d'un petit village du Malawi ou le mot "maison" en tagalog seront toujours difficiles à deviner. Evitez le prénom d'un proche, ou des mots passe-partout comme "ordinateur" ou "système".). Voyez votre administrateur si Windows XP n'accepte pas votre mot de passe. Il trouvera toujours un moyen de démarrer votre session.

- Les mots de passe différencient les majuscules des minuscules. Autrement dit, *caviar* est différent de *Caviar.* Pour l'ordinateur, tous ces mots sont différents.

Lancer un logiciel avec le bouton Démarrer

Lorsque Windows XP vient de prendre le contrôle de votre ordinateur, il transforme l'écran en pseudo-bureau rempli de boutons avec leurs noms. Cliquez sur l'un d'eux et un programme s'ouvre à l'écran dans sa propre fenêtre. Cliquez sur le bouton Démarrer, en bas à gauche de l'écran, et vous aurez un choix encore plus étendu de boutons, comme le montre la Figure 4.3.

Pour que Windows cesse de demander un mot de passe

Windows ne demande votre nom et un mot de passe que s'il doit identifier la personne qui s'installe au clavier. Il en a besoin pour les trois raisons que voici :

- Votre ordinateur fait partie d'un réseau ; votre identité lui permet de savoir à quelles parties de ce réseau vous avez accès.
- Le propriétaire de l'ordinateur tient à délimiter ce que vous avez le droit de faire ou de ne pas faire.
- L'ordinateur est partagé avec d'autres personnes. Chacune désire obtenir une apparence et un comportement personnalisés de Windows XP lorsqu'elle ouvre une session.

Si vous ne travaillez pas en réseau, désactivez la demande de mot de passe au réseau en double-cliquant sur l'icône Comptes d'utilisateur du Panneau de configuration et en choisissant l'option Supprimer mon mot de passe.

Windows XP ne demandera désormais plus le mot de passe. Il en résulte que n'importe qui peut ouvrir une session en utilisant votre nom d'utilisateur et accéder à vos fichiers, voire les supprimer. Si vous travaillez dans un bureau, cette absence de sécurité peut avoir de graves conséquences. Si un mot de passe vous a été affecté, il est de loin préférable de le conserver.

Du fait que chacun des boutons est accompagné d'une petite image, ces boutons sont appelés *icônes*. L'image donne une idée de ce que contient le programme. Cliquez sur l'une d'elles et son programme apparaît aussitôt, prêt à l'emploi. Cliquez sur l'icône montrant une enveloppe timbrée, par exemple, et vous démarrez Outlook Express, un logiciel de messagerie qui permet de recevoir et d'envoyer du courrier électronique.

Cliquez sur l'icône avec un grand "e" bleu, et c'est Internet Explorer qui arrive, prêt à faire une virée sur Internet. Les programmes les plus fréquemment utilisés – la liste varie selon l'usage que vous en faites – apparaissent habituellement sous les icônes Internet et Courrier électronique.

Pour accéder à la plus grande partie de vos programmes, cliquez sur le bouton Tous les programmes. Un menu s'affiche, contenant plein d'autres programmes. Ce sont des programmes que vous n'avez pas encore utilisés, ou trop peu pour que Windows juge utile de leur affecter des icônes et de les placer dans la longue liste sous les icônes Internet et Courrier électronique.

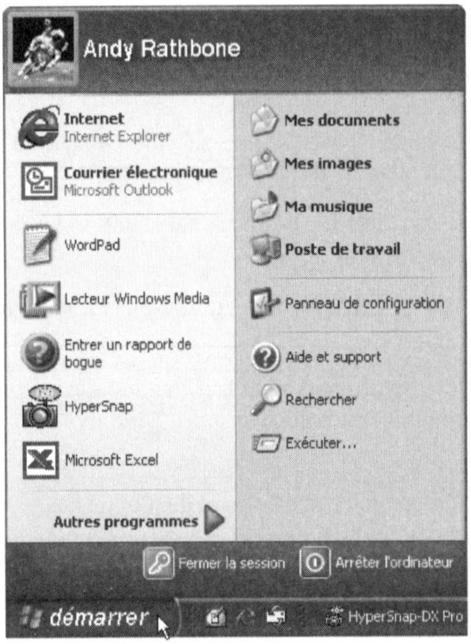

Figure 4.3 Le bouton Démarrer de Windows XP dévoile une foule de menus servant à démarrer des programmes.

Dans son exposé sur le menu Démarrer, le Chapitre 10 explique comment accéder à tous ces programmes.

- Le bouton Démarrer n'est rien d'autre qu'un vaste panneau truffé de boutons. Quand vous appuyez sur l'un d'eux en le désignant avec le pointeur de la souris et en cliquant dessus, le programme associé au bouton apparaît au premier plan à l'écran, dans une petite fenêtre.

- Si tous ces *clics* et *doubles-clics* vous passent un peu par-dessus la tête, allez au Chapitre 3. Vous n'êtes pas le seul dans ce cas.

- Vous ne savez pas à quoi sert telle ou telle icône ? Immobilisez le pointeur de la souris un instant dessus et en général Windows affiche un petit message explicatif. De même, si une option de menu donne accès à un sous-menu, lorsque vous cliquez dessus, immobiliser le pointeur de la souris sur cette option affiche le sous-menu.

- Le bouton Démarrer peut être personnalisé d'un tas de façons. C'est pourquoi le contenu du vôtre risque parfois d'être légèrement différent de ce qui est expliqué ici. Reportez-vous au Chapitre 10 pour savoir comment procéder à cette personnalisation.

Les menus déroulants

Windows XP – grâces lui en soient rendues – fait tout ce qu'il peut pour faciliter l'utilisation de l'ordinateur. Par exemple, le bouton Démarrer propose de nombreuses options. Il suffit d'en choisir une et Windows XP se charge du reste.

Mais si Windows XP affichait toutes les options en même temps à l'écran, ce dernier serait aussi rempli que le menu d'un restaurant chinois. Pour éviter ces complications, Windows XP cache certains menus. Ils apparaissent lorsque vous cliquez au bon endroit.

Commençons par exemple par charger le petit traitement de texte WordPad. Si son icône se trouve dans le grand menu, il suffit de cliquer dessus. Mais si vous ne l'apercevez pas, vous devrez le chercher à un autre niveau. Commencez par cliquer sur le menu Démarrer. Dès qu'il s'est affiché, cliquez sur les mots Tous les programmes, en bas de l'écran. Et hop ! Un nouveau menu apparaît. Cliquez sur Accessoires. Un autre menu s'affiche, qui contient l'option WordPad. Cliquez dessus pour ouvrir ce logiciel.

Ne vous en faites pas si tout ça vous semble bien compliqué. La manipulation est plus rapide que vous le pensez. Le menu Démarrer a presque droit à un chapitre pour lui tout seul, le Chapitre 10.

Vous avez remarqué la rangée de noms, en haut de WordPad, qui commence par Fichier ? Tous les programmes tournant sous Windows XP ont une rangée du même genre. Amenez le pointeur de la souris sur le mot Fichier puis cliquez dessus.

Un menu se déploie sous le mot Fichier. Il s'agit d'un *menu déroulant,* visible dans la Figure 4.4.

- Un menu déroulant est associé à chacun des mots-clés visibles en haut d'un programme Windows. Cliquez simplement dessus et le menu apparaît.
- Pour fermer un menu, cliquez en dehors de lui.
- D'un programme (ou logiciel) à un autre, le contenu de la barre de menus varie. Le mot Fichier se trouve cependant au début de la plupart d'entre elles. Le menu Fichier contient des options de fichier comme Ouvrir, Enregistrer, Imprimer et Tondre les moutons.
- Vous n'avez pas fini de voir des menus déroulants se déployer un peu partout dans Windows XP.

Figure 4.4
Cliquez sur l'un des mots visibles en haut de tout programme pour déployer un menu déroulant.

Charger un fichier

Commençons par la mauvaise nouvelle : il arrive que le chargement d'un fichier soit parfois un tantinet compliqué. Car *charger* un fichier est la même chose qu'*ouvrir* un fichier.

Cela dit, passons à la bonne nouvelle : tous les programmes pour Windows XP *se chargent exactement de la même manière.* Une fois que vous avez appris à le faire pour un programme, vous savez le faire avec tous les autres !

Une autre grande nouvelle : pour ouvrir un fichier avec n'importe quel programme pour Windows XP, allez dans la *barre de menus,* c'est-à-dire cette rangée de mots qui se trouve en haut. Comme c'est un *fichier* que vous recherchez, cliquez sur le mot Fichier, ainsi que nous l'avons indiqué précédemment.

Le menu déroulant apparaît sous le mot Fichier ; il contient une liste de termes qui semblent fort intéressants. Comme vous envisagez d'ouvrir un fichier, déplacez la souris jusqu'au mot Ouvrir puis cliquez dessus.

Une boîte de dialogue, identique à celle de la Figure 4.5, s'affiche à l'écran. Le mot Ouvrir est visible dans sa barre supérieure, appelée *barre de titre*.

Vous avez vu la liste de noms de fichiers dans la boîte de dialogue ? Pointez sur l'un d'eux avec la souris, cliquez dessus et le nom de ce fichier apparaît dans la zone de texte Nom du fichier. Cliquez sur le bouton Ouvrir : WordPad ouvre le fichier et affiche son contenu.

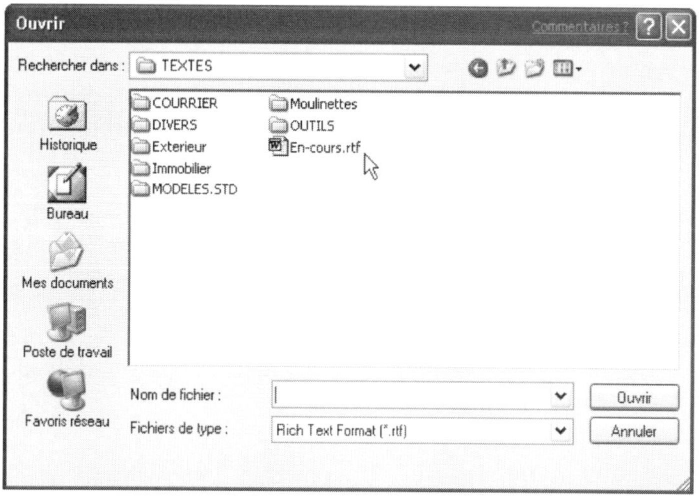

Figure 4.5 Quasiment tous les programmes affichent une boîte de dialogue semblable à celle-ci lorsque vous chargez ou enregistrez un fichier.

Vous avez réussi ! Vous venez de charger un fichier dans un programme. Ces étapes sont identiques dans tous les logiciels que vous serez amené à utiliser dans Windows XP, qu'ils aient été écrits par Microsoft ou par un gamin boutonneux féru d'informatique. Tous respectent la même procédure.

- Parfois, vous ne trouverez pas du premier coup le fichier que vous recherchez. Il n'apparaît pas dans la liste. Cela signifie que vous devrez faire un peu de spéléologie. De même que la plupart des gens rangent leurs sous-vêtements et leurs tee-shirts dans différents tiroirs, la plupart des utilisateurs d'ordinateurs stockent leurs fichiers en différents endroits appelés *dossiers*. Double-cliquez sur l'un de ces dossiers pour savoir ce qu'il contient. Si vous avez du mal à découvrir où se trouve le fichier à ouvrir, allez au Chapitre 11.

TRUC

- Vous avez repéré le fichier à ouvrir ? Vous accélérerez la procédure en double-cliquant dessus. Par cette action, vous indiquez à Windows XP qu'il doit immédiatement le charger.

- Chaque fois que vous ouvrez un fichier et que vous le modifiez, si peu que ce soit (par accident, par exemple, en appuyant sur la barre Espace), Windows considère que cette modification a été faite sciemment. Si vous essayez de charger un autre fichier dans ce programme, Windows demande par précaution si vous voulez enregistrer les modifications du fichier courant. Si la modification a été faite involontairement – et seulement dans ce cas ! –, cliquez sur le bouton Non.

- La boîte de dialogue Ouvrir comporte un grand nombre d'options. Vous pouvez notamment ouvrir des fichiers stockés dans d'autres fichiers ou sur d'autres disques. Il est aussi possible de limiter l'affichage des fichiers à ceux produits par certains logiciels ; cette opération s'appelle *filtrage*. Elle est expliquée dans le Chapitre 5, dans la section "Dites-moi simplement comment ouvrir un fichier !".

TRUC

- Vous n'avez aucune idée de ce que toutes ces icônes en haut et sur le côté sont censées faire ? Immobilisez simplement la souris sur l'une d'elles et une petite info-bulle indique à quoi elle sert.

- Vous êtes encore dans le flou en ce qui concerne les *fichiers, dossiers, répertoires* et *lecteurs ?* Allez au Chapitre 11 pour des explications sur l'Explorateur Windows.

Afficher deux programmes simultanément

Après avoir cassé votre tirelire pour acheter Windows XP et un ordinateur assez puissant pour le faire tourner, vous ne vous contenterez pas du seul programme affiché à l'écran. Vous voudrez remplir l'écran de programmes, qui tous tourneront en même temps dans leur propre petite fenêtre.

Comment afficher un deuxième programme ? Si vous avez ouvert WordPad en cliquant sur son bouton dans le menu Accessoires du bouton Démarrer (dans la zone Programmes), vous serez tenté de charger Pinball, le simulateur de flipper livré avec Windows. Il suffit simplement de cliquer sur le menu Démarrer et de naviguer parmi les menus, comme nous l'avons décrit ci-dessus dans la section "Lancer un logiciel avec le bouton Démarrer".

Voici la marche à suivre : cliquez sur le bouton Démarrer, puis sur Tous les programmes, puis sur Accessoires, puis sur Jeux, puis sur Pinball, en bas du dernier menu. Le jeu de flipper démarre aussitôt.

- Cette section est volontairement brève. Lorsque vous travaillez sous Windows XP, deux programmes ou plus sont presque toujours affichés à l'écran. Comme il n'y a pas grand-chose à dire, il n'y a aucune raison de s'attarder.

- Pour savoir comment afficher plusieurs fenêtres à la fois, reportez-vous au Chapitre 6.

- Si vous avez démarré le jeu Pinball, vous vous êtes sûrement demandé pourquoi la fenêtre de WordPad a disparu. En fait, elle est maintenant occultée par la fenêtre du jeu vidéo. Pour la récupérer, voyez dans le

Chapitre 7 comment procéder pour réafficher une fenêtre masquée. Ou encore, si vous apercevez un bouton marqué WordPad en bas de l'écran, cliquez dessus pour placer le traitement de texte à l'avant-plan.

- Là où ça se complique, c'est quand vous voulez déplacer des données d'un programme vers un autre. Cette manipulation est expliquée dans le Chapitre 8. Sachez d'ores et déjà que le déplacement de données entre des fenêtres s'effectue par un *couper-coller,* dans le jargon Windows.

- Pour passer d'une fenêtre à une autre, cliquez simplement dedans. La fenêtre dans laquelle vous avez cliqué devient *active* : c'est en effet dans cette fenêtre que se déroule toute activité. Pour en savoir plus sur le passage d'une fenêtre à une autre, rendez-vous au Chapitre 6.

Imprimer votre travail

Il vous arrivera souvent de devoir imprimer votre travail afin de le montrer autour de vous. L'impression à partir d'un programme Windows XP (ou d'un logiciel, d'une applet ou de toute autre application) s'effectue en seulement deux clics : le premier sur le mot Fichier, dans la barre de menus située en haut du programme ; le second sur Imprimer dans le menu déroulant.

Un autre menu apparaît, qui vous demande sous quelle forme votre travail doit être imprimé. Si l'ordinateur est relié à plusieurs imprimantes, vous devrez choisir celle que vous voulez utiliser. Il vous faudra aussi préciser si toutes les pages doivent être imprimées ou seulement une seule, et aussi en combien d'exemplaires. Répondez à toutes ces questions puis cliquez sur le bouton Imprimer. Notez que si tout doit être imprimé en un seul exemplaire sur l'imprimante habituelle, vous pouvez vous dispenser de répondre aux questions et vous contenter de cliquer directement sur Imprimer.

Ce qui est affiché à l'écran (NDT : et au-delà) est rapidement transféré dans l'imprimante.

- Si rien ne sort de l'imprimante après quelques dizaines de secondes, vérifiez si elle contient du papier et si elle est allumée. S'il ne se produit toujours rien, allez sur la pointe des pieds, sans vous faire remarquer, jusqu'au Chapitre 17.

- Chaque fois que vous imprimez quelque chose à partir de Windows XP, vous activez en réalité un autre programme qui gère l'imprimante et l'alimente en données. Ce programme est matérialisé par une petite icône, en bas à droite de l'écran.

- De nombreux programmes comme WordPad comportent, en haut, une petite icône avec le dessin d'une imprimante. Cliquer dessus est un moyen commode et rapide de demander au programme d'envoyer le travail à l'imprimante.

Enregistrer votre travail

Chaque fois que vous créez quelque chose avec un logiciel tournant sous Windows XP, qu'il s'agisse du design d'une cuillère à café ou d'une lettre au journal *Le Monde* demandant s'ils n'auraient pas une page à consacrer à votre bande dessinée, vous devez penser à enregistrer cette création sur le disque.

L'enregistrement consiste à placer une copie de votre œuvre dans une mémoire de masse, qu'il s'agisse du mystérieux disque dur planqué quelque part dans l'ordinateur, d'une disquette ou d'une de ces jolies galettes en plastique que vous avez toujours été tenté d'utiliser comme dessous de verre (ce qui est fortement déconseillé).

Fort heureusement, Windows XP facilite grandement l'enregistrement de votre travail. Cliquez sur Fichier, dans la barre de menus, puis, dans le menu qui ne manque pas d'apparaître, sur Enregistrer. Le pointeur de la souris se transforme en sablier, ce qui équivaut à vous demander de tenir vos chevaux pendant que Windows XP s'occupe de transférer votre œuvre de la mémoire vive vers le disque dur, où elle sera plus en sécurité.

- Si vous enregistrez votre travail pour la première fois, vous serez confronté à une boîte de dialogue qui vous est familière : c'est en effet la même que celle utilisée pour ouvrir un fichier. Vous avez remarqué que les mots figurant dans la zone de texte Nom de fichier sont en surbrillance ? Windows XP veille toujours à mettre une zone en surbrillance, ce qui permet de taper directement un autre nom. Nommez le fichier et appuyez sur la touche Entrée.

- Si Windows XP vous envoie à la figure un panneau vous apprenant que le nom du fichier n'est pas valide, c'est que vous n'avez pas respecté à la lettre les strictes règles de nom de fichier dont il est question dans le Chapitre 11.

- De même que des fichiers peuvent être chargés à partir de différents dossiers ou disques, ils peuvent aussi être enregistrés en différents endroits. Vous pouvez indiquer un autre dossier, un autre lecteur ou d'autres lieux de stockage en cliquant en divers endroits de la boîte de dialogue Enregistrer. Toutes ces choses sont expliquées dans la section " Dites-moi simplement comment ouvrir un fichier !" du Chapitre 5.

Fermer une session de travail

Ah ! Le moment le plus plaisant de Windows XP est sans doute celui où l'on arrête de l'utiliser. Ce que vous faites de la même manière qu'en le démarrant, c'est-à-dire en cliquant sur le bouton Démarrer. Vous disposez ensuite de deux options : Fermer la session ou Arrêter l'ordinateur.

N'OUBLIEZ PAS

Les divers programmes sous Windows XP apparaissent et disparaissent, mais le bouton Démarrer est toujours là. Si jamais il n'était pas visible, maintenez la touche Ctrl enfoncée et appuyez sur la touche Échap. Le loup sortira ainsi du bois.

Quelle option choisirez-vous ?

Fermer la session : Choisissez cette option si vous en avez fini avec Windows XP. Comme le montre la Figure 4.6, Windows vous demandera ensuite si vous voulez Changer d'utilisateur ou Fermer la session. Là encore, laquelle choisirez-vous ?

Figure 4.6 En temps normal, choisissez Fermer la session afin d'enregistrer le travail et laisser quelqu'un d'autre utiliser l'ordinateur.

Si vous en avez fini avec l'ordinateur, choisissez Fermer la session. Windows enregistre votre travail ainsi que vos paramètres personnalisés et retourne à l'écran d'accueil, dans l'attente d'un autre utilisateur.

Si quelqu'un d'autre veut emprunter l'ordinateur pour quelques minutes, choisissez Changer d'utilisateur. L'écran d'accueil apparaît, mais Windows garde vos programmes ouverts, en veille, à l'arrière-plan. Dès que vous récupérez l'ordinateur, vous retrouvez le travail en cours tel que vous l'avez laissé.

Arrêter l'ordinateur : Choisissez cette option si personne d'autre ne doit utiliser l'ordinateur. Windows XP enregistre tout et vous signale ensuite que vous pouvez éteindre l'ordinateur en toute sécurité.

ATTENTION !

- Assurez-vous d'éteindre l'ordinateur en utilisant le programme d'arrêt de l'ordinateur avant de couper le courant. Autrement, Windows XP serait dans l'impossibilité de préparer correctement la machine pour une utilisation future, d'où des risques de problèmes.

- Quand vous indiquez à Windows que vous êtes sur le point de quitter, il vérifie chacune des fenêtres pour voir si leur contenu a été enregistré. Si ce n'est pas le cas, il affiche une boîte de dialogue qui vous demande d'appuyer sur Oui pour effectuer l'enregistrement. Ouf ! Vous l'avez échappé belle !

- Vous n'êtes pas obligé d'arrêter Windows XP. En fait, certaines personnes laissent leur ordinateur allumé en permanence. Veillez simplement à éteindre le moniteur afin qu'il se refroidisse ; ces délicates petites choses ont en effet horreur de la surchauffe.

Chapitre 5

Petit guide des boutons, barres, boîtes de dialogue, dossiers et fichiers

Dans ce chapitre :

- Examen d'une fenêtre type.
- Les barres.
- Modifier les bordures.
- Les familles de boutons.
- Ignorer le vaseux bouton Commandes et son menu.
- Exploration d'une boîte de dialogue : zone de texte, zone de liste déroulante, zone de liste et autre charabia.
- Déterminer comment ouvrir un fichier.
- Savoir quand il faut cliquer, et quand il faut double-cliquer.
- Savoir quand il faut utiliser le bouton gauche de la souris, et quand il faut utiliser le bouton droit.

Etant gosses, la plupart d'entre nous ont joué avec les boutons des ascenseurs jusqu'à ce que nos parents nous fassent les gros yeux. Un ascenseur procure une délicieuse sensation de toute-puissance : vous appuyez sur un petit bouton, et l'épaisse porte s'ouvre et se ferme en glissant bruyamment, comme dans un vaisseau spatial sur le point de décoller. Qu'est-ce que c'était amusant !

L'attrait pour les ascenseurs est en partie dû à leur simplicité d'emploi. Pour s'arrêter au troisième étage, il suffit tout bonnement d'appuyer sur le bouton marqué "3". Pas de problème.

Windows XP pousse le concept du bouton d'ascenseur à ses extrêmes, et dans la foulée il y perd un peu. D'abord, certains des boutons de Windows XP ne ressemblent pas tout à fait à des boutons. La plupart sont ornés de pictogrammes pas toujours évidents, au lieu d'un texte clair et précis. Sans parler de la terminologie de Windows XP, qui n'arrange rien. Une phrase aussi simple que *appuyez sur le bouton* devient *cliquez dans la barre de défilement, en haut ou en bas du curseur de défilement*. On n'est pas sortis de l'auberge...

Ne vous encombrez pas l'esprit de toutes ces abrutissantes salades lors de vos courageuses explorations dans les tréfonds de Windows. Considérez au contraire ce chapitre comme une sorte de guide de survie auquel vous aurez recours chaque fois que vous butez sur un nouveau bouton ou que vous vous cognez contre une fenêtre que vous n'aviez jamais vue auparavant. Feuilletez-le jusqu'à ce que vous ayez trouvé l'illustration idoine. Lisez ensuite la description pour savoir si cette bestiole est seulement nuisible ou mortellement venimeuse. Poursuivez ensuite la lecture pour savoir où diable vous êtes supposé cliquer avec le pointeur de la souris.

Vous vous familiariserez rapidement avec toutes ces petites horreurs après avoir cliqué dessus quelques fois. Ne vous compliquez pas l'existence à vouloir mémoriser des termes aussi abscons que *barre de défilement vertical* et tout ira bien.

Une fenêtre type

Personne ne voudrait d'un guide de survie qui ne soit pas illustré. C'est pourquoi l'on y trouve plein de figures, dont la Figure 5.1 qui montre une fenêtre type avec ses principaux éléments, au nombre de onze.

A l'instar des boxeurs dont la grimace diffère selon l'endroit où ils ont été frappés, les fenêtres se comportent différemment selon l'endroit où l'on clique. Les sections qui suivent décrivent les emplacements où il faut cliquer et, si cela ne marche pas, d'autres endroits.

- Windows XP est truffé de petits boutons aux formes étranges, de bordures et de boîtes. Vous n'avez pas à apprendre leurs étymologies latines ou grecques. Ce qui est important, c'est de savoir où vous êtes censé cliquer. C'est ensuite que vous pourrez vous demander s'il faut seulement cliquer ou double-cliquer (nous reviendrons sur cet épineux dilemme vers la fin de ce chapitre).

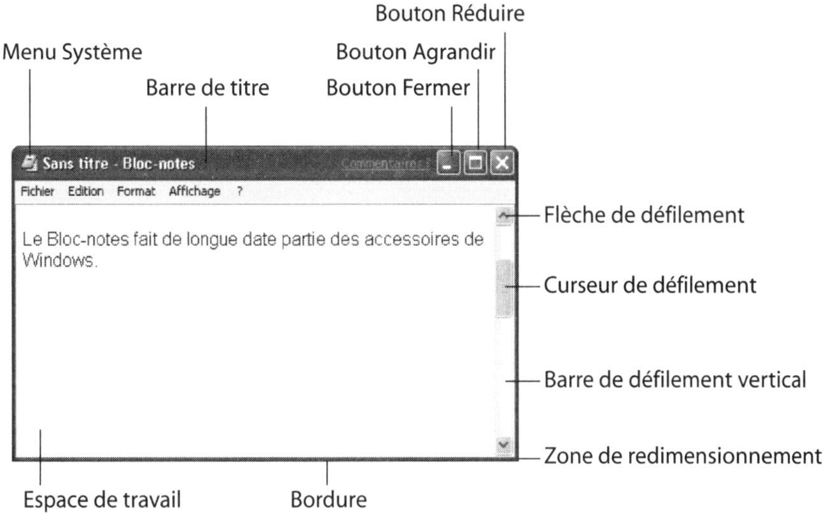

Figure 5.1 Voici comment les passionnés d'informatique appellent les différentes parties d'une fenêtre.

TRUC

- Vous ne savez pas s'il faut cliquer ou double-cliquer ? Ce truc marche à tous les coups : cliquez une seule fois avec précaution. Si rien ne se produit – par exemple, aucun programme n'est démarré –, double-cliquez (deux clics successifs très rapprochés).
- Après avoir cliqué quelques fois dans quelques fenêtres, vous vous rendrez compte combien il est facile de les manipuler. Le plus dur, c'est de voir la première fois à quoi ça sert, un peu comme pour le levier de vitesse d'une voiture.

Les barres

Dans Windows XP, les barres ne manquent pas. C'est peut-être pour ça que certains programmes ont comme un coup de barre... Les barres sont des bandeaux qui courent le long d'un côté d'une fenêtre. Vous en trouverez de différentes sortes dans Windows XP.

Déplacer une fenêtre par sa barre de titre

Dans toute fenêtre, la barre de titre est celle qui se trouve le plus en haut (voir Figure 5.2). Elle contient le nom du logiciel ainsi que celui du fichier ouvert. Par exemple, la barre de titre de la Figure 5.2 est celle du programme Bloc-notes. Elle contient un fichier sans titre car le fichier n'a pas encore été enregistré.

Figure 5.2
Une barre de titre avec le nom d'un programme.

Windows XP nomme "Sans titre" le fichier créé dans le Bloc-notes. Vous lui attribuerez un nom plus évocateur la première fois que vous l'enregistrerez. Ce nom remplacera l'autre, dans la barre de titre.

- En plus d'afficher le nom du travail en cours, la barre de titre est aussi une *poignée* qui permet de déplacer la fenêtre n'importe où dans l'écran. Amenez le pointeur sur la barre de titre, cliquez avec le bouton gauche de la souris et maintenez-le enfoncé ; faites bouger la souris. Un contour de la fenêtre se déplace selon les mouvements de la souris. Une fois que le contour se trouve à l'endroit qui vous convient, relâchez le bouton. La fenêtre apparaît à cet emplacement.

- Quand vous travaillez dans une fenêtre, la barre de titre est *en surbrillance*. Sa couleur est différente de celle des autres barres de titre des autres fenêtres ouvertes. Il est ainsi possible de repérer la fenêtre active – celle actuellement utilisée – du premier coup d'œil.

Pour agrandir une fenêtre de manière à ce qu'elle remplisse complètement l'écran, double-cliquez sur sa barre de titre. La fenêtre s'étend à sa taille maximale, ce qui rend son contenu plus lisible tandis que tout le reste, sur le Bureau, est masqué. Une fenêtre agrandie en plein écran ne peut toutefois pas être déplacée. Double-cliquez de nouveau dans sa barre de titre pour rétablir ses dimensions précédentes. Elle pourra ainsi de nouveau être déplacée.

La barre de menus

Dans Windows XP, les menus sont *partout.* Mais s'ils apparaissaient tous en même temps, ils couperaient l'appétit plutôt que d'inciter à passer commande. C'est pourquoi ces menus sont placés dans un élément nommé *barre de menus* (voir Figure 5.3).

Située juste sous la barre de titre, la barre de menus conserve ces petits menus à l'intérieur de chacun des mots. Pour révéler les options associées à ces mots, il suffit de cliquer dessus.

Figure 5.3 Windows XP cache ses choix dans une barre de menus.

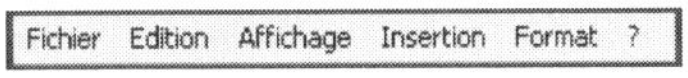

Par exemple, pour voir les options d'édition, cliquez sur le mot Edition. Le menu correspondant est aussitôt déployé, comme dans la Figure 5.4, affichant ainsi toutes les options concernant l'édition du fichier.

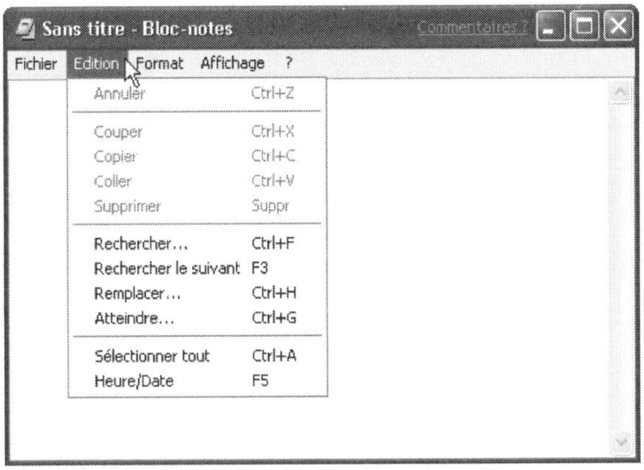

Figure 5.4 Cliquez sur l'un des noms de la barre de menus pour dérouler le menu qui lui est associé.

Gardez les points ci-après à l'esprit lorsque vous utilisez des menus :

- Quand vous cliquez sur un nom, dans la barre de menus, un menu est aussitôt déployé. Il contient des options liées à ce mot particulier.
- De même que dans un restaurant certains plats ne sont plus disponibles, un menu informatique peut ne pas proposer toutes les options. Toutes les options non disponibles sont *en grisé*. C'est le cas, dans la Figure 5.4, des options Annuler, Couper, Copier, Coller et Supprimer.
- Si vous avez par mégarde cliqué sur le mauvais mot, ce qui a affiché le mauvais menu, poussez un *grooos* soupir puis cliquez tout bêtement sur le mot qui vous intéresse vraiment. Le premier menu disparaît tandis que l'autre s'affiche.

- Pour refermer un menu, cliquez ailleurs dans l'*espace de travail* de la fenêtre (c'est généralement l'endroit où vous tapez vos trucs).

Si vous avez utilisé des versions antérieures de Windows, vous aurez sans doute remarqué l'absence des *lettres de raccourci soulignées* que l'on trouvait à chaque menu et dans leurs options. Windows XP ne les affiche plus automatiquement. Si elles vous manquent, je vous expliquerai dans le Chapitre 20 comment les faire réapparaître.

Se déplacer dans une fenêtre avec la barre de défilement

La barre de défilement, qui ressemble à une cage d'ascenseur, est située le long d'une fenêtre (voir Figure 5.5). Une sorte de cabine – le *curseur de défilement*, parfois appelé "ascenseur" – monte et descend à l'intérieur de cette cage, au fur et à mesure de l'avancement de votre travail. Selon l'endroit où il se trouve dans la barre de défilement, vous pouvez en déduire si vous êtes près du haut, du milieu ou du bas d'un document.

Figure 5.5
Les barres de défilement permettent d'aller et venir à l'intérieur d'un document.

Par exemple, si vous recherchez quelque chose près du début du document, le curseur de défilement se trouve près du haut de la barre. Si vous travaillez presque à la fin du document, le curseur est presque tout en bas. Vous pouvez observer son déplacement en cliquant sur les touches PageHaut et PageBas (ah oui, on s'amuse beaucoup dans Windows XP !).

Voici en quoi la barre de défilement s'avère fort utile : en cliquant dedans de-ci, de-là, il est facile de se déplacer dans un document sans appuyer sur les touches PageHaut et PageBas.

- Au lieu d'appuyer sur la touche PageHaut, cliquez dans la barre de défilement *au-dessus* du curseur. Ce dernier remonte un peu tandis que le document passe à la page précédente. Si vous cliquez *sous* le curseur de défilement, il descend et vous passez à la page suivante, comme si vous aviez appuyé sur la touche PageBas.

- Pour remonter ligne par ligne, cliquez sur le bouton fléché (la *flèche de défilement*) situé en haut de la barre de défilement. En maintenant le bouton de la souris enfoncé, l'effet se répète : le document remonte en continu, ligne par ligne. Appliqué à la flèche de défilement du bas, le déplacement s'effectue en sens inverse.

- La barre de défilement qui se trouve le long de la bordure *inférieure* de la fenêtre déplace le contenu de la fenêtre latéralement. Elle est notamment pratique pour visualiser une feuille de calcul qui s'étend loin vers la droite de l'écran.

- Si une barre de défilement est dépourvue de curseur de défilement, c'est que tout le contenu de la fenêtre est affiché à l'écran. Le curseur n'a donc pas de raison d'être.

- Vous voulez vous déplacer dans un document en un éclair ? Placez le pointeur de la souris sur le curseur de défilement, maintenez le bouton enfoncé, puis faites glisser le curseur dans la barre. En l'amenant tout en haut et en relâchant le bouton, vous atteignez en un clin d'œil le début d'un très gros document. En le descendant tout en bas, vous arrivez à la fin du document.

TRUC

- Windows XP ajoute une dimension supplémentaire à certaines barres de défilement : la taille du curseur de défilement. Lorsqu'elle est si grande qu'elle recouvre presque toute la barre, cela signifie que presque tout le contenu du document est affiché. Mais si le curseur est réduit à une minuscule petite chose perdue dans une vaste barre de défilement, cela signifie que seule une toute petite partie du document est actuellement affichée. Ne soyez pas surpris de voir la taille du curseur de défilement varier selon que vous ajoutez ou retranchez des données dans un fichier.

- Cliquer ou double-cliquer sur le curseur de défilement lui-même ne produit aucun effet. C'est ce genre de manipulation qui décourage beaucoup de gens de chercher ailleurs.

- Sans souris, vous ne pouvez pas actionner le curseur de défilement. Dans ce cas, pour aller en haut du document, appuyez sur les touches Ctrl puis sur Origine. Pour aller à la fin, appuyez sur Ctrl+Fin. Enfin, appuyez sur PageHaut ou PageBas pour vous déplacer page par page.

N'OUBLIEZ PAS

Annuler une action

Windows propose une foule de manières d'effectuer une même chose. Voici les quatre façons d'accéder à l'option Annuler, qui permet à la maladroite Perrette de récupérer le contenu de son pot au lait :

- Maintenez la touche Ctrl enfoncée et appuyez sur Z. La dernière action que vous avez effectuée est annulée, ce qui vous épargne la honte et l'opprobre.
- Maintenez la touche Alt enfoncée et appuyez sur la touche Ret.Arr. Nul autre que l'ordinateur saura que vous vous étiez lamentablement fourvoyé.
- Cliquez sur Edition, dans la barre de menus, et choisissez l'option Annuler. Cette commande annule l'action erronée, et une fois encore vous l'avez échappé belle.
- Appuyez et relâchez la touche Alt ; appuyez successivement sur les touches E (comme Edition) puis A (comme Annuler). Et qu'on ne vous y reprenne plus !

Ne vous fatiguez pas à apprendre ces quatre méthodes. Si par exemple vous optez pour la méthode Ctrl+Z, vous pouvez oublier les autres. Après quelques erreurs, cette combinaison de touches deviendra pour vous une seconde nature (à moins bien sûr de ne jamais commettre d'erreur).

Passer d'une fenêtre à une autre grâce à la barre des tâches

Windows XP fait de l'écran de l'ordinateur un bureau en bonne et due forme. Mais, comme beaucoup d'ordinateurs sont encore équipés de moniteur de 15 pouces, les différentes fenêtres que vous ouvrez se recouvrent les unes les autres.

Pour mettre un peu d'ordre dans ce fouillis, Windows XP est doté d'une barre des tâches. Elle se trouve habituellement tout en bas de l'écran et contient une liste des programmes ouverts. Si vous avez trouvé le bouton Démarrer, vous avez aussi trouvé la barre des tâches, car le bouton en question se trouve dessus, à gauche.

- Chaque fois que vous ouvrez une fenêtre, Windows XP place un bouton à son nom dans la barre des tâches. Si vous en avez ouvert un grand nombre, ces boutons sont automatiquement rétrécis afin que tous continuent à être visibles.

- Pour passer d'une fenêtre à une autre, cliquez simplement sur le bouton de cette fenêtre, dans la barre des tâches. Et hop ! Elle apparaît audessus de l'empilement.

- Toutes ces fenêtres ouvertes encombrent l'écran ? Cliquez avec le bouton droit de la souris dans une partie vide de la barre des tâches et choisissez l'option Réduire toutes les fenêtres. Toutes les fenêtres ouvertes se transforment en boutons alignés dans la barre des tâches. Ou alors, cliquez sur la petite icône Bureau, en forme de sous-main, près du bouton Démarrer. Le Bureau est instantanément vidé.

- Vous trouverez dans le Chapitre 10 d'autres informations sur la barre des tâches, notamment ce qu'il faut faire si elle disparaît.

Les bordures

Une *bordure* est le fin liseré qui entoure une fenêtre. Comparée à une barre, elle est vraiment mince.

- Les bordures peuvent être tirées pour modifier les dimensions d'une fenêtre. Nous verrons cela dans le Chapitre 6.

- Il est impossible de changer la taille d'une fenêtre si elle n'a pas de bordures. Quelques fenêtres font exception à la règle : leur taille est immuable, quoi que vous fassiez avec la souris.

- Eh non, vous ne travaillerez pas beaucoup avec les bordures.

Les familles de boutons

Trois sortes de boutons s'épanouissent dans l'environnement de Windows XP : les boutons de commande, les boutons d'options et les boutons d'agrandissement/réduction. Les boutons de commandes se trouvent surtout dans les *boîtes de dialogue,* qui sont ces panneaux que Windows vous demande de paramétrer.

Par exemple, lorsque vous demandez à Windows XP d'ouvrir un fichier, il ouvre une boîte de dialogue que l'on peut très vaguement comparer à un formulaire.

Vous l'utilisez pour indiquer à Windows quel est le fichier que vous recherchez, où il se trouve ainsi que d'autres détails rébarbatifs.

Le Tableau 5.1 décrit les boutons de commandes les plus couramment utilisés dans Windows XP.

Tableau 5.1 : Les boutons de commandes usuels de Windows XP.

Bouton	Emplacement	Description
OK	Dans presque toutes les boîtes de dialogue.	Cliquer sur ce bouton signifie : "J'ai fourni toutes les informations et je suis prêt à aller plus loin." Windows XP prend en compte ce que vous avez indiqué dans le panneau et traite votre demande (appuyer sur la touche Entrée produit le même effet.)
Annuler	Dans presque toutes les boîtes de dialogue.	Si vous vous êtes quelque peu fourvoyé en paramétrant une boîte de dialogue, cliquez sur le bouton Annuler. La boîte de dialogue disparaît et tout redevient comme avant. Ouf ! (La touche Échap en fait autant.)
Suivant >	Sur un panneau dans lequel il faut répondre à de nombreuses questions.	En cliquant sur le bouton Précédent, Windows retourne à la fenêtre précédente, ce qui permet de modifier des réponses. Cliquez sur le bouton Suivant pour passer au panneau suivant, et sur Terminer une fois que vous êtes sûr d'avoir bien répondu à toutes les questions ; vous quittez alors la boîte de dialogue.
Modifier...	Dans quelques boîtes de dialogue.	Les points de suspension après un mot indiquent que ce bouton ouvre une autre boîte de dialogue contenant d'autres paramètres, options ou choix divers.
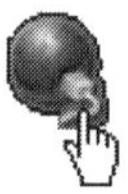	Dispersés à foison un peu partout.	Windows XP a adopté un look Internet, dans lequel les boutons ne ressemblent pas toujours à des boutons. En fait, n'importe quoi peut en être un. Comment les reconnaître ? Si le pointeur de la souris se transforme en main lorsqu'il survole quelque chose, ce quelque chose est un bouton.

- Quand vous cliquez sur un bouton de commande, vous indiquez à Windows XP d'exécuter ce qui est écrit sur le bouton (fort heureusement, il n'existe aucun bouton avec l'inscription "Autodestruction").
- Vous avez remarqué, dans le Tableau 5.1, que la bordure de certains boutons est plus épaisse que celle des autres ? Elle indique que ce bouton est en surbrillance, c'est-à-dire déjà sélectionné. Il suffit d'appuyer sur la touche Entrée pour exécuter cette commande.
- Au lieu d'amener votre souris à fond de train sur le bouton Annuler, si vous avez commis des bourdes dans une boîte de dialogue, appuyez simplement sur la touche Échap. L'effet est le même.

TRUC

Si vous avez cliqué sur la mauvaise commande mais *n'avez pas encore relâché le bouton,* stop ! Tout n'est pas perdu. Un bouton de commande n'est en effet pris en compte qu'après avoir relevé le doigt. Laissez ce dernier appuyé sur le bouton et amenez le pointeur hors du bouton. Vous pouvez maintenant relâcher le bouton de la souris. Vous avez eu chaud ! Essayez ce truc dans l'ascenseur de votre immeuble, juste pour voir...

Vous butez sur une boîte de dialogue retorse et vous vous demandez à quoi sert tel ou tel bouton ou commande ? Cliquez sur le point d'interrogation en haut à droite (s'il y en a un, il sera semblable à celui illustré ici), puis sur le bouton qui vous intrigue. Un petit commentaire explique à quoi il sert. Ou encore, immobilisez tout bonnement le pointeur de la souris au-dessus du bouton. De temps en temps, Windows fait preuve de commisération et condescend à afficher une info-bulle dont les judicieux propos viennent à bout de votre crasse ignorance.

Choisir parmi des boutons d'options

Parfois, Windows XP se montre assez mesquin et vous oblige à ne sélectionner qu'une seule option. Par exemple, vous pouvez choisir de *manger* des choux de Bruxelles ou de *ne pas* en manger. Mais comme vous ne pouvez pas choisir les deux, Windows vous empêche de sélectionner ces deux options à la fois.

Windows XP gère ce cas de figure au travers de *boutons d'options.* Lorsque vous sélectionnez une option, un petit point apparaît au milieu d'un bouton rond. Si vous sélectionnez une autre option, ce petit point va se placer dans le bouton de cette option. Vous trouverez des boutons d'options dans beaucoup de boîtes de dialogue. La Figure 5.6 en montre un jeu.

- Bien que Windows XP propose plusieurs choix dans une boîte d'options, vous ne pouvez en sélectionner qu'un seul. Le point au centre d'un

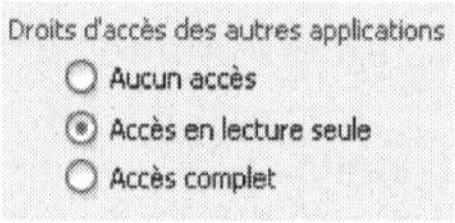

Figure 5.6
Un point signale l'option sélectionnée.

bouton se déplace selon votre choix. Cliquez sur le bouton OK pour valider le choix. L'option *pointée* prend alors effet.

- S'il est possible de sélectionner plusieurs options à la fois, Windows XP n'affiche pas de boutons d'options, mais des *cases.* Elles sont décrites dans la section "Les cases à cocher", plus loin dans ce chapitre.

- Les lecteurs les plus observateurs n'auront pas manqué de remarquer que les boutons d'options sont toujours ronds. Les boutons de commandes décrits précédemment sont rectangulaires.

NOTE TECHNIQUE

Quelques ingénieurs en informatique un peu passéistes appellent les boutons d'options des "boutons radio", en souvenir de l'époque où, sur les TSF, le choix des stations s'effectuait avec un bouton rond.

Changer la taille d'une fenêtre avec les boutons Agrandir et Réduire

Toutes les petites fenêtres ouvertes dans Windows XP ont tendance à se recouvrir les unes les autres. Leurs boutons Agrandir et Réduire apportent un peu d'ordre.

Ces deux boutons permettent d'agrandir la fenêtre dans laquelle vous comptez travailler, ou de réduire les autres afin qu'elles ne gênent plus.

Le bouton Réduire est l'un des trois qui se trouvent en haut à droite de presque toutes les fenêtres. Il ressemble à celui qui illustre ce paragraphe.

Un clic sur le bouton Réduire fait disparaître la fenêtre, bien que le logiciel continue de rester ouvert. Il a en fait été réduit dans la barre des tâches, en bas de l'écran. Cliquez sur le bouton qui s'y trouve pour réafficher la fenêtre à sa taille normale.

N'OUBLIEZ PAS

- La réduction d'une fenêtre ne détruit pas son contenu ; elle transforme simplement la fenêtre en un petit bouton placé dans la barre située en bas de l'écran.

- Pour rétablir la fenêtre, cliquez sur son bouton, dans la barre des tâches. Elle réapparaît au même emplacement et à la même place.
- *Fermer* et *réduire* une fenêtre sont deux choses complètement différentes. La fermeture d'une fenêtre supprime le programme de la mémoire de l'ordinateur. Pour la rouvrir, vous devez recharger le programme depuis le disque dur. En revanche, réduire une fenêtre dans la barre des tâches met le programme de côté, toujours chargé en mémoire, prêt à être utilisé dès qu'il le faut.

Le bouton Agrandir est présent dans le coin supérieur droit de toutes les fenêtres. Il ressemble à celui illustré ci-contre.

Un clic sur ce bouton agrandit la fenêtre au point qu'elle occupe tout l'espace disponible à l'écran.

- Si toutes ces fenêtres qui se couvrent et se recouvrent vous énervent, cliquez sur le bouton Agrandir de la fenêtre dans laquelle vous travaillez. Elle se retrouvera par-dessus toutes les autres et remplira tout l'écran, comme tout programme digne de ce nom.
- Immédiatement après avoir agrandi une fenêtre, le petit bouton Agrandir se transforme en un bouton *Niveau inférieur* (NDT : plus judicieusement nommé "Restaurer" dans d'autres versions de Windows) que nous décrirons d'ici peu. Il permet de rétrécir la fenêtre en plein écran à la taille qui était la sienne précédemment.

Il n'est pas nécessaire de cliquer sur le bouton Agrandir pour qu'une fenêtre soit en plein écran : il suffit de double-cliquer sur sa barre de titre. L'effet est le même, mais l'action est plus commode.

Le bouton Niveau inférieur se trouve dans le coin en haut à droite de toute fenêtre agrandie (voir ci-contre).

Cliquer sur ce bouton après avoir agrandi une fenêtre la ramène à sa taille précédente.

- Le bouton Niveau inférieur n'apparaît que dans une fenêtre en plein écran (ce qui n'a rien de restrictif puisque c'est seulement sur une fenêtre agrandie au maximum qu'il est utile).

- Pour fermer une fenêtre, cliquez sur le X dans le coin en haut à droite (voir ci-contre).

L'inutile bouton Commandes

A l'instar des maisons qui sont toutes équipées d'un coupe-circuit, toutes les fenêtres sont dotées d'un bouton de menu Commandes, dont l'apparence diffère d'un logiciel à l'autre. Quoi qu'il en soit, il est toujours niché dans le coin supérieur gauche de la fenêtre. Les lecteurs ayant une bonne acuité visuelle remarqueront que ce bouton est une vignette qui évoque le logiciel.

Cliquer sur le bouton Commandes fait apparaître un menu qui est hélas ! de peu d'utilité. Vous pouvez l'ignorer superbement.

Remplir toutes ces ennuyeuses boîtes de dialogue

A un moment ou à un autre, vous devrez donner à Windows XP des indications précises : le nom d'un fichier à ouvrir, par exemple, ou celui d'un fichier à imprimer. Ces boîtes de dialogue peuvent comporter plusieurs parties, décrites dans les sections qui suivent. Il n'est pas nécessaire d'apprendre leurs noms par cœur ; il est plus utile de savoir à quoi elles servent.

Les zones de texte

Une *zone de texte* est un rectangle dans lequel vous pouvez taper des données (mots, chiffres, mots de passe ou n'importe quelles épithètes de votre cru). Par exemple, la Figure 5.7 montre la boîte de dialogue qui apparaît lors d'une recherche d'un mot ou d'une chaîne de caractères dans WordPad.

Figure 5.7 Cette boîte de dialogue de WordPad contient une zone de texte.

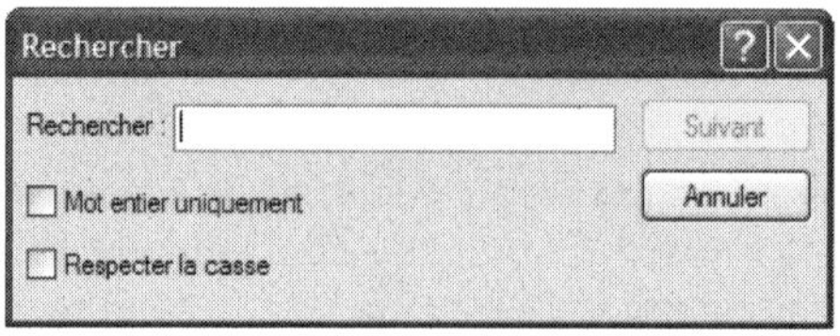

Lorsque vous tapez des caractères dans cette zone de texte et que vous appuyez sur Entrée, WordPad recherche leur occurrence. S'il la trouve, il la met en évidence dans la page. Sinon, WordPad affiche un message laconique indiquant qu'il a terminé la recherche.

- Deux indices permettent de savoir si une zone de texte est *active,* c'est-à-dire prête à recevoir ce que vous taperez : le texte qu'elle contient déjà est surligné, ou encore, une barre d'insertion clignote dedans. Dans les deux cas, il vous suffit de taper directement votre texte. L'ancien texte – celui en surbrillance – est remplacé par le nouveau.

- Si la zone de texte n'est pas en surbrillance ou si elle ne contient pas de point d'insertion, elle n'est pas encore prête à recevoir votre saisie. Pour ce faire, cliquez dedans puis commencez à taper. Ou alors, appuyez sur la touche Tab jusqu'à ce que la zone de texte se mette en surbrillance ou que la barre d'insertion y clignote.

- Si vous cliquez dans une zone de texte qui contient d'ores et déjà du texte, vous devez le supprimer avec les touches Suppr ou Ret.Arr. avant de taper de nouvelles données. Si l'ancien texte est en surbrillance, contentez-vous de taper ; la nouvelle frappe le supprimera. S'il n'est pas en surbrillance, double-cliquez dessus ; ensuite, le nouveau texte remplacera l'ancien.

Choisir des options dans des zones de liste

Certaines zones n'admettent pas que vous y tapiez du texte, car elles contiennent déjà des données. Ces zones particulières sont fort judicieusement appelées *zones de liste.* Par exemple, la boîte de dialogue Police de WordPad affiche une zone de liste permettant de choisir une police de caractères (voir Figure 5.8).

Figure 5.8 Dans WordPad, vous pouvez sélectionner une police de caractères pour agrémenter votre courrier.

- Vous avez remarqué que la police Comic Sans MS est en surbrillance ? C'est parce qu'elle est actuellement sélectionnée. Appuyez sur Entrée (ou cliquez sur le bouton de commande OK) ; WordPad utilisera désormais cette police.

- Vous avez vu la barre de défilement à droite de la zone de liste ? Elle fonctionne comme toutes les autres : cliquez sur l'une des flèches de défilement (ou appuyez sur les touches fléchées Haut ou Bas) pour faire défiler la liste et découvrir les autres polices.
- De nombreuses zones de liste sont surmontées d'une zone de texte. Lorsque vous cliquez sur un nom, il apparaît aussitôt dans la zone de texte. Vous pourriez bien sûr taper vous-même ce nom, mais à quoi bon se compliquer l'existence ?
- Si une zone de liste est exagérément longue, tapez la première lettre du nom que vous recherchez. Windows XP décale automatiquement la liste jusqu'au premier mot commençant par cette lettre.

S'il vous en faut plusieurs

Du fait que Windows ne peut afficher qu'un seul motif à la fois sur le Bureau, vous ne pouvez en sélectionner qu'un seul à la fois dans la zone de liste du Bureau. Mais d'autres, comme celle de l'Explorateur Windows, permettent d'en sélectionner plusieurs à la fois. Voici comment :

- Pour sélectionner plus d'un élément, maintenez la touche Ctrl, enfoncée puis cliquez sur chacun des éléments désirés. Ils seront tous mis en surbrillance.
- Pour sélectionner une plage d'éléments adjacents, dans une liste, cliquez sur le premier d'entre eux. Ensuite, la touche Maj enfoncée, cliquez sur le dernier. Windows XP met aussitôt en surbrillance les premier et dernier éléments sélectionnés ainsi que tous ceux qui se trouvent entre le deux. Efficace, non ?
- Enfin, pour sélectionner une série d'icônes, essayez le truc de l'"élastique" : cliquez à proximité d'une icône puis, le bouton de la souris enfoncé, déplacez la souris jusqu'à ce que vous ayez tracé un lasso rectangulaire autour de toutes les icônes à sélectionner. Après les avoir toutes mises en surbrillance, relâchez le bouton : elles restent en surbrillance et peuvent être déplacées ou supprimées simultanément. Génial !

Les zones de liste déroulantes

Les zones de liste sont commodes, mais elles sont souvent encombrantes. C'est pourquoi, à l'instar des menus déroulants, Windows XP les cache parfois. Lorsque vous cliquez à l'endroit approprié, la zone de liste se déploie, prête pour le choix.

C'est où, l'endroit approprié ? Il se présente sous la forme d'un bouton avec une flèche pointée vers le bas, semblable à celle de l'option Police, dans la Figure 5.9 (désignée par le pointeur de la souris).

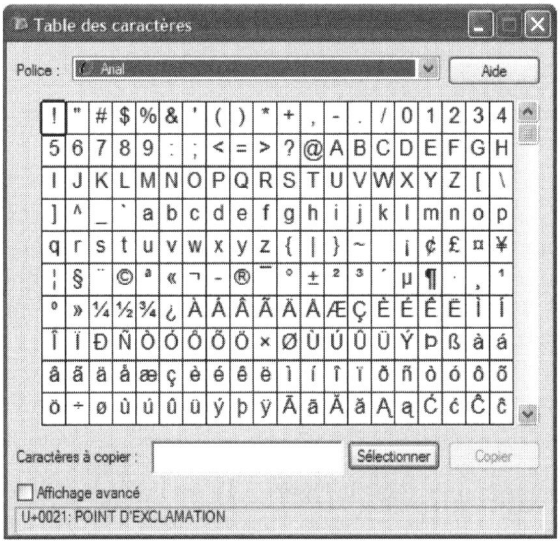

Figure 5.9 Cliquez sur la pointe de flèche dirigée vers le bas, dans la zone de liste déroulante Police, pour dérouler la liste des polices disponibles.

La Figure 5.10 montre la zone de liste déroulante telle qu'elle apparaît après avoir cliqué.

- Contrairement aux zones de liste simples, les zones de liste déroulantes ne sont pas surmontées d'une zone de texte. Vous ne pouvez rien taper dans une zone de liste déroulante.
- Pour vous déplacer rapidement dans une zone de liste déroulante, appuyez sur la touche de la première lettre de l'élément recherché. Le premier élément commençant par cette lettre est instantanément affiché. Vous pouvez ensuite appuyer sur les touches fléchées Haut et Bas pour atteindre les mots figurant à proximité.

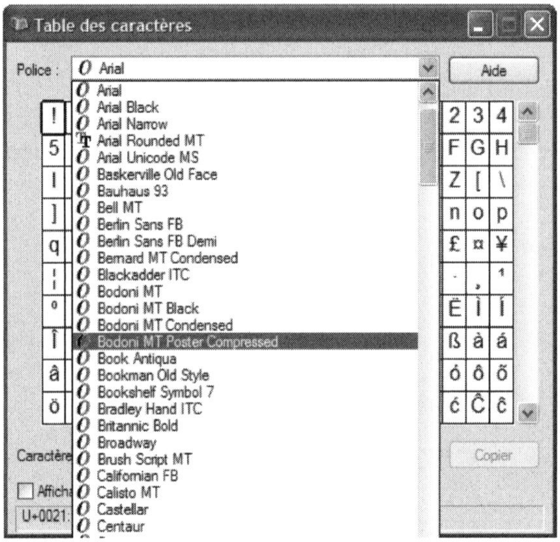

Figure 5.10 La zone de liste déroulante affiche les polices disponibles.

- Un autre moyen de parcourir rapidement une longue zone de liste déroulante consiste à cliquer sur la barre de défilement qui se trouve à sa droite (nous avons discuté de ces barres précédemment dans ce chapitre, au cas où vous l'auriez oublié).

- Vous ne pouvez choisir *qu'un seul élément* dans une zone de liste déroulante.

- Le programme visible dans la Figure 5.10 est la Table de caractères. Elle propose un moyen très pratique d'insérer dans un texte des caractères spéciaux inexistants sur le clavier comme "Ç", "œ", "½" et bien d'autres. Pour accéder à la Table de caractères, cliquez sur le bouton Démarrer, choisissez Tous les programmes/Accessoires/Outils système puis, dans la liste, sélectionnez Table de caractères.

Les cases à cocher

Il arrive parfois que vous puissiez choisir un grand nombre d'options dans une boîte de dialogue. Chacune de ces options est précédée d'une case qu'il suffit de cocher pour les sélectionner. Si elles ne doivent pas être sélectionnées, laissez la case vide. Par exemple, dans la boîte de dialogue que montre la Figure 5.11, vous avez choisi et sélectionné des options dans le jeu de cartes FreeCell.

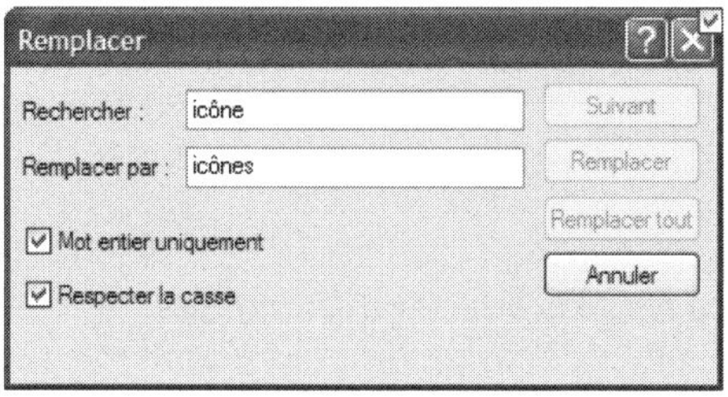

Figure 5.11 Les cases des options sélectionnées sont cochées.

- Lorsque vous cochez une case, vous modifiez un paramètre. Cliquer dans une case vide active cette option. Si la case est déjà cochée, le clic ôte la coche, désactivant par là même l'option.
- Vous pouvez cliquer dans autant de cases que vous le désirez (contrairement aux boutons d'option ronds qui n'admettent qu'un seul et unique choix).

Les défileurs (ou ascenseurs)

Impressionnés par les variateurs de tension des éclairages à halogène de leurs splendides villas toutes neuves, les programmeurs de chez Microsoft ont eu la riche idée d'en faire profiter Windows XP. Ces variateurs de tension virtuels sont aussi faciles à utiliser que les vrais : pour actionner un défileur dans Windows, celui du contrôle du volume sonore par exemple (voir Figure 5.12), il suffit de cliquer sur le curseur de la glissière, de le faire glisser, puis de relâcher le bouton de la souris.

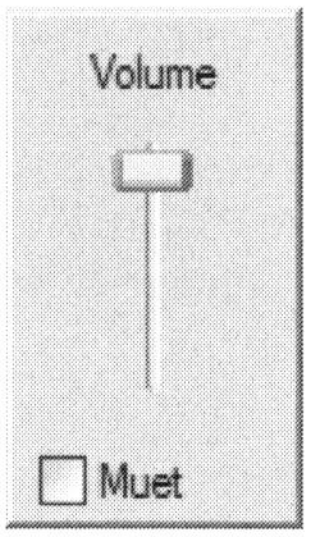

Figure 5.12 Pour actionner un défileur, cliquez sur le curseur puis, le bouton de la souris enfoncé, faites-le glisser.

Pointez sur ce levier avec la souris puis, le bouton enfoncé, déplacez la souris dans la direction dans laquelle vous voulez faire glisser le curseur. Ce dernier se déplace simultanément. Dès que le réglage est terminé, relâchez le bouton de la souris ; Windows XP laisse le curseur à sa nouvelle position. Ce n'est pas plus compliqué.

- Certains défileurs sont horizontaux, d'autres verticaux. Aucun défileur n'est en diagonale.
- Pour modifier le volume dans Windows XP, cliquez sur le petit haut-parleur situé à proximité de l'horloge, en bas à droite de l'écran. Le défileur du contrôle du volume apparaît, prêt à être actionné dans un sens ou dans l'autre. Si ce petit haut-parleur n'est pas visible, cliquez sur le bouton Démarrer et ouvrez le Panneau de configuration. Choisissez l'option Périphériques audio et vidéo puis sélectionnez Ajuster le volume du système. Cochez enfin la case à gauche de la phrase Placer l'icône de volume dans la zone de notification de la barre des tâches.
- Votre souris est morte et vous devez absolument baisser le volume du options d'affichage son ? Appuyez sur la touche Tab jusqu'à ce qu'un petit liseré en pointillé apparaisse autour du curseur du défileur. Appuyez ensuite sur les touches fléchées dans la direction que doit prendre le curseur. Si votre clavier est équipé de boutons de commandes du volume intégrés, essayez de les utiliser, bien que Windows XP les ignore bien souvent.

Dites-moi simplement comment ouvrir un fichier !

Ras le bol des info-bulles, des termes techniques des boutons et des barres. Vous voulez simplement savoir comment charger un fichier dans un programme ? Cette section vous explique comment procéder (le Chapitre 4 contient des généralités sur le chargement d'un fichier, l'ouverture d'un fichier, son enregistrement et la fermeture du programme).

L'ouverture d'un fichier est une activité concernant un fichier. C'est pourquoi vous commencez par rechercher le mot Fichier dans la barre de menus de la fenêtre (voir Figure 5.13).

Procédez ensuite ainsi :

1. **Cliquez sur Fichier afin de déployer le menu.**

   La Figure 5.14 montre le menu déroulant de Fichier.

2. **Cliquez sur Ouvrir pour afficher la boîte de dialogue du même nom.**

Figure 5.13 Pour ouvrir un fichier, choisissez d'abord le mot Fichier dans la barre de menus.

Figure 5.14 Cliquer sur l'option Fichier déploie son menu déroulant.

Vous savez qu'une boîte de dialogue sera ouverte à cause des points de suspension qui, dans le menu, suivent le mot Ouvrir.

La Figure 5.15 montre la boîte de dialogue Ouvrir qui vient de s'afficher à l'écran. Elle est identique à celle que vous trouverez dans bon nombre de logiciels chaque fois que vous aurez à faire à des fichiers.

N'OUBLIEZ PAS

- Si le nom du fichier apparaît dans la zone de liste (la Fourme d'Ambert, en l'occurrence), vous avez bien de la chance. Double-cliquez dessus : il est aussitôt chargé dans le logiciel. Ou alors cliquez une seule fois sur le nom puis sur le bouton Ouvrir.

- Si vous ne trouvez pas le fichier, c'est certainement parce qu'il est dans un autre dossier, également appelé *répertoire*. Les listes de Windows XP sont souvent placées le long de la bordure gauche, comme dans la Figure 5.15. Cliquez sur le gros bouton Historique pour voir les noms des fichiers récemment ouverts. Cliquez sur Bureau si le fichier se trouve sur le Bureau de Windows. Le bouton Mes documents vous amène directement dans le dossier du même nom, qui est un intéressant lieu de stockage. Choisissez Poste de travail pour effectuer une recherche à partir de la racine des disques, tout en haut de leur arborescence. Si l'ordinateur est connecté à un réseau, le bouton Favoris réseau permet d'examiner le contenu des autres ordinateurs.

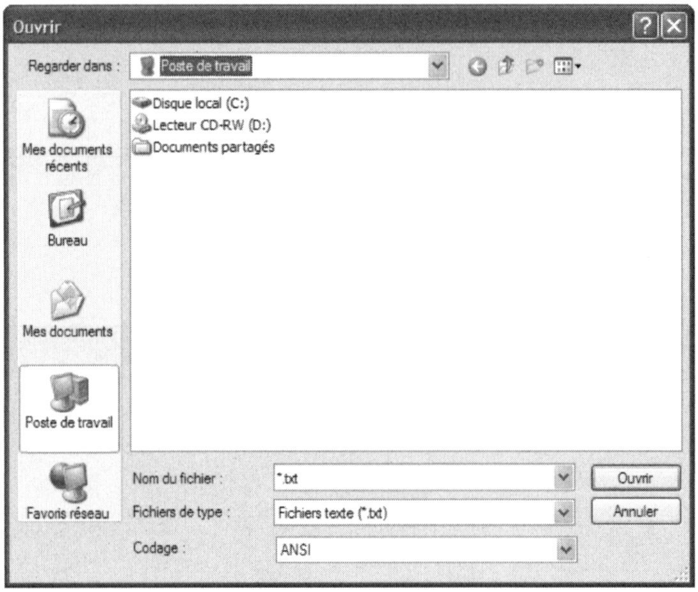

Figure 5.15 La boîte de dialogue Ouvrir apparaît presque chaque fois que vous devez ouvrir un fichier dans un programme Windows.

- Cliquez dans la petite zone Rechercher dans : Windows affiche toute une série de dossiers que vous pourrez parcourir. Chaque fois que vous cliquez sur un dossier, son contenu apparaît dans la première zone de liste.

- Vous ne parvenez toujours pas à découvrir le dossier ou le répertoire ? Le fichier se trouve peut-être dans un autre lecteur. Cliquez sur l'icône de l'un des lecteurs figurant dans la zone Rechercher dans. Les icônes des lecteurs sont de petits pictogrammes gris ; les icônes des dossiers, eux, ressemblent à des dossiers.

- Le fichier aurait-il un nom bizarre ? Cliquez dans la zone de liste déroulante Type de fichier pour sélectionner un autre type de fichier. Pour voir *tous* les fichiers d'un dossier, sélectionnez l'option Tous les fichiers (*.*).

TRUC

- Vous n'avez pas la moindre idée de ce que signifient ces petites icônes qui s'alignent le long des bords gauche et supérieur ? Immobilisez le pointeur de la souris au-dessus de l'une d'elles. Après une petite seconde, dans sa grande mansuétude, Windows affiche une info-bulle explicative. Par exemple, si vous immobilisez le pointeur sur l'icône montrant un dossier avec une petite explosion dans le coin, Windows XP vous apprend qu'elle crée un nouveau dossier.

- Si vous n'avez eu à faire qu'à des lecteurs, des dossiers, des caractères de substitution et autres termes informatiques plus ou moins évidents, vous risquez la saturation. Pour obtenir des informations plus claires et plus rigoureuses sur toutes ces salades de gestion de fichiers, faites un petit tour dans le Chapitre 11.

TRUC

- Si le fichier est perdu dans les profondeurs de l'ordinateur, demandez à Windows de le retrouver. Cliquez sur le bouton Démarrer, puis sur le bouton Rechercher. Sélectionnez ensuite les options qui correspondent au plus près à l'objet de votre recherche (l'option Tous les fichiers est toujours le meilleur choix). Tapez le nom du fichier et, dans la zone Regarder dans, choisissez Poste de travail (le Chapitre 7, consacré à la recherche des fichiers égarés, en dit plus sur la commande Rechercher).

Alors ? Quand je clique et quand je double-clique ?

C'est sans aucun doute une bonne question, mais Microsoft ne propose qu'une réponse très vague. A les en croire, vous devez *cliquer* lorsque vous sélectionnez quelque chose dans Windows XP, et double-cliquer lorsque vous *choisissez* quelque chose. Même ça, ce n'est pas certain. Alors ?

Reprenons. Vous sélectionnez quelque chose lorsque vous le mettez en surbrillance. Par exemple, vous pouvez sélectionner une case à cocher, un bouton d'option ou un nom de fichier. Vous cliquez dans chacun de ces éléments pour le *sélectionner,* après quoi vous vérifiez si c'est bien ce que vous vouliez faire. Si la sélection vous convient, vous cliquez sur le bouton OK pour terminer le travail.

Sélectionner quelque chose consiste à le préparer pour un usage futur.

Mais, quand vous *choisissez* quelque chose, la réponse est plus directe. Choisir un fichier entraîne son chargement immédiat dans le logiciel. En jargon Microsoft, "choisir" est une façon élégante de dire : "J'ai choisi ce fichier et je le veux là maintenant tout de suite, mec !"

Vous *choisissez* quelque chose qui doit être utilisé immédiatement.

- Ces explications sont bien sûr encore vagues. C'est pourquoi vous avez intérêt à toujours commencer par un clic simple. Si cette action ne donne rien, essayez le double-clic. Ce procédé est souvent plus sûr que de double-cliquer d'emblée et de se poser des questions ensuite.

- Et même ça, ce n'est pas très sûr. Car Windows peut être configuré de manière à choisir des fichiers en exécutant un seul clic *ou bien* un double-clic. Le logiciel permet de sélectionner un fichier ou un programme en immobilisant le pointeur dessus et en cliquant pour déclencher l'action. C'est ainsi que ça se passe sur le Web ; or, il se trouve que Windows peut être configuré de cette manière.

- Si par mégarde vous avez double-cliqué au lieu de cliquer, les conséquences ne sont pas graves. Il est généralement possible de fermer en quelques clics le programme qui a été lancé inopinément. Mais si quelque chose de terrible se produit, maintenez la touche Ctrl appuyée et tapez sur Z. Vous pourrez le plus souvent annuler n'importe quel dommage résultant de votre bourde.

- Préférez-vous systématiquement cliquer plutôt que double-cliquer ? Dans ce cas, dans le Panneau de configuration, choisissez l'option Apparence et thèmes et, dans Options des dossiers, choisissez Ouvrir les éléments par simple clic (sélection par pointage). Vous préférez le traditionnel double-clic ? Allez au même endroit et activez l'option Ouvrir les éléments par double-clic (sélection par simple clic).

- Si Windows XP persiste à considérer votre double-clic comme deux clics distincts, allez au Chapitre 16 où vous apprendrez à utiliser le Panneau de configuration. Régler Windows XP afin qu'il reconnaisse le double-clic est tout ce qu'il y a de facile.

Quand utiliser le bouton gauche de la souris et quand utiliser le bouton droit ?

Ça, c'est assez facile. Cliquez toujours avec le bouton droit de la souris lorsque vous savez qu'un clic simple ne conviendra pas.

Quand vous cliquez sur un élément avec le bouton droit de la souris, Windows XP présente un menu, appelé *menu contextuel,* qui liste tout ce qu'il est possible de faire sur et/ou avec cet élément : Ouvrir, Explorer, Rechercher, Partager, Envoyer vers, Couper, Copier, Créer un raccourci, Supprimer, Renommer, examiner les propriétés ou se verser un petit coup à boire...

L'affichage de tous ces choix est autrement plus commode qu'un simple clic sur l'élément, et Windows part du principe que vous savez ce que vous faites.

Par exemple, maintenez le bouton droit de la souris enfoncé tout en faisant glisser un élément à travers le Bureau. Lorsque vous relâchez le bouton,

Windows XP fait apparaître un menu qui vous demande ce qu'il faut faire de cet élément. Si vous aviez fait la même opération en maintenant le bouton gauche de la souris enfoncé, Windows XP ne vous aurait rien demandé ; il n'en aurait fait qu'à se tête.

- Le bouton droit de la souris a plutôt été conçu pour les débutants ou les utilisateurs qui, comme moi, n'ont pas une bonne mémoire. Si vous êtes sûr de ce que vous faites dans Windows – si tant est que ce soit possible –, ne vous privez pas de cliquer avec le bouton gauche.

TRUC

- Intrigué par un élément visible à l'écran ? Essayez de cliquer dessus avec le bouton droit de la souris, juste pour voir. Le résultat peut s'avérer très instructif.

Chapitre 6

Windows, une affaire de fenêtres

Dans ce chapitre :

- Placer une fenêtre en haut de l'empilement.
- Passer d'une fenêtre à une autre.
- Déplacer une fenêtre de-ci, de-là.
- Agrandir ou diminuer les fenêtres.

Ah, la puissance de Windows XP ! Par l'utilisation de fenêtres séparées, vous pouvez *simultanément* utiliser un tableur, un logiciel de dessin, ouvrir une page Web et travailler dans un traitement de texte.

Vous pouvez aussi copier dans un rapport le beau graphique que vous avez réalisé avec votre logiciel de dessin. Vous pouvez aussi y copier une partie de la feuille de calcul provenant du tableur. En arrière-plan, le Web peut afficher des données constamment mises à jour. Pourquoi pas ? Qui plus est, ces quatre fenêtres peuvent être affichées *en même temps.*

Le seul problème, c'est qu'avec autant de fenêtres à l'écran, vous voyez surtout un magma de logiciels.

Ce chapitre explique comment gérer ces sacrées fenêtres, notamment pour n'en voir qu'une seule.

Amener une fenêtre en haut de l'empilement

Regardez bien le mélange de fenêtres à l'écran. Vous arrivez tout juste à les distinguer les unes des autres par quelques détails, et encore, si vous avez de la chance. Immobilisez le pointeur de la souris sur l'une de ces parties caractéristiques d'une fenêtre à peine visible et cliquez. Et hop ! Windows XP place en un éclair cette fenêtre en haut de l'empilement, la rendant visible en totalité.

Cette fenêtre recouvre probablement des parties intéressantes d'autres fenêtres. Mais au moins, vous arriverez à faire votre travail, dans une fenêtre à la fois.

- Windows XP est capable de placer simultanément un grand nombre de fenêtres à l'écran. Mais, à moins d'être bicéphale, vous ne travaillerez que dans une seule à la fois, l'autre programme patientant à l'arrière-plan. La fenêtre placée en haut de l'empilement, prête à être utilisée, est la *fenêtre active*.

- Dès que vous cliquez dans une fenêtre, elle devient *active*. Toutes les frappes au clavier et les clics s'effectueront dedans (la fenêtre active se reconnaît à sa barre de titre, dont la couleur est plus vive que les autres).

- Certains programmes peuvent tourner en arrière-plan, même si leur fenêtre n'est actuellement pas active. C'est le cas d'Internet Explorer qui peut télécharger un fichier en tâche de fond, ou du Lecteur Windows Media qui peut jouer un CD audio, que sa fenêtre soit active ou non. Imaginez ça !

N'OUBLIEZ PAS

Bien que de nombreuses fenêtres puissent être affichées à l'écran, vous ne pouvez entrer des informations que dans une seule à la fois : la fenêtre active. Pour rendre une fenêtre active, cliquez n'importe où dedans. Elle se place au sommet de l'empilement, soumise à tous vos caprices (Internet ou une carte tuner TV peuvent placer des informations dans des fenêtres en arrière-plan, mais ce n'est pas vous qui le faites).

TRUC

Un autre moyen de passer à une fenêtre consiste à cliquer sur son nom dans la *barre des tâches* de Windows XP, en bas de l'écran. Cette barre est décrite dans le Chapitre 10.

Déplacer une fenêtre de-ci, de-là

Il vous arrivera parfois de vouloir déplacer une fenêtre à l'écran (sur le *Bureau,* dans le jargon de Windows XP), peut-être parce qu'une partie se trouve hors de l'écran ou parce que vous désirez la centrer. Ou encore, vous voulez placer deux fenêtres côte à côte afin d'en comparer le contenu.

Dans tous ces cas, vous déplacerez les fenêtres par leur *barre de titre* (elle se trouve tout en haut). Amenez le pointeur sur cette barre puis, son bouton enfoncé, actionnez la souris. La fenêtre se déplace en même temps qu'elle.

Dès que la fenêtre est là où vous le désirez, relâchez le bouton de la souris afin d'immobiliser la fenêtre. Elle reste là, en haut de l'empilement.

- Le déplacement d'un élément à la souris est un *glisser.* Quand vous relâchez le bouton, vous effectuez un *déposer.*
- Une partie de la fenêtre se trouve parfois hors de l'écran, ce qui ne facilite pas le travail. Pour la ramener au centre, faites-la glisser en la tirant par sa barre de titre, bouton de la souris enfoncé.
- Quand vous placez deux fenêtres l'une contre l'autre, vous devez souvent non seulement les déplacer, mais aussi régler leur taille. La prochaine section explique comment redimensionner une fenêtre.
- Utilisez les commandes Mosaïque ou Cascade pour juxtaposer ou superposer rapidement et facilement des fenêtres. Pour ce faire, faites un clic droit dans une partie vide de la barre des tâches, en bas du Bureau ; dans le menu contextuel qui s'affiche, choisissez Mosaïque pour répartir régulièrement les fenêtres dans l'écran, ou Cascade pour les empiler avec un léger décalage, comme des cartes à jouer. Cette technique très utile pour manipuler les fenêtres de façon cohérente est expliquée plus en détail dans le Chapitre 7.

Agrandir ou diminuer une fenêtre

Le déplacement des fenêtres n'est parfois pas suffisant, car elles se recouvrent néanmoins. Fort heureusement, vous n'aurez besoin d'aucun matériel spécial pour les rendre plus grandes ou plus petites. Vous voyez la petite bordure qui en fait le tour ? Tirez dessus avec la souris et vous changez la taille de la fenêtre.

Pointez d'abord dans le coin avec la souris. Le pointeur se transforme en flèche à deux pointes. Maintenant, le bouton de la souris enfoncé, faites glisser le coin afin d'agrandir ou de diminuer la taille de la fenêtre. Elle s'étend ou se contracte selon le mouvement que vous appliquez à la souris.

Lorsque vous l'aurez mise à la bonne taille, relâchez le bouton. La fenêtre conserve ces nouvelles dimensions.

Voici la procédure étape par étape :

1. **Pointez avec la souris sur la bordure du coin.**

   Le pointeur se transforme en flèche à deux pointes, comme dans la Figure 6.1.

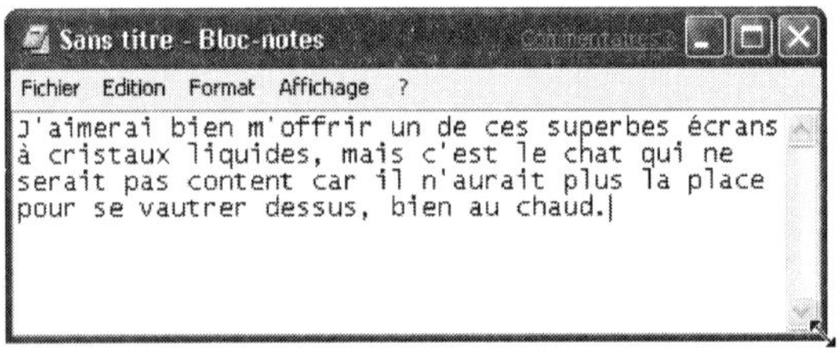

Figure 6.1 Au moment où le pointeur de la souris atteint le coin en bas à droite de la fenêtre, il se transforme en flèche à deux pointes.

2. **Maintenez le bouton de la souris enfoncé et faites glisser la flèche à deux pointes pour agrandir ou diminuer la fenêtre.**

   La Figure 6.2 montre la réduction d'une fenêtre en faisant glisser le coin vers la gauche et vers le bas.

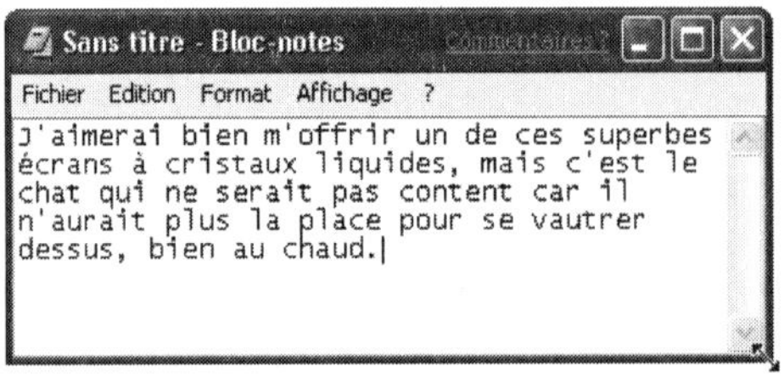

Figure 6.2 Déplacer la souris modifie la taille de la fenêtre.

3. **Relâchez le bouton de la souris.**

   La fenêtre est redimensionnée, comme le montre la Figure 6.3.

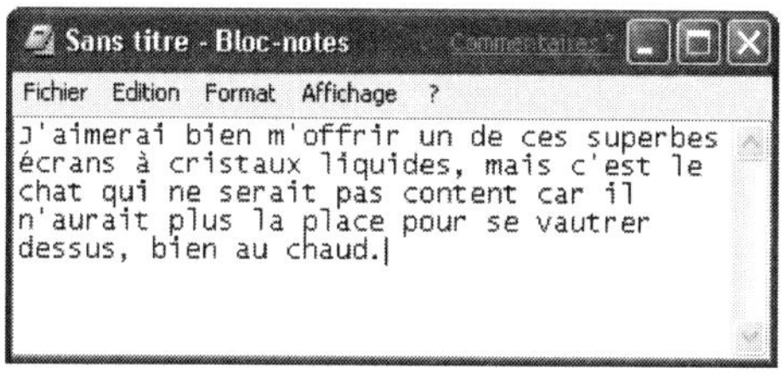

Figure 6.3 Relâchez le bouton de la souris. La fenêtre reste à la taille qui lui a été définie.

C'est tout !

- Cette procédure vous est sans doute familière, car vous n'avez fait que *glisser et déposer* le coin de la fenêtre pour obtenir la nouvelle taille. Ce concept de *glisser-déposer* est omniprésent dans Windows XP. Vous pouvez par exemple glisser et déposer une barre de titre pour déplacer une fenêtre à l'écran.

- Il est possible de tirer sur un bord pour faire varier la largeur ou la hauteur de la fenêtre. Faire glisser un coin est cependant la solution la plus efficace, car elle permet d'agir d'un seul mouvement sur la largeur et sur la hauteur.

Mettre une fenêtre en plein écran

Tôt ou tard, vous finirez par vous lasser de l'affichage simultané de plusieurs fenêtres, et de tout ce qui s'ensuit. Ne serait-il pas possible d'afficher uniquement une seule et grande fenêtre à l'écran ? Oui, ça l'est.

Pour agrandir une fenêtre au maximum, double-cliquez sur sa *barre de titre.* Elle s'étendra aussitôt de manière à remplir la totalité de l'écran, couvrant par la même occasion toutes les autres fenêtres.

Pour ramener la fenêtre plein écran à sa taille originelle, double-cliquez de nouveau sur sa barre de titre. Sa taille diminue instantanément, rendant de nouveau visible tout ce qu'elle recouvrait.

- Lorsqu'une fenêtre est en plein écran, elle perd ses bordures ; c'est pourquoi il n'est plus possible de modifier sa taille en tirant ses bords, puisqu'ils n'existent plus.

- Si vous êtes moralement opposé au double-clic dans la barre de titre d'une fenêtre pour l'étendre, vous pouvez le faire d'une autre manière. Cliquez sur le bouton Agrandir, dans le coin supérieur droit ; il se trouve au milieu du groupe de trois boutons, dans la barre de titre (voir ci-contre). Après avoir cliqué dessus, la fenêtre occupe sauvagement tout l'écran. Par la même occasion, le bouton Agrandir devient un bouton Niveau inférieur, qui restaure la fenêtre à sa taille précédente en cliquant dessus (reportez-vous au Chapitre 5 pour en savoir plus sur les boutons Agrandir, Réduire et Niveau inférieur).

Chapitre 7

Je ne le trouve pas !

Dans ce chapitre :

- Retrouver une fenêtre perdue.
- Retrouver des fichiers égarés.
- Retrouver des fichiers téléchargés.
- Retrouver des bribes d'information placées n'importe où.
- Retrouver des éléments perdus sur Internet.

Tôt ou tard, Windows XP fera des siennes. "Mais mais mais ! vous direz-vous en vous cramponnant au fil de la souris, ce truc-là était bien *là* il y a pas une seconde ! Où s'est-il fourré ?"

Quand Windows se mettra à jouer au bonneteau avec vos données, c'est ce chapitre qui vous aidera à les retrouver. Vous pourrez alors retrouver la fenêtre du Solitaire et continuer à faire semblant de travailler.

Retrouver des fenêtres égarées sur le Bureau

Oubliez cet énorme bureau à rouleaux style "années 40" en acajou que vous avez vu dans la vitrine d'un magasin de meubles, car le Bureau de Windows XP n'est pas plus grand que votre moniteur.

D'une certaine façon, Windows XP fonctionne plutôt à la manière de ces piques à feuillets qu'affectionnent notamment les caissiers que comme un véritable bureau. Chaque fois que vous ouvrez une nouvelle fenêtre, vous enfoncez un nouveau feuillet sur la pique. Celle du haut est facilement lisible, mais qu'en est-il de celles en dessous ?

Si une fenêtre dépasse un peu de l'empilement, vous pouvez cliquer sur cette partie visible. La fenêtre se retrouve comme par magie au-dessus de la pile. Mais que faire si *aucune* partie de la fenêtre ne dépasse ? Comment même savoir si elle se trouve sur le Bureau ?

Les deux procédures qui suivent vous aideront à retrouver une fenêtre même si elle est hors de vue.

Afficher la fenêtre que vous cherchez à partir du Gestionnaire des tâches

Le Gestionnaire des tâches intégré à Windows conserve une liste de tout ce qui est à l'écran (même les éléments invisibles), ce qui en fait un outil de choix pour retrouver une fenêtre cachée.

Il est caché aussi longtemps que vous n'avez pas appuyé sur la séquence de touches Ctrl+Alt+Suppr (la plupart des gens utilisent leurs deux mains pour appuyer dessus). Le Gestionnaire des tâches de Windows que montre la Figure 7.1 apparaît.

Figure 7.1 Appuyer simultanément sur les touches Ctrl+Alt+Suppr affiche le Gestionnaire des tâches de Windows. Vous trouverez sous l'onglet Applications la liste de toutes les fenêtres ouvertes.

Cliquez sur l'onglet Applications, visible dans la Figure 7.1, et le Gestionnaire des tâches liste tous les programmes actuellement en cours. La fenêtre que vous recherchez est *immanquablement* présente dans la liste. Dès que vous l'avez repérée, cliquez sur son nom puis sur le bouton Basculer vers.

La fenêtre égarée apparaît d'elle-même au premier plan.

- Dans les précédentes versions de Windows, appuyer simultanément sur les touches Ctrl+Alt+Suppr affichait une version édulcorée du Gestionnaire des tâches. Celle de Windows XP gère un plus grand nombre de tâches, dont certaines sont suffisamment compliquées pour qu'elles ne soient abordées que dans des ouvrages plus approfondis.

- Il arrive parfois que le programme égaré soit présent dans la barre des tâches, et qu'après avoir cliqué sur son nom pour l'extraire des profondeurs vous ne l'aperceviez pas sur le Bureau. Dans ce cas, il se trouve sans doute hors du Bureau. Dans la prochaine section, vous verrez comment repositionner *toutes* les fenêtres ouvertes afin qu'elles soient faciles à découvrir.

Organiser des fenêtres en mosaïque et en cascade

Lorsque vous vous retrouvez face à des fenêtres dispersées comme des cartes à jouer jetées à travers l'écran, le moment est venu de demander à Windows de refaire la donne. Il récupérera toutes les fenêtres ouvertes au hasard et les disposera régulièrement sur le Bureau. C'est souvent la meilleure manière de retrouver une fenêtre enfouie dans les profondeurs d'un empilement.

Pour obtenir de Windows une nouvelle donne, cliquez avec le bouton droit de la souris dans le coin en bas à droite de l'écran. Un clic droit à proximité de l'horloge, par exemple, affiche le menu que montre la Figure 7.2 (NDT : pour que ce menu apparaisse, une des fenêtres doit être active).

Cliquez sur l'option Cascade et toutes les fenêtres sont superposées avec un léger décalage, comme au black-jack (les amateurs de ce jeu de cartes jetteront un coup d'œil à la Figure 7.3). La barre de titre de chaque fenêtre est clairement lisible, prête à recevoir le clic qui amènera la fenêtre en question au premier plan.

Ou encore, choisissez Mosaïque horizontale ou Mosaïque verticale dans le menu de la barre des tâches. Windows dispose toutes les fenêtres de manière à ce qu'elles soient toutes visibles, comme le montre la Figure 7.4. Leur taille est souvent réduite, mais au moins vous pouvez les voir.

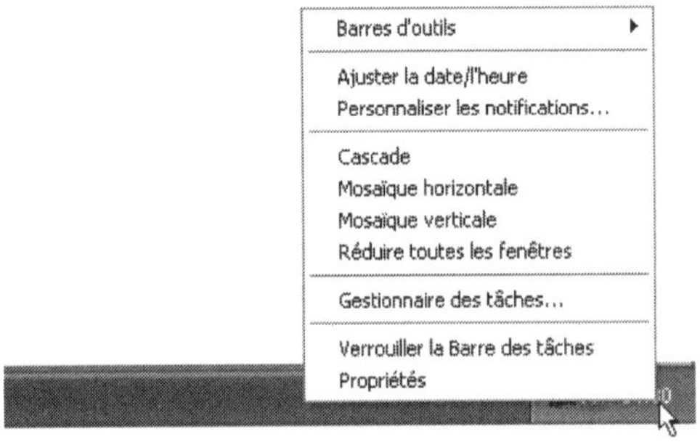

Figure 7.2
Cliquez avec le bouton droit de la souris à proximité de l'horloge, dans le coin en bas à droite de l'écran, pour afficher le menu comportant les options Mosaïque et Cascade.

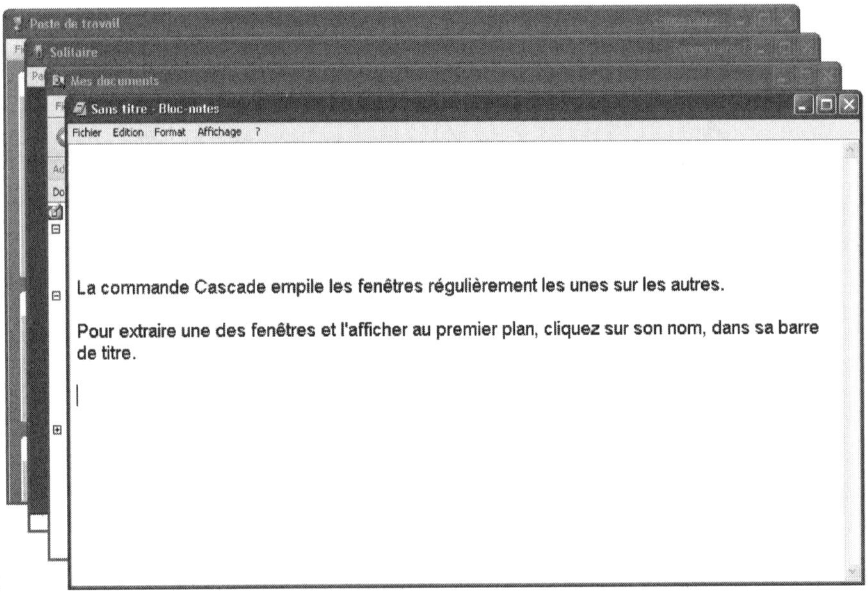

Figure 7.3
La commande Cascade, dans la barre des tâches, superpose toutes les fenêtres avec un léger décalage afin que les titres soient bien visibles.

- Si la fenêtre que vous cherchez n'apparaît pas dans l'empilement régulier provoqué par la commande Cascade, c'est parce qu'elle n'a peut-être pas été ouverte. Cette commande n'agit en effet que sur les fenêtres ouvertes, et non sur celles qui ont été réduites dans la barre des tâches. La solution ? Récupérez les fenêtres manquantes à l'aide du Gestionnaire des tâches *avant* de disposer les fenêtres en cascade.

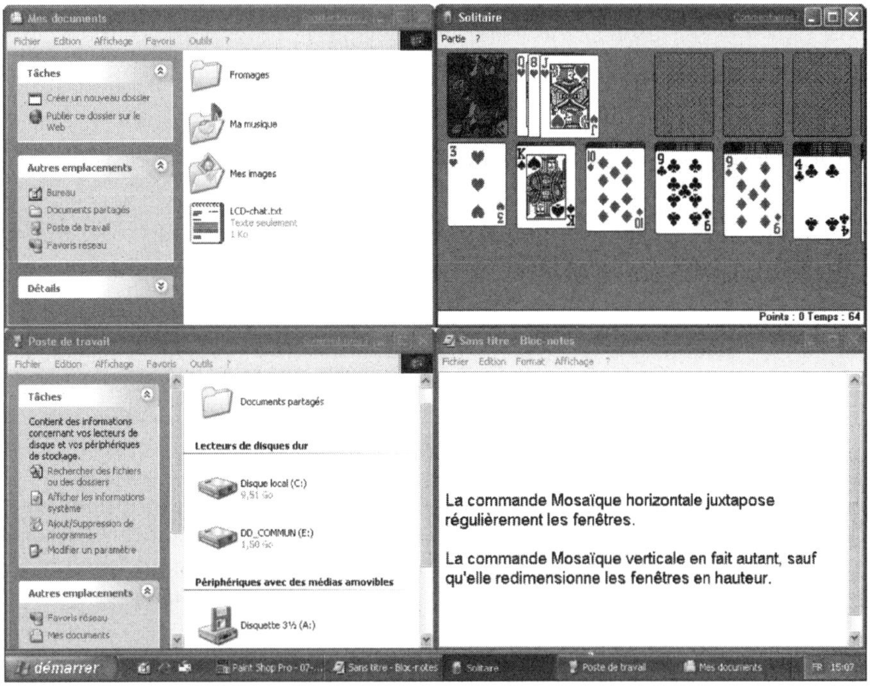

Figure 7.4 La commande Mosaïque de la barre des tâches répartit régulièrement les images à l'écran. Mais, plus elles sont nombreuses, plus elles sont petites.

- La commande Mosaïque verticale dispose les fenêtres en hauteur, comme des chaussettes qui pendouillent sur un fil à linge. La commande Mosaïque horizontale dispose les fenêtres horizontalement, comme des sweat-shirts sur un étalage. La différence n'est pas très évidente quand vous ne répartissez que quelques fenêtres.

- Le hautain Gestionnaire des tâches décrit dans la section précédente est aussi capable de disposer des fenêtres en mosaïque et en cascade, mais à sa manière. Lorsqu'il affiche la liste des fenêtres ouvertes, comme dans la Figure 7.1 au début de ce chapitre, maintenez la touche Ctrl enfoncée puis cliquez sur les fenêtres auxquelles vous désirez appliquer la commande. Ensuite, lorsque vous choisirez l'option Cascade ou Mosaïque dans le menu, ces commandes n'affecteront que les fenêtres sélectionnées. Ce procédé permet par exemple de ne repositionner côte à côte que deux fenêtres dont le contenu est important, lorsque votre Bureau est encombré de fenêtres ouvertes.

- Si vous n'avez ouvert que deux fenêtres, la commande Mosaïque les dispose côte à côte, ce qui facilite la comparaison de leur contenu. La commande Mosaïque verticale les place en hauteur, ce qui n'est pas pratique pour comparer des textes car vous n'apercevez que les premiers mots de chaque ligne. Pour les voir en entier, choisissez plutôt l'option Mosaïque horizontale.

Retrouver des fichiers, des dossiers, des morceaux de musique, des photos, des vidéos, des gens ou des ordinateurs

Windows XP est devenu très doué dans la recherche des éléments égarés. Ce qui est la moindre des choses, vu sa propension à tout cacher. Lorsqu'un de vos fichiers, dossiers ou d'autres disparaît dans les profondeurs de l'ordinateur, demandez à Windows XP de le chercher.

Dans presque tous les cas, la commande Rechercher retrouve votre bien. Pour la mettre en œuvre, cliquez sur le faramineux bouton vert Démarrer – celui en bas à gauche de l'écran –, puis sur Rechercher, comme le montre la Figure 7.5 (le bouton Démarrer est décrit en détail dans le Chapitre 10).

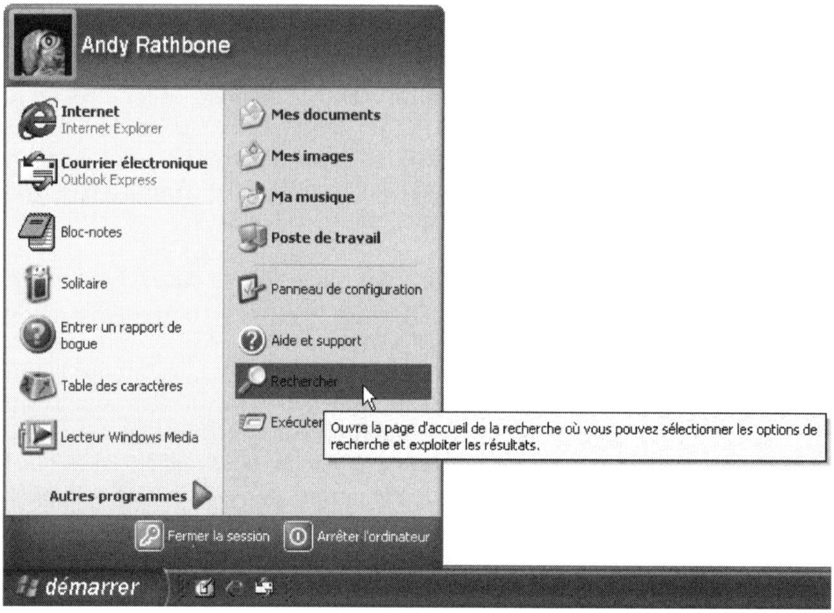

Figure 7.5 Cliquez sur le bouton Démarrer puis sur Rechercher.

Retrouver un fichier ou un dossier perdu

Dans les étapes qui suivent, nous allons voir comment il est possible de retrouver *n'importe quel* fichier ou dossier que vous avez placé quelque part dans l'ordinateur et que vous n'arrivez plus à localiser. Vous pourriez même retrouver ce fichu fichier que quelqu'un vous a envoyé par America Online !

Supposons par exemple que vous vous demandez où vous avez bien pu mettre le fichier d'un courrier concernant la redevance télé. Qui plus est, vous ne savez plus comment vous avez orthographié son nom : "télévision", "télé" ou "TV" ? Vous ne vous rappelez même plus quel logiciel vous avez utilisé : Word ? WordPad ? Le Bloc-notes ? Comment savoir ? Tout ce dont vous êtes sûr, c'est que le mot "redevance" figure dans le texte de ce fichier.

Le meilleur moyen de retrouver un fichier perdu – même ceux inconsidérément placés dans les recoins les plus mystérieux de l'ordinateur, voire sur un autre disque – consiste à utiliser la commande Rechercher que montre la Figure 7.6.

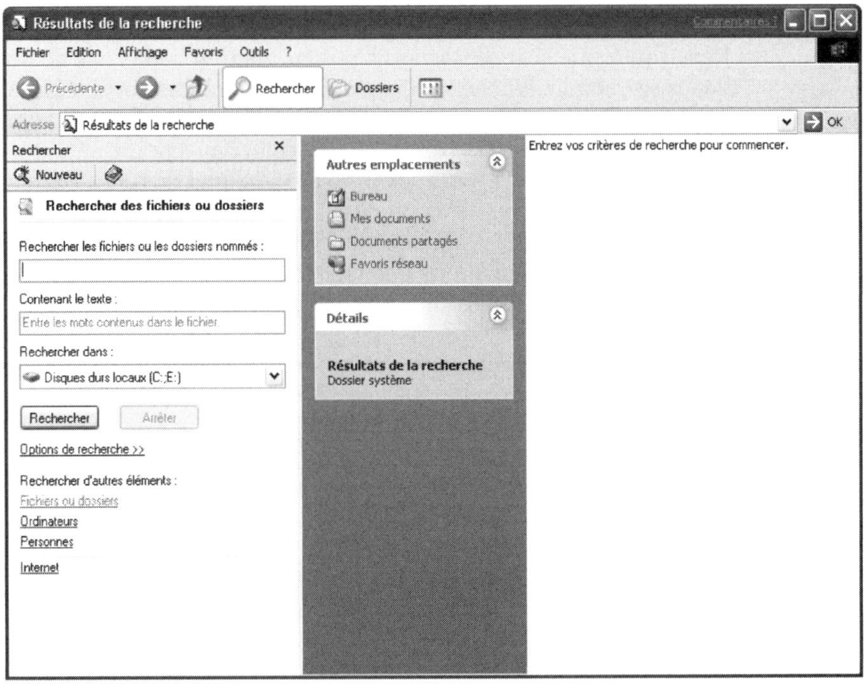

Figure 7.6 Cette boîte de dialogue retrouve n'importe quel fichier, dossier, ordinateur du réseau, image, musique, vidéo, entrée d'annuaire et autres éléments égarés dans votre machine.

Comme vous ne savez pas comment s'appelle le fichier que vous recherchez (notez que la recherche peut toutefois s'effectuer sur une partie du nom), mais que vous savez quel mot il contient, vous n'utiliserez pas la zone de texte Rechercher les fichiers ou les dossiers nommés. A la place, vous taperez le mot "redevance" dans la zone de texte Contenant le texte (voir Figure 7.7). Retenez que la recherche peut là aussi s'effectuer sur une partie d'un mot (comme "redev", par exemple) ou sur une succession de mots (comme "redevance télé"). Pour rester simple, nous taperons "redevance".

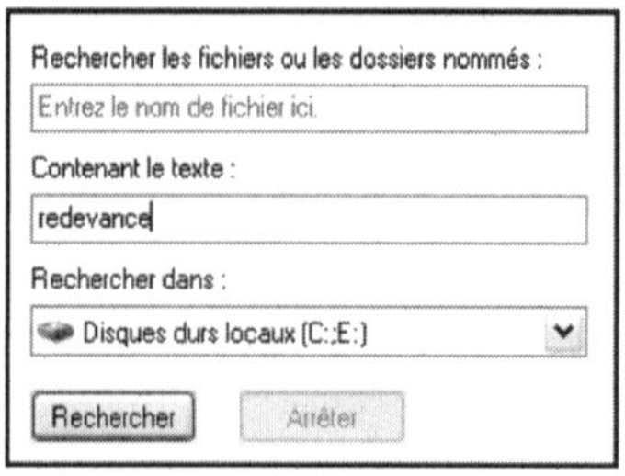

Figure 7.7 Tapez la chaîne de caractères à rechercher parmi les fichiers de Windows.

Remarquez que la zone Rechercher dans, juste sous la zone de texte que vous venez de remplir, affiche les disques locaux. Comme l'ordinateur utilisé ici contient deux disques durs, il recherchera le mot "redevance" dans le disque C: et dans le disque E: (le disque D: est celui du lecteur de CD-ROM). Pour gagner du temps, et si vous savez en aval de quel dossier le fichier a des chances de se trouver, vous pouvez limiter la recherche à un répertoire du disque dur, E:\Textes\Courrier, par exemple. Mais comme nous ne sommes sûrs de rien, nous lancerons la recherche dans les deux disques durs en cliquant sur le bouton Rechercher, visible dans la Figure 7.7.

La recherche peut prendre un certain temps, surtout si l'intégralité d'un ou plusieurs disques doit être analysée. Même si l'ordinateur est neuf, les fichiers sont fort nombreux – plusieurs milliers, appartenant pour la plupart à Windows XP – et certains sont de grande taille. Après une petite minute environ, la boîte de dialogue Résultats de la recherche liste tous les fichiers contenant le mot "redevance", comme le montre la Figure 7.8.

Cliquez sur le nom du fichier qui vous semble être celui que vous recherchez. La boîte de dialogue affiche, dans une colonne centrale, un menu proposant diverses options : renommer le fichier, le déplacer, le copier, l'imprimer, etc. Comme vous voudrez sans doute l'ouvrir pour consulter son contenu, double-cliquez simplement sur son nom. Windows XP ouvrira l'application associée à ce fichier et chargera ce dernier automatiquement dedans.

Figure 7.8 La fonction de recherche a localisé le ou les fichier(s) contenant le mot "redevance". Cliquer sur l'un d'eux affiche un menu au milieu de la boîte de dialogue qui propose diverses options.

Trouver des ordinateurs ou des personnes

Sans en arriver à dire qu'il mélange les torchons et les serviettes, il n'en est pas moins vrai que Windows XP met les personnes et les ordinateurs dans la même catégorie.

Trouver des ordinateurs

La recherche d'un ordinateur concerne les gens qui travaillent en *réseau* ; nous verrons dans le Chapitre 9 ce que sont ces ordinateurs reliés entre eux. Vous ne savez pas si votre ordinateur appartient à un réseau ? Cliquez sur le bouton Démarrer, choisissez Rechercher, puis cliquez sur Ordinateurs et tapez le nom d'un ordinateur du réseau dans la zone de texte Nom de l'ordinateur.

Windows XP identifie un ordinateur par son nom. Mais comment faire si vous ne le connaissez pas ? Voici un truc : cliquez simplement sur le bouton Rechercher. Vous verrez apparaître dans le volet de gauche la liste alphabétique des ordinateurs connectés au réseau. Si seul le nom de votre propre ordinateur apparaît, c'est qu'il n'est pas connecté à un réseau.

Retrouver des fichiers plus rapidement

Plus les informations que vous fournissez à la fonction de recherche seront nombreuses et précises, plus vite vous retrouverez vos fichiers. Bien que l'analyse de la totalité du disque dur soit efficace, l'opération est cependant terriblement lente, car l'ordinateur doit scruter tous les fichiers, du premier au dernier. Pour accélérer les choses, appliquez ces quelques astuces, si c'est possible :

- Essayez de vous souvenir d'au moins une partie du nom du fichier ou du dossier que vous recherchez, ce qui limitera le nombre de fichiers analysés.
- Vous savez dans quel dossier vous l'avez placé ? Demandez à l'ordinateur de chercher dedans. Commencez par chercher dans le dossier Mes documents, car de nombreux logiciels y enregistrent automatiquement leurs fichiers.
- Vous vous rappelez à quelle date vous avez créé, modifié ou enregistré ce fichier ou ce dossier ? Cliquez sur Options de recherche puis sur le bouton Date, et indiquez le jour, ou une plage de temps, dans la boîte de dialogue qui apparaît. Cliquez ensuite sur le bouton Rechercher.
- La recherche dans un CD-ROM est particulièrement longue. Quand vous effectuez une recherche dans le Poste de travail, le CD-ROM présent dans le lecteur est aussi pris en compte. Retirez-le avant de lancer l'opération.
- Essayez de rechercher des mots typiques, assez rares. Un mot comme *redevance* est plus rare que *lettre* et bien plus encore que *et* ou *une*. Limitez autant que faire se peut le nombre de fichiers trouvés en évitant les mots trop banaux.

Trouver des personnes

La recherche des personnes n'est pas aussi enthousiasmante qu'il y paraît, même pour des cœurs à prendre. Elle ne s'effectue en effet que parmi les contacts que vous avez entrés dans le carnet d'adresses d'Outlook Express. Là encore, il existe un petit truc, même s'il n'est pas génial : dès que la boîte de dialogue Rechercher des personnes apparaît, cliquez sur le bouton avec une flèche pointée vers le bas, dans la zone de liste déroulante Regarder dans (c'est-à-dire à droite de la mention Carnet d'adresses). La liste contient un choix de plusieurs services Internet contenant des adresses électroniques d'internautes. Aucun de ces services n'est complet, et la plupart sont truffés de noms bidon.

Rechercher sur Internet

C'est un autre truc un peu bête. Quand vous choisissez l'option Internet, la boîte de dialogue Résultats de la recherche se connecte automatiquement au Web au travers d'Internet Explorer, votre *navigateur Internet*.

Pour gagner du temps, démarrez Internet Explorer et cliquez sur le bouton Rechercher. Ce logiciel est décrit dans le Chapitre 12.

Chapitre 8

Le "couper-coller" (déplacements de textes, d'images et de sons) !

Dans ce chapitre :

- Comprendre le couper, copier et coller.
- Sélectionner des informations.
- Couper, copier, supprimer et coller ce que vous avez sélectionné.
- Utiliser le Presse-papiers.
- Placer des bribes sur le Bureau.

Avant l'avènement de Windows, un PC avait bien du mal à tout gérer en même temps. Ses programmes étaient rigides, égotistes, sans aucun sens de la convivialité. Les informations produites par un logiciel ne pouvaient pas toujours être reprises par un autre programme. Les anciennes versions de ces programmes supportaient parfois mal la nouvelle version d'un système d'exploitation, renforçant la ségrégation causée par les *formats de fichier propriétaires* et les *tests de compatibilité.*

Pour éliminer ces inconvénients, les programmeurs de Windows ont développé un espace de travail collectif permettant à tout programmeur d'évoluer sans problème. Dans l'harmonieux village tribal de Windows, les programmes partagent ouvertement leurs données, d'où un environnement agréable pour tous.

Dans la copropriété de Windows, toutes les fenêtres transmettent des informations aux autres sans entrave, sans aucun risque de refus. Le travail créé dans un programme Windows est pleinement et aimablement accepté par tout autre programme Windows. Les logiciels communiquent mutuellement sur un pied d'égalité.

Ce chapitre montre combien il est facile de transmettre des informations d'une fenêtre à une autre.

Le concept de Couper, Coller et Copier

Windows XP a hérité de l'école maternelle un goût certain pour le découpage et les pots de colle. Toute donnée peut sans complication être électroniquement *coupée* ou *copiée* dans une fenêtre puis *collée* dans une autre.

Quasiment tous les éléments présents dans une fenêtre peuvent faire l'objet de cette manipulation, qui s'effectue en trois étapes : la sélection, le couper ou le copier, et le coller. Supposons que vous ayez rédigé, dans votre traitement de texte, un paragraphe joliment tourné ou que, dans le tableur, vous ayez réalisé un remarquable tableau donnant la valeur de chacun des timbres de votre collection philatélique.

Pour commencer, mettez l'information *en surbrillance* (NDT : dans le jargon de Windows, *mettre un élément en surbrillance* équivaut à le sélectionner). Ensuite, vous *coupez* ou *copiez* cette information dans sa fenêtre. Enfin, vous la *collez* dans une autre fenêtre. En fait, les données coupées ou copiées sont provisoirement stockées dans le Presse-papiers de Windows, d'où elles peuvent être collées autant de fois que vous le désirez.

Ce qui est bien avec Windows XP, c'est qu'en ouvrant plusieurs fenêtres à la fois, vous pouvez facilement prélever des éléments dans l'une pour les copier dans les autres.

- Les programmes Windows ont été conçus pour travailler ensemble. C'est pourquoi il est si facile de prendre des données dans l'un pour les placer dans un autre. Il est par exemple très facile de recopier le plan du quartier dans une invitation que vous vous apprêtez à envoyer à vos amis.

- Le couper-coller fonctionne parfaitement avec des éléments assez importants, comme des graphiques compliqués que vous devez recopier dans un rapport. Ne négligez pas pour autant des petites choses : le couper-coller est extrêmement pratique pour recopier un numéro de téléphone d'un carnet d'adresses vers un courrier. Cette opération est non seulement plus rapide que de taper le numéro à la main, mais elle évite aussi les fautes de frappe. Vous pouvez même copier le résultat fourni par la calculette de Windows et le copier dans un autre programme.

TRUC

- Lorsque quelqu'un vous transmet une adresse Internet par courrier électronique, copiez-la et collez-la dans Internet Explorer. C'est moins fastidieux que de la copier à la main, et beaucoup plus sûr. Il est tout aussi facile de recopier des informations depuis Internet.

N'OUBLIEZ PAS

- Quand vous coupez ou copiez des informations, elles résident – en attendant d'être collées – à un endroit particulier de Windows nommé *Presse-papiers*. Il ne peut, hélas ! contenir qu'un seul élément à la fois. Chaque fois que vous coupez ou copiez d'autres informations, elles remplacent celles qui s'y trouvaient.

Sélectionner ce qui important (le mettre en surbrillance)

Avant de pouvoir récupérer des informations dans une fenêtre, vous devez indiquer à Windows de quelles informations il s'agit. Pour ce faire, le meilleur moyen consiste à les mettre en surbrillance, c'est-à-dire à les *sélectionner* avec la souris.

Vous pouvez sélectionner un seul caractère, un roman tout entier ou une partie seulement d'un document. Vous pouvez aussi sélectionner une image, et même des fichiers et des dossiers. Vous pouvez aussi sélectionner des sons pour les coller dans d'autres fichiers.

Dans la plupart des cas, la sélection implique une manipulation assez rapide à la souris : placez son curseur au début de l'information à mettre en surbrillance, puis maintenez le bouton enfoncé. Déplacez ensuite la souris à la fin de l'information et relâchez le bouton. C'est tout ! La totalité des données entre le clic et l'endroit où vous avez relâché le bouton est sélectionnée. L'information change généralement de couleur pour bien mettre en évidence la partie sélectionnée. La Figure 8.1 montre un texte sélectionné.

Pour travailler avec précision sur de petits textes, utilisez le clavier pour placer le curseur au début de l'élément à sélectionner. Ensuite, la touche Maj enfoncée, appuyez sur les touches fléchées jusqu'à ce que le curseur se trouve à la fin de la partie à sélectionner. A chaque appui sur la touche, la zone en surbrillance augmente. Cette astuce fonctionne avec presque tous les

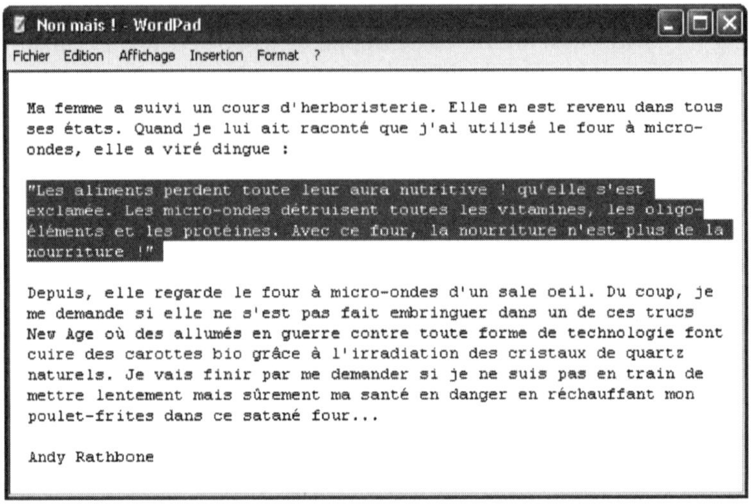

Figure 8.1 Le texte sélectionné est mis en surbrillance. Il change de couleur.

programmes Windows XP (si vous sélectionnez du texte, maintenez aussi la touche Ctrl enfoncée ; vous le sélectionnerez ainsi par mots entiers).

Certains programmes sont dotés de raccourcis pour les sélections :

- Pour sélectionner *un seul mot,* amenez la souris dessus puis double-cliquez. Le mot devient noir (surbrillance). Dans la plupart des traitements de texte, vous pouvez maintenir le bouton de la souris enfoncé après le second clic et, en le faisant glisser, sélectionner d'autres mots.

- Pour sélectionner *une seule ligne de texte,* cliquez à proximité de cette ligne dans la marge gauche. Pour sélectionner des lignes supplémentaires, maintenez le bouton enfoncé puis faites descendre ou monter la souris.

- Pour sélectionner *un paragraphe,* double-cliquez (ou cliquez deux fois) dans la marge. Pour sélectionner d'autres paragraphes les uns après les autres, maintenez le bouton enfoncé puis faites descendre ou monter la souris.

- Pour sélectionner *la totalité* d'un document, essayez de triple-cliquer (NDT : dans Word, cette action sélectionne un paragraphe). Si cela ne marche pas, maintenez la touche Ctrl enfoncée et cliquez n'importe où dans la marge. Si cela ne donne toujours rien, essayez la combinaison de touches Ctrl+A. Nous n'en dirons pas plus sur la cohérence des programmes tournant sous Windows.

- Pour sélectionner une partie de texte dans la plupart des programmes Windows, cliquez au début de cette partie, maintenez la touche Maj enfoncée, puis cliquez à la fin de la partie à sélectionner. Tout ce qui se trouve entre ces deux points se met en surbrillance.

- Pour sélectionner une partie d'une image ou de tout autre graphisme dans Paint, le logiciel de dessin de Windows, cliquez sur le bouton montrant un rectangle en pointillé ; ce bouton est en fait un outil de sélection, comme le précise Windows lorsque vous immobilisez le pointeur de la souris un instant dessus. Après avoir cliqué avec l'outil Sélection, maintenez le bouton de la souris enfoncé puis faites glisser la souris sur la partie de l'image à sélectionner.

N'OUBLIEZ PAS

Après avoir sélectionné du texte, vous devez *immédiatement* le couper ou le copier. Car si, pour une raison ou pour une autre, vous cliquez ailleurs, le texte en surbrillance revient instantanément à la normale.

TRUC

Vous avez sélectionné quelque chose ? Pour le couper ou le copier immédiatement, cliquez dessus avec le bouton droit de la souris. Dans le menu contextuel, choisissez Couper ou Copier, selon vos besoins.

ATTENTION !

Soyez vigilant lorsque vous venez de sélectionner du texte. Si vous appuyez sur une touche, la barre Espace par exemple, Windows XP remplace la sélection par le caractère que vous venez de taper, une espace en l'occurrence. Pour échapper à cette calamité et récupérer le texte sélectionné, appuyez sur Ctrl+Z. Ce sont les touches de la commande Annuler ; elles sont utilisables dans beaucoup de logiciels.

Couper, copier ou supprimer une sélection

Après avoir sélectionné des données comme nous venons de le décrire, vous pouvez passer à la suite des opérations : les couper, les copier ou tout simplement les supprimer. Ces trois options sont fondamentalement différentes les unes des autres.

TRUC

Nous ne le répéterons jamais assez : après avoir sélectionné un élément, cliquez dessus avec le bouton droit de la souris. Dans le menu contextuel qui ne manque pas d'apparaître, choisissez Couper ou Coller, selon vos besoins.

Couper des données

Couper des données mises en surbrillance les efface aussitôt. Dans l'absolu, elles ne sont pas supprimées, mais transférées dans un réceptacle spécial de Windows : le *Presse-papiers*.

Pour couper une sélection, cliquez dedans avec le bouton droit de la souris et, dans le menu contextuel, choisissez Couper, comme le montre la Figure 8.2. Et hop ! Le texte sélectionné disparaît et, par d'obscurs souterrains informatiques, il court se nicher dans le Presse-papiers, en attente d'une action future dont il fera les frais.

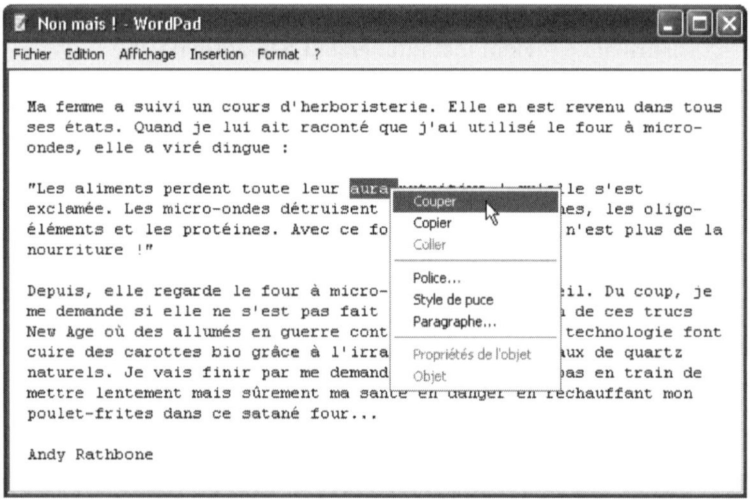

Figure 8.2 Cliquez avec le bouton droit sur les données que vous avez sélectionnées puis choisissez Couper, dans le menu contextuel.

- Un moyen simple de savoir si la commande Couper a bien fonctionné consiste à coller l'information dans le document en cours. Si elle réapparaît, le couper a bien marché et vous pouvez de nouveau l'appliquer. Si l'information ne réapparaît pas, c'est que quelque chose n'a pas du tout fonctionné. Pour appliquer la commande Coller, décrite un peu plus loin, appuyez sur les touches Ctrl+V (NDT : un moyen encore plus rapide de vérifier si le Presse-papiers contient quelque chose consiste à dérouler le menu Edition ; si l'option Coller n'est plus en grisé mais en noir, le Presse-papiers contient des données à coller).

- Comme les avocats de Microsoft se sont mieux débrouillés que ceux d'Apple, dans un mémorable procès qui les a opposés, Windows utilise les mêmes raccourcis clavier que les ordinateurs Macintosh. Pour couper, maintenez la touche Ctrl enfoncée et appuyez sur X (un truc mnémotechnique : le X est comme une croix faite au crayon sur les données pour les barrer).

Copier des données

Quand vous copiez des données, elles ne disparaissent pas de l'écran. Elles restent en place, comme si rien ne s'était passé. En fait, il s'est produit quelque chose, comme nous le verrons d'ici peu.

Pour copier une information sélectionnée, cliquez dessus avec le bouton droit de la souris et choisissez Copier. Ou encore, la touche Ctrl enfoncée, appuyez sur C ("C" comme Copie). Bien qu'il ne se passe apparemment rien, les données n'en sont pas moins envoyées vers le Presse-papiers.

- Ne vous privez pas de couper et recoller des fichiers dans le Poste de travail. Quand un fichier est coupé, son icône est en gris jusqu'au moment où il est collé (faire disparaître le fichier serait trop effrayant). Vous changez d'avis en cours d'opération ? Appuyez sur la touche Échap pour annuler le couper, et le fichier revient à la normale.

- Pour copier dans le Presse-papiers l'image de la totalité du Bureau, autrement dit tout l'écran, appuyez sur la touche Impr écran (le nom diffère parfois légèrement d'un clavier à un autre). Une recopie de l'écran est envoyée dans la Presse-papiers, prête à être collée ailleurs. Les passionnés d'informatique appellent cette opération *capture d'écran*. La plupart des illustrations de ce livre sont des captures. Retenez aussi qu'en dépit de son nom, la touche Impr écran n'envoie rien à l'imprimante (NDT : sous DOS, le système d'exploitation qui a précédé Windows, le contenu de l'écran était effectivement imprimé).

- Pour effectuer une copie d'écran du contenu de la fenêtre active, maintenez la touche Alt enfoncée tout en appuyant sur Impr écran. L'image de la fenêtre – sans rien de ce qui est autour – est placée dans le Presse-papiers.

Supprimer des données

Supprimer des données en surbrillance équivaut à les effacer : elles disparaissent. Pour ce faire, appuyez simplement sur la touche Suppr ou Ret.Arr.

Malheureusement, rien ne distingue, à l'écran, le fait de couper ou de supprimer. Les premières fois que vous couperez un élément, vous croirez d'ailleurs l'avoir effacé accidentellement. Par la suite, on s'y fait...

- Si vous avez procédé par mégarde à une suppression, il est inutile de paniquer. Appuyez sur les touches Ctrl+Z et cette suppression est gracieusement annulée. L'information que vous avez éliminée réapparaît à l'écran. Ouf !
- Maintenir la touche Alt enfoncée et appuyer sur Ret.Arr. annule toute fausse manœuvre (et si ça ne marche, vous pourrez toujours vous raccrocher au bon vieux Ctrl+Z).

En savoir plus sur le couper, le copier et la suppression

Vous voulez en savoir plus sur ces trois opérations cruciales que sont le couper, le coller et la suppression ? Alors, lisez ce qui suit (d'ailleurs, vous devriez vraiment le lire...).

- Windows XP place volontiers des *barres d'outils* en haut de ses programmes. La Figure 8.3 montre les boutons qui, dans ces barres, servent à couper, copier et coller. Ces boutons, présents sur la plupart des barres d'outils, servent à couper, copier ou coller les informations en surbrillance.

Figure 8.3 Couper, copier ou coller.

- Si vous préférez les menus, cliquez sur le mot Edition, dans la barre de menus d'un programme ; les commandes Couper, Copier et Coller se trouvent dessous.
- Si vous utilisez le truc de la touche Impr écran pour copier l'écran ou une fenêtre dans le Presse-papiers (voir la section "Copier des données"), un élément important n'aura pas été capturé : le pointeur de la souris. Il n'est jamais inclus dans l'image, même s'il se voit comme le nez au milieu du visage. Vous vous demandez d'où proviennent les figures de ce livre ? Vous ne me croirez pas si je vous dis que je les ai

dessinées à la main. En vérité, j'ai utilisé un logiciel de capture d'écrans spécialisé qui permet de capturer les pointeurs.

Coller des informations dans une autre fenêtre

Après avoir coupé ou copié des informations afin de les placer dans le Presse-papiers de Windows XP, vous pouvez maintenant les envoyer ailleurs, c'est-à-dire les *coller* dans quasiment n'importe quelle autre fenêtre.

Comparé à la sélection, au couper et au copier, le collage est sans détour : ouvrez la fenêtre de destination, amenez la souris à l'endroit où les données doivent apparaître, cliquez avec le bouton droit de la souris et, dans le menu, choisissez Coller. Le contenu du Presse-papiers est aussitôt recopié dans la fenêtre.

Ou encore, si vous désirez coller un fichier sur le Bureau, cliquez sur le Bureau avec le bouton droit et choisissez Coller. Le fichier apparaît là où vous avez cliqué.

- Un autre moyen de coller des éléments consiste à maintenir la touche Ctrl enfoncée et à appuyer sur V. Cette combinaison est identique à Maj+Inser, un raccourci clavier hérité du Macintosh. Comment se souvenir de Ctrl+V ? Imaginez le "V" comme un coin qui s'insère – ou mieux, qui insère quelque chose – à l'emplacement du curseur.

- Vous pouvez aussi choisir la commande Coller dans la barre de menus de la fenêtre. Sélectionnez le mot Edition puis Coller. Ne choisissez pas la commande Collage spécial, si elle existe, car elle est réservée à des opérations de liaison et d'incorporation d'objets que n'utilisent que ceux qui sont déjà bien familiarisés avec leur logiciel.

- Certains programmes sont dotés de barres d'outils placées en haut de leur fenêtre. Cliquer sur le bouton Coller (celui de droite dans la Figure 8.3) colle le contenu du Presse-papiers dans le document.

- La commande Coller insère une *copie* du contenu du Presse-papiers. Les données elles-mêmes restent dans le Presse-papiers, de sorte que vous pouvez fort bien les recopier autant de fois que vous le désirez. En fait, le contenu du Presse-papiers ne change pas aussi longtemps qu'une nouvelle commande Couper ou Copier n'apporte pas de nouvelles informations qui remplacent les anciennes.

Laisser délibérément des bouts de papier sur le Bureau

Le Presse-papiers est un moyen fort commode de copier des données d'un endroit à un autre, mais il souffre d'une grosse limitation : chaque fois que vous placez quelque chose dedans, ce quelque chose remplace ce qui s'y trouvait déjà. Dans ces conditions, comment faire si vous devez mettre de côté *un lot* d'informations à utiliser ?

Si vous coupez et collez sur un véritable bureau, vous vous retrouvez avec des coupures de papier contenant des bribes d'informations éparpillées un peu partout en attendant d'être utilisées. Ce concept de *bribes* a été adopté pour Windows XP : des informations peuvent être déplacées de fenêtre en fenêtre en les faisant transiter par le Bureau, où elles sont stockées provisoirement.

Supposons que vous vouliez copier ailleurs un paragraphe d'un texte écrit dans WordPad ou dans Word. Mettez-le en surbrillance et faites-le glisser sur le Bureau. Et voilà ! Un petit fichier Bribe (voir ci-contre) apparaît sur le Bureau. Vous avez repéré un autre paragraphe intéressant ? Faites-le glisser lui aussi sur le Bureau. L'icône d'une autre bribe apparaît.

Vous finirez par vous retrouver avec une collection de paragraphes choisis. Pour les insérer dans un autre document, faites-les simplement glisser à l'emplacement voulu et relâchez le bouton de la souris.

Les bribes inutilisées peuvent être jetées dans la Corbeille ou abandonnées sur le Bureau, ce qui le rendra peu à peu aussi fouillis qu'un vrai !

Pour créer une bribe, sélectionnez l'information à déplacer, généralement en la mettant en surbrillance avec la souris. Pointez ensuite sur l'élément en surbrillance et, le bouton de la souris enfoncé, faites-le glisser jusque sur le Bureau. Relâchez le bouton ; une bribe est aussitôt créée.

Remarque : Toutes les applications Windows ne supportent pas les bribes. En fait, WordPad est sans doute le seul logiciel de Windows XP qui en fait bon usage. D'autres logiciels, comme la suite bureautique Microsoft Office, autorisent la création des bribes ; vous n'avez donc pas perdu votre temps à lire ces lignes.

Chapitre 9

Tout partager en réseau

Dans ce chapitre :

- Créer et modifier des comptes utilisateurs.
- Trouver les autres ordinateurs sur le réseau.
- Découvrir les fichiers et les dossiers sur les autres ordinateurs.
- Autoriser d'autres personnes à regarder vos fichiers.
- Ajouter des imprimantes à un réseau et les utiliser.
- Acheter de nouveaux éléments pour le réseau.
- Installer le matériel de réseau.
- Configurer un réseau.

Bonne nouvelle ! Vous n'aurez à vous coltiner ce chapitre que dans l'un de ces quatre cas :

- D'autres personnes sont amenées à se servir de votre ordinateur, et vous désirez affecter un Compte d'utilisateur à chacune d'elles afin que leurs activités soient bien distinctes des vôtres.
- Vous désirez modifier le Compte d'utilisateur de quelqu'un.
- Votre ordinateur est connecté à d'autres ordinateurs avec lesquels vous devez échanger des fichiers au travers d'un réseau.
- Vous désirez installer votre propre réseau.

Si un réseau ne vous intéresse pas et que peu de personnes utilisent votre ordinateur, vous pourrez vous permettre d'ignorer la plus grande partie de ce chapitre. Vous ne serez concerné que par la première section consacrée aux comptes utilisateurs. Vous y apprendrez à créer de nouveaux comptes, à modifier les petites vignettes ainsi que le mot de passe, et à supprimer ou à limiter des comptes afin de réfréner les velléités de toute puissance des autres utilisateurs et d'empêcher les bêtises.

Si vous travaillez en réseau ou si vous envisagez d'en installer un, attachez-vous à la seconde partie de ce chapitre. Elle explique comment récupérer des informations concernant les autres ordinateurs, et comment permettre aux autres utilisateurs de s'informer sur votre ordinateur. Vous apprendrez aussi comment partager une imprimante ou une connexion Internet entre plusieurs ordinateurs.

Enfin, si vous travaillez sur un réseau encore plus étendu, donc plus déroutant, vous découvrirez quelques astuces pour vous débrouiller si l'administrateur de réseau n'est *toujours* pas revenu de chez le traiteur chinois du coin.

Les Comptes d'utilisateurs

Quiconque utilise Windows XP doit avoir un Compte d'utilisateur. Un *Compte d'utilisateur* est un nom qui permet à Windows de savoir qui vient de s'installer au clavier (le Chapitre 4 explique cela plus en détail). Windows XP propose trois types de comptes utilisateurs : Administrateur, Limité et Invité.

Où est la différence ? En fait, chaque type de compte autorise ou n'autorise pas l'accès à certaines fonctions. Si l'ordinateur était un immeuble, l'Administrateur serait le propriétaire, les comptes Limités seraient les locataires et les Invités ne feraient que passer en ayant le droit d'utiliser la salle de bain.

En informatique, cela signifie que l'administrateur contrôle la totalité de l'ordinateur, décidant qui a le droit de l'utiliser et de quelle manière. Les comptes limités peuvent utiliser la plus grande partie de l'ordinateur, mais ils ne peuvent pas y apporter de grands changements. Quant aux invités, ils peuvent utiliser l'ordinateur, mais comme ce dernier ne les reconnaît pas nommément, leurs actions sont étroitement restreintes.

- Sur un ordinateur équipé de Windows XP Edition Familiale, le propriétaire est généralement détenteur du compte Administrateur. Il définit les comptes pour les autres membres de la famille, et les modifie au besoin en rétablissant des mots de passe oubliés. Il peut aussi, s'il en a envie, jeter un coup d'œil sur les fichiers des autres utilisateurs. Voici le plus important : seuls les administrateurs sont habilités à installer des logiciels, à graver des CD ou à changer le matériel de l'ordinateur.

- Sur des ordinateurs équipés de Windows XP Professionnel, l'administrateur jouit des mêmes privilèges, et plus encore. Mais, comme cette version offre davantage d'options de configuration et de sécurité, le rôle d'administrateur est souvent un travail à plein temps dans l'entreprise.

- Pour savoir quelle est votre version de Windows XP, Edition Familiale ou Professionnelle, cliquez sur le bouton vert Démarrer, puis cliquez avec le bouton droit de la souris sur Poste de travail ; dans le menu, choisissez Propriétés. Dans la première page, sous l'onglet Général, le nom de votre version figure sous le mot Système.

- Les administrateurs créent des comptes limités pour les personnes qui utilisent l'ordinateur fréquemment et régulièrement. Windows XP conserve une trace des préférences que chacun des utilisateurs limités a appliquées à l'ordinateur. Chaque fois qu'un utilisateur possédant un compte limité ouvre une session, l'ordinateur le reconnaît et affiche son Bureau personnalisé avec l'arrière-plan qu'il a choisi. Windows XP se souvient aussi de ses sites Internet favoris. Tout est exactement comme l'utilisateur l'avait laissé auparavant.

- Les administrateurs créent un simple compte Invité pour les personnes que l'ordinateur n'a pas à reconnaître. Les invités se servent le plus souvent de l'ordinateur comme d'un terminal, un peu comme dans une librairie où il est possible de consulter le stock de livres disponibles sur un écran. Ils peuvent par exemple utiliser les programmes, mais ils ne peuvent pas modifier leurs paramètres, et moins encore installer des logiciels ou graver des CD. Les invités peuvent cependant se connecter à Internet ou consulter leur messagerie en tapant leur adresse électronique et un mot de passe.

- Il peut y avoir plus d'un seul compte Administrateur sur un ordinateur. Si le possesseur de l'ordinateur le veut bien, chacun peut en avoir un, ce qui permet à quiconque d'installer des logiciels, de graver des CD et aussi, tant qu'à y être, de jeter un coup d'œil dans les fichiers d'autrui.

- Au sein d'une famille, les parents se réservent en général le compte Administrateur, tandis que les enfants ont des comptes limités. La babysitter, elle, se voit royalement octroyer un compte Invité.

Modifier l'image d'un compte

Bien. Passons à un point important : la modification de l'image que Windows affecte automatiquement à un Compte d'utilisateur. Quand vous venez de le créer, Windows XP fouille dans sa besace à images et en extrait au hasard une photographie de papillon, de poisson, de ballon de football et autres sujets plus ou moins "bateau". La personnalisation de l'image associée à un compte est assez facile, et même plus si vous disposez d'un appareil photo numérique.

Après avoir ouvert une session, cliquez sur le bouton Démarrer, puis choisissez Panneau de configuration. Cliquez sur l'icône Comptes d'utilisateurs/ Modifier mon image puis sélectionnez Changer de portrait (les administrateurs doivent d'abord cliquer sur le compte à modifier puis choisir le compte dont l'image doit être changée). Une nouvelle fenêtre apparaît, comme le montre la Figure 9.1.)

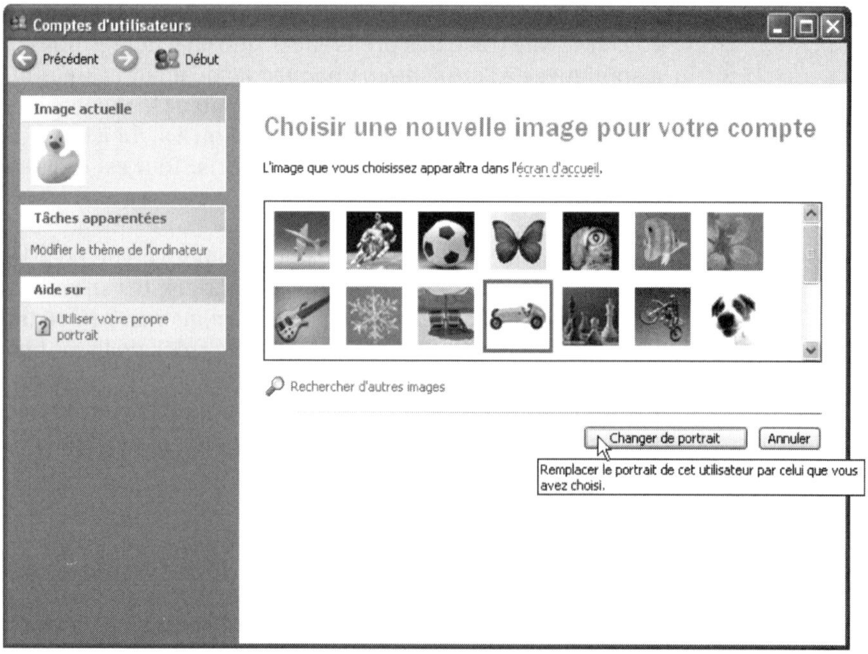

Figure 9.1 Pour modifier l'image associée à l'utilisateur d'un compte, allez dans le Panneau de configuration, choisissez l'icône Comptes d'utilisateurs, puis sélectionnez l'option Modifier mon image et Changer de portrait.

Si l'une des images proposées vous plaît, cliquez dessus puis cliquez sur le bouton Changer de portrait. C'est fait ! Pour affecter une autre image, cliquez sur le bouton Rechercher d'autres portraits. Une nouvelle fenêtre apparaît, qui montre cette fois le contenu du dossier Mes images (c'est là qu'un appareil photo numérique stocke les prises de vues). Cliquez sur l'une des images de ce dossier, choisissez Ouvrir puis cliquez sur Changer de portrait. C'est tout !

Comme le montre la Figure 9.2, une photo de moi remplace l'ancienne image un peu "tarte" de Windows.

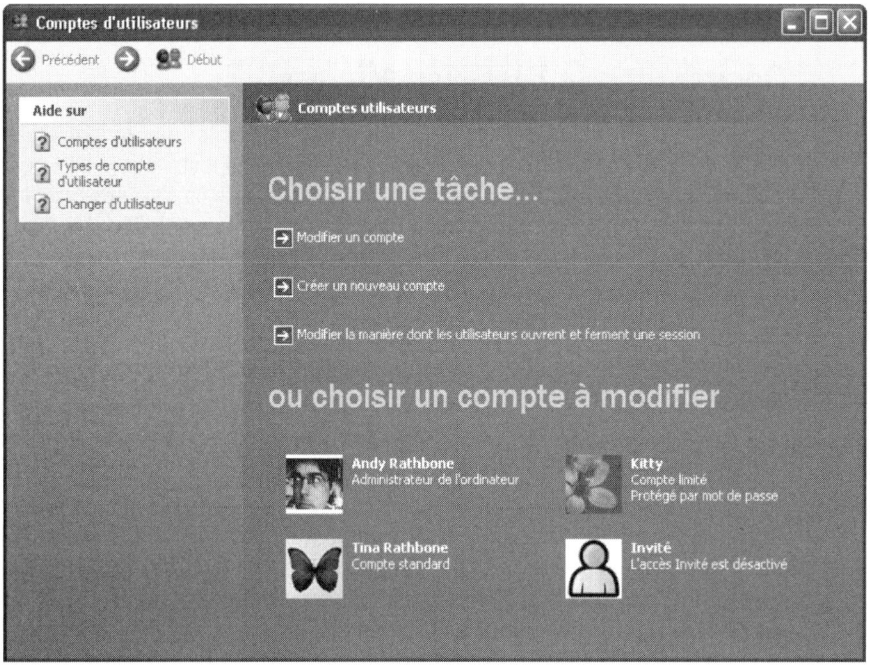

Figure 9.2 Le panneau Comptes d'utilisateurs permet d'affecter une image de votre propre cru à un compte.

- Comment j'ai fait pour obtenir mon portrait ? Rien de plus simple : j'ai utilisé mon appareil photo numérique. Comment faire si vous n'en avez pas ? Vous pouvez récupérer une autre photo sur Internet ; en fait, j'ai piqué mon portrait sur mon site Web, sur `www.andyrathbone.com`. Nous verrons dans le Chapitre 12 comment copier une image depuis Internet (NDT : une autre solution consiste à numériser un tirage sur papier d'une photo à l'aide d'un scanner, ou encore à utiliser une webcam ; la plupart sont dotées d'une fonction de prise de vue).

- Ne vous inquiétez pas de la taille de l'image car Windows XP la réduit ou l'agrandit automatiquement à la taille requise (NDT : les proportions sont conservées dans la vignette finale).

- N'importe qui a le droit de changer son portrait, l'administrateur aussi bien que les comptes limités. L'image de soi est la seule chose que les invités ont le droit de modifier.

Désirez-vous le Passeport Microsoft.NET ?

Dans sa quête illimitée de la domination totale de la micro-informatique, Microsoft a lancé un concept diabolique, le *Passeport.NET* (dès l'installation, Windows XP vous exhorte avec insistance à y souscrire). De prime abord, ce passeport est intéressant : vous indiquez votre nom utilisateur ainsi qu'un mot de passe à Microsoft puis, dès que vous visitez un site associé au concept de Passeport, vous tapez votre nom et le mot de passe. Par la suite, vous n'aurez plus à les communiquer lorsque vous surferez ou ferez des achats sur Internet.

En réalité, quand vous allez d'un site Passeport à un autre, vous n'avez même plus à donner votre identité. Vos données personnelles – nom, adresse et, si vous avez déjà effectué un achat, numéro de carte bancaire – vous accompagnent partout. D'après Microsoft, le Passeport.NET facilite l'utilisation des logiciels, des services Internet et de tous les gadgets informatiques afférents.

Mais, à y regarder de près, en vous incitant à demander un Passeport, il s'avère que Microsoft tente rien moins que de régir Internet. Le Passeport Microsoft contient votre identité Internet. Grâce à lui, Microsoft est en mesure de créer une puissante base de données de consommateurs. Il est capable de collecter des informations depuis n'importe quel site affilié à Passeport que vous visitez, ce qui lui permet notamment de connaître votre comportement boursier sur Boursicotages.com ou de savoir dans quelles contrées exotiques vous êtes allé grâce à Voyageosoleil.com. Et quand vous naviguez d'un site Passeport à un autre, ces sites peuvent eux aussi s'échanger des informations vous concernant.

Le concept de Passeport est séduisant. Quand les ordinateurs travaillent de concert, ils font de grandes choses. Mais chacun sait combien les ordinateurs peuvent devenir tyranniques lorsque ça se passe mal. Le Passeport, j'en ai bien peur, offre trop d'opportunités que les choses aillent mal. Eh oui, j'utilise un compte Passeport lorsqu'il n'y a pas le choix. Mais j'évite autant que possible de me fourvoyer sur un site Passeport.

Passer rapidement d'un utilisateur à un autre

Windows XP permet à une famille ou à une petite entreprise de se partager un seul ordinateur. Comme chacun possède un Compte d'utilisateur, Windows conserve les paramètres de chacun. En fait, dans une famille de cinq personnes, l'ordinateur se comporte comme s'il était cinq ordinateurs différents.

Mieux encore, l'ordinateur mémorise les programmes ouverts par chacun même si plusieurs personnes l'utilisent. Maman peut jouer aux échecs puis laisser Jerry ouvrir une session pour aller voir son courrier électronique. Lorsque Maman reprend l'ordinateur un quart d'heure plus tard, elle retrouve son jeu d'échecs tel qu'elle l'a laissé : prendra-t-elle un pion "en passant" ou sacrifiera-t-elle le fou de la reine ?

Il est relativement facile de passer d'un utilisateur à un autre. Tout en maintenant la touche Windows enfoncée – elle se trouve généralement entre les touches Alt et Espace –, appuyez sur "L". Et hop ! L'écran d'accueil apparaît, permettant à une autre personne de prendre l'ordinateur pour quelque temps.

Après avoir fini d'utiliser l'ordinateur, maintenez la touche Windows enfoncée et appuyez sur la lettre "L". L'écran d'accueil réapparaît, laissant quelqu'un d'autre ouvrir une session.

- Si vous n'aimez pas la touche Windows, utilisez la souris pour passer à un autre utilisateur : cliquez sur le bouton Démarrer puis, en bas du menu, sur Fermer la session. Dans la fenêtre qui s'affiche ensuite, cliquez sur Changer utilisateur. L'écran d'accueil apparaît.
- Microsoft appelle toutes ces fonctionnalités la *Bascule rapide utilisateur.*
- Si la Bascule rapide utilisateur ne fonctionne pas sur votre ordinateur, c'est peut-être parce que l'administrateur l'a désactivée. Cette action est décrite dans la prochaine section.
- Choisir Fermer la session plutôt que Changer utilisateur est souvent mieux. En fermant la session, tous les programmes sont en effet fermés, après quoi l'ordinateur tourne beaucoup plus vite pour le prochain utilisateur. Si vous choisissez l'option Changer utilisateur, l'ordinateur doit jongler avec des paramètres non enregistrés et des programmes ouverts, ce qui accroît sa charge de travail.

Créer, supprimer ou modifier un Compte d'utilisateur

Seuls les administrateurs ont le droit de créer ou de supprimer un Compte d'utilisateur. Si votre nom n'apparaît pas dans l'écran d'accueil, vous devez ouvrir une session Invité. Et même, certains ordinateurs ne proposent pas de compte Invité ; cela aussi est du ressort de l'administrateur.

Si vous êtes Administrateur (car si vous ne l'êtes pas, il est inutile de vous coltiner la lecture des pages qui suivent), vous pouvez librement créer des comptes utilisateurs pour tous ceux qui utiliseront l'ordinateur. Vous leur octroierez un contrôle de la machine juste suffisant pour qu'ils n'y mettent pas la pagaille, notamment par la suppression de fichiers importants.

Pour créer, supprimer ou modifier un Compte d'utilisateur, cliquez sur le bouton Démarrer, choisissez Panneau de configuration et sélectionnez Comptes d'utilisateurs. La fenêtre de la Figure 9.3 apparaît ; elle n'est montrée qu'aux administrateurs. Voici un bref descriptif des tâches proposées :

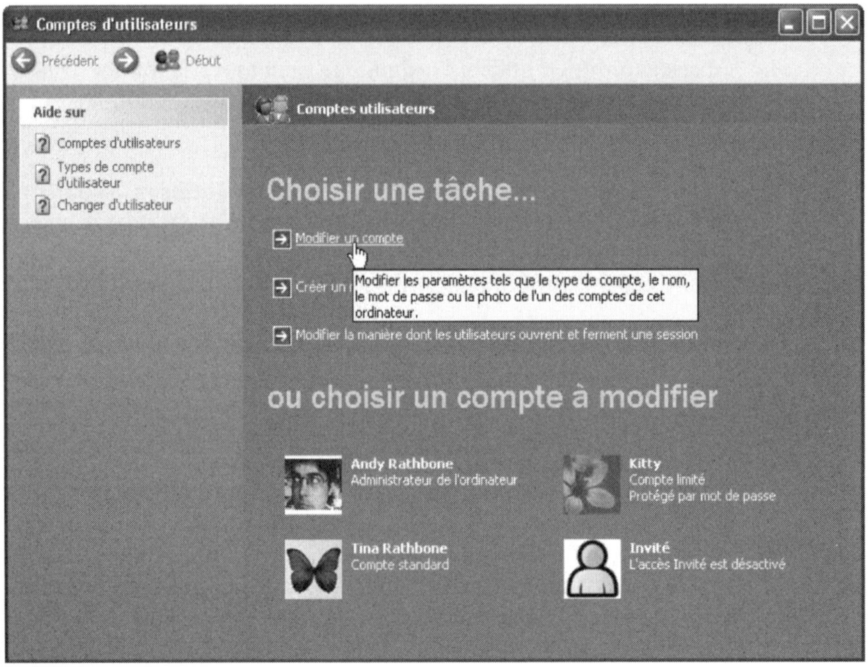

Figure 9.3 La fenêtre Comptes d'utilisateurs.

Modifier un compte : C'est la plus globale des options. Elle permet de changer le nom d'un compte, le portrait, le mot de passe ou son type (un utilisateur peut par exemple être promu Administrateur, si vous en avez assez de gérer l'ordinateur). C'est là aussi que vous devez cliquer pour supprimer un compte.

Créer un nouveau compte : Cliquez ici pour créer des comptes pour de nouveaux utilisateurs. Attribuez-leur un nom et précisez si leur compte sera Limité ou Administrateur.

Modifier la manière dont les utilisateurs ouvrent et ferment une session : Ce choix est un peu plus compliqué, car il donne accès aux deux options que voici :

- **Utilisez l'écran d'accueil :** Normalement, les personnes se connectent en cliquant sur leur nom utilisateur, dans l'écran d'accueil. Oter la coche de cette case désactive l'écran d'accueil, de sorte que les nouveaux venus doivent taper leur nom et leur mot de passe pour ouvrir une session. L'intérêt ? Cette méthode est plus sûre, car, sans l'affichage de l'écran d'accueil, nul ne peut savoir quelles autres personnes ont un compte sur cet ordinateur. La désactivation de l'écran d'accueil empêche l'accès à l'option Utilisez la Bascule rapide utilisateur, décrite ci-après.
- **Bascule rapide utilisateur :** Windows XP autorise généralement une permutation rapide et facile entre les divers utilisateurs. Lorsque l'un d'eux reprend l'ordinateur, il le retrouve tel qu'il l'avait laissé (reportez-vous à la section "Passer rapidement d'un utilisateur à un autre" plus haut dans ce chapitre). Oter la coche dans cette case désactive la Bascule rapide utilisateur pour tous les utilisateurs. Ils doivent quitter la session, l'enregistrement de leur travail s'effectuant pendant cette phase, avant qu'un autre utilisateur puisse ouvrir une session.

Sautez ce qui suit, à moins que l'ordinateur ne soit connecté à un réseau

Le concept de *réseau* est assez facile à saisir. Un *réseau* n'est rien d'autre qu'au moins deux ordinateurs reliés entre eux de manière à ce qu'ils puissent se partager des informations. Un réseau est cependant beaucoup plus compliqué que des lycéens au moment de leur premier rendez-vous amoureux.

Par exemple, comment savoir si un ordinateur appartient à un réseau ? Qui a accès au réseau ? Combien d'ordinateurs y sont connectés ? Quelles parties d'un ordinateur A sont accessibles à un ordinateur B ? Ou encore, les ordinateurs ont-il le droit de s'interconnecter sans mot de passe ?

Toutes ces décisions techniques doivent être prises judicieusement, généralement par l'administrateur de réseau, c'est-à-dire quelqu'un qui a l'air aussi coincé qu'un principal de lycée invité à une boum.

Les ordinateurs ne sont pas les seuls éléments susceptibles d'être mis en réseau. Les imprimantes, modems, lecteurs de CD-ROM, ports USB, lecteurs de cartes Compact Flash et quasiment la plupart des périphériques peuvent

Un mot de passe, SVP

Sans un mot de passe, le Compte d'utilisateur perd de son intérêt, car n'importe qui peut y accéder *via* l'écran d'accueil. Windows considérera toujours qu'il s'agit de vous et laissera l'intrus regarder dans vos fichiers, voire les supprimer.

Les administrateurs, tout particulièrement, doivent avoir un mot de passe. Sinon, n'importe qui peut se bombarder Administrateur, jeter un coup d'œil dans les fichiers de tous les autres utilisateurs ou saboter complètement l'ordinateur.

Pour créer ou modifier un mot de passe, ouvrez les comptes utilisateurs en cliquant préalablement sur le bouton Démarrer puis sur Panneau de configuration ; choisissez ensuite l'option Créer un mot de passe. Choisissez-en un facile à mémoriser. Tapez-le dans la première zone de texte, puis retapez-le en dessous (cette procédure élimine le risque de faute de frappe lors de la saisie).

Dans la troisième zone de texte, tapez une indication qui vous aidera à vous souvenir du mot de passe. Assurez-vous que ce pense-bête n'est compréhensible que par vous. Ne tapez pas "Ma couleur de cheveux", par exemple. Choisissez plutôt une indication du genre "Ce que mon chat préfère" ou "Un acteur de ma série télévisée préférée". Et n'hésitez pas à modifier votre mot de passe de temps en temps. Vous trouverez plus d'informations sur les mots de passe au début du Chapitre 4.

Enfin, créez une disquette de réinitialisation du mot de passe. Ainsi, si vous avez oublié votre mot de passe et que l'indication s'avère trop sibylline pour aider à le retrouver, vous utiliserez cette disquette comme clé. Windows XP vous accordera l'accès avec plaisir. A moins bien sûr que vous n'ayez aussi oublié où vous avez bien pu mettre cette disquette. Dans ce cas, vous êtes à la merci de l'Administrateur. Veillez aussi à modifier le mot de passe, afin que si quelqu'un trouve la disquette il ne puisse l'utiliser pour entrer dans l'ordinateur à votre insu.

également être mis en réseau. Inutile d'acheter tout ce matériel pour chacun des ordinateurs. Ils peuvent tous se le partager.

Windows XP sait assez bien répartir. Il permet par exemple à tous les ordinateurs d'un réseau de partager une seule connexion Internet, ce qui permet à tous d'être connectés *en même temps*. Il est aussi possible de partager une unique imprimante. Si deux personnes tentent de l'utiliser simultanément, Windows met le fichier entrant de côté jusqu'à ce que l'imprimante soit libre et prête à le prendre en charge.

TRUC

Vous ne savez pas si l'ordinateur appartient à un réseau ? Cliquez sur le bouton Démarrer, choisissez Rechercher puis sélectionnez Favoris réseau. La fenêtre qui apparaît montre tous les ordinateurs reliés au vôtre.

Puis-je avoir des problèmes pour m'être connecté au mauvais ordinateur ?

Parfois, des personnes vous demandent de trouver un fichier ou tout autre élément sur le réseau. Si vous n'avez pas reçu plus de précisions, il ne vous reste plus qu'à prendre une torche électrique et à faire de la spéléologie dans les Favoris réseau, comme nous le verrons dans la prochaine section.

Si vous craignez de déclencher des catastrophes, sachez que la règle est simple : Windows XP vous laissera rarement jeter un coup d'œil dans des zones du réseau que vous n'êtes pas censé atteindre. En fait, Windows XP est si sécuritaire qu'il est capable de vous cacher des choses auxquelles vous devriez avoir accès (dans ce cas, faites appel à l'administrateur).

Par exemple, si vous tentez de jeter un coup d'œil dans un ordinateur interdit d'accès nommé Clémentine, un message "Accès refusé" sera affiché. Vous n'aurez causé aucun dommage.

- Si vous êtes supposé pouvoir lire le contenu d'un dossier sur l'ordinateur d'une autre personne et que vous n'y parvenez pas, demandez à l'administrateur : "Excusez-moi de vous déranger, mais il me semble que l'ordinateur X me refuse l'accès au dossier Y. Pourriez-vous voir ce qui se passe ?"
- Si vous vous êtes par accident retrouvé dans un dossier auquel vous ne deviez manifestement pas avoir accès – par exemple, le dossier d'évaluation du personnel par le responsable du service –, ce dysfonctionnement doit aussi être signalé à l'administrateur.

Comment accéder aux autres ordinateurs du réseau ?

Favoris réseau

Le meilleur moyen de frapper à la porte de ces autres ordinateurs connectés, c'est de cliquer sur le bouton Démarrer puis sur Favoris réseau. La fenêtre de la Figure 9.4 apparaît ; elle montre des dossiers qui se trouvent sur d'autres ordinateurs.

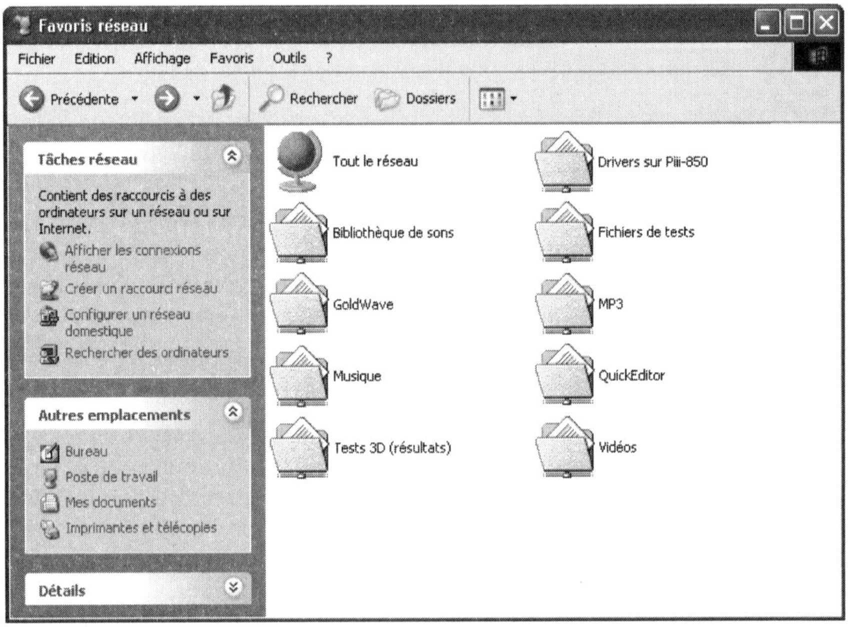

Figure 9.4
Pour accéder aux dossiers qui se trouvent dans les autres ordinateurs, cliquez sur le bouton Démarrer puis sur Favoris réseau.

Les icônes des dossiers partagés sur le réseau – c'est-à-dire présents sur les ordinateurs reliés au vôtre – sont légèrement différentes de celles de votre propre ordinateur ; une feuille de papier dépasse en haut et un petit bout de câble de liaison est visible en bas. Les dossiers de réseau fonctionnent cependant comme les autres : vous double-cliquez dessus pour les ouvrir.

Mais il y a un petit piège : vous ne pouvez ouvrir un dossier dans un autre ordinateur que si quelqu'un a donné l'autorisation de le *partager* (le partage des dossiers est décrit dans d'autres sections de ce chapitre).

Parfois, un disque dur tout entier est partagé ; d'autres personnes ont alors le droit d'entrer dans l'ordinateur, de visiter ce disque, de tâter les pêches et de renifler les melons. Dans d'autres cas, le partage ne porte que sur un dossier ou deux. Par exemple, Windows XP fait que les dossiers Musique partagée et Images partagées soient disponibles sur tout le réseau, permettant ainsi à tous de voir ce qu'ils contiennent et partager ainsi le même album de photos et les mêmes CD.

- Pour voir les imprimantes actuellement connectées au réseau, ouvrez les Favoris réseau puis, dans la zone Autres emplacements, dans le volet de gauche, choisissez Imprimantes et télécopies. L'icône des imprimantes en réseau est la même que celle des imprimantes habituelles, avec toutefois un petit bout de câble de liaison qui dépasse en bas.

- La fenêtre Favoris réseau utilise l'icône des dossiers réseau pour quasiment n'importe quoi, qu'il s'agisse de lecteurs de disquettes en réseau ou d'une carte Memory Stick de Sony elle aussi en réseau.

Partager le contenu de votre ordinateur avec les autres utilisateurs du réseau

Pour partager un fichier ou un dossier avec les utilisateurs des autres ordinateurs du réseau, déplacez le fichier dans le dossier Documents partagés ; il se trouve dans la fenêtre Poste de travail (vous devez placer une copie du fichier, car les raccourcis ne fonctionnent pas toujours).

Un fichier ou un dossier placé dans le dossier Documents partagés apparaît dans le dossier Documents partagés de tous les autres utilisateurs.

Du fait de leurs prérogatives, les administrateurs peuvent partager des dossiers sans passer par le dossier Documents partagés. Les étapes qui suivent expliquent comment procéder :

1. **Cliquez avec le bouton droit de la souris sur le dossier que vous désirez partager et, dans le menu contextuel, choisissez Partage.**

   Ouvrez le dossier Poste de travail puis cliquez sur le dossier que vous désirez partager. La fenêtre qui apparaît affiche les propriétés de ce dossier. Il s'ouvre sous l'onglet Partage, comme le montre la Figure 9.5.

2. **Cochez la case Partager ce dossier sur le réseau.**

   En procédant ainsi, quiconque est autorisé à visualiser, prendre, s'approprier, modifier ou supprimer n'importe quel fichier de ce dossier. Pour permettre aux visiteurs de voir ce que contiennent les fichiers mais sans qu'ils puissent les modifier, ôtez la coche dans la case Autoriser les autres utilisateurs à modifier mes fichiers.

3. **Cliquez sur OK**

   Ce dossier ainsi que tout son contenu sont désormais partagés avec tout le monde sur le réseau.

ATTENTION !

Le partage d'un grand nombre de dossiers n'est pas une bonne idée, car il octroie aux visiteurs un contrôle trop étendu sur votre ordinateur.

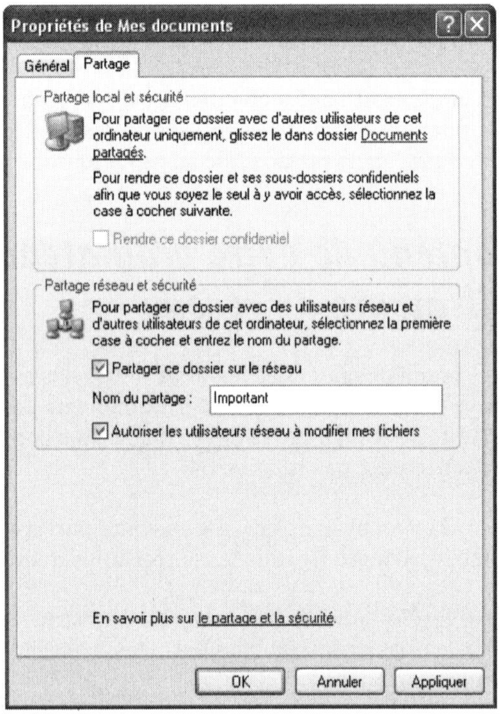

Figure 9.5 Pour partager un dossier sur le réseau, cliquez sur un dossier avec le bouton droit de la souris et choisissez Partage.

Même si vous avez confiance en vos collègues, cela n'élimine en rien le risque d'un accident qui mettrait la pagaille dans votre ordinateur. Pour plus de sécurité, ne partagez des fichiers qu'au travers du dossier Documents partagés.

- Le dossier Documents partagés contient deux sous-dossiers, Musique partagée et Images partagées. Eux aussi sont accessibles à tous les utilisateurs. Donc, si vous désirez partager des documents avec tout autre utilisateur de votre ordinateur, vous pouvez les placer dans le dossier Documents partagés. Quand vous aurez réalisé des fichiers MP3 à partir de vos CD audio, stockez-les dans le dossier Musique partagée afin que chacun puisse en profiter.

Partager une imprimante sur le réseau

De nombreux foyers ou bureaux possèdent plusieurs ordinateurs mais une seule imprimante, ce qui ne va pas sans créer quelques problèmes : sur le bureau de qui doit-elle être installée ? Comment sera-t-il possible à chacun de l'utiliser ? Ce second problème est facilement résolu par la mise en réseau.

Si aucune imprimante n'est branchée directement à votre ordinateur, vous trouverez facilement quelles imprimantes du réseau sont disponibles. Cliquez sur le bouton Démarrer, choisissez Panneau de configuration puis cliquez sur Imprimantes et autres périphériques. Choisissez ensuite l'option Imprimantes et télécopies (ou Afficher les imprimantes et télécopies installées, selon votre configuration).

Windows XP affiche les imprimantes connectées à l'ordinateur, comme le montre la Figure 9.6.

Figure 9.6 Dans le Panneau de configuration, la fenêtre Imprimantes et télécopies affiche l'imprimante en réseau accessible depuis cet ordinateur.

Effectuez ces étapes pour partager une imprimante sur le réseau :

1. **Cliquez sur le bouton Démarrer, choisissez Panneau de configuration, Imprimantes et autres périphériques, puis sélectionnez Imprimantes et télécopies.**

   Selon la configuration de votre ordinateur, vous pouvez sauter le choix Imprimantes et autres périphériques, car l'option Imprimantes et télécopies sera directement proposée.

2. **Après avoir repéré l'icône de l'imprimante, cliquez dessus avec le bouton droit de la souris et choisissez Partager.**

   Pas d'icône d'imprimante ? Passez à l'Etape 4.

3. **Sélectionnez le bouton d'option Nom du partage et, si vous le désirez, nommez l'imprimante. Cliquez ensuite sur OK.**

N'importe quel nom convient ; celui de la marque et du modèle font parfaitement l'affaire. Si d'autres versions de Windows sont utilisées sur le réseau, cliquez sur le bouton Pilotes supplémentaires. Cochez la ou les cases des versions installées sur les autres ordinateurs puis cliquez sur OK. Cliquez encore une fois sur OK pour fermer la fenêtre.

4. **Si l'icône de votre imprimante n'apparaît pas dans la fenêtre, cliquez sur Ajouter une imprimante.**

   Répondez à toutes les questions sur votre imprimante que Windows vous pose. Si elle a été livrée avec un disque d'installation, utilisez-le. Windows XP reconnaît de nombreuses imprimantes modernes dès le moment où elles sont connectées au port USB. Si l'imprimante se branche sur le port parallèle (appelé aussi *LPT*), vous devez indiquer à Windows sa marque et son modèle.

   Enfin, définissez-la comme l'imprimante par défaut si vous envisagez de l'utiliser en permanence, à moins que vous en choisissiez une autre.

   L'icône de l'imprimante apparaît dans la fenêtre Imprimantes et télécopies. Vous trouverez aussi le nom de l'imprimante dans les options d'impression des différents logiciels. Vous pouvez maintenant aller à l'Etape 3 pour reprendre la procédure de partage de l'imprimante sur le réseau.

   C'est fait. Votre ordinateur est désormais capable d'envoyer des données aux imprimantes listées dans la fenêtre.

TRUC

Si vous n'apercevez aucune imprimante dans la fenêtre Imprimantes et télécopies, mais que vous savez que l'une d'elles est connectée au réseau, cliquez sur l'icône Ajouter une imprimante. Indiquez-lui cette fois que vous installez une imprimante en réseau. Windows XP recherche toutes les imprimantes présentes sur le réseau et affiche leur nom.

Comment créer mon propre réseau ?

Si vous avez l'intention de relier un assez grand nombre d'ordinateurs, disons plus de cinq ou dix, vous devrez acquérir un ouvrage spécialisé, car la configuration d'un réseau n'est pas une mince affaire. Mais si vous voulez juste mettre quelques ordinateurs en réseau chez vous ou dans votre bureau, les informations qui suivent seront suffisantes.

Trêve de discussions, voici une procédure allégée sur l'art et la manière de configurer un petit réseau bon marché pour Windows XP. Les sections qui suivent expliquent comment acheter les trois éléments nécessaires : les cartes, les câbles et un concentrateur pour relier les câbles entre eux. Nous verrons comment installer tout ça et, finalement, comment obtenir de Windows XP qu'il ouvre le réseau que vous avez concocté.

L'achat des différentes parties

De nos jours, les réseaux les plus rapides reposent sur le câble *10BaseT*. Aux Etats-Unis, les immeubles les plus modernes sont déjà précâblés, avec au pied des murs des prises 10BaseT. Les locataires découvrent rapidement à quoi servent ces prises bizarres, qui ressemblent à la petite prise des téléphones (NDT : celle du côté du socle ou du combiné, pas la grosse prise murale). Pour différencier cette prise d'une prise de téléphone normale, observez-les de près. Le connecteur du câble 10BaseT est un peu plus grand.

Le câble 10BaseT est connu sous plusieurs noms, dont le 100BaseT, Ethernet RJ-45, PTE (paire torsadée Ethernet) et 10BT. Dans une boutique, il suffit de demander un câble pour réseau, "celui qui ressemble à un cordon de téléphone, pas celui qui ressemble à un câble coaxial de télévision".

Il vous faut ensuite des cartes réseau, une par ordinateur à connecter. Notez que beaucoup d'ordinateurs récents sont déjà équipés d'une telle carte. Pour vous en assurer, regardez si l'arrière du boîtier ne comporte pas une sorte de prise de téléphone surdimensionnée (NDT : ne la confondez pas avec celle du modem, qui est une véritable prise téléphonique ; dans le doute, il doit y avoir les deux prises).

Gardez bien ces préconisations à l'esprit lorsque vous choisissez une carte réseau :

- La carte doit être de type Ethernet avec un connecteur 10BaseT.
- La carte doit pouvoir s'insérer dans un des connecteurs libres de la carte mère de l'ordinateur.
- L'emballage de la carte doit indiquer que cette dernière est de type Plug and Play et supporte Windows XP. A la rigueur, si Windows XP n'est pas mentionné, elle doit supporter Windows 2000.

Enfin, il vous faut un accessoire appelé *concentrateur* (ou *hub,* pour les anglophiles) sur lequel se brancheront tous les câbles. Chacun des ordinateurs du réseau doit être relié au concentrateur, comme l'illustre la Figure 9.7.

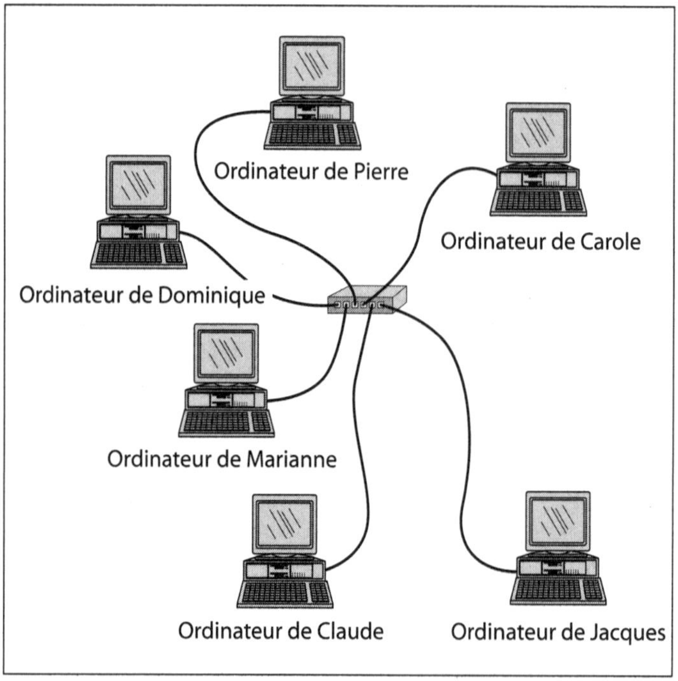

Figure 9.7 Le câblage 10BaseT repose sur un concentrateur auquel sont connectés tous les ordinateurs du réseau.

Sans le concentrateur que montre la Figure 9.8, le réseau ne fonctionnerait pas correctement. Dans des réseaux de grande envergure, les concentrateurs eux-mêmes peuvent être interconnectés ; nous n'aborderons pas ici ces configurations fort compliquées.

Voici une petite liste d'achats. Faites-en une photocopie et emportez-la à la boutique d'informatique :

- Une carte Ethernet 10BaseT "Plug and Play" par ordinateur à relier (les cartes Fast Ethernet à 100 mégabits par seconde sont dix fois plus rapides, mais plus onéreuses). Assurez-vous que les cartes soient compatibles Windows XP ou Windows 2000.

- Un concentrateur équipé de suffisamment de ports pour recevoir tous les ordinateurs du réseau, plus quelques ports libres pour les ordinateurs que vous ajouteriez ultérieurement.

- Un câble 10BaseT pour chacun des ordinateurs (voir Figure 9.7). Il doit être suffisamment long.

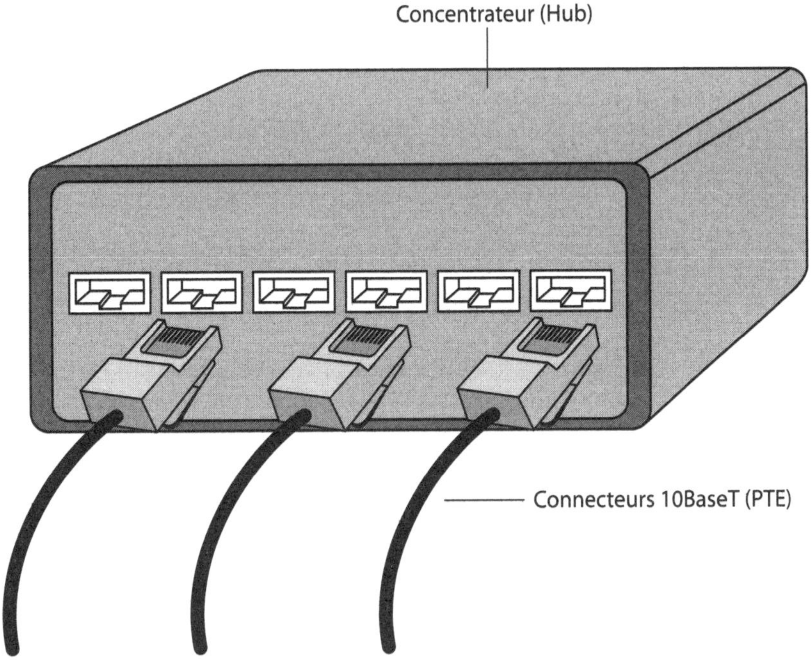

Figure 9.8 Chacun des utilisateurs d'un réseau doit brancher son câble 10BaseT à un concentrateur central.

Installation des différentes parties du réseau

Vous découvrirez ci-après comment installer votre nouvelle carte réseau. Windows XP devrait la reconnaître automatiquement et se faire une joie de l'adopter.

1. **Assurez-vous d'avoir le CD original de Windows XP sous la main, car vous en aurez besoin.**

2. **Eteignez et débranchez tous les ordinateurs de votre futur réseau.**

   Eteignez-les tous sans oublier de les débrancher du secteur.

3. **Débranchez tous les périphériques : moniteur, imprimante, modem, etc.**

4. **Insérez la carte réseau dans le connecteur approprié.**

   Otez le capot du boîtier et insérez la carte dans le type connecteur correct. Une carte PCI doit être insérée dans un connecteur PCI (NDT :

une découpe particulière du circuit imprimé empêche de se tromper dans le choix du connecteur).

Si une carte ne semble pas s'insérer dans un connecteur, ne la forcez pas. L'ordinateur est équipé de différents connecteurs qui reçoivent différents types de cartes ; peut-être tentez-vous d'insérer un type de carte dans un autre type de connecteur.

5. **Remettez le capot en place puis connectez les câbles réseau à la carte.**

6. **Connectez les câbles concentrateur (Hub).**

   La Figure 9.8 montre comment les câbles doivent être branchés. Vous devrez sans doute les faire passer sous les tapis et par des portes (certains concentrateurs doivent de plus être alimentés en courant électrique).

7. **Allumez les ordinateurs et les périphériques.**

   Allumez les ordinateurs et leurs moniteurs, ainsi que les imprimantes, modems et tous les autres matériels connectés.

   Si tout s'est bien passé, Windows XP s'éveille, détecte la carte réseau qui vient d'être installée et démarre automatiquement l'installation des logiciels requis. Ou, si la carte réseau a été livrée avec un disque d'installation, double-cliquez sur le fichier de configuration (Setup.exe dans la plupart des cas) afin de terminer l'installation de la carte.

   Si vous avez rencontré un problème, cliquez sur le bouton Démarrer de Windows XP, choisissez Panneau de configuration, puis double-cliquez sur l'icône Ajout de matériel. Pour voir cette icône, il vous faudra sans doute cliquer d'abord sur l'option Basculer vers l'affichage classique. Cliquez ensuite sur le bouton Suivant pour faire en sorte que Windows essaie de détecter automatiquement la nouvelle carte réseau.

Laisser l'assistant Gestion de réseau domestique configurer votre réseau

Après avoir installé les cartes et les câbles, vous pouvez demander à l'assistant Gestion de réseau domestique de se charger du restant des tâches fastidieuses. Veillez à démarrer cet assistant sur l'ordinateur le plus puissant du réseau et assurez-vous qu'il est en outre connecté à Internet.

Allumez maintenant tous les ordinateurs, imprimantes et modems externes, puis connectez l'ordinateur à Internet. Vous êtes prêt ? Voici comment mettre l'assistant au travail pour qu'il termine l'installation du réseau :

1. **Démarrez l'assistant Gestion de réseau domestique, puis cliquez sur le bouton Suivant.**

   Cliquez sur le bouton Démarrer, choisissez Favoris réseau puis, dans la zone Tâches réseau du volet de gauche de la fenêtre, cliquez sur Configurer un réseau domestique. La fenêtre que montre la Figure 9.9 apparaît.

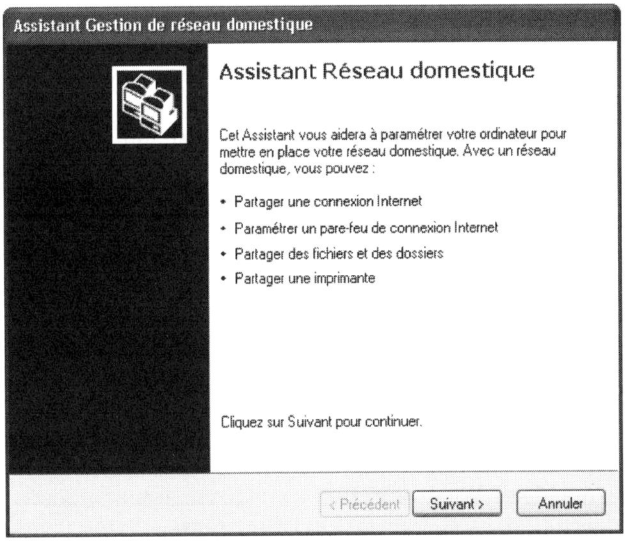

Figure 9.9 L'assistant Gestion de réseau domestique vous conduit à travers les méandres de la configuration d'un petit réseau.

2. **Lisez attentivement le contenu du deuxième écran, puis cliquez sur Suivant.**

   L'assistant Gestion de réseau domestique est chargé de faire fonctionner votre réseau en examinant tous ses composants et en plaçant les icônes de réseau appropriées dans votre ordinateur. C'est pourquoi il est important de tout mettre en marche. Après avoir cliqué sur Suivant, l'assistant recherche la connexion Internet.

3. **Renseignez l'assistant au sujet de votre connexion Internet, puis cliquez sur Suivant.**

L'assistant doit savoir si l'ordinateur se connecte directement à Internet, ou s'il se connecte par l'intermédiaire d'un autre ordinateur du réseau. Comme vous démarrez cet assistant sur un ordinateur qui se connecte à Internet, choisissez la première option.

4. **Choisissez votre connexion Internet dans la liste, si cela vous est demandé, puis cliquez sur Suivant.**

5. **Tapez le nom de l'ordinateur avec une brève description, puis cliquez sur Suivant.**

6. **Si les paramètres vous semblent corrects, cliquez sur Suivant.**

   Windows XP liste les paramètres qu'il utilisera et vous demande de les approuver. Si vous cliquez sur OK, Windows XP vérifie la connexion Internet et permet aux autres ordinateurs du réseau de la partager. Il installe automatiquement un pare-feu de *protection* (il est décrit dans le Chapitre 12), puis il configure le réseau, ce qui lui prend quelques minutes.

7. **Si des ordinateurs tournant sous Windows 95 ou 98 font partie du réseau, créez une disquette de configuration du réseau domestique.**

   Si l'un ou l'autre des ordinateurs connectés au réseau utilise l'une de ces anciennes versions de Windows, vous devrez créer une disquette de configuration du réseau en cliquant sur le bouton Créer une disquette (vous aurez besoin d'une disquette).

   Ignorez cette étape si vous mettez en réseau des ordinateurs qui sont tous équipés de Windows XP. Vous devez maintenant insérer le CD de Windows XP dans chacun de ces ordinateurs, choisir l'option Effectuer des tâches supplémentaires, puis l'option Créer une connexion Bureau à distance.

8. **Cliquez sur Terminer.**

   Tout devrait fonctionner.

   En fouinant dans l'ordinateur, l'assistant fait du bon travail. Si les ordinateurs sont tous correctement connectés et ont tous été redémarrés, il y a de fortes chances pour que tout ce petit monde communique allègrement. Sinon, essayez de tous les redémarrer.

   Les ordinateurs sous Windows XP qui viennent d'être mis en réseau devraient afficher les dossiers partagés dans les Favoris réseau. A moins que vous n'ayez partagé des fichiers supplémentaires à votre façon, vous devriez découvrir un dossier nommé Documents partagés qui contient les dossiers Musique partagée et Images partagées.

Pour démarrer l'assistant sur des ordinateurs tournant sous Windows 95 ou 98 non équipés de Windows XP, insérez la disquette de configuration de réseau dans l'ordinateur à mettre en réseau. Ouvrez le Poste de travail, double-cliquez sur le lecteur de disquettes puis sur le fichier nommé Netsetup. L'ordinateur pose quelques questions, s'auto-configure puis redémarre. Sur les ordinateurs équipés de Windows Me, démarrez simplement l'assistant de gestion du réseau, si Windows XP ne s'en est pas déjà chargé.

Tous les ordinateurs en réseau doivent maintenant être capables d'accéder à tous les fichiers partagés, à la connexion modem et à toute imprimante.

Si tout ne s'est pas déroulé dans la joie et l'allégresse qui prévalaient dans ce chapitre, ne vous en faites pas : le réseau *finira bien* par fonctionner. Mais vous devrez pour cela procéder à des manipulations supplémentaires qui seraient hors sujet dans cet ouvrage.

Troisième partie

Utiliser les applications de Windows XP (et surfer sur le Web, si le cœur vous en dit)

"C'est incroyable ! Tu peux cesser de chercher Derek. D'après la fonction de recherche de MSN, il est caché derrière le séchoir, dans le sous-sol."

Dans cette partie...

Saviez-vous que le ruban adhésif dure plus longtemps lorsqu'il est stocké au réfrigérateur ?

...Que les cils tombent au bout de cinq mois ?

...Que Windows XP est livré avec une foule de programmes gratuits qui ne sont pas même mentionnés sur l'emballage ?

Cette partie concerne tout ce qui accompagne Windows XP pour rien. Enfin, disons que c'est compris dans le prix... Elle vous explique comment y accéder à partir du bouton Démarrer, du Bureau et de cette petite barre située en bas de l'écran, vulgairement appelée barre des tâches.

Vous apprendrez enfin comment accéder à Internet, surfer sur le Web, télécharger de la musique et des vidéos, et comment rendre votre PC un peu plus attrayant.

Chapitre 10

Le Bureau, le bouton Démarrer et la barre des tâches (et des programmes gratuits)

Dans ce chapitre :

- Utiliser le Bureau et créer des raccourcis.
- Supprimer des fichiers, des dossiers, des programmes et des icônes.
- Récupérer des éléments supprimés dans la Corbeille.
- Utiliser la barre des tâches et contrôler le Gestionnaire d'impression.
- Démarrer des programmes, en ajouter et en supprimer à partir du bouton Démarrer.
- Faire que Windows charge automatiquement des programmes.

Au tout début de l'informatique, des techniciens blafards tapaient de leurs doigts évanescents de longues lignes de codes ésotériques pour tirer quelque chose de leurs gros ordinateurs.

Avec Windows XP, les ordinateurs sont parvenus à l'âge du tout confort. Pour démarrer un programme, il suffit de cliquer sur un bouton. Mais une petite complication subsiste : les boutons *ne ressemblent plus* à des boutons. A vrai dire, certains d'entre eux sont cachés et n'apparaissent qu'après avoir cliqué sur un autre bouton (si bien sûr vous êtes assez astucieux pour savoir duquel il s'agit).

Pire encore, certains boutons tombés du ciel se posent sur votre Bureau. Ne vous alarmez pas, car c'est bien ce qu'ils sont censés faire. Ce chapitre aborde les trois principales sortes de réceptacles à boutons de Windows XP : le Bureau, la barre des tâches et, le roi des boutons, le bouton Démarrer.

Déplacer des objets sur le Bureau

Il ne viendrait à personne l'idée de poser un bureau sur le côté. Il est déjà assez difficile d'empêcher les crayons de rouler...

Et pourtant, dans Windows XP, l'écran du moniteur est appelé *Bureau* car c'est là que tout votre travail apparaît. Vous pouvez créer des fichiers et des dossiers sur ce bureau électronique et les disposer à votre guise à l'écran.

Vous voulez par exemple écrire une lettre demandant à votre voisin de vous rendre la scie circulaire qu'il vous a emprunté ? Les étapes qui suivent expliquent comment démarrer un programme et exploiter sans tarder les fonctionnalités du Bureau.

TRUC

Pointez sur n'importe quel élément Windows, puis cliquez avec le bouton droit de la souris pour découvrir un menu contextuel proposant ce qu'il est possible de faire avec cet élément.

1. **Cliquez sur une partie découverte du Bureau avec le bouton droit de la souris.**

   Le menu de la Figure 10.1 apparaît.

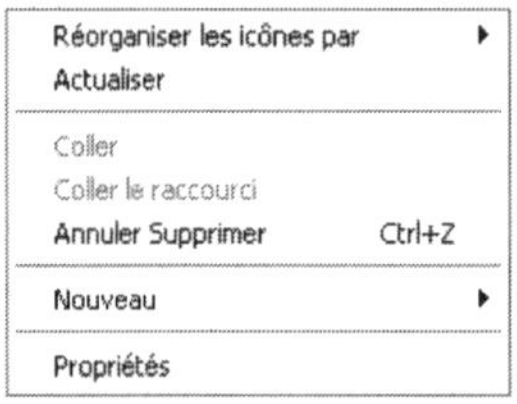

Figure 10.1 Cliquer avec le bouton droit de la souris sur une partie vide du Bureau fait apparaître plusieurs options fort utiles.

2. **Pointez sur le mot Nouveau puis, dans le menu qui apparaît, cliquez sur Document WordPad.**

Comme vous désirez créer un nouvel élément – un nouveau courrier –, vous devez pointer sur le mot Nouveau. Windows XP propose une liste d'objets que vous pouvez créer sur le Bureau. Choisissez un Document WordPad ; une petite icône semblable à celle de la Figure 10.2 apparaît sur le Bureau. Elle a pour nom Nouveau Document WordPad.

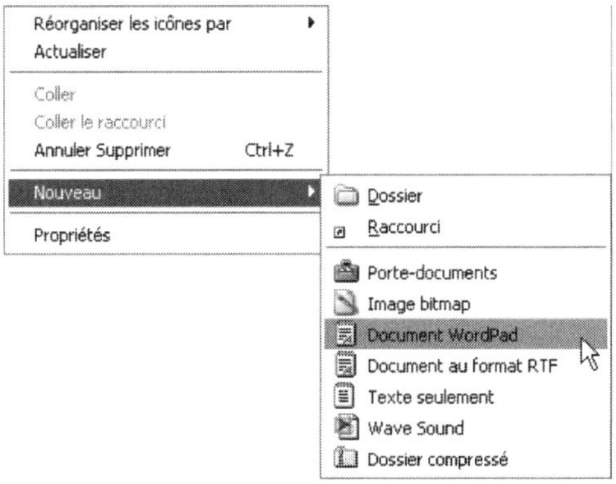

Figure 10.2 Pointez sur le mot Nouveau puis, dans le menu, choisissez Document WordPad.

Au fur et à mesure que vous chargez des programmes, les choix du menu contextuel changent. En fait, lorsque vous installez Microsoft Office ou Microsoft Word, ces logiciels évincent WordPad du menu. Si ce dernier n'est plus visible, essayez une autre approche : cliquez sur le bouton Démarrer puis choisissez Exécuter. Dans la petite boîte de dialogue qui apparaît, tapez **WordPad** dans la zone de texte Ouvrir et appuyez sur Entrée. WordPad est automatiquement ouvert, prêt à être utilisé. Vous pouvez passer à l'Etape 5.

3. **Nommez votre lettre et appuyez sur Entrée.**

   Dès que l'icône d'un nouveau document WordPad apparaît sur le Bureau, la première opération consiste à lui attribuer un nom dont la longueur maximale n'excède pas 255 caractères comme : Aimable demande de restitution de la scie circulaire. Dès que vous commencez à taper, le nouveau titre remplace l'ancien titre Nouveau Document WordPad, comme le montre la Figure 10.3.

   Après avoir tapé le nouveau nom, appuyez sur Entrée. WordPad le mémorise (il peut arriver que Windows XP refuse le nom que vous avez tapé ; tapez-en un autre ou, si vous voulez avoir le fin mot de ce refus, allez au Chapitre 11).

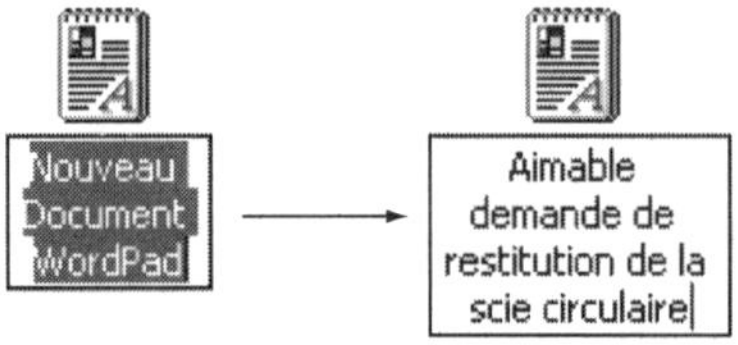

Figure 10.3 Tapez le nouveau nom de l'icône par-dessus l'ancien.

4. **Pour ouvrir le document WordPad, double-cliquez sur l'icône que vous venez de créer.**

   Double-cliquer sur l'icône appelle le traitement de texte WordPad ; vous pourrez ensuite taper la lettre demandant la restitution de la scie circulaire.

5. **Ecrivez la lettre.**

   N'OUBLIEZ PAS

   Rappelez-vous qu'un traitement de texte gère automatiquement le retour à la ligne. Il est de ce fait inutile d'appuyer sur la touche Entrée chaque fois que vous arrivez à la marge droite. Contentez-vous de taper "au kilomètre" et n'utilisez la touche Entrée que pour passer à un autre paragraphe.

6. **Dans le menu Fichier de WordPad, cliquez sur Enregistrer afin de conserver une trace de votre courrier.**

   Si vous avez créé le fichier en cliquant sur le Bureau avec le bouton droit de la souris, vous l'avez d'ores et déjà nommé. Windows l'enregistrera sans broncher. Mais si vous avez ouvert WordPad via la commande Exécuter du menu Démarrer, Windows vous demandera de nommer le fichier avant de l'enregistrer.

7. **Revenez au menu Fichier de WordPad, puis choisissez Imprimer afin d'obtenir une sortie sur imprimante de votre précieux courrier.**

8. **Fermez le fichier en cliquant sur le "X" dans le coin en haut à droite. Pour le supprimer, faites-le glisser jusque sur l'icône Corbeille.**

   Après avoir écrit et imprimé la lettre, vous pouvez l'enregistrer ou vous en débarrasser. Ou encore, vous pouvez la laisser sur le Bureau. Dès qu'il commencera à être un peu encombré, placez l'icône dans un nouveau dossier ; cette manipulation est exécrablement décrite dans le Chapitre 11.

Si vous voulez supprimer la lettre, faites glisser son icône dans la Corbeille (décrite dans une des prochaines sections).

Windows XP a été conçu pour que vous puissiez travailler sur le Bureau. C'est à partir de cet emplacement que vous pouvez créer de nouveaux objets comme des fichiers, des dossiers, des sons et des graphismes. C'est-à-dire presque n'importe quoi. Après avoir travaillé dans vos nouveaux fichiers et dossiers, vous pouvez les stocker ou les supprimer.

N'OUBLIEZ PAS

Vous vous demandez ce qu'un élément est censé effectuer ? Cliquez dessus avec le bouton droit de la souris ou immobilisez simplement le pointeur dessus. Windows XP déroulera souvent un menu contextuel listant ce que vous pouvez faire avec l'objet en question. Ce truc fonctionne avec bon nombre des icônes que vous trouverez sur le Bureau ou dans des logiciels.

ATTENTION !

Il arrive parfois que Windows XP joue un mauvais tour ; tout disparaît du Bureau, qui est entièrement vidé. Pour corriger cet incident, cliquez dans le Bureau avec le bouton droit de la souris et, dans le menu contextuel, choisissez Réorganiser les icônes par/Afficher les icônes du Bureau. Tout reviendra à la normale.

Disposer les icônes sur le Bureau

Si les icônes du Bureau vous semblent éparpillées, cliquez dans une zone vide du Bureau. Windows XP offre bon nombre – trop, à mon avis – de moyens d'organiser les icônes. Cliquez avec le bouton droit de la souris sur une partie vide du Bureau et, dans le menu contextuel, choisissez l'option Réorganiser les icônes par. Windows aligne les icônes à gauche de l'écran, à moins d'avoir choisi une autre option. En voici la description :

- **Nom :** Dispose les icônes par ordre alphabétique.
- **Taille :** Dispose les icônes selon la taille du fichier (les raccourcis se retrouvent en tête car ils sont de très petite taille).
- **Type :** Aligne les icônes selon le type des fichiers. Tous les fichiers WordPad sont regroupés, par exemple, de même que tous les raccourcis des fichiers Paint.
- **Modifié le :** Dispose les icônes selon la date à laquelle le raccourci a été créé ou modifié.

- **Réorganisation automatique :** Dispose automatiquement toutes les icônes en colonnes parallèles à gauche de l'écran.
- **Aligner sur la grille :** Dispose régulièrement les icônes sur un quadrillage invisible. Elles sont parfaitement alignées en hauteur et en largeur.
- **Afficher les icônes du Bureau :** Assurez-vous que cette option est cochée. Lorsque vous cliquez dessus, Windows masque toutes les icônes du Bureau. Si dans votre énervement vous n'arrivez plus à les localiser, réactivez cette option pour récupérer les icônes.
- **Verrouiller les éléments Web sur le Bureau :** Le Chapitre 16 montre comment placer une page Web comme arrière-plan du Bureau (ainsi que la section "Synchroniser" plus loin dans ce chapitre). Cliquez ici pour "verrouiller" cette page à sa place.

Utiliser la Corbeille

Corbeille

La Corbeille est cette petite icône en forme de corbeille à papier illustrée en marge, avec le logo vert du recyclage. Car elle est censée recycler les éléments. C'est là-dedans que vous pourrez retrouver un papier compromettant que quelqu'un y aura jeté en oubliant de vider la corbeille.

Si vous voulez vous débarrasser de quelque chose dans Windows XP, un fichier ou un dossier avec tout ce qu'il contient, par exemple, il suffit de le faire glisser jusque sur la Corbeille. Pointez sur l'icône du fichier ou du dossier avec la souris puis, le bouton gauche enfoncé, amenez-la jusqu'à la Corbeille. Relâchez le bouton et votre détritus disparaît. Windows XP le jette dans la Corbeille.

Mais, si cette délicate métaphore ne vous inspire pas, vous pouvez supprimer des éléments d'une autre manière : cliquez avec le bouton droit de la souris sur l'icône du fichier ou du dossier indésirable puis, dans le menu déroulant, choisissez Supprimer. Windows XP prend la peine de vous demander si vous êtes *sûr* de vouloir supprimer l'icône. Si vous cliquez sur le bouton Oui, Windows XP la jette dans la Corbeille comme si vous l'y aviez fait glisser. Et hop ! Si vous n'en êtes pas sûr, cliquez sur Non et Windows laissera l'élément en place.

Mais si vous aimez glisser et déposer, ne vous privez pas de remplir la Corbeille de cette manière. Si vous préférez recourir aux menus, utilisez le bouton droit de la souris et choisissez Supprimer. Ou encore, si vous aimez la variété dans votre existence, cliquez sur l'icône à éliminer avec le bouton gauche de la souris et appuyez ensuite sur la touche Suppr. Ces trois méthodes placent le fichier dans la Corbeille, d'où vous pourrez éventuellement l'extraire par la suite, à moins que vous ne la vidiez une fois pour toutes.

- Vous voulez récupérer un élément supprimé ? Double-cliquez sur l'icône de la Corbeille. Une fenêtre apparaît, contenant tous les éléments supprimés. Vous avez repéré celui que vous y avez accidentellement jeté ? Cliquez sur son icône avec le bouton droit de la souris puis choisissez l'option Restaurer. Windows renvoie l'élément dans le dossier où il se trouvait auparavant. Vous pouvez aussi le faire glisser sur le Bureau ou dans un dossier de votre choix : pointez sur le nom de l'icône et, le bouton gauche enfoncé, pointez à l'emplacement de destination. Relâchez le bouton de la souris pour retrouver l'élément supprimé comme si rien ne s'était passé.

- La Corbeille peut être bien remplie. Si vous avez du mal à trouver le fichier que vous avez récemment supprimé, demandez un tri des noms de fichiers selon l'ordre des suppressions. Pour ce faire, cliquez sur Affichage/Réorganiser les icônes/Par dates de suppression.

- Dès que quelque chose a été jeté dans la Corbeille, son icône montrant jusqu'alors un récipient vide se transforme discrètement en corbeille dont dépasse un fichier supprimé, indiquant qu'elle contient des éléments.

- La Corbeille accumule des éléments supprimés jusqu'à concurrence de 10 % de la capacité du disque dur avant d'éliminer définitivement les fichiers supprimés les plus anciens et libérer ainsi de la place pour d'autres. Si vous manquez de place sur le disque dur, réduisez la taille de la Corbeille. Pour ce faire, cliquez dessus avec le bouton droit et, dans le menu, choisissez Propriétés. Si vous voulez augmenter la contenance de la Corbeille, augmentez le pourcentage. Si vous faites partie de ces privilégiés qui font peu d'erreurs, réduisez le pourcentage.

Créer un raccourci

Certaines personnes aiment organiser leur bureau, avec un taille-crayon électrique d'un côté et une boîte de mouchoirs jetables de l'autre. D'autres préfèrent poser leur boîte de mouchoirs sur une étagère. Sachant qu'un arrangement de bureau ne saurait plaire à tout le monde, Microsoft a conçu Windows XP de manière que les utilisateurs puissent le personnaliser selon leurs goûts et leurs nécessités.

Il se peut par exemple que vous ayez souvent à copier des fichiers sur une disquette placée dans le lecteur A. Normalement, pour effectuer cette opération, vous cliquez sur le bouton Démarrer, puis sur Poste de travail, et vous faites glisser vos fichiers sur l'icône du lecteur A qui s'y trouve. Il existe cependant un moyen plus rapide, basé sur un *raccourci* Windows XP. Un *raccourci* n'est rien d'autre qu'un bouton virtuel – une icône – qui se substitue à un élément.

Nous verrons ici comment créer un raccourci pour le lecteur A sur le Bureau :

1. **Cliquez sur le bouton Démarrer puis sur Poste de travail.**

   Le Poste de travail est ouvert, révélant les icônes des lecteurs de disquettes ainsi que les dossiers les plus utilisés (la fenêtre Poste de travail est exposée plus en détail dans le Chapitre 11).

2. **Avec le bouton droit de la souris, faites glisser l'icône du lecteur de disquettes A sur le Bureau.**

   Pointez sur l'icône du lecteur A et, le bouton droit de la souris enfoncé, pointez sur le Bureau comme l'illustre la Figure 10.4. Relâchez le bouton de la souris (reportez-vous au Chapitre 6 si vous ne savez pas exactement comment réduire la taille de la fenêtre Poste de travail et rendre le Bureau visible).

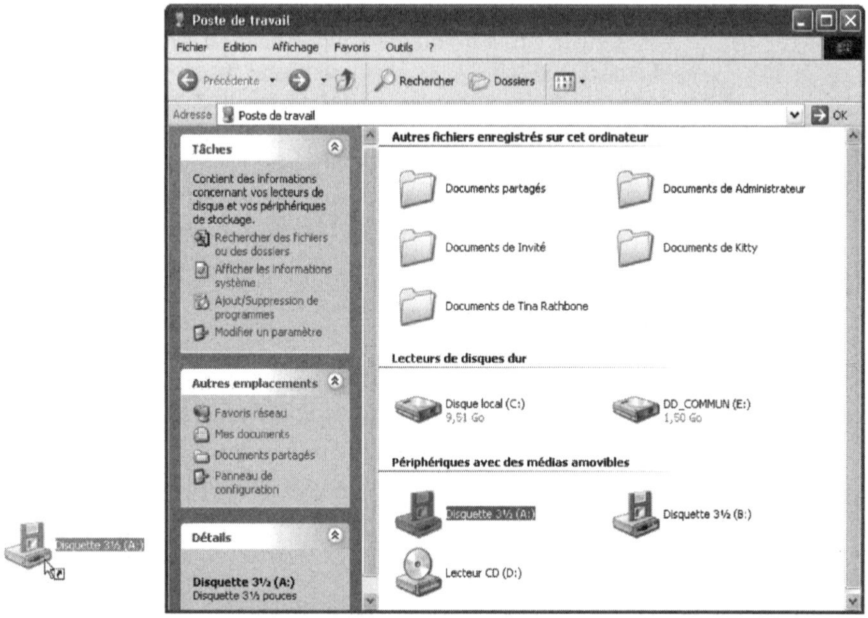

Figure 10.4 Faites glisser l'icône du lecteur de disquettes A vers le Bureau à l'aide du bouton droit de la souris crée un raccourci.

3. Dans le menu, choisissez Créer les raccourcis ici.

Windows XP place le raccourci du lecteur de disquettes A sur le Bureau. Il est quelque peu différent de celui de l'icône que vous venez de faire glisser. Comme elle n'est qu'un raccourci, et non l'icône originale, elle est dotée d'une petite flèche encadrée (voir ci-contre).

Vous n'avez désormais plus à naviguer d'un dossier à un autre pour accéder au lecteur de disquettes. Le raccourci produit exactement le même effet que la véritable icône du lecteur. Pour copier ou déplacer des fichiers vers la disquette A, il suffit de les faire glisser et de les déposer sur le raccourci. Pour voir le contenu de la disquette, double-cliquez sur le raccourci.

- Ne vous privez pas de créer autant de raccourcis que vous le désirez pour les logiciels que vous utilisez le plus souvent, et aussi pour les fichiers ou les lecteurs. Si vous travaillez en réseau, créez des raccourcis pour les autres ordinateurs, ou vers les dossiers présents dans ces ordinateurs. Les raccourcis facilitent considérablement l'utilisation de Windows XP.

- Un petit truc : cliquez sur l'icône d'un lecteur – de disque dur ou de disquette – avec le bouton droit de la souris et choisissez l'option Créer un raccourci. Windows XP propose de placer le raccourci sur le Bureau. Notez que cette astuce ne fonctionne que dans le Poste de travail, et non dans l'Explorateur Windows.

- Vous pouvez même placer le raccourci d'une imprimante sur le Bureau. Pour imprimer un fichier, faites-le glisser et déposez-le sur le raccourci.

- ATTENTION ! Si l'icône que vous venez de déposer sur le Bureau n'a pas de petite flèche en bas à gauche, ne relâchez surtout pas le bouton de la souris ! Car vous n'êtes peut-être pas en train de créer un raccourci, mais de faire glisser le *véritable* programme vers le Bureau, à un endroit où d'autres programmes ne pourront probablement pas le trouver. De la main libre, appuyez sur la touche Échap afin que Windows interrompe l'opération en cours (peut-être avez-vous maintenu par erreur le bouton *gauche* de la souris au lieu du bouton *droit ?*).

- Vous en avez assez d'un raccourci ? N'hésitez pas à le supprimer car cette opération n'a strictement aucun effet sur le fichier, le dossier ou le programme original qu'il représente.

- Vous pouvez créer autant de raccourcis que vous le désirez, voire créer plusieurs raccourcis pour un même objet. Par exemple, vous pouvez placer un raccourci vers le lecteur A dans *tous* vos dossiers de travail.

- Evitez de créer des raccourcis vers des fichiers "baladeurs". Car si vous déplacez un fichier ou un programme vers un autre dossier, le raccourci ne le trouvera plus. Windows s'efforcera certes de localiser la cible du raccourci, au risque toutefois de ne pas le trouver. En revanche, les raccourcis peuvent être déplacés librement sans aucun problème.

C'est quoi la différence entre un raccourci et un véritable programme ?

L'icône d'un fichier, d'un dossier ou d'un programme ressemble beaucoup à celle d'un raccourci. La seule chose qui les distingue, c'est la petite flèche encadrée du raccourci. Le double-clic sur une icône et le double-clic sur un raccourci effectuent à peu de chose près la même tâche : démarrer un programme et/ou charger un fichier ou bien ouvrir un dossier. Le raccourci n'est qu'une sorte de domestique, de servant, qui localise le programme, le fichier ou le dossier et l'ouvre.

Vous pourriez en faire tout autant en parcourant les dossiers à la recherche d'un programme, d'un fichier ou d'un dossier, puis en double-cliquant dessus pour l'ouvrir. Il est cependant souvent plus commode de créer un raccourci qui évite tout un parcours du combattant dans l'arborescence des dossiers.

- Lorsque vous supprimez un raccourci – une icône avec une petite flèche –, vous ne faites rien de bien grave. Vous virez simplement le larbin qui cherchait les choses à votre place, ce qui n'est pas aimable pour lui et se traduira pour vous, à l'avenir, par un surcroît de travail.

- Si vous avez accidentellement supprimé un raccourci, vous pouvez l'extraire de la Corbeille, lieu où il a été relégué à l'instar de tout ce qui est supprimé dans Windows XP.

Fermer Windows XP

Un ordinateur doit-il être éteint à la fin de la journée ou doit-il tourner en permanence ? Les deux camps présentent des arguments convaincants et, à vrai dire, la réponse n'est pas facile. La seule chose qui est sûre, c'est que le moniteur doit être éteint si vous cessez d'utiliser l'ordinateur pendant au moins une demi-heure.

Mais si vous comptez éteindre l'ordinateur, ne vous jetez pas sauvagement sur l'interrupteur d'arrêt/marche. Vous devez d'abord informer Windows XP de votre funeste intention. Pour ce faire, cliquez sur le bouton Démarrer (NDT : ce préliminaire n'a pas fini de dérouter les esprits logiques) et choisissez la commande Arrêter l'ordinateur. Faites ensuite votre choix parmi les options proposées, visibles dans la Figure 10.5. Cliquez sur le bouton Mettre en veille prolongée (à gauche) pour mettre l'ordinateur en "stand by", ou sur le bouton Arrêter pour éteindre l'ordinateur, ou encore sur Redémarrer pour ressusciter Windows XP

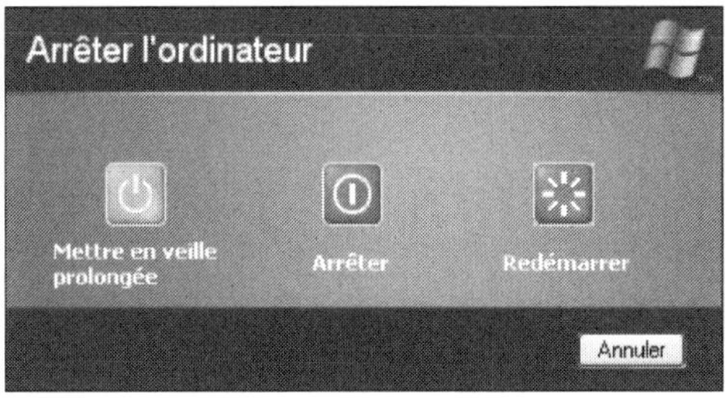

Figure 10.5 Faites votre choix.

Mettre en veille prolongée : Enregistrez votre travail avant de choisir cette option, car elle ne le sauvegarde pas automatiquement. Elle laisse l'ordinateur piquer un petit roupillon afin d'économiser l'énergie, mais il se réveille dès que vous appuyez sur une touche ou sur un bouton de la souris.

Arrêter : Cliquer sur ce bouton indique à Windows XP qu'il doit fermer tous les programmes et s'assurer que tous les fichiers importants ont été enregistrés. Il éteint ensuite l'ordinateur ainsi que, sur la plupart des PC récents, l'écran. Utilisez cette option si vous avez fini d'utiliser la machine pour le restant de la journée. Si votre moniteur ne s'éteint pas automatiquement, vous devrez vous-même appuyer sur le bouton d'arrêt (NDT : ça alors ! Qui l'eût cru ?)

Redémarrer : Windows enregistre votre travail et prépare l'extinction de l'ordinateur, mais il le rallume aussitôt. Cette option est utilisée lorsque vous installez de nouveaux logiciels, modifiez des paramètres ou tentez de stopper Windows lorsque son comportement est des plus bizarroïdes.

Hiberner : Proposée sur certains ordinateurs seulement, cette option est comparable à Mettre l'ordinateur en veille prolongée. Le travail est enregistré, après quoi l'ordinateur est éteint. Mais, lorsque vous le rallumez, vous retrouvez le Bureau exactement tel que vous l'aviez laissé : les programmes ouverts apparaissent à la même place. Le bouton Hiberner n'est pas visible ? Maintenez la touche Maj enfoncée, et cette option remplacera Mettre en veille prolongée.

- La commande Hiberner prend en compte toutes les informations figurant dans les fichiers ouverts, et les écrit sur le disque dur dans un gros bloc d'un seul tenant. Par la suite, pour restituer le Bureau, elle lit ce bloc de données et replace tout sur le Bureau. Mettre l'ordinateur en hibernation n'est pas aussi sûr que l'éteindre.

- N'éteignez jamais l'ordinateur autrement qu'avec la commande Démarrer/Arrêter. Windows XP doit en effet se préparer à l'extinction, faute de quoi il risquerait d'omettre accidentellement d'importantes informations, et cela non seulement dans votre session, mais aussi dans celles des autres utilisateurs.
- Rappelez-vous que si d'autres personnes désirent utiliser l'ordinateur, cliquez simplement sur Démarrer/Fermer la session. Windows XP enregistre votre travail et affiche l'écran d'accueil qui permet à d'autres utilisateurs d'ouvrir une session, pour jouer à des jeux vidéo, par exemple.

La sympathique barre des tâches

Comme cette section vous présente l'une des fonctionnalités les plus commodes de Windows XP, je vous invite à rapprocher votre chaise de l'écran. Chaque fois que plus d'une fenêtre est ouverte sur le Bureau, vous êtes confronté à un gros problème, car ces fenêtres ont tendance à se recouvrir les unes les autres, ce qui ne facilite pas leur accès.

Ce problème, Windows le résout au travers d'un programme spécial, la *barre des tâches*. Elle reçoit tous les programmes ouverts et vous permet de les afficher au premier plan de l'écran en cliquant sur leur bouton.. Visible dans la Figure 10.6, la barre des tâches se trouve en bas de l'écran, mais vous pouvez la placer le long d'un autre bord. Il suffit pour cela de la faire glisser jusqu'à l'emplacement désiré. Si elle ne veut pas bouger, cliquez dans la barre avec le bouton droit de la souris, puis cliquez sur l'option Verrouiller la Barre des tâches afin d'ôter la coche qui la précède.

Figure 10.6 La barre des tâches contient la liste des programmes actuellement utilisés.

Vous avez remarqué que, dans la Figure 10.6, le bouton Calculatrice paraît enfoncé ? C'est parce que la fenêtre de la calculatrice est actuellement active sur le Bureau. A moins d'avoir réduit toutes les fenêtres du Bureau, une ou plusieurs d'entre elles paraîtront enfoncées.

Comme vous l'apprendra la liste qui suit, la barre des tâches permet d'exécuter d'intéressantes opérations :

TRUC

- Pour manipuler l'une des fenêtres listées dans la barre des tâches, cliquez sur son nom. La fenêtre se déploie à l'écran et reste au-dessus de toutes les autres, prête à l'action.
- Pour fermer une fenêtre listée dans la barre des tâches, cliquez sur son nom avec le bouton droit de la souris puis, dans le menu contextuel, choisissez Fermer. Le programme s'arrête comme si, dans sa propre fenêtre, vous aviez cliqué sur l'option Quitter. Avant de s'arrêter, si un fichier modifié est chargé dans le programme, il vous sera demandé de l'enregistrer.
- Vous ne voyez pas la barre des tâches ? Si une petite partie du haut de la barre est visible, cliquez dessus et faites-la glisser jusqu'à ce que vous la voyiez entièrement.

Qu'est-ce que MSN Messenger Service ?

Créé par Microsoft, *MSN Messenger Service* – le service de messagerie du réseau Microsoft Network – est un hybride de sonnette et de judas optique pour Internet. Lorsqu'un de vos amis se connecte à Internet, une sonnerie retentit et une fenêtre surgit, indiquant que vous pouvez dès à présent importuner votre ami en lui envoyant un message.

Par la suite, quand c'est vous qui en aurez assez d'être ennuyé par vos amis, vous rechercherez un moyen de neutraliser cette engeance : cliquez avec le bouton droit de la souris sur la petite icône montrant deux personnages stylisés et choisissez Quitter.

Pour que cette icône cesse d'apparaître, rendez-vous dans la section consacrée à la personnalisation de la barre des tâches. Vous cliquerez sur le bouton Personnaliser, puis sur MSN Messenger Service et choisirez Toujours masquer.

Réduire des fenêtres dans la barre des tâches et les récupérer

Les fenêtres engendrent des fenêtres. Vous commencez par une fenêtre dans laquelle vous tapez du courrier à Madame Mère. Puis vous ouvrez une autre fenêtre pour vérifier son adresse par exemple, et une autre encore pour vous assurer que vous n'avez pas oublié des anniversaires. En un rien de temps, le Bureau est encombré de fenêtres.

Windows XP propose un moyen simple de venir à bout de cet envahissement : la transformation de l'encombrante fenêtre en minuscule bouton placé dans la barre des tâches.

Vous avez remarqué ces trois boutons visibles dans le coin supérieur droit de presque toutes les fenêtres ? Cliquez sur le bouton *Réduire,* c'est-à-dire celui avec la petite ligne. Et hop ! La fenêtre disparaît. Elle est maintenant représentée par le petit bouton dans la barre située en bas de l'écran. Cliquez dessus, et la fenêtre se rouvre, prête au travail.

N'OUBLIEZ PAS

- Pour qu'un programme réduit dans la barre des tâches réapparaisse dans sa fenêtre normale, cliquez simplement sur son nom, dans la barre des tâches. On ne fait pas plus simple, non ?
- Pour réduire la taille d'une fenêtre afin qu'elle ne gêne plus, cliquez sur le bouton le plus à gauche, parmi les trois qui se trouvent dans le coin supérieur droit de la fenêtre. La fenêtre se réduit d'elle même et vient se placer dans la barre qui se trouve en bas de l'écran.
- Chaque bouton de la barre des tâches contient le nom du programme qu'il représente.
- Quand vous réduisez une fenêtre, vous ne la fermez pas et vous ne supprimez pas son contenu. Vous changez tout bonnement sa forme. Elle est toujours chargée en mémoire, attendant que vous la sollicitiez.
- Pour ramener la fenêtre là où elle était, cliquez sur son bouton dans la barre des tâches. Elle se déploie exactement au même emplacement que précédemment.

N'OUBLIEZ PAS

- Chaque fois que vous chargez un programme par le bouton Démarrer ou avec Windows Explorer, le nom de ce programme apparaît automatiquement dans la barre des tâches. Si jamais vous ne parveniez pas à retrouver une fenêtre sur le Bureau, cliquez sur son nom dans la barre des tâches, et elle apparaîtra aussitôt au premier plan.

Les zones sensibles de la barre des tâches

A l'instar d'un joueur de poker invétéré, la barre des tâches a ses trucs et ses tours de main. D'abord, elle possède un *bouton Démarrer.* D'un seul clic sur ce bouton, il est possible de démarrer des programmes, de modifier des paramètres, de trouver des programmes, d'obtenir de l'aide.

Le bouton Démarrer est le seul de son genre dans la barre des tâches ; d'autres boutons, réunis dans la zone de notification, sont montrés Figure 10.7.

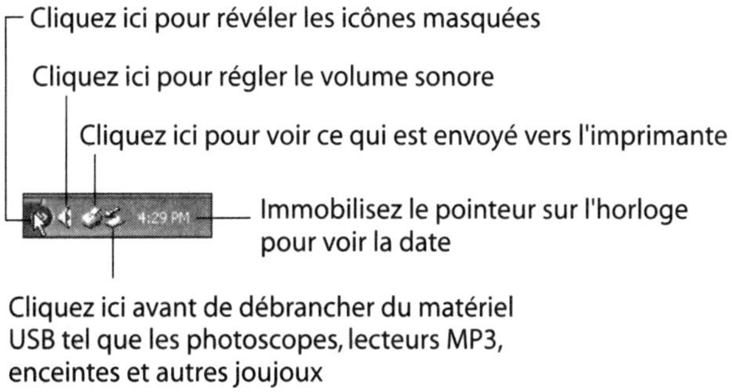

Figure 10.7 Cliquer ou double-cliquer sur les icônes présentes dans la zone de notification de la barre des tâches exécute diverses actions.

Immobilisez le pointeur de la souris au-dessus de l'horloge, et Windows XP montre l'heure et la date. Ou, si vous désirez modifier ces paramètres, un double-clic sur l'horloge lancera le programme de modification de l'heure et de la date.

Il arrive que la barre des tâches masque des éléments. Cliquez sur la petite double flèche à côté de l'horloge (référez-vous à la Figure 10.7) et quelques icônes se montreront peut-être (voyez la prochaine section "Personnaliser la barre des tâches" pour apprendre les trucs et les astuces qui affectent ces icônes).

Cliquez sur le petit haut-parleur pour régler le volume de la carte son grâce au défileur visible Figure 10.8. Ou double-cliquez dessus pour afficher une table de mixage. Elle permet de régler séparément les canaux audio du microphone, des entrées ligne, des lecteurs de CD et de DVD et autres fonctionnalités (pas d'icône haut-parleur ? Dans le panneau Démarrer, choisissez Panneau de configuration, cliquez sur l'option Périphériques audio et vidéo, Ajuster le volume du système, puis cochez la case Placer l'icône dans la zone de notification de la barre des tâches).

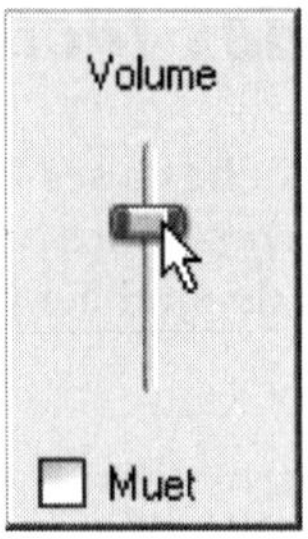

Figure 10.8 Cliquer sur l'icône en forme de haut-parleur permet de régler le volume sonore de la carte son.

- Beaucoup d'autres icônes sont susceptibles d'apparaître dans la zone de notification de la barre des tâches, selon les logiciels qui ont été installés et la manière dont Windows XP a été configuré. Par exemple, lorsque vous imprimez, une petite icône "imprimante" est visible. Sur un ordinateur portable, une icône affichant une jauge de charge de la batterie est affichée. A l'instar des autres icônes qui se trouvent là, si vous cliquez sur l'icône "imprimante" ou "charge de la batterie", Windows XP affiche des informations concernant ce matériel.

- Après avoir activé Windows XP et établi une connexion Internet, vous pouvez laisser Microsoft trifouiller dans la machine. Cliquez sur l'icône illustrée en marge (elle se trouve dans la zone de notification), et Windows se connectera à un site spécial de Microsoft qui analysera l'ordinateur et installera toutes les mises à jour susceptibles d'améliorer le fonctionnement de Windows.

- Vous voulez minimiser toutes les fenêtres ouvertes en un clin d'œil ? Cliquez dans une partie vide de la barre des tâches et, dans le menu contextuel, choisissez l'option Réduire toutes les fenêtres. Tous les programmes continuent de tourner, mais ils sont maintenant réduits sous la forme de boutons dans la barre des tâches. Pour les restaurer, cliquez simplement dessus.

- Pour réduire encore plus vite les fenêtres ouvertes, cliquez sur la petite icône Bureau, près du bouton Démarrer. Comme vous pouvez le voir en marge – et dans la Figure 10.6 si vous avez de bons yeux –, l'icône représente un sous-main avec du papier buvard et un stylo.

- Pour disposer régulièrement les fenêtres ouvertes, cliquez avec le bouton droit de la souris sur une partie vide de la barre des tâches et choisissez l'une des commandes d'arrangement. Windows XP répartit aussitôt les fenêtres comme vous l'avez demandé. La disposition des fenêtres a été décrite en détail dans le Chapitre 7.

Personnaliser la barre des tâches

Windows XP a doté la barre des tâches d'une foule de nouvelles options plus appétissantes qu'un plat de nouilles. Pour y accéder, cliquez dans une partie vide de la barre pour faire apparaître le menu de la Figure 10.9.

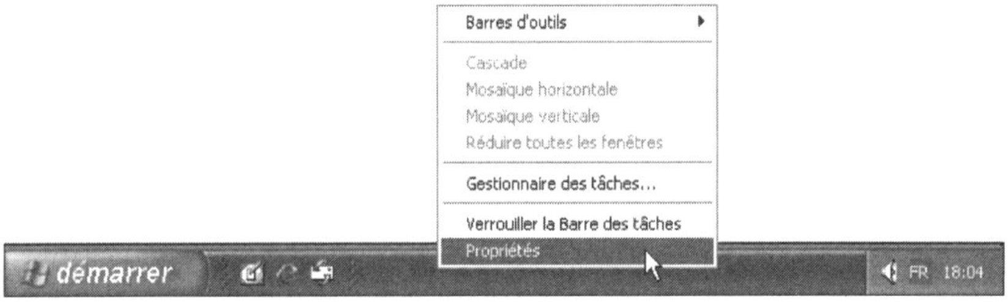

Figure 10.9 Pour personnaliser la barre des tâches, cliquez sur une partie vide de la barre et, dans le menu, choisissez Propriétés.

Choisissez l'option Propriétés et une nouvelle fenêtre apparaît, comme le montre la Figure 10.10.

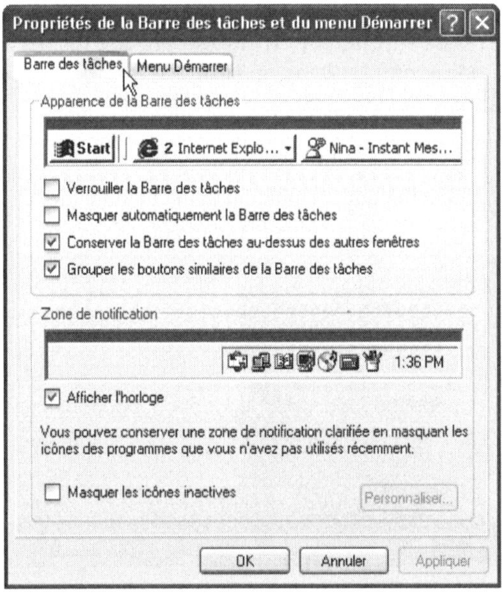

Figure 10.10 Cliquez sur l'onglet Barre des tâches pour découvrir les options de personnalisation de la barre des tâches.

Voici la signification de ces différentes options. Vous devrez peut-être cliquer dans la case Verrouiller la Barre des tâches afin d'ôter la coche, si certaines options ne fonctionnent pas.

Verrouiller la Barre des tâches : Lorsque cette case est cochée, Windows XP immobilise la barre des tâches. Vous ne pouvez plus la tirer vers un autre côté du Bureau, la rendre plus large ni la faire disparaître sous le bord inférieur de l'écran. Conseil de l'ami Rathbone : ne cochez cette case qu'après vous être assuré que la barre des tâches est configurée comme vous le désirez.

Masquer automatiquement la Barre des tâches : Certaines personnes trouvent que la barre des tâches est envahissante. C'est pourquoi elles la font disparaître tout en bas de l'écran (essayez pour voir). Lorsque cette case est cochée, la barre des tâches disparaît d'elle-même sous le bas de l'écran. Pour la faire remonter, amenez le pointeur de la souris en bas de l'écran et la barre réapparaît. Un autre conseil rathbonesque : ne cochez pas cette case.

Conserver la Barre des tâches au-dessus des autres fenêtres : Cette option fait en sorte que la barre des tâches soit toujours visible en la plaçant au premier plan. Elle recouvre ainsi toujours les fenêtres. Conseil de l'ami Rathbone : activez cette option.

Grouper les boutons similaires de la Barre des tâches : Lorsque vous ouvrez un grand nombre de fenêtres et de programmes, la Barre des tâches finit par être encombrée ; il devient alors impossible de lire les noms des boutons, car ils sont tronqués. Cette option regroupe les fenêtres similaires sous un seul bouton. Dès que la barre est surchargée, Windows groupe toutes les fenêtres Explorateur Windows, par exemple, dans un seul bouton Explorateur Windows, comme le montre la Figure 10.11.

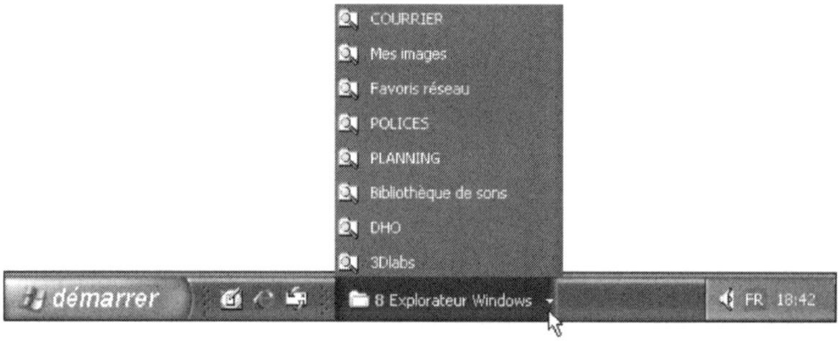

Figure 10.11 Activez l'option Grouper les boutons similaires de la Barre des tâches pour gérer au mieux l'espace disponible sur la barre grâce à un "empilement" des boutons similaires.

Afficher l'horloge : Vous ne voulez pas manquer l'heure de la fin du boulot ? Un conseil d'ami, un vrai (le conseil et l'ami) : cochez cette case.

Masquer les icônes inactives : Nouvelle dans Windows XP, cette option permet de masquer les petites icônes de la zone de notification (c'est la petite zone où se trouve l'horloge). Cliquez sur le bouton Personnaliser pour choisir les icônes qui doivent apparaître, celles qui doivent être masquées et celles qui ne doivent s'afficher que si elles sont utilisées. Conseil de l'ami Rathbone : cliquez sur le bouton Personnaliser puis sur le bouton Paramètres par défaut pour tout masquer sauf l'icône du volume sonore. Pour celui-là, choisissez Toujours afficher.

Faites des essais avec la barre des tâches. Modifiez sa taille et sa position jusqu'à ce que son apparence vous plaise. Après l'avoir configurée à votre convenance, cliquez sur le bouton Verrouiller la Barre des tâches que nous avons décrit précédemment.

T'as vu le look de cette barre des tâches ?

Votre barre des tâches ne ressemblera pas toujours à celle visible Figures 10.9 ou 10.11. Microsoft vous permet de la personnaliser plus encore, jusqu'à la rendre méconnaissable. Pour en avoir un aperçu, cliquez sur une partie vide de la barre puis sur l'option Barres d'outils. Un menu contextuel propose diverses options :

- **Adresse :** Si cette option est activée, la barre des tâches contient une zone de texte permettant de taper l'adresse d'un site Web. Comme elle est un peu encombrante, elle est rarement utilisée.
- **Liens :** Cette option remplit la barre des tâches avec des liens Internet (c'est la même liste que celles de la zone Liens du menu des favoris d'Internet Explorer. Eh oui !).
- **Bureau :** Une bizarre option. Elle place les différentes icônes du Bureau dans la barre des tâches.
- **Lancement rapide :** *Choisissez cette option pour revenir à la normale.* Elle restitue la barre des tâches telle qu'elle doit être et place les icônes suivantes près du bouton Démarrer : Bureau, Internet Explorer et Outlook Express.
- **Nouvelle :** Cette option permet de placer le contenu de n'importe quel dossier dans la barre des tâches.

La plupart des utilisateurs ne choisissent aucune de ces options, hormis le Lancement rapide. Vous pouvez en faire autant, à moins que vous n'aimiez bidouiller la configuration de votre ordinateur.

Il est aussi possible de faire glisser toutes ces barres d'outils hors de la barre des tâches et de les déposer sur le Bureau. Il est en vérité assez gênant d'extraire accidentellement la barre d'outils Lancement rapide de la barre des tâches. Pour la ramener dedans, cliquez dans la barre des tâches avec le bouton droit de la souris et choisissez Lancement rapide. Une barre d'outils Lancement rapide de remplacement apparaît dans la barre des tâches, au bon endroit. Fermez la barre d'outils Lancement rapide que vous aviez par mégarde tirée hors de la barre des tâches et tout est en ordre. Pour éviter ce genre de bévues, activez l'option Verrouiller la Barre des tâches, décrite dans la liste précédente.

ATTENTION !

Attention aux icônes !

Ne confondez pas l'icône d'un programme sur le Bureau et le bouton d'un programme dans la barre des tâches. Ce sont en effet deux choses différentes. Le bouton en bas de l'écran renvoie à un programme qui a d'ores et déjà été chargé en mémoire. Il est actuellement en cours, prêt à être utilisé. L'icône sur le Bureau ou dans l'Explorateur Windows est celle d'un programme stocké dans le disque dur, en attente d'être lancé.

Si vous avez cliqué par erreur sur son icône dans l'Explorateur Windows ou sur le Bureau, au lieu de cliquer sur son bouton dans la barre des tâches, vous chargez une autre session de ce programme. Deux exemplaires du même programme sont chargés : l'un tournant dans une fenêtre, l'autre réduit dans la barre des tâches, qui attend d'être restauré dans une fenêtre.

Faire tourner deux exemplaires d'un même programme peut semer la confusion, notamment si vous entrez des données dans chacun d'eux. Vous ne serez pas en mesure de savoir lequel contient la *bonne version* de votre travail !

Contrôler l'imprimante

De nombreuses fonctionnalités de Windows XP se produisent à l'arrière-plan. Vous ne vous en rendez compte que quand quelque chose se passe mal ou quand Windows se met à envoyer des messages. Le programme d'imprimante fait partie de ces programmes rétifs.

Quand vous choisissez la commande Imprimer, dans un logiciel, une petite icône apparaît dans la zone de notification de la barre des tâches (selon la configuration de votre ordinateur, vous devrez cliquer sur la petite flèche près de l'horloge pour voir l'icône de l'imprimante).

L'imprimante ne peut faire qu'une seule chose à la fois. Si vous tentez d'imprimer un deuxième document avant que le premier l'ait été, Windows XP intercepte la deuxième demande et la met en attente.

Pour vérifier ce qui a été envoyé à l'imprimante, double-cliquez sur l'icône d'imprimante visible dans la zone de notification de la barre des tâches et vous verrez le programme de gestion de l'impression à l'œuvre. Il contient la liste de tous les documents présents dans la liste d'attente.

- Lorsqu'une impression est en cours, les fichiers qui lui sont envoyés à ce moment sont automatiquement placés dans une *file d'attente*.
- Il est facile de modifier l'ordre d'impression des fichiers. Si trois documents sont en attente et que vous voulez faire passer le troisième en premier, il suffit de le glisser et de le déposer avant le premier. Ce sera le suivant que Windows imprimera.
- Pour annuler une tâche d'impression, cliquez avec le bouton droit de la souris sur le nom du fichier à ne pas imprimer puis, dans le menu contextuel, choisissez Annuler.
- Si votre directeur tournicote autour de l'imprimante pendant que vous imprimez vos invitations perso, choisissez Document dans la barre de menus puis cliquez sur Suspendre. L'imprimante s'arrête. Dès que le directeur est allé voir ailleurs ce qui se passe, cliquez de nouveau sur Document/Suspendre pour reprendre l'impression.
- Si vous travaillez en réseau, vous ne pourrez peut-être pas modifier l'ordre d'impression des fichiers, et peut-être pas suspendre l'impression en cours.
- Si l'imprimante n'est pas connectée, Windows XP tentera néanmoins d'envoyer le fichier. S'il n'obtient pas de réponse, il signalera que l'imprimante n'est pas prête. Vérifiez qu'elle est correctement branchée, allumée et connectée puis essayez de nouveau. Sinon, reportez-vous au Chapitre 17 où vous trouverez des conseils concernant la résolution des problèmes d'impression.

Les raisons d'être du bouton Démarrer

Présent sur la barre des tâches, le bouton Démarrer est toujours prêt à l'action. Il sert à démarrer des programmes, à accéder aux paramètres de Windows, à obtenir de l'aide dans les situations difficiles et, fort heureusement, à arrêter Windows XP et prendre ses distances avec l'ordinateur pendant un certain temps.

Le bouton Démarrer est si désireux de rendre service qu'il présente une foule d'options pour peu que vous cliquiez dessus. Il affiche alors le lot de menus et d'options que présente la Figure 10.12.

- Le menu Démarrer change au fur et à mesure que vous ajoutez des programmes à votre ordinateur. Autrement dit, le menu Démarrer d'un de vos amis peut différer légèrement du vôtre.

- Enregistrez vos fichiers dans le dossier Mes documents, vos photos dans le dossier Mes images et vos fichiers audio dans le dossier Ma musique. Vous pouvez facilement accéder à chacun de ces dossiers à partir du menu Démarrer. Ils ont été conçus en fonction de leur contenu : par exemple, le dossier Mes images affiche toujours une vignette de chacune des images. En organisant bien vos fichiers, vous les retrouverez plus facilement.

- Vous avez remarqué la petite flèche à droite de l'option Tous les programmes, en bas du panneau ? Cliquez dessus et un menu apparaît. Il donne accès aux différents logiciels présents dans l'ordinateur.

- Windows XP a la délicatesse de placer les icônes des programmes les plus fréquemment utilisés dans le volet gauche du menu Démarrer. Dans les versions précédentes de Windows, seules les icônes des dix derniers *documents* étaient affichées.

Lancer un programme avec le bouton Démarrer

C'est tout ce qu'il y a de facile. Cliquez sur le bouton Démarrer afin de déployer le panneau correspondant. Si vous apercevez l'icône du programme ou du fichier désiré, cliquez dessus et Windows le charge aussitôt.

Mais si le programme n'est pas listé, cliquez sur Tous les programmes. Un menu déroulant apparaît où figurent les noms des programmes ou des dossiers qui en contiennent.

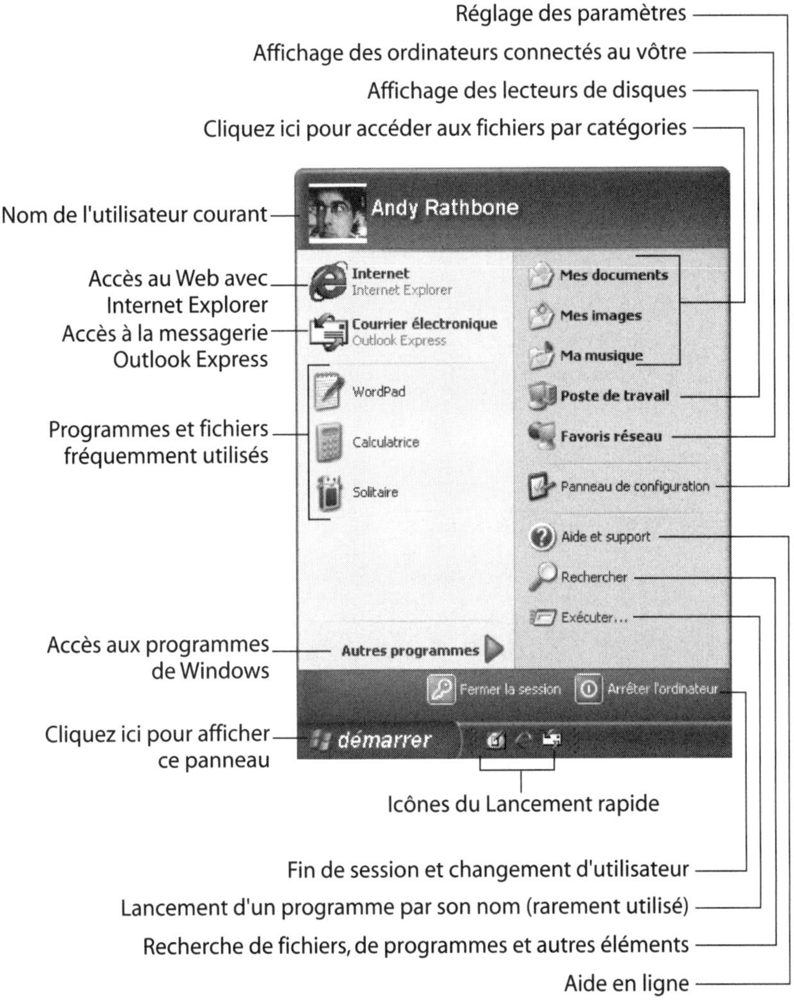

Figure 10.12 Cliquer sur le bouton Démarrer, dans la barre des tâches, affiche un grand nombre d'options.

Si le programme recherché apparaît dans ce menu, cliquez sur son nom. Windows XP l'affiche promptement à l'écran. Si le programme ne figure pas dans la liste, pointez sur les petits dossiers du menu. Des sous-menus se déploient, donnant accès à d'autres programmes.

Si vous avez enfin repéré le nom du programme, cliquez simplement dessus. En fait, vous n'avez même pas à cliquer avant d'avoir vu le nom du programme, car le bouton Démarrer ouvre et ferme automatiquement les menus, selon l'endroit où le pointeur se trouve.

- Vous n'avez toujours pas vu le nom de votre programme dans la liste ? Dans ce cas, allez au Chapitre 7 et recherchez la section consacrée aux fichiers et dossiers égarés. Vous pouvez en effet demander à Windows XP de rechercher un programme à votre place.

- Il existe un autre moyen de charger un programme qui ne serait pas listé, à condition toutefois que vous sachiez où il se trouve sur le disque dur. Choisissez Exécuter, dans le menu Démarrer, tapez le nom du programme et appuyez sur Entrée. Si Windows XP le trouve, il le lance. Sinon, s'il n'arrive pas à le localiser, cliquez sur le bouton Parcourir. Une autre boîte de dialogue apparaît ; cette fois, les programmes sont listés par nom. Naviguez dans cette boîte de dialogue jusqu'à ce que vous ayez localisé le programme en question, puis double-cliquez sur son nom puis sur OK pour le charger.

- Si vous ne savez pas comment naviguer dans cette boîte de dialogue, allez à la section consacrée à l'ouverture d'un fichier, dans le Chapitre 5 (cette boîte de dialogue un peu particulière montre le bout de son nez chaque fois que vous enregistrez un fichier ou ouvrez un programme).

Ajouter l'icône d'un programme dans le menu Démarrer

Le bouton Démarrer de Windows XP fonctionne très bien, du moins aussi longtemps que vous n'avez pas à rechercher un élément qui n'y figure pas. Comment ajouter l'icône de votre programme de prédilection au menu Démarrer ? Windows facilite considérablement cette opération.

Lorsque vous installez un programme (un logiciel), comme nous le décrivons dans le Chapitre 16, l'icône de ce programme est automatiquement ajoutée au menu Démarrer. Il vous annonce sa présence, à vous et aux autres utilisateurs de l'ordinateur, comme le montre la Figure 10.13.

Pour voir le programme nouvellement installé, cliquez sur l'option Tous les programmes, en bas à gauche du panneau. Un vaste menu de programmes supplémentaires apparaît. Vous avez vu, dans la Figure 10.14, que le mot Real est en légère surbrillance ? C'est le programme qui vient d'être installé. Windows le surligne et le place dans le menu en ordre alphabétique.

- Il existe un autre moyen d'ajouter un programme au menu Démarrer. Windows XP ajoute dans le volet de gauche de ce menu les icônes des cinq programmes les plus utilisés. Si vous désirez placer là une icône ou un raccourci pour un programme de votre choix, cliquez sur l'icône avec

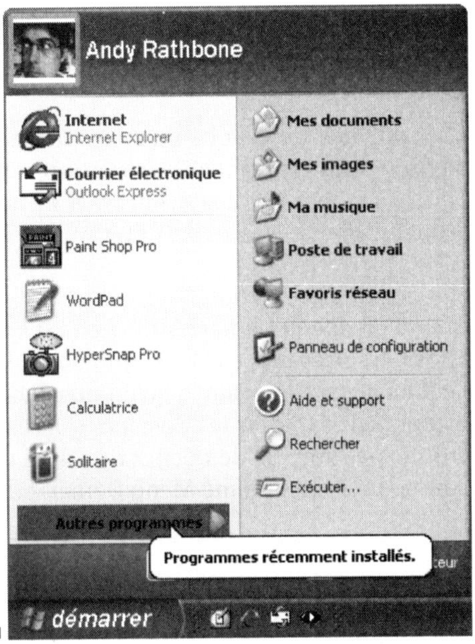

Figure 10.13 La plupart des programmes installés dans Windows sont automatiquement ajoutés sous l'option Tous les programmes du menu Démarrer et leur présence est signalée.

Figure 10.14 Cliquez sur Tous les programmes pour voir un logiciel nouvellement installé, Real en l'occurrence. Son nom est placé dans l'ordre alphabétique.

le bouton droit de la souris. Choisissez ensuite Ajouter au menu Démarrer. Elle se retrouve aussitôt dans le volet de gauche du menu Démarrer.

- Pour éliminer une icône du volet de gauche du menu Démarrer, cliquez dessus avec le bouton droit de la souris et choisissez Supprimer de cette liste. Rappelez-vous que les icônes du menu Démarrer ne sont que des raccourcis. Les supprimer n'affecte en rien les programmes qui leur sont associés.

- Voici un sacré petit secret : le menu Démarrer n'a rien de spécial. C'est simplement l'un des dossiers présents sur le disque dur. En fait, le Bureau tout entier n'est lui aussi rien d'autre qu'un dossier. Le Chapitre 11 explique comment explorer les dossiers qui résident sur le disque dur. Ne soyez donc pas surpris de découvrir, sur le disque C, un dossier nommé Bureau et un autre nommé Menu Démarrer.

Faire démarrer automatiquement des programmes en même temps que Windows

Beaucoup de gens s'installent face à leur ordinateur, l'allument et répètent sempiternellement le même processus de chargement du programme qu'ils utilisent quotidiennement. Incroyable mais vrai : Windows peut automatiser cette tâche routinière.

La solution réside dans le dossier Démarrage, qui traîne quelque part dans le menu Tous les programmes. Lorsque Windows s'éveille, il examine le dossier Démarrage. S'il y découvre un raccourci, il l'exécute et affiche le programme associé.

Voici comment savoir quels sont les programmes qui s'éveillent en même temps que Windows XP et lesquels dormiront encore un peu :

1. **Cliquez avec le bouton droit de la souris sur le bouton Démarrer et choisissez l'option Ouvrir.**

   Le programme Menu Démarrer apparaît à l'écran. Il contient un dossier nommé Programmes.

2. **Double-cliquez sur le dossier Programmes.**

   Vous découvrez les raccourcis et les dossiers de la plupart des programmes actuellement listés sous l'option Tous les programmes du bouton Démarrer.

3. **Double-cliquez sur le dossier Démarrage afin d'accéder à son contenu.**

4. **A l'aide du bouton droit de la souris, faites glisser et déposez dans le dossier Démarrage tous les programmes ou fichiers qui doivent démarrer en même temps que Windows.**

   Si Windows le propose, demandez-lui de convertir ces fichiers ou ces programmes en raccourcis. Par la suite, chaque fois que vous démarrerez Windows, ces fichiers et programmes seront lancés en même temps que lui.

   Les éléments contenus dans la zone Démarrage ne se chargent d'eux-mêmes que si vous ouvrez une session de travail après en avoir arrêté une. Si vous avez cliqué sur le bouton Changer d'utilisateur au lieu du bouton Fermer la session, Windows considère que vous êtes toujours au travail. Il ne lance les éléments Démarrer que si vous avez fermé la session, et après que Windows a enregistré vos paramètres.

Vous utilisez beaucoup la zone Démarrage ? Confectionnez un raccourci qui pointe directement vers elle et placez-le sur le Bureau. Glissez et déposez un programme sur le raccourci Démarrage et il apparaîtra dans la zone Démarrage, prêt à être chargé en même temps que Windows chaque fois que vous allumerez l'ordinateur.

Les programmes gratuits du menu Démarrer

Windows XP – la version la plus plaisante de ce système d'exploitation – est livré avec une poignée de logiciels gratuits qui font le bonheur des utilisateurs.

Un logiciel gratuit est aussi appréciable qu'une bonne bouffe gratos. Le seul problème, c'est le menu, tout au moins pour Windows. Surtout que certains de ces programmes offerts contrôlent des éléments stratégiques de votre ordinateur. Mais plus d'une cinquantaine d'entre eux servent essentiellement à améliorer le fonctionnement de la machine. Cette section extraordinairement longue signale les programmes gratuits qui valent la peine d'être essayés et lesquels peuvent être superbement ignorés.

Les programmes de premier niveau du menu Démarrer

Ces éléments apparaissent dans le menu Démarrer chaque fois que vous cliquez sur le bouton Démarrer. Comme vous les utiliserez abondamment, je vous recommande de lire ce qui suit.

Internet Explorer : Cliquez sur ce bouton pour surfer sur Internet (la navigation sur le Web, la messagerie électronique et autres activités Internet sont décrites dans le Chapitre 12).

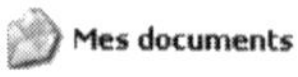

Mes documents : Stockez systématiquement vos documents dans ce dossier afin d'être sûr de les retrouver facilement par la suite.

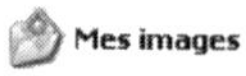

Mes images : Stockez toutes vos images numériques dans ce dossier. Le contenu de chaque fichier est facile à identifier, car ce dernier apparaît sous la forme d'une vignette.

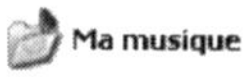

Ma musique : Stockez vos fichiers audio dans ce dossier afin que le Lecteur de médias de Windows XP puis les trouver plus facilement.

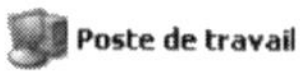

Poste de travail : Ouvrez ce dossier pour voir toutes les mémoires de masse gérées par l'ordinateur, y compris les lecteur de disquettes, disque dur, lecteur de CD-ROM, appareil photo numérique ainsi que les dossiers partagés avec d'autres utilisateurs.

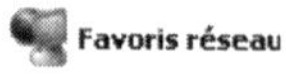

Favoris réseau : Votre ordinateur est-il connecté à d'autres ordinateurs grâce à un réseau ? Cliquez ici pour voir les autres machines ou les fichiers auxquels vous avez accès.

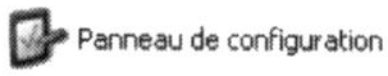

Panneau de configuration : Cliquez ici pour régler la foultitude de paramètres décrits dans le Chapitre 16.

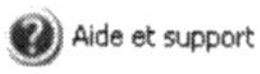

Aide et support : Complètement largué ? Cliquez ici pour obtenir une réponse à vos interrogations (le Chapitre 19 revient sur le déroutant système d'aide de Windows).

Rechercher : Un fichier égaré ? Cliquez ici pour le retrouver (le système de recherche de Windows est expliqué dans le Chapitre 7).

Exécuter : Rarement utilisée, cette commande démarre un programme dont vous avez précisé l'emplacement et le nom.

Fermer la session : Cliquez ici pour laisser quelqu'un d'autre utiliser l'ordinateur, ou encore pour enregistrer votre travail et quitter l'ordinateur en attendant qu'une autre personne s'en serve.

Arrêter l'ordinateur : Cliquez sur ce bouton pour éteindre l'ordinateur, le redémarrer ou le mettre *en veille*. L'ordinateur enregistre le travail de tous les utilisateurs, puis se met en "sommeil" pour économiser le courant (appuyez sur le bouton marche/arrêt pour le rallumer).

La zone Tous les programmes du menu Démarrer

Le menu Démarrer contient certes quelques options, mais il ne montre pas du tout l'impressionnante quantité de logiciels gratuits que cache la commande Tous les programmes. Ouvrez le menu Démarrer, cliquez sur le bouton Tous les programmes, en bas à gauche du panneau, et vous trouverez toutes les gâteries ci-dessous dans les divers menus.

Windows Update : Microsoft n'est jamais satisfait de Windows, de sorte que, s'il a l'occasion de l'améliorer – ou de le blinder contre les teigneux qui veulent s'y introduire –, il propose aussitôt un programme correctif (universellement connu sous le nom de *patch*). Cliquez ici pour récupérer le correctif ou pour configurer Windows afin qu'il s'autocorrige automatiquement.

Activer Windows : L'horreur ! Après avoir acheté votre exemplaire de Windows XP, Microsoft vous laisse 30 jours pour l'activer. Lorsque vous cliquez sur cette icône, Windows XP combine son numéro de série à un "instantané" de la configuration matérielle de votre ordinateur. Puis il appelle Microsoft et enregistre le logiciel. Dès lors, votre exemplaire de Windows ne fonctionnera que sur cet ordinateur, et sur aucun autre. Et si vous ne l'activez pas dans le délai imparti, Windows XP cesse de fonctionner. Merci Windows !

Accessoires

Les programmes gratuits de Windows sont, de longue date, réunis sous un menu générique nommé *Accessoires*. C'est là que vous trouverez les logiciels qui facilitent la vie avec Windows XP, qu'il s'agisse de travailler, de communiquer ou de se divertir, ou encore de lire plus facilement l'écran. Cette section recense les programmes du menu Accessoires, accessibles en cliquant préalablement sur Démarrer/Tous les programmes.

Accessibilité

L'assistant Accessibilité crée une version personnalisée, plus lisible, de Windows. Il permet de choisir les tailles des polices, menus, icônes et bordures de fenêtres les plus appropriées pour les malvoyants, ce qui facilite le clic. L'assistant permet aussi d'associer des sons à certaines actions effectuées à l'écran.

La **Loupe** agrandit la taille des éléments situés sous le pointeur de la souris, ce qui permet d'identifier plus facilement les boutons et les zones de saisie.

Le **Narrateur** lit les menus à l'écran, mais il n'est pas très compréhensible et ne s'exprime qu'en anglais, même dans la version française de Windows.

Le **Clavier visuel** affiche un clavier à l'écran. Pointez et cliquez sur les lettres pour effectuer une saisie (parfait aussi pour remplacer un clavier tombé en panne).

Le **Gestionnaire d'utilitaires** aide les malvoyants à configurer rapidement leur ordinateur en utilisant simultanément plusieurs options d'accessibilité.

Communications

La plupart des programmes proposés dans cette rubrique s'adressent surtout aux passionnés de technique. C'est pourquoi il est pour le moment inutile de trop perdre votre temps par ici.

L'**assistant Gestion de réseau domestique** montre comment relier deux ordinateurs ou plus afin qu'ils partagent des informations, voire une imprimante ou un modem. Ce sujet est couvert dans le Chapitre 9.

L'**Hyper Terminal** est un rescapé des temps révolus de la téléinformatique. Ignorez ce fossile qui permet à deux ordinateurs de communiquer au travers d'une ligne téléphonique.

L'**assistant Connexion Internet** vous accompagne tout au long de la connexion de votre ordinateur avec votre fournisseur de services Internet (FSI) pour vous permettre de surfer efficacement sur le Web.

Connexions réseau : Ce programme fournit des explications quelque peu techniques sur la vitesse à laquelle votre ordinateur échange des données. Il permet aussi de se connecter à des réseaux ou à d'autres ordinateurs au travers d'une ligne téléphonique ou d'un simple câble (remplace l'ancienne option Connexion directe par câble).

Le **Numéroteur téléphonique** contrôle le modem de l'ordinateur pour effectuer un appel téléphonique ou se connecter à d'autres ordinateurs pour converser.

La **Connexion au Bureau à distance** fonctionne à la manière d'un mini réseau en vous permettant d'utiliser des programmes présents sur un autre ordinateur. Il est censé aider les allumés de technique qui réclamaient de pouvoir se connecter à un ordinateur à distance afin de le dépanner sans avoir à se déplacer.

Divertissement

Windows XP procure de quoi créer un véritable centre de divertissement auquel peut notamment être assujetti un lecteur de CD, un lecteur de DVD ou une carte TV. Branchez un modem, n'oubliez pas les cornets de pop-corn réchauffés au four à micro-ondes, et voilà une belle soirée en perspective ! Vous trouverez ici un récapitulatif de tout ce qu'il faut pour configurer un petit auditorium stéréo.

Le **Magnétophone** n'enregistre que 60 secondes de son. Eh oui... Il a en effet été conçu pour enregistrer de brefs messages audio susceptibles d'êtres incorporés dans un document ou envoyés par courrier électronique, en pièces jointes. Si cela se trouve, vous ne l'utiliserez jamais...

Le **Contrôle du volume** affiche une table de mixage qui contrôle toutes les sources sonores. Un lecteur de CD y figure, de même que le son général (au format WAV), la musique (MIDI) ou des périphériques tels que les cartes TV ou de capture vidéo (Entrée ligne). A moins que vous ne fassiez de l'enregistrement sonore, vous n'avez pas à vous en soucier. Réglez plutôt le volume en cliquant sur l'icône en forme de haut-parleur dans la zone de notification de la barre des tâches et en actionnant le défileur (pas de petit haut-parleur à cet endroit ? Relisez dans ce cas la description du Panneau de configuration, au Chapitre 16 ou rendez vous plus haut à la section "Les zones sensibles de la barre des tâches").

Le **Lecteur Windows Media** est génial, branché et énorme. Il peut occuper tout l'écran avec ses vu-mètres psychédéliques qui pulsent au rythme des musiques. Il est de plus capable de convertir les plages d'un CD audio en fichiers MP3, à moins que vous ne préfériez son concurrent, le format *WMA* de Microsoft. Le Lecteur Windows Media sait télécharger du son et de la vidéo depuis Internet, jouer vos CD audio et vos DVD, et classer vos musiques et vidéos, qu'il s'agisse de CD ou de bandes-annonces de films, de stations de radio présélectionnées ou de votre liste de diffusion préférée. Nous reviendrons sur tout ça dans le Chapitre 13.

Jeux

Si vous avez déjà utilisé Windows Me, vous ne trouverez ici rien de nouveau. Autrement, vous découvrirez sous ce menu plusieurs jeux de cartes aux noms aussi poétiques que FreeCell (un jeu de cartes), Hearts (Dame de pique) et d'autres ; le Démineur, deux solitaires et quelques grands classiques comme le backgammon, un reversi et les échecs, qui peuvent tous les trois être joués sur Internet. Et surtout, ne manquez pas Pinball, autrement dit un flipper.

Outils système

Windows XP est accompagné de plusieurs programmes techniques destinés aux mordus d'informatique. Vous découvrirez ci-après à quoi ils servent, ce qui vous permettra de savoir lesquels vous devez éviter.

Activer Windows : L'injonction est claire. Comme nous l'avons mentionné précédemment dans cette section, vous devez activer votre exemplaire de Windows XP dans les 30 jours, faute de quoi il cessera de fonctionner. Et après l'activation, il ne sera plus utilisable sur un autre ordinateur.

La **Table des caractères** permet d'utiliser des caractères spéciaux comme les symboles © (copyright), ¥ (yen) ou les typographies étrangères (? allemand, ø nordique, etc.). Double-cliquer sur cette option affiche une table de plusieurs dizaines de caractères typographiques étrangers, de symboles et de signes graphiques, tous dans la police en cours. Double-cliquez sur le caractère qui vous intéresse puis, dans le document, cliquez à l'emplacement où il doit apparaître. Choisissez ensuite Edition/Coller et le caractère spécial s'affiche aussitôt.

Le **Nettoyage de disque** s'avère très utile lorsque la place vient à manquer sur le disque dur. Au gré des diverses utilisations, Windows accumule une quantité d'objets indésirables : des fichiers temporaires provenant d'Internet, des fichiers supprimés jetés dans la Corbeille, et plein d'autres éléments qui occupent indûment de la place. Le nettoyage de disque collecte automatiquement ces fichiers et programmes et vous propose de les supprimer.

Le **Défragmenteur de disque** réorganise le contenu du disque dur afin qu'il tourne plus vite. Lorsque vous décidez de réécrire une lettre, par exemple, et que vous supprimez des paragraphes et en ajoutez de nouveaux, un "trou" apparaît là où des données ont été supprimées, et de nouvelles données sont ajoutées dans les "trous" disponibles, c'est-à-dire dans les parties vacantes du disque dur. Si l'espace disponible n'est pas assez grand pour recevoir les données supplémentaires, Windows les répartit partout où il le peut. La lettre qui paraît d'un seul tenant à l'écran est en fait dispersée sur le disque dur. Windows s'y retrouve car l'emplacement d'un bloc de données est identifié par son adresse de début et de fin, et par un code qui indique quel autre bloc vient à la suite. L'inconvénient de cette dispersion est que la tête de lecture du disque dur doit se déplacer loin et fréquemment pour récupérer les morceaux. Le défragmenteur réorganise le contenu du disque dur et fait en sorte que les fichiers soient – autant que faire se peut – d'un seul tenant, ce qui accélère leur lecture.

L'**assistant Transfert de fichiers et de paramètres** vous vient en aide quand vous changez finalement d'ordinateur. Il examine la configuration des programmes sur l'ancienne machine et vous laisse choisir les fichiers à transférer. L'assistant est aussi capable de prélever les informations des anciennes versions de Windows. Au hit-parade des performances, le programme fonctionne au mieux et plus vite avec des cartes de réseau et, dans l'ordre, avec un câble de transfert, ou bien en copiant les données sur un CD, et il est terriblement lent – pour ne pas dire inutilisable – avec des disquettes.

Le programme **Tâches planifiées** laisse à Windows l'initiative de démarrer un logiciel, que vous soyez en déplacement ou en train de dormir. Il se base sur une sorte d'échéancier qui lui indique les programmes à démarrer, le moment et la durée.

Informations système : Un outil de choix pour obtenir des informations techniques concernant les tripes de votre ordinateur, surtout lorsqu'il fait des siennes ou en cas de panne. Il se peut bien que vous n'ayez jamais à l'utiliser.

Restauration du système est sans doute le plus important des éléments succinctement décrits ici. C'est pourquoi il fait l'objet d'un encadré spécial intitulé "La restauration du système restaure votre confiance en Windows".

Carnet d'adresses

Le carnet d'adresses est utilisé par Outlook Express pour envoyer et recevoir vos courriers électroniques. Si vous adoptez la version supérieure de ce programme, Outlook, vous pourrez récupérer toutes vos adresses en cliquant sur Fichier/Exporter.

Calculatrice

C'est une calculatrice toute simple, à moins que vous n'ayez cliqué sur Affichage/Scientifique, ce qui fait apparaître des fonctions plus matheuses. Pour retrouver la calculatrice normale, cliquez sur Affichage/Standard.

Pour plus de commodité, cliquez sur Edition/Copier, puis cliquez dans la fenêtre dans laquelle vous désirez placer le résultat d'un calcul. Dans cette fenêtre, cliquez alors sur Edition/Coller. C'est autrement plus rapide et plus

N'OUBLIEZ PAS

La restauration du système restaure votre confiance en Windows

Lorsque votre ordinateur fonctionne correctement – et vous aimeriez bien qu'il en soit toujours ainsi –, démarrez le programme Restauration du système puis activez le bouton d'option Créer un point de restauration. Windows procède à un auto-examen et conserve un instantané de ses paramètres. Par la suite, si quelque chose d'affreux se produit, vous aurez une planche de salut : revenez à la Restauration du système et choisissez cette fois l'option Restaurer mon ordinateur à une heure antérieure. Choisissez ensuite un point de restauration que vous aurez enregistré au moment où tout baignait et, après que Windows aura restauré l'ordinateur tel qu'il était avant le désastre, ce dernier fonctionnera de nouveau à merveille.

Comme toutes choses en ce bas monde, la Restauration du système n'est pas exempte de quelques problèmes. Il se peut en effet qu'entre l'enregistrement du point de restauration et la restauration proprement dite vous ayez installé un ou plusieurs programmes. Vous devrez donc les réinstaller. Comme Windows crée automatiquement un point de restauration chaque jour, n'en choisissez pas un qui serait plus ancien que nécessaire.

La Restauration du système ne touche à aucun des fichiers stockés dans le dossier Mes documents. Il jure ses grands dieux qu'il ne touche jamais à aucun autre de vos fichiers de données. Mais, pour plus de sécurité, placez les fichiers auxquels vous tenez le plus dans le dossier Mes documents.

Si vous décidez d'utiliser la Restauration du système, utilisez-la souvent, notamment avant et après l'installation de tout programme, par exemple, ou quand vous bidouillez notoirement les paramètres de l'ordinateur. Vous aurez ainsi les meilleures chances de récupérer un ordinateur sain si jamais vous vous fourvoyez.

Si vous vous êtes planté et que vous avez restauré un élément qui fait que votre ordinateur fonctionne encore moins bien qu'auparavant, annulez la restauration. Appelez le programme Restauration du système et choisissez Annuler ma dernière restauration. N'hésitez pas essayer différents points de restauration lorsque quelque chose ne va pas car vous pourrez toujours les annuler et en essayer d'autres.

Sachez, pour finir, que la Restauration du système consomme environ 12 % du disque dur. Pour réduire ou agrandir ce bloc, cliquez sur le bouton Démarrer puis, avec le bouton droit de la souris, sur Poste de travail. Choisissez Propriétés puis actionnez le défileur situé sous l'onglet Restauration du système (NDT : si l'ordinateur possède plusieurs disques durs, vous devrez en sélectionner un et cliquer sur le bouton Paramètres).

fiable que de retaper un chiffre comme 2,449489742783. Une astuce : si la saisie à la souris vous semble trop lente et fastidieuse, appuyez sur la touche Verr.Num et entrez les chiffres avec le pavé numérique.

Invite de commande

Cette relique des temps anciens de la micro-informatique sert à entrer une de ces horribles lignes de commande DOS avec ses affreux paramètres abscons (NDT : un exemple ? Echo O | DEL *.* > NUL supprime tous les fichiers d'un répertoire sans confirmer chaque suppression). Ne vous compliquez pas la vie avec ça.

Bloc-notes

Windows XP est livré avec deux traitements de texte : WordPad et le Bloc-notes. WordPad sert à rédiger un courrier soigné. Le Bloc-notes sert plutôt de calepin pour noter des informations ou des idées à la volée.

De prime abord, le Bloc-notes est, hélas ! fort déroutant, car il cale la frappe au kilomètre contre la marge gauche, sans aucun retour à la ligne automatique. Pour l'enclencher, cliquez sur Format/Retour automatique à la ligne. Le Bloc-notes mémorise ce paramètre une fois pour toutes ; vous n'aurez donc plus à l'activer ultérieurement.

Le Bloc-notes n'imprime pas son contenu exactement tel qu'il apparaît à l'écran, mais selon les paramètres entrés dans la boîte de dialogue Mise en page (cliquez sur Fichier/Mise en page). Si elle n'a pas été configurée, l'impression peut parfois être désordonnée.

Paint

Paint est un logiciel de dessin destiné à produire des graphismes rudimentaires que vous pourrez coller dans d'autres programmes. Il contient plusieurs brosses et pinceaux électroniques de diverses épaisseurs, ainsi qu'un *aérographe* permettant de vaporiser de l'encre sur le papier virtuel, un pot de peinture pour effectuer des remplissages de couleurs, et une gomme.

Ses possibilités étant assez limitées, Paint est plutôt adapté à la retouche qu'à la création à partir de zéro. Utilisez les commandes Zoom et Aérographe pour ôter, par exemple, les débris d'épinards restés entre les dents d'une personne que vous avez photographiée.

Vous pouvez copier les images et les dessins de Paint et les coller dans presque tous les autres programmes de Windows XP. Paint permet d'ajouter du texte et des chiffres à une image ; vous pourrez donc ajouter des noms de rues et des numéros à la carte d'une ville téléchargée depuis Internet, ajouter du texte dans des images ou le millésime du vin si vous créez des étiquettes pour vos meilleures bouteilles.

NOTE TECHNIQUE

Paint ouvre et enregistre les fichiers aux formats BMP, JPG, GIF et TIF.

Synchroniser

Certaines personnes apprécient de pouvoir placer une page Web comme arrière-plan sur le Bureau. L'accessoire Synchroniser établit un horaire qui indique à Windows à quelle fréquence – une fois par jour, par exemple – il doit automatiquement mettre la page Web à jour.

Pour réaliser un arrière-plan à partir d'une page Web, cliquez avec le bouton droit de la souris sur le Bureau, choisissez Propriétés, cliquez sur l'onglet Bureau puis sur le bouton Personnaliser le Bureau. Cliquez ensuite sur l'onglet Web puis sur le bouton Nouveau afin d'ajouter autant de pages Web que vous le désirez.

Explorateur Windows

L'Explorateur Windows procure une vue générale sur les fichiers que contient l'ordinateur et vous permet de les copier d'un endroit à un autre. Cet accessoire est décrit dans le Chapitre 11.

Windows Movie Maker

Pendant des années, Windows ne savait gérer que du texte et des chiffres, et à la rigueur du son. Windows XP inaugure le nouveau siècle avec un programme capable d'éditer des séquences filmées avec un caméscope numérique. Il permet de monter les clips audiovisuels dans l'ordre que vous voulez et d'ajouter une piste son ou un commentaire en voix off. Le montage vidéo est un domaine fascinant, attrayant et gratifiant, mais trop vaste pour être couvert dans ces pages. Qui plus est, un caméscope et une carte vidéo sont indispensables (NDT : si ces techniques vous tentent, reportez-vous à l'ouvrage *La Vidéo numérique pour les Nuls,* de Martin Doucette, édité par First).

WordPad

Bien que son icône semble engageante, WordPad est loin d'être aussi sophistiqué que les traitements de texte les plus chers du marché. Il n'est pas question de créer des tableaux ou de présenter du texte sur plusieurs colonnes, comme dans les journaux ou les lettres d'information, et il n'est pas possible d'obtenir un double interligne. Pas question non plus de bénéficier d'une correction orthographique.

WordPad est néanmoins idéal pour les lettres simples, les rapports sans fioritures et autres tâches épistolaires élémentaires. Il est possible de choisir une police, aussi fantaisiste soit-elle, car WordPad gère les polices dites *TrueType,* qui sont imprimées exactement comme elles apparaissent à l'écran. Les polices TrueType permettent d'obtenir d'élégantes écritures à condition toutefois que la personne qui reçoit ce courrier sous la forme d'un fichier possède elle aussi la police utilisée (NDT : sinon Windows la remplace par une police générique, Arial ou Times New Roman).

Si vous venez de vous débarrasser de votre vieille machine à écrire pour vous mettre au traitement de texte, retenez bien ceci : sur une machine à écrire, vous devez actionner une manette ou appuyer sur une touche Retour à la fin de chaque ligne, faute de quoi vous dépassez le bord du papier. Avec un traitement de texte, vous n'avez plus à le faire, car l'ordinateur détecte la fin de la ligne et effectue automatiquement le retour du chariot et le saut de ligne.

Démarrage

Le sous-dossier Démarrage contient la liste des programmes qui sont automatiquement lancés dès le chargement de Windows XP. Nous en avons déjà parlé précédemment dans ce chapitre, dans la section "Faire démarrer automatiquement des programmes en même temps que Windows".

Internet Explorer

Eh oui, cliquer ici démarre Internet Explorer ; mais cliquer sur l'icône avec un "e" bleu dans le menu Démarrer en fait autant, et avec moins de complications. Internet Explorer est décrit dans le Chapitre 12.

MSN Messenger Service

Du fait que l'icône de ce programme apparaît aussi dans la barre des tâches, ce sujet est couvert dans l'encadré "Qu'est-ce que MSN Messenger Service ?", au début de ce chapitre (il permet d'envoyer de brefs messages aux autres utilisateurs de ce service).

Outlook Express

L'icône d'Outlook Express apparaît non seulement ici, mais aussi dans le menu Démarrer. Le Chapitre 12 explique comment configurer ce logiciel de messagerie.

Lecteur Windows Media

Microsoft a placé deux accès à ce programme. L'autre se trouve dans le sous-dossier Divertissement ; c'est dans cette section du même nom (voir ci-dessus) que vous trouverez d'ailleurs sa description.

Je ne trouve pas tous ces programmes gratuits dans ma version de Windows XP !

Selon les boutons sur lesquels vous avez eu le bon goût de cliquer lors de l'installation de Windows XP, vous aurez eu droit à tout ou partie de ces programmes gratuits. Chez beaucoup d'utilisateurs, le programme Démarrage ne sera par exemple pas visible. Si vous estimez avoir été lésé et que vous tenez à installer les programmes que nous venons de décrire, procédez comme suit :

1. **Dans le Panneau de configuration, cliquez sur l'icône Ajouter ou supprimer des programmes.**

   Vous accédez au Panneau de configuration via le bouton Démarrer.

2. **Cliquez sur l'icône Ajouter ou Supprimer des composants Windows.**

   C'est l'icône tout en bas, dans le volet de gauche. L'assistant Composants de Windows apparaît, montrant les différents programmes gratuits inclus dans Windows XP ainsi que la place nécessaire sur le disque dur pour les installer.

3. **Cliquez dans les cases des programmes ou accessoires à ajouter.**

   Certaines cases sont d'ores et déjà cochées, ce qui signifie que le programme ou l'accessoire en question est déjà installé. D'autres cases sont cochées, mais en grisé. Cela signifie que certains programmes de cette catégorie ont été installés et d'autres non.

   Par exemple, si la case Accessoires et utilitaires est en grisé, cela signifie que tous les accessoires n'ont pas été installés. Cliquez sur cette case puis sur le bouton Détails.

   Windows XP liste les éléments disponibles dans cette catégorie et vous laisse sélectionner ceux que vous désirez. Là encore, cliquez sur l'accessoire désiré et, s'il existe, sur le bouton Détails.

Continuez à sélectionner des éléments et à cliquer sur Détails jusqu'à ce que vous ayez trouvé le programme à ajouter. Ça y est ? Cochez sa case pour le sélectionner.

Notez que la suppression des accessoires de Windows XP s'effectue de la même manière, sauf que vous ôtez la ou les coches des différents éléments concernés.

Cliquez sur OK autant de fois que nécessaire pour revenir à la fenêtre d'ouverture de l'assistant Composants de Windows.

4. **Cliquez sur le bouton Suivant.**

   Windows XP examine les cases afin de déterminer quels programmes doivent être installés ou ôtés.

5. **Cliquez sur OK et insérez le CD de Windows XP, si cela vous est demandé.**

   Si vous avez choisi d'installer un ou plusieurs éléments, Windows copie parfois les fichiers nécessaires du CD-ROM vers le disque dur. D'autres fois, il effectue la copie à partir du disque dur.

TRUC

Une coche noire au niveau d'une catégorie signifie que tous les programmes de cette catégorie ont été sélectionnés. Si la case est en grisé, seuls certains programmes ont été sélectionnés. Et si la case est vide, aucun programme n'a été installé ni choisi.

Chapitre 11

L'horrible Poste de travail

Dans ce chapitre :

- Découvrir ce qui rend le Poste de travail si angoissant.
- Les dossiers.
- Charger un programme ou un fichier.
- Supprimer et récupérer des fichiers, des dossiers et des icônes.
- Copier et déplacer des fichiers, des dossiers et des icônes.
- Copier vers une disquette.
- Obtenir des informations concernant des fichiers, des dossiers et des icônes.
- Découvrir les fichiers qui ne sont pas affichés.
- Travailler sur un réseau avec des fichiers, des dossiers et des icônes.
- Formater les disquettes.

Le Poste de travail est ce qui attend l'utilisateur au sortir de son doux rêve d'un ordinateur facile à utiliser : il en écrabouille son oreiller de dépit et d'horreur. Cet utilisateur naïf avait cru acquérir un ordinateur pour se simplifier la tâche et en finir une bonne fois avec leur affreux bureau de classement poussiéreux truffé de tiroirs grinçants.

Cliquez sur la petite icône Poste de travail, à partir du menu Démarrer, et ce vieux bureau de classement réapparaît, avec ses tas de dossiers. Et les fichiers, où c'est qu'ils sont ? A moins d'avoir assimilé les fondements du programme judicieusement nommé Poste de travail, vous n'êtes pas près de trouver aisément vos documents.

Ce chapitre explique comment utiliser le programme Poste de travail, et par la même occasion, dans un louable souci d'efficacité, comment gérer les fichiers sous Windows. C'est là que vous découvrirez les moyens les plus tortueux pour créer des dossiers, y placer des fichiers et déplacer un tas de choses rien qu'avec la souris.

Pourquoi le Poste de travail fait-il peur ?

Windows a besoin d'un emplacement où stocker vos programmes et vos fichiers. Le programme *Poste de travail* est la métaphore du bureau de classement transposé en légères et aériennes icônes Windows. Le Poste de travail montre les fichiers ainsi que les endroits où ils sont rangés dans l'ordinateur, ce qui permet notamment de les copier, les déplacer, les renommer ou les supprimer.

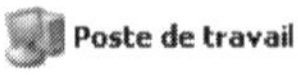

Chacun organise son ordinateur à sa manière. Certains ne l'organisent même pas du tout. Pour voir comment vos fichiers ont été rangés, cliquez sur le bouton Démarrer puis sur le bouton Poste de travail (l'icône est illustrée en marge). Votre Poste de travail sera sans doute légèrement différent de celui de la Figure 11.1.

Le programme Poste de travail est un vaste panneau constellé de boutons, une sorte d'extension de votre Bureau. Voici un tour d'horizon des icônes du volet droit de la fenêtre. Vous trouverez d'autres explications détaillées tout au long de ce chapitre.

Autres fichiers enregistrés sur cet ordinateur : Windows XP autorise de nombreuses personnes à utiliser le même ordinateur, en conservant à chaque fichier son caractère privé. Mais parfois quelqu'un souhaite partager des données avec d'autres, des lettres des proches par exemple. C'est là que le dossier Documents partagés, visible en marge, entre en jeu.

Le dossier Documents partagés contient des fichiers et des dossiers accessibles à tous ceux qui utilisent l'ordinateur. Pour ce faire, affichez le Poste de travail et placez vos données dans le dossier Documents partagés (double-cliquer sur un dossier révèle son contenu).

Le dossier Documents partagés contient deux sous-dossiers, Musique partagée et Images partagées. Quiconque utilise l'ordinateur a le droit de puiser dans les sons et les images qui s'y trouvent.

Si vous ne désirez pas que d'autres que vous partagent vos informations, ne les mettez pas dans le dossier Documents partagés, mais plutôt dans le dossier Mes documents, accessible à partir du menu Démarrer (voyez aussi le volet de

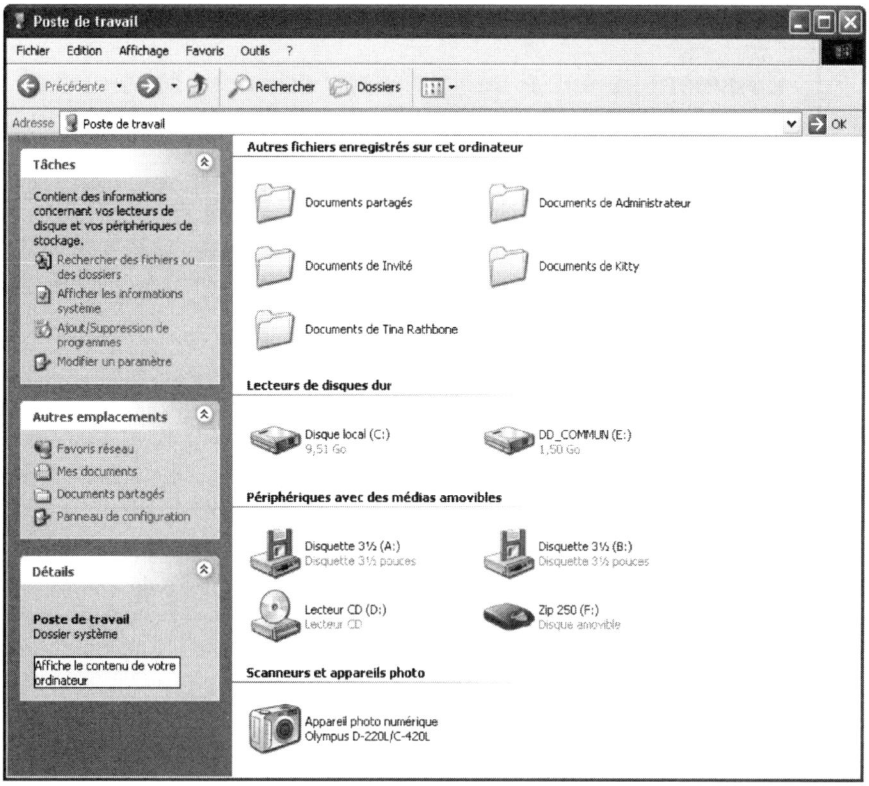

Figure 11.1 La fenêtre Poste de travail montre les fichiers ainsi que les zones de stockage de votre ordinateur. Elle permet de les copier, de les déplacer, de les renommer et de les supprimer.

gauche du Poste de travail, dans la Figure 11.1 ; vous pouvez ouvrir le dossier Mes documents à partir de cet endroit).

Vous avez remarqué, dans la Figure 11.1, les trois autres dossiers Invité, Tina Rathbone et Kitty ? Ils sont visibles parce que cette illustration montre le Poste de travail de l'Administrateur, propriétaire de l'ordinateur. Comme nous l'avons expliqué dans le Chapitre 9, l'Administrateur a le privilège d'accéder à tous les fichiers des autres utilisateurs. C'est pourquoi, dans la Figure 11.1, les dossiers Mes documents des utilisateurs Invité, Tina Rathbone et Kitty sont affichés, respectivement sous les noms Documents de Invité, Documents de Tina Rathbone et Documents de Kitty.

Lecteurs de disques durs : Ça, ce n'est pas très difficile à comprendre. Cette zone contient les icônes des disques durs installés sur l'ordinateur. Double-cliquer sur un dossier montre ce qu'il contient, mais vous y trouverez rarement des informations utiles. En fait, Windows se contente souvent de vous dire de

Comment se fait-il que j'ai deux dossiers Musique et Images ?

Ne vous laissez pas troubler par cette apparente confusion. Lorsqu'un utilisateur ouvre une session sur l'ordinateur, quel que soit son type de compte, il trouve un dossier Mes documents contenant un sous-dossier Ma musique et un sous-dossier Mes images. Il découvre aussi un dossier Documents partagés contenant lui aussi des sous-dossiers Ma musique et Mes images. Où est la différence ? Eh bien, cette différence peut être embarrassante si vous ne la comprenez pas...

Comme nous l'avons décrit dans le Chapitre 9, Windows XP permet à plusieurs utilisateurs de partager un seul ordinateur. Lorsque l'un d'eux ouvre une session, Windows XP se comporte comme si chacun utilisait un ordinateur bien distinct. Chaque utilisateur a son propre dossier Mes documents, qui ne contient que ses propres fichiers.

Mais chaque utilisateur voit aussi, dans le Poste de travail, ce que contient le dossier Documents partagés. Bien que chacun possède son propre dossier Mes documents bien séparé, le dossier Documents partagés est *le même* pour tous. Si Jeffrey a de superbes musiques qu'il tient à partager avec tout le monde, il ne la stockera pas dans son dossier Ma musique, mais au contraire dans le sous-dossier Musique partagée du dossier Documents partagés. C'est ainsi que lui et tous les autres pourront écouter ses airs préférés.

Pour se rappeler plus facilement cette distinction, tout dossier précédé du vocable *Mon* ou *Ma* est un dossier *personnel, privé,* tandis que tout dossier suivi du mot *Partagé(e)* est accessible par n'importe quel utilisateur de l'ordinateur.

Et enfin, tout dossier dont l'icône est posée sur une main peut être ouvert par n'importe qui sur un réseau, comme nous l'avons décrit dans le Chapitre 9. Ouf !

rechercher plutôt les programmes à partir du menu Démarrer. Contrairement aux fichiers et aux dossiers, les disques durs ne peuvent pas être déplacés.

Périphériques avec des médias amovibles : Cette zone concerne ce qui entre et sort de l'ordinateur grâce au(x) lecteur(s) de disquettes, lecteur(s) de CD-ROM, lecteur(s) Zip ou Jaz Iomega, voire les lecteurs MP3 s'ils sont compatibles avec Windows XP comme le PocketZip fabriqué par HipZip (les lecteurs MP3 sont couverts au Chapitre 13).

Scanneurs et appareils photo : Les appareils photo numériques – ou photoscopes – ainsi que les scanneurs figurent généralement dans cette zone, selon le fabricant et le modèle.

TRUC

Contrairement aux fichiers et aux dossiers, les disques durs, les périphériques à médias amovibles, les scanneurs et les appareils photo ne peuvent pas être déplacés ailleurs. Dans le Poste de travail, ils restent là où ils sont. Pour les rendre plus accessibles, vous pouvez créer des *raccourcis* sur le Bureau ou à n'importe quel endroit qui vous semble commode, comme nous l'avons expliqué dans le Chapitre 10.

Plusieurs zones d'information se trouvent dans le volet gauche du Poste de travail. Elles contiennent essentiellement des raccourcis – des pointeurs – qui mènent à d'autres endroits dans l'ordinateur. Le libellé de ces zones varie selon l'élément sélectionné dans le volet droit. Voici leur signification :

Tâches : Deux des éléments qui se trouvent là, Afficher les informations du système et Ajout/Suppression de programmes, agissent au niveau des tripes de l'ordinateur. Ce sont des raccourcis vers des icônes du Panneau de configuration de Windows XP, qui est décrit dans le Chapitre 16.

Autres emplacements : Trois de ces éléments, Favoris réseau, Mes documents, Panneau de configuration, sont simplement des raccourcis vers des éléments qui figurent dans le menu Démarrer. Les Favoris réseau ont été couverts dans le Chapitre 9, Mes documents est décrit plus loin dans ce chapitre, et le Panneau de configuration est abordé dans le Chapitre 16.

Je me demande bien pourquoi il y a ici un raccourci vers le dossier Documents partagés, car il apparaît à quelques centimètres de là à droite, comme vous pouvez le constater dans la Figure 11.1.

Détails : Enfin quelque chose d'intéressant ! Cliquez sur quasiment n'importe quelle icône dans le Poste de travail et la fenêtre Détails affiche des informations concernant cet objet : la date de création du fichier, par exemple, ou la place qu'il occupe.

En savoir plus sur les dossiers

Ce qui suit est mortellement ennuyeux, mais si vous sautez ces lignes, vous serez aussi perdu que vos fichiers.

A l'instar d'un véritable dossier posé sur un véritable bureau, un *dossier* est une unité de stockage placée sur un disque. Windows XP divise le ou les disques durs de l'ordinateur en nombreux projets selon les divers travaux que vous avez à effectuer. Vous pouvez par exemple réunir toutes les feuilles de calcul d'un tableur sans les mélanger avec les fichiers du traitement de texte ; ou bien stocker vos morceaux musicaux dans le dossier Ma musique tandis que vos photos prendront place dans le dossier Mes images.

Tout type de disque peut être subdivisé en dossiers, mais ces derniers s'imposent surtout sur les disques durs, en raison de la très grande quantité de fichiers – des dizaines de milliers – qui s'y trouvent. En compartimentant le disque dur en unités plus petites, vous vous y retrouverez plus facilement.

Le Poste de travail de Windows vous permet d'examiner les différents dossiers et de rechercher les fichiers que vous y avez placés. Tout est joliment bien organisé. Aucune chemise ne tombe jamais entre deux dossiers pour bloquer l'ouverture des tiroirs.

NOTE TECHNIQUE

Les dossiers étaient autrefois appelés *répertoires* et *sous-répertoires*. (NDT : à l'époque des systèmes d'exploitation comme CP/M, puis DOS dans lesquels la représentation graphique n'existait pas. L'arborescence des dossiers était très schématique. Aujourd'hui, les dossiers sont symbolisés par des icônes en forme de dossiers.) Par la suite, le terme *dossier,* utilisé par certaines personnes, s'imposa peu à peu.

- D'une certaine manière, utiliser des fichiers et des dossiers est un peu comme apprendre à jouer du piano : cela n'a rien d'intuitif et, dans les deux cas, vous vous exposez à des erreurs. Ne vous énervez pas si vous n'y arrivez pas. Beethoven aurait lui aussi détesté la gestion des fichiers.

- Il est possible de placer des dossiers à l'intérieur d'autres dossiers pour obtenir des classements à plusieurs niveaux, un peu comme quand vous placez des chemises de différentes couleurs dans des dossiers généraux.

- Vous pouvez bien sûr ignorer la notion de *dossier* et laisser tous vos fichiers sur le Bureau de Windows XP. Cette attitude équivaut à tout empiler sur le siège arrière de la voiture et à farfouiller dedans quelques semaines plus tard pour trouver un document. Un minimum d'organisation facilite considérablement les recherches.

- Si vous êtes désireux de créer des dossiers – et c'est plutôt facile –, lisez la section "Créer un dossier".

- Windows crée plusieurs dossiers lors de son installation. Il crée notamment un dossier qui contient le système d'exploitation lui-même, et un autre destiné à recevoir vos programmes. Il crée aussi un dossier Mes documents pour y stocker votre travail ; ce dossier contient les deux sous-dossiers Mes images et Ma musique pour bien séparer ce type de fichiers des autres.

- Les dossiers informatiques sont organisés en *arborescence,* comme le montre la Figure 11.2.

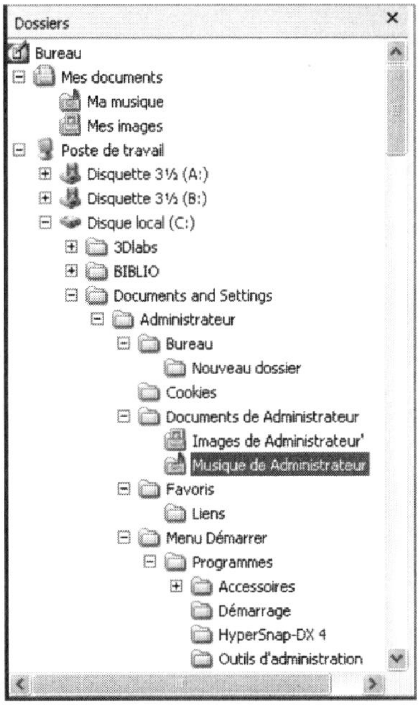

Figure 11.2 La structure des dossiers est organisée en arborescence dans laquelle les sous-dossiers sont des branches des dossiers.

Voir dans les lecteurs et les dossiers

Etre au courant de tous ces détails sur les dossiers peut impressionner les foules dans une boutique d'informatique. Mais ce qui compte le plus est de savoir comment utiliser le programme Poste de travail pour trouver le fichier que vous désirez.

Voir les fichiers présents dans un lecteur de disques

Comme tout dans Windows XP, les lecteurs de disques sont représentés par des boutons, ou *icônes*.

Sachez prendre le bon chemin

Il arrive parfois que Windows XP n'arrive pas à trouver un fichier, même s'il est bien là sur le disque dur. Vous devez en effet signaler à Windows où réside tel ou tel fichier. Pour cela, vous devez connaître le *chemin* qui mène à ce fichier.

Un *chemin* est en quelque sorte l'adresse du fichier. Quand une lettre vous est envoyée du bout du monde, le pli arrive d'abord dans votre pays, puis dans la ville, dans la rue et enfin au numéro où vous habitez. Un ordinateur applique le même cheminement à ses fichiers. Il commence par la lettre du disque dur et finit par le nom du fichier. Entre-temps, le chemin aura passé par un certain nombre de dossiers et de sous-dossiers.

Prenons par exemple le dossier Musique de Administrateur, dans la Figure 11.2. Pour que Windows trouve un fichier stocké dans ce dossier, il commence par le disque dur C, va dans le dossier Documents and Settings, continue par Administrateur, par Mes documents pour arriver enfin dans Musique de Administrateur. C'est là qu'il trouvera le ou les fichiers recherchés.

Reprenez votre souffle. Dans un chemin, le lecteur est identifié par une lettre, C:\ pour le disque dur. La lettre et le signe deux-points représentent la première partie du chemin (NDT: en l'occurrence, elle est appelée *racine* du disque dur). Comme tous les autres dossiers se trouvent à l'intérieur de l'énorme dossier C:, ils sont listés après. Windows sépare ces dossiers imbriqués par une barre inversée (\). Le nom d'un fichier, comme *Le Temps des Cerises*, apparaît à la fin.

Le chemin officiel du fichier Le Temps des Cerises est donc C:\Documents and Settings\Administrateur\Mes documents\Musique de Administrateur\Le Temps des Cerises.

Tout ça paraît bien compliqué... Reprenons : la lettre du lecteur vient en premier, suivie d'un deux-points et d'une barre inversée. Suivent ensuite les noms de tous les dossiers séparés par une barre inversée. Le nom du fichier (sans barre inversée à la fin) clôt cette succession.

Quand vous cliquez sur des dossiers, Windows XP reconstitue le chemin qui y mène. Mais chaque fois que vous cliquez sur le bouton Parcourir, lorsque vous recherchez un fichier, vous naviguez parmi les fichiers et indiquez à Windows le chemin qui y mène.

Lorsqu'il vient d'être chargé, le programme Poste de travail affiche ces icônes. Vous avez vu celle légendée Disquette 3½ (A:) ? L'icône est celle d'une disquette et de son lecteur. Au-dessus du lecteur D:, vous apercevez un disque compact qui indique qu'il s'agit d'un lecteur de CD. Les icônes des disques durs – cet ordinateur en possède deux – ne montrent chacune qu'un boîtier sans rien au-dessus, sinon l'affreux pressentiment qu'un jour ou l'autre l'un d'eux tombera en panne au pire moment.

Le Poste de travail montre aussi d'autres réceptacles à données, comme le lecteur Zip Iomega ou l'appareil photo numérique.

Cliquer sur l'icône d'un appareil photo numérique ou d'un lecteur MP3 n'est pas aussi évident que cliquer sur l'icône d'un disque dur, car ces périphériques peuvent être configurés de différentes manières. Vous avez néanmoins accès à leur contenu, ce qui permet de déplacer les fichiers qui s'y trouvent.

- Si toutes ces explications vous paraissent un peu obscures, c'est peut-être parce que vous avez sauté le Chapitre 2. Lisez-le pour y voir plus clair.

- Double-cliquer sur l'icône d'un lecteur, dans le Poste de travail, affiche son contenu. Insérez par exemple une disquette dans le lecteur A puis double-cliquez sur l'icône du lecteur A, du Poste de travail. La machine mouline un instant, après quoi le volet de droite du Poste de travail montre tous les dossiers et les fichiers présents dans la disquette.

- Si vous maintenez la touche Ctrl enfoncée tout en cliquant sur l'icône d'un lecteur, une seconde fenêtre Poste de travail apparaît, qui montre son contenu (vous devrez sans doute redisposer les deux fenêtres et/ou les redimensionner pour bien les voir). Oui et alors ? Une seconde fenêtre s'avère très commode lorsqu'il s'agit de copier des fichiers d'un lecteur ou d'un dossier vers un autre, comme nous le verrons dans la section "Copier ou déplacer un fichier, un dossier ou une icône", plus loin dans ce chapitre.

- Si vous cliquez sur l'icône d'un lecteur de disquettes alors qu'aucune disquette n'a été insérée, Windows XP arrête tout et vous prie aimablement d'en insérer une avant de continuer.

- Vous avez remarqué l'icône Favoris réseau ? C'est la petite porte de service pour aller voir ce qui se passe dans les autres ordinateurs reliés au vôtre, si bien sûr vous travaillez en réseau. Vous trouverez plus d'informations sur les réseaux à la fin de ce chapitre ainsi que dans le Chapitre 9.

Regarder dans les dossiers

Windows XP utilise l'image d'un petit dossier en carton pour délimiter chacun des espaces virtuels réservés au stockage des fichiers.

Pour voir ce que contient un dossier, qu'il se trouve dans le Poste de travail ou sur le Bureau, il suffit de double-cliquer sur cette icône. Une nouvelle fenêtre s'ouvre, montrant son contenu. Un sous-dossier se trouve à l'intérieur ? Double-cliquez dessus pour voir ce qu'il y a dedans. Double-cliquez ainsi jusqu'à ce que vous ayez atteint le fichier recherché, à moins que vous ne vous soyez fourvoyé dans un cul-de-sac.

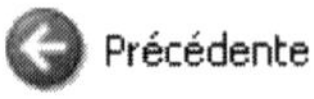

Si vous avez ouvert par mégarde le mauvais dossier, ce n'est pas bien grave. Reculez simplement comme vous le faites pendant la visite d'un site Web. Cliquez sur la flèche verte Précédente, dans le coin supérieur gauche de la fenêtre (voir ci-contre). Le dossier erroné est ainsi fermé et vous revenez à celui que vous venez de quitter. Si vous continuez à cliquer sur la flèche Précédente, vous vous retrouvez là où vous avez commencé.

- Au fur et à mesure que vous progressez dans l'arborescence et ses dossiers, vous passez d'un niveau à un autre. En reculant, vous accédez à des fichiers et des dossiers qui ont moins de choses en commun.

- Eh oui, toutes ces notions sont bien compliquées ! Mais ne vous laissez pas impressionner et n'hésitez pas à double-cliquer – voire simplement à cliquer – sur un dossier rien que pour voir ce qui arrive. Il ne se produira rien d'épouvantable. Aucune mise en demeure comminatoire avec frais d'huissier ne vous tombera dessus. Vous ne faites qu'ouvrir et refermer des tiroirs virtuels en jetant dedans un coup d'œil sans conséquence.

- Pour aller plus profondément dans l'arborescence, double-cliquez sur les sous-dossiers au fur et à mesure qu'ils apparaissent.

- Comment savoir quels dossiers sont vides et lesquels contiennent quelque chose ? Eh bien, ce n'est pas possible. Désolé. A moins d'utiliser le programme Explorateur Windows, décrit dans la section ci-après, "C'est quoi, l'Explorateur Windows ?" (NDT : le seul dossier qui indique explicitement s'il est vide ou s'il contient quelque chose est la Corbeille ; elle change d'aspect selon le cas. Notez que, dans l'arborescence du disque dur, la Corbeille est le dossier Recycle Bin.)

- Il arrive parfois qu'un dossier contienne trop de fichiers ou de sous-dossiers pour que tous apparaissent dans la fenêtre. Vous devez alors actionner les barres de défilement. Comment ? Vous ne savez pas ce qu'est une barre de défilement ? Pour le savoir, courez dare-dare au Chapitre 5 sans vous défiler.

Si, au cours d'une plongée dans les profondeurs de l'arborescence, vous ne trouvez pas le fichier que vous convoitez, voici un moyen rapide de revenir de tous les dossiers que vous avez parcourus, et ce sans devoir respecter les paliers de décompression : vous avez vu la minuscule flèche noire qui pointe vers le bas, juste à côté de la flèche verte en haut à gauche de la fenêtre ? Cliquez dessus et une liste déroulante révèle les noms de tous les dossiers que vous avez visités jusqu'au dossier où vous vous trouvez actuellement. Cliquez sur n'importe lequel des dossiers de cette liste et Windows XP l'ouvre aussitôt (à propos, cliquez aussi sur l'option Historique ; Windows affichera la liste de tous les sites Web que vous avez visités ces dernières semaines).

Vous utilisez une souris IntelliMouse, cette petite bestiole avec une molette sur le dos ? Pointez sur la longue liste des fichiers et des dossiers visibles dans le Poste de travail et actionnez la molette : la liste monte et descend, découvrant les éléments qui étaient hors de vue.

Impossible de retrouver un fichier ou un dossier ? Plutôt que d'errer comme une âme en peine dans les différents dossiers, faites plutôt appel à la commande Rechercher, décrite dans le Chapitre 7. C'est le moyen le plus rapide et le plus efficace de dénicher des fichiers et des dossiers "qui étaient pourtant là il n'y a pas si longtemps... ".

Charger un programme ou un fichier

Un *fichier* est un ensemble d'informations. Il en existe de deux types : les *fichiers de programme* et les *fichiers de données.*

Les *fichiers de programme* contiennent des instructions qui indiquent à l'ordinateur ce qu'il doit faire : calculer le déficit du budget national ou se connecter à Internet et afficher des photos de primates en rut.

Les *fichiers de données* contiennent des informations créées par un logiciel. Lorsque vous écrivez une lettre de réclamation à votre épicier pour vous plaindre des abricots qui étaient durs comme des huîtres, cette lettre est un fichier de données.

Pour ouvrir l'un ou l'autre de ces types de fichiers dans Windows XP, double-cliquez sur son nom. S'il s'agit d'un fichier de programme, cette action démarre le logiciel.

Double-cliquer sur un fichier de données demande à Windows XP de charger le fichier *ainsi que* le programme qui l'a créé. Windows démarre alors le logiciel et ouvre le fichier dans la foulée.

- Selon la manière dont l'ordinateur est configuré, un simple clic peut produire le même effet : pointez sur le fichier ou le programme à sélectionner, puis cliquez dessus pour le charger (si ça ne marche pas, essayez le double-clic).
- Windows XP place une petite icône près du nom d'un fichier qui signale s'il s'agit d'un fichier de programme ou d'un fichier de données. En fait, même les dossiers ont une icône afin de bien les différencier des fichiers. A la fin de ce livre, le Chapitre 22 montre les principales icônes, ce qui vous permettra de savoir à quoi correspond telle ou telle icône.
- Pour d'obscures raisons entérinées par le *vulgum pecus* informatique, tout fichier de données reconnu par Windows est appelé *document*. Un document ne contient pas forcément du texte. Il peut contenir l'image d'un vermisseau tétraplégique ou le cri de guerre du Concombre masqué.

NOTE TECHNIQUE

Pas la peine de lire ces trucs techniques

Il arrive que des programmes stockent des informations dans un fichier de données. Ces informations peuvent concerner la façon dont l'ordinateur est configuré, par exemple. Pour éviter que l'utilisateur considère ce fichier comme un détritus tout juste bon à jeter à la Corbeille, Windows les cache.

Si vous êtes un peu voyeur, sachez qu'il est possible d'afficher les noms de ces dossiers et fichiers cachés. Pour cela, ouvrez le Poste de travail et, dans le menu Outils, choisissez Options des dossiers. Sélectionnez l'onglet Affichage puis, dans la liste Paramètres avancés, sous la catégorie Fichiers et dossiers cachés, sélectionnez le bouton d'options Afficher les fichiers et dossiers cachés.

Cliquez sur le bouton OK. Les éléments jusque-là cachés apparaissent parmi les noms des fichiers. Veillez toutefois à ne jamais les supprimer, car le programme qui les a générés se comporterait bizarrement (NDT : dans la plupart des cas, il plantera lamentablement), au risque d'endommager d'autres fichiers. Pour plus de sécurité, il vaut mieux cliquer sur le bouton Paramètres par défaut afin de rétablir la configuration normale.

Supprimer et récupérer les fichiers, dossiers et icônes

Tôt ou tard, vous serez amené à supprimer des fichiers qui n'ont plus lieu d'exister : les résultats de la loterie de la veille, par exemple, ou une lettre que vous trouvez si compromettante qu'il vaut mieux s'en débarrasser tout de suite. Mais soudain, vous venez de réaliser que vous avez fait une fausse manœuvre et détruit un fichier qu'il fallait conserver ! Ne vous en faites pas, car vous retrouverez sans aucun doute le précieux document dans la Corbeille de Windows XP. Les deux sections qui suivent expliquent comment supprimer un fichier et comment récupérer des fichiers que vous avez supprimés.

Se débarrasser d'un fichier ou d'un dossier

Pour supprimer un fichier ou un dossier, cliquez dessus avec le bouton droit de la souris. Choisissez ensuite Supprimer, dans le menu contextuel. Cette manipulation d'une surprenante simplicité fonctionne avec les fichiers, les dossiers, les raccourcis et, en fait, avec n'importe quel élément de Windows.

ATTENTION !

La commande Supprimer élimine des dossiers entiers, y compris tous les sous-dossiers et fichiers dont ils sont farcis. Assurez-vous d'avoir sélectionné le bon dossier avant d'appliquer la commande Supprimer.

- Après avoir choisi Supprimer, Windows affiche un panneau d'alerte qui demande si vous êtes bien sûr de ce que vous allez faire. Si oui, cliquez sur le bouton Oui (NDT : eh oui...).

- Assurez-vous tout particulièrement que vous savez ce que vous faites lorsque vous supprimez des fichiers dont l'icône montre des engrenages. Ces fichiers sont en effet des fichiers cachés sensibles que l'ordinateur ne tient pas spécialement à voir disparaître. A part ça, ces fichiers ne sont pas très folichons, malgré leur look mécanique.

- Maintenant que vous savez comment supprimer des fichiers, vous devez à tout prix lire la prochaine section "Comment récupérer un fichier".

N'OUBLIEZ PAS

La suppression d'un raccourci du Bureau – ou n'importe où ailleurs – n'élimine qu'un bouton servant à charger un fichier ou un programme. Vous pouvez en faire ce que vous voulez : le déplacer, le supprimer ou le récupérer, voire en créer un nouveau. Le programme lui-même n'est en rien concerné et ne risque rien. En revanche, la suppression d'une icône *dépourvue de la petite flèche* qui caractérise les raccourcis entraîne la suppression du programme lui-même. Il se retrouve dans la Corbeille, d'où il disparaîtra au bout de quelques semaines.

Comment récupérer un fichier

Un jour ou l'autre, vos petits doigts agiles se mélangeront les pinceaux et vous supprimerez le fichier qu'il ne fallait pas. Une frappe imprécise, un léger déplacement de la souris – sans parler des "actes manqués" – ou, si vous vivez dans une zone sismique, une petite secousse au mauvais moment peuvent faire disparaître un fichier.

Corbeille

Enfer et damnation ! Après vous être remis de vos terreurs, double-cliquez sur la Corbeille. Surgie des profondeurs de Windows, la fenêtre de la Corbeille s'affiche à l'écran, comme le montre la Figure 11.3.

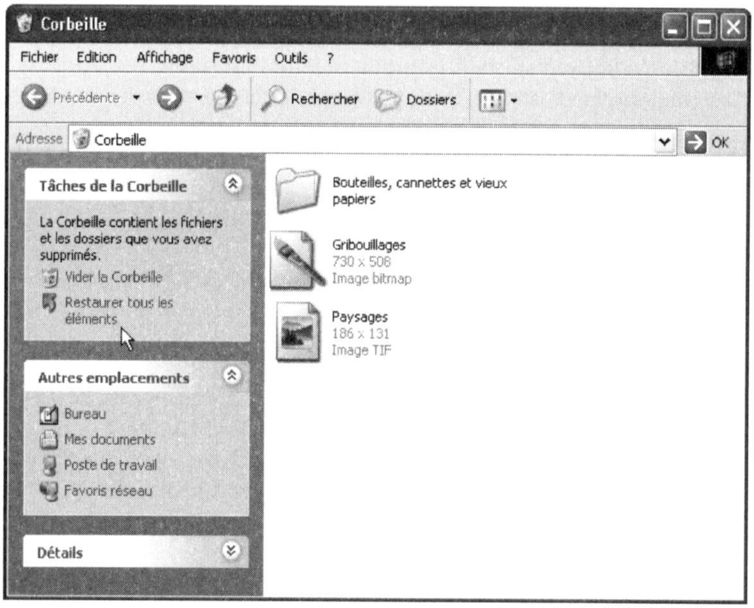

Figure 11.3
Le bouton de restauration de la Corbeille peut vous tirer d'affaire si vous avez supprimé des éléments par mégarde.

Pour restaurer un fichier ou un dossier là où il était auparavant, cliquez sur son nom dans la Corbeille avec le bouton droit de la souris et, dans le menu, choisissez Restaurer. Le fichier ou le dossier réapparaît à l'endroit où vous l'aviez supprimé.

Vous pouvez aussi faire glisser l'élément supprimé hors de la Corbeille. A l'aide de la souris, pointez sur le nom du fichier à récupérer puis, le bouton enfoncé, allez vers le Bureau. Relâchez le bouton. Windows XP place le fichier sur le Bureau. Vous pourrez ensuite le mettre où vous voudrez.

Mais dans certaines circonstances, la Corbeille ne vous sera d'aucun secours. C'est pourquoi vous devez rester prudent car :

- Vous ne pouvez restaurer des éléments que pendant les quelques semaines qui suivent leur suppression. Si vous attendez trop longtemps, la Corbeille se débarrassera éventuellement d'une partie de son contenu. Il lui est en effet impossible de sauvegarder vos fichiers supprimés pendant une éternité, car la place viendra tôt ou tard à manquer. Les éléments supprimés peuvent occuper jusqu'à environ 10 % de la place sur le disque dur. En clair, cela signifie que vous disposez d'un délai de quelques semaines avant que la Corbeille ne se débarrasse définitivement des éléments les plus anciens.

- La Corbeille ne restaure que les fichiers supprimés qui se trouvaient sur le *disque dur.* C'est le cas de 99 % des fichiers concernés. Mais vous ne bénéficierez d'aucun recours si vous supprimez un fichier important d'une disquette, la photographie authentique d'un OVNI de votre appareil photo numérique, votre musique préférée d'un lecteur MP3 ou un fichier du réseau. La Corbeille ne sauvegarde aucun fichier provenant de ces endroits. Quand ils sont supprimés, ils le sont définitivement.

- ATTENTION ! Si sur le réseau vous supprimez un fichier placé sur l'ordinateur de quelqu'un d'autre, ce fichier ne pourra plus être récupéré. La Corbeille ne reçoit que les éléments supprimés sur votre propre ordinateur, et non sur celui d'autrui. Pour d'inavouables raisons, la Corbeille de l'ordinateur distant sera elle aussi dans l'incapacité de récupérer l'élément.

- TRUC La Corbeille occupe normalement jusqu'à 10 % du disque dur. Par exemple, si le disque dur a une capacité de 20 Go, la Corbeille contiendra environ 2 Go de fichiers supprimés. Cette limite atteinte, elle se débarrasse définitivement des éléments les plus anciens afin de libérer de la place pour de nouveaux éléments. Pour augmenter le pourcentage qui lui est dévolu, cliquez sur l'icône de la Corbeille (sur le Bureau), choisissez Propriétés, puis réglez sa capacité dans la fenêtre qui apparaît.

Copier ou déplacer un fichier, un dossier ou une icône

Pour copier ou déplacer des fichiers dans d'autres dossiers, il est parfois plus facile d'utiliser la souris pour les *faire glisser* jusqu'à destination. Voici par exemple la procédure à suivre pour déplacer un fichier dans un autre dossier. Nous allons déplacer le fichier Voyageur du dossier Maison au dossier Maroc.

1. **Amenez le pointeur de la souris au-dessus du fichier à déplacer ; ensuite, appuyez sur le bouton droit de la souris et maintenez-le enfoncé.**

   Comme vous le voyez dans la Figure 11.4, nous avons ouvert le dossier Maison en double-cliquant dessus. Dedans se trouve le fichier Voyageur que nous voulons déplacer.

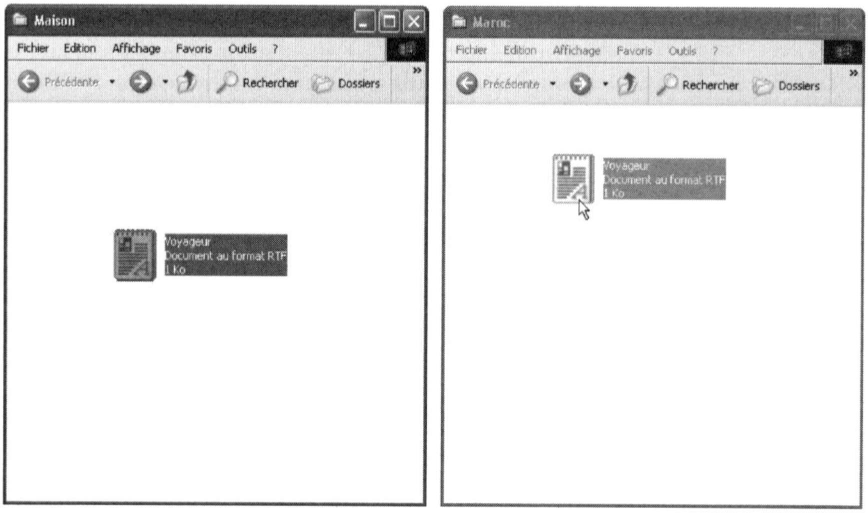

Figure 11.4 Le fichier Voyageur est en train d'être tiré du dossier Maison (à gauche) vers le dossier Maroc (à droite).

2. **Le bouton de la souris enfoncé, faites glisser le fichier jusque dans le dossier de destination.**

   Le truc, c'est de bien maintenir tout le temps le bouton droit de la souris enfoncé. Pendant son déplacement, le fichier est accompagné d'une petite flèche. La Figure 11.4 montre le dossier d'origine avec le fichier au départ ainsi que le dossier de destination et le fichier en cours de déplacement.

3. **Relâchez le bouton et, dans le menu contextuel qui apparaît, choisissez Copier ici, Déplacer ici ou Créer les raccourcis ici.**

   Dès que la flèche se trouve là où vous voulez déplacer le fichier, relâchez le bouton de la souris puis, dans le menu qui apparaît, choisissez Copier ici, Déplacer ici ou Créer les raccourcis ici.

Le déplacement d'un fichier ou d'un dossier en le faisant glisser est en vérité assez facile. Le plus dur, c'est quand vous devez faire apparaître simultanément à l'écran le fichier et son dossier de destination, surtout quand ce dernier est profondément enfoui dans l'ordinateur.

C'est pourquoi Windows propose d'autres moyens de copier ou de déplacer des fichiers. Vous n'êtes plus obligé de faire glisser et déposer des icônes si vous n'y tenez pas. Bien qu'aucune de ces méthodes ne convienne à toutes les situations, elles donnent de bons résultats.

Et si je ne maintiens pas le bouton droit de la souris enfoncé pendant le glisser-déposer ?

Le Poste de travail se comporte parfois d'une façon terriblement bête et déroutante : quand vous faites glisser un fichier d'un dossier à un autre sur un même lecteur, vous *déplacez* le fichier. Mais quand vous le faites glisser d'un dossier à un autre situé sur un autre lecteur, vous *copiez* le fichier.

Je vous jure que je n'y suis pour rien dans cette règle. Et ce n'est pas tout ! Il y a plus compliqué : vous pouvez cliquer sur le fichier et maintenir la touche Maj enfoncée pour inverser la règle. Voilà pourquoi il est plus facile de simplement maintenir la touche droite de la souris enfoncée chaque fois que vous procédez à un glisser-déposer, et ce avec quoi que ce soit.

- **Couper et coller :** Cliquez avec le bouton droit de la souris sur un fichier ou un dossier et choisissez Couper ou Copier, selon que vous voulez le déplacer ou le dupliquer (le couper-coller a été décrit en détail dans le Chapitre 8). Cliquez ensuite avec le bouton droit dans le dossier de destination et choisissez Coller. C'est simple, ça marche à tous les coups et vous n'avez pas à afficher simultanément à l'écran l'élément et sa destination. Cette manipulation exige néanmoins souvent quelques appuis sur des touches.

- **Les commandes Copier dans le dossier et Déplacer vers le dossier :** Elles ne fonctionnent que sur des éléments présents dans des dossiers. Cliquez sur un fichier puis, dans le menu du dossier, cliquez sur Edition puis sur Copier dans le dossier ou Déplacer vers le dossier. Une fenêtre apparaît. Elle contient l'arborescence de tous les dossiers de l'ordinateur. Cliquez dessus jusqu'à ce que vous soyez arrivé au dossier de destination. Windows effectue ensuite la copie ou le déplacement. Cette méthode fonctionne bien, mais elle n'est pratique que si vous connaissez l'emplacement exact du dossier de destination.

- **L'Explorateur Windows :** Décrit plus loin dans ce chapitre, l'Explorateur Windows ressemble au Poste de travail, sauf que, dans le volet gauche de la fenêtre, il présente l'arborescence complète de l'ordinateur. Il est ainsi plus facile de voir à la fois l'objet et sa destination. L'Explorateur Windows est souvent la méthode la plus rapide pour gérer les fichiers, mais vous devez savoir où se trouve ce programme ; nous y reviendrons à la fin de ce chapitre. Si vous voulez avoir un aperçu de ce qu'est l'Explorateur Windows, ouvrez le Poste de travail puis, dans le menu qui se trouve en haut, cliquez sur le bouton Dossiers.

Faites toujours glisser les icônes avec le *bouton droit* de la souris. Windows XP aura ainsi l'amabilité de vous proposer un menu d'options au moment où vous placerez l'icône. Vous y choisirez de copier l'élément, de le déplacer ou de créer un raccourci. Si vous utilisez le bouton gauche de la souris, Windows ne saura pas s'il doit copier ou déplacer.

- Pour copier ou déplacer un fichier vers une disquette, un appareil photo numérique ou un lecteur MP3 présent dans le Poste de travail, maintenez le bouton droit de la souris enfoncé tout en faisant glisser l'élément jusque sur l'icône de ces périphériques.

- Ne déplacez jamais les dossiers Mes documents, Mes images, Ma musique, Documents partagés, Images partagées ou Musique partagée. Laissez-les là où ils sont afin qu'ils restent faciles à localiser.

- Après avoir démarré l'installation d'un programme afin de placer un logiciel sur le disque dur, ne déplacez plus du tout le dossier de ce logiciel ni aucun des dossiers qui en font partie. Un programme d'installation ajoute souvent toutes sortes de programmes à l'intérieur de Windows, et il inscrit des informations comportant notamment le chemin du logiciel dans divers fichiers de configuration. Si vous déplacez le dossier du logiciel, ce dernier risque de ne plus fonctionner et vous devrez le réinstaller. En revanche, vous pouvez déplacer librement le raccourci qui pointe vers le programme.

Sélectionner plusieurs fichiers ou dossiers

Windows XP permet de faire glisser plusieurs fichiers ou dossiers en même temps. Vous n'êtes pas du tout tenu de les manipuler un par un.

Pour sélectionner plusieurs éléments à la fois, maintenez la touche Ctrl enfoncée tout en cliquant sur les noms ou sur les icônes. Chacun de ces éléments reste en surbrillance tandis que vous cliquez sur les autres.

Pour sélectionner une succession de plusieurs fichiers ou dossiers, cliquez sur le premier. Ensuite, la touche Maj enfoncée, cliquez sur le dernier de la série. Les deux éléments sur lesquels vous avez cliqué sont en surbrillance ainsi que chacun des fichiers ou dossiers qui se trouvent entre.

TRUC

Windows XP permet aussi de sélectionner des fichiers au lasso. Pointez légèrement au-dessus du premier fichier ou dossier désiré puis, le bouton de la souris enfoncé, tirez jusqu'au dernier fichier ou dossier. La souris génère un lasso invisible (NDT : parfois appelé "élastique") qui entoure les éléments. Relâchez le bouton. Le lasso disparaît, laissant les fichiers en surbrillance.

- Vous pouvez faire glisser cet ensemble de fichiers de la même manière que pour un seul fichier.
- Vous pouvez aussi simultanément couper ou copier et coller cet ensemble à un nouvel emplacement en utilisant n'importe laquelle des méthodes décrites dans la section "Copier ou déplacer un fichier, un dossier ou une icône".
- Il est aussi possible de supprimer cet ensemble.
- Il n'est en revanche pas possible de renommer globalement. Cette opération doit être faite au coup par coup.

TRUC

- Pour sélectionner instantanément tous les fichiers d'un dossier, cliquez sur Edition/Sélectionner tout, ou appuyez sur Ctrl+A. Il existe un autre truc sympa : pour tout sélectionner sauf quelques fichiers, appuyez sur Ctrl+A puis, la touche Ctrl enfoncée, cliquez sur les fichiers à désélectionner.

Renommer un fichier, un dossier ou une icône

Un nom de fichier ou de dossier ne vous convient plus ? Vous n'avez qu'à en changer. Cliquez sur le nom tombé en disgrâce avec le bouton droit de la souris et, dans le menu contextuel, choisissez Renommer.

L'ancien nom est mis en surbrillance et disparaît dès le moment où vous commencez à taper le nouveau. Appuyez ensuite sur Entrée ou cliquez dans le Bureau pour valider le nouveau nom.

Vous pouvez aussi cliquer sur le nom du fichier ou du dossier pour le sélectionner ; patientez une petite seconde puis cliquez de nouveau dessus. Windows met l'ancien nom en surbrillance, prêt à le remplacer par le nouveau. D'autres cliquent sur le nom et appuient sur F2 : Windows les laisse alors renommer le fichier.

- Quand vous renommez un fichier, vous ne modifiez que son nom. Son contenu ne change pas, pas plus que sa taille, et il reste au même endroit.
- Il n'est pas possible de renommer un groupe de fichiers. Si vous essayez, un seul d'entre eux se prêtera à l'opération.
- Renommer certains fichiers sème la confusion dans Windows, notamment si ces fichiers sont des programmes. Abstenez-vous aussi de renommer les fichiers Mes documents, Mes images ou Ma musique.

TRUC

Certaines icônes, comme celle de la Corbeille, n'accepteront pas d'être renommées. Comment savoir si une icône veut bien changer de nom ? Cliquez dessus avec le bouton droit de la souris. Si la commande Renommer ne figure pas dans le menu contextuel, c'est que l'icône ne peut pas être renommée. Vraiment pratique, ce bouton droit...

Les noms de fichiers et de dossiers légaux et illégaux

Windows est assez maniaque sur la syntaxe des noms de fichiers et de dossiers (NDT : et de raccourcis). Pas de problème si vous vous en tenez aux chiffres et aux lettres. Mais n'essayez pas d'utiliser les caractères suivants :

```
: / \ * | < > ? "
```

Si vous en glissez un dans un nom, Windows XP affiche un message d'erreur à l'écran et vous invite à modifier le nom erroné.

Ces noms sont illégaux :

```
Document 1/7
Travail : 2
Envoi > Toto
1 < 2
Lettre aux "pourris"
```

Mais ces noms sont légaux, donc autorisés :

```
Première partie
Travail n°2
2 est supérieur à 1
Lettre aux #-$!:o@
```

- Pour peu que vous vous souveniez des caractères auxquels vous avez droit et de ceux qui sont interdits, vous n'aurez sans doute aucun problème.
- Vous utilisez un appareil photo numérique, un scanneur ou un lecteur MP3 ? N'employez jamais de caractères illégaux dans les noms des fichiers qu'ils produisent, car Windows piquerait sa crise au moment de l'importation dans le dossier Mes images.
- A l'instar de ses prédécesseurs, Windows XP attribue automatiquement une extension aux fichiers, ce qui lui permet de savoir quels programmes les ont créés. Normalement, Windows XP masque les extensions afin de ne pas dérouter l'utilisateur. Mais si vous rencontrez un jour une extension comme dans Pigé.doc, Lisez-moi.txt ou Mollusque.bpm, vous saurez que ces fichiers ont respectivement été créés par WordPad, par le Bloc-notes et par Paint. Ces extensions sont généralement cachées, de sorte que seules les icônes peuvent vous permettre de deviner d'où provient tel ou tel fichier.

Si vous tenez absolument à voir les extensions de fichiers, cliquez sur l'option Outils du menu d'un dossier (ou du Panneau de configuration), sur Options des dossiers, puis sur l'onglet Affichage. Cliquez ensuite dans la case de l'option Masquer les extensions de fichiers dont le type est connu. Vous ôtez ainsi la coche. Après avoir cliqué sur le bouton Appliquer, les noms des fichiers apparaissent avec leur extension (cochez de nouveau cette case ou cliquez sur le bouton Paramètres par défaut pour masquer les extensions).

Il vous arrivera parfois de trouver un nom de fichier comportant un *tilde,* comme dans Immobi~1.txt. C'est la manière spéciale qu'a Windows XP de gérer les noms de fichiers longs. Les noms des anciens programmes (NDT : ceux tournant sous DOS ou sous d'anciennes versions de Windows) n'avaient droit qu'à huit caractères. En cas de conflit, Windows XP réduit le nom long d'un fichier afin que ces anciens programmes puissent charger ces fichiers. En sortant du programme, le fichier conserve son nom réduit un peu bizarre (NDT : le chiffre est un numéro, pour le cas où plusieurs noms auraient un même commencement).

Copier l'intégralité d'une disquette

Pour copier des fichiers d'un disque vers un autre, faites-les glisser comme nous l'avons décrit précédemment. Mais pour copier l'intégralité d'une disquette, utilisez la commande Copie de disquette.

La différence ? Lorsque vous copiez des fichiers, vous faites glisser des noms de fichiers spécifiques. Mais quand vous copiez la totalité d'une disquette, la commande Copie de disquette effectue une duplication à l'identique : même les parties vides sont copiées ! C'est d'ailleurs pour cela que le processus est un peu plus long qu'un simple glisser-déposer de fichiers.

La commande Copie de disquette souffre de deux limitations principales :

- Elle ne peut copier que vers des disquettes de même *taille* ou *capacité.* De même qu'il est impossible de transvaser tout un bock de bière dans une flûte à champagne, vous ne pouvez transférer les données d'une disquette vers une autre que si cette dernière est capable d'engranger la même quantité de données.
- La copie ne s'effectue qu'entre des disques amovibles : disquettes 3"1/2, disquettes Zip, Syquest et autres périphériques aux noms ésotériques.

Voici comment vous devez procéder pour copier le contenu d'une disquette sur un autre disque amovible :

1. **Placez la disquette dans le lecteur.**
2. **Double-cliquez sur l'icône Poste de travail.**
3. **Cliquez avec le bouton droit de la souris sur l'icône de la disquette.**
4. **Dans le menu, choisissez la commande Copie de disquette.**

Une boîte de dialogue vous demande de préciser vers quel lecteur la copie doit être faite.

5. **Cliquez sur le bouton Démarrer pour lancer la copie et suivez les directives.**

   Toutes ces notions de *capacité* et de *taille* de disques et de disquettes ont été abordées dans le Chapitre 2.

   La commande Copie de disquette est commode pour effectuer des copies de sauvegarde de vos programmes préférés.

La commande Copie de disquette écrase toutes les données du disque de destination. N'utilisez pas par inadvertance une disquette contant des informations importantes.

En fait, vous ne devriez utiliser la commande Copie de disquette que pour effectuer des copies de sauvegarde de vos programmes. Il arrive parfois que ces programmes soient accompagnés de fichiers secrets cachés dans la disquette. En effectuant une copie complète (NDT : dite "bit à bit"), vous êtes sûr que l'intégralité de la disquette est dupliquée, y compris ces fichiers cachés.

Créer un dossier

Pour ranger de nouvelles informations dans une armoire de classement, vous prenez un dossier, vous collez dessus une étiquette avec son nom, et vous commencez à le remplir de paperasses.

Pour stocker de nouvelles informations dans Windows XP – votre échange de billets doux avec l'administration fiscale par exemple –, vous créez un nouveau dossier, lui trouvez un nom évocateur, puis y placez vos fichiers.

Voici comment créer un nouveau dossier dans la zone Mes documents, qui est une sorte de fourre-tout pour tout ce que vous jugerez bon d'y mettre :

1. **Dans le menu Démarrer, choisissez Mes documents.**

2. **Cliquez avec le bouton droit de la souris dans la fenêtre de Mes documents et choisissez Nouveau.**

   Cliquer avec le bouton droit dans Mes documents fait apparaître un menu spécifique. Choisissez Nouveau.

3. **Dans le menu, sélectionnez l'option Dossier.**

   Dès que vous voyez un sous-menu apparaître à côté de l'option Nouveau, choisissez Dossier, comme l'illustre la Figure 11.5. Un nouveau menu apparaît sur le Bureau, attendant que vous le nommiez.

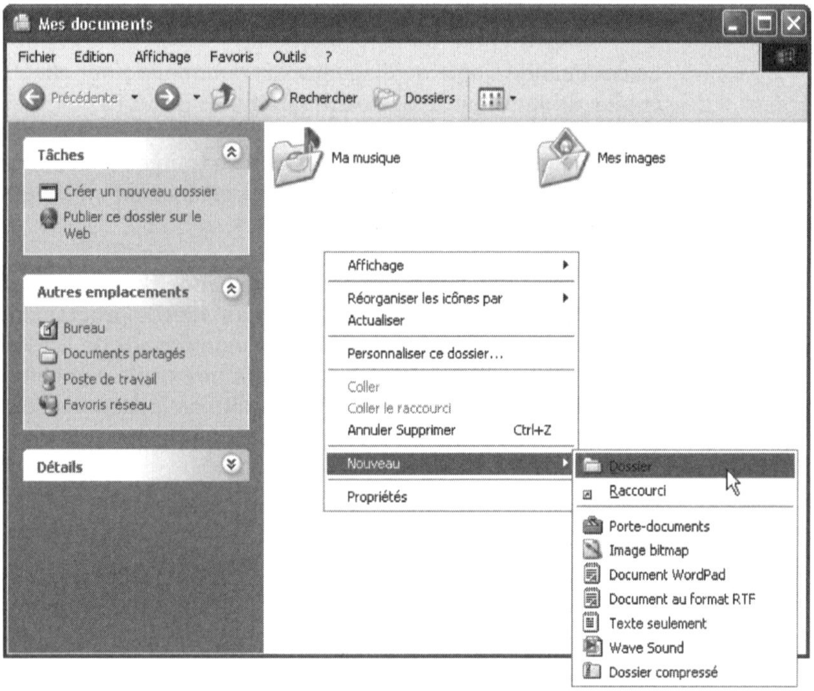

Figure 11.5 Cliquez avec le bouton droit de la souris là où le nouveau dossier doit être créé. Choisissez ensuite Nouveau/Dossier.

4. **Tapez le nouveau nom du dossier.**

   Le nom d'un dossier qui vient d'être créé est en surbrillance. Dès que vous commencez à taper, Windows XP efface automatiquement l'ancien nom et le remplace par le nouveau. Vous avez fini ? Appuyez sur Entrée ou cliquez hors de la zone de texte que vous venez de remplir.

   Si vous vous êtes trompé dans le nom et que vous voulez recommencer, cliquez sur le dossier avec le bouton droit de la souris, choisissez Renommer puis recommencez.

Pour mettre des fichiers dans le nouveau dossier, faites-les glisser dessus. Ou suivez les instructions données dans la section "Copier ou déplacer un fichier, un dossier ou une icône".

Pour copier ou déplacer un ensemble de fichiers, sélectionnez-les tous à la fois avant de les faire glisser. Vous en saurez plus sur cette manipulation en vous reportant à la section "Sélectionner plusieurs fichiers ou dossiers", ci-dessus dans ce chapitre.

A l'instar des fichiers, seuls certains caractères sont autorisés pour nommer les dossiers. Tenez-vous-en aux chiffres et aux lettres, et tout ira bien.

TRUC

Les observateurs perspicaces auront remarqué dans la Figure 11.5 que Windows propose de créer bien d'autres choses qu'un dossier lorsque vous cliquez sur le bouton Nouveau. Vous avez en effet la possibilité de créer un raccourci, un document WordPad, un document texte et d'autres choses encore.

Obtenir des informations sur les fichiers et les dossiers

Chaque fois que vous créez un fichier ou un dossier, Windows XP gribouille dessus une tapée d'informations secrètes : sa taille, sa date de création et autres banalités. Il vous laisse même parfois ajouter vos propres informations : des paroles pour les fichiers musicaux et les dossiers, des vignettes pour les dossiers graphiques et informations pertinentes.

Pour savoir ce que Windows XP appelle un *fichier* ou un *dossier*, cliquez sur un élément avec le bouton droit de la souris et, dans le menu, choisissez Propriétés. Par exemple, les propriétés du fichier Sonate de Mozart nous apprennent un tas de détails, comme le montre la Figure 11.6.

Windows nous apprend que ce fichier contient un fichier au format MP3 d'une sonate de Mozart. La taille du fichier est de 1,64 Mo et il est lisible par Windows Media Player, en fait le Lecteur Windows Media. Si vous voulez lire ce fichier avec un autre programme que le Lecteur Windows Media, cliquez sur le bouton Modifier et choisissez un autre logiciel audio dans la liste.

Cliquez sur l'onglet Résumé et, pour le plaisir, sur le bouton Avancé. Comme le montre la Figure 11.7, Windows affiche le nom de l'artiste, de l'album, l'année de création, la durée, et d'autres informations techniques concernant l'encodage du fichier (ces notions sont développées dans le Chapitre 13).

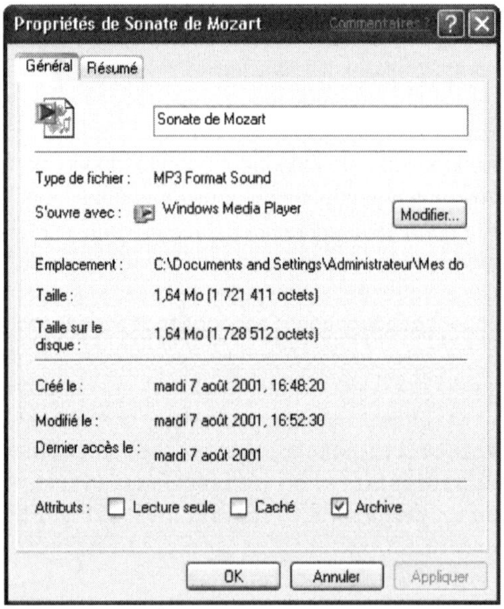

Figure 11.6 Pour en savoir plus au sujet d'un fichier, cliquez sur son icône ou sur son nom avec le bouton droit de la souris et, dans le menu contextuel, choisissez Propriétés.

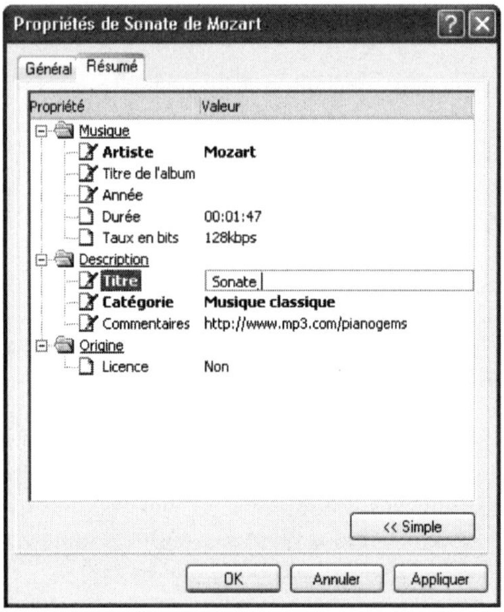

Figure 11.7 Pour avoir des détails sur le contenu d'un fichier ou d'un dossier, cliquez sur l'onglet Résumé de la boîte de dialogue Propriétés.

Windows permet aussi de visualiser diverses informations à propos des fichiers qui se trouvent dans les dossiers, comme le montre la Figure 11.8. Au lieu d'afficher simplement des icônes, Windows affiche des informations détaillées.

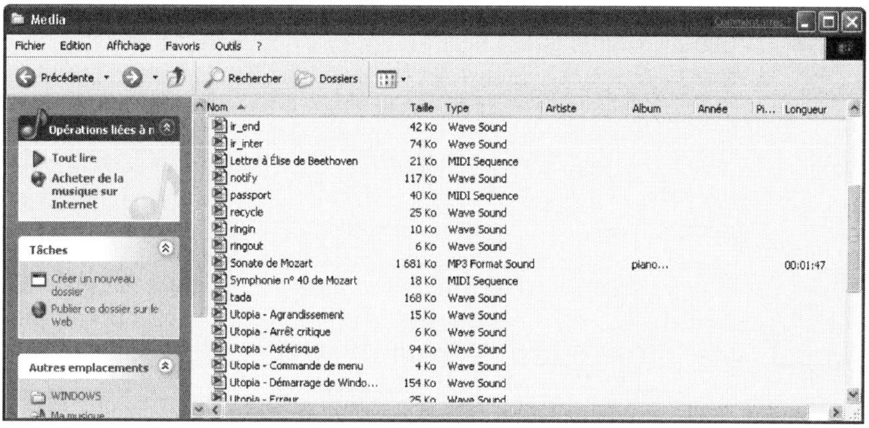

Figure 11.8 Dans le menu d'un dossier, choisissez Affichage/Détails. Les fichiers sont listés avec leurs informations complémentaires.

TRUC

- Dans le menu Affichage d'un dossier, sélectionnez Détails pour obtenir toutes les informations disponibles sur les fichiers qu'il contient.

- Pour passer d'un affichage à un autre, cliquez sur la minuscule flèche noire pointant vers le bas, à droite de la dernière icône de la barre d'outils d'une fenêtre de dossier (voir ci-contre). Un menu déroulant apparaît avec les diverses options d'affichage : Miniatures, Mosaïques, Icônes, Liste et Détails. Essayez-les toutes pour voir ce qu'elles donnent. Elles modifient uniquement la présentation des fichiers ; vous ne risquez pas de les endommager.

- Si la barre d'outils n'est pas affichée en haut de la fenêtre du dossier, cliquez dans le menu sur Affichage/Barres d'outils/Boutons standard. La barre d'outils est désormais visible.

N'OUBLIEZ PAS

- Si vous ne vous souvenez pas à quoi servent les boutons de la barre d'outils, immobilisez un instant le pointeur de la souris sur un bouton ; Windows affiche une info-bulle indiquant sa fonction et, occasionnellement, ajoute quelques informations supplémentaires en bas de la fenêtre.

- Bien que certaines informations complémentaires concernant les fichiers soient dignes d'intérêt, elles risquent d'occuper de la place dans la fenêtre, limitant le nombre de fichiers affichés. L'affichage des seuls noms est souvent une bonne idée. Ensuite, si vous voulez en savoir plus sur un fichier, rien ne vous empêche d'appliquer l'astuce ci-après.

En premier lieu, Windows XP affiche les noms des fichiers triés alphabétiquement dans la fenêtre Poste de travail. Mais, en cliquant dans un dossier avec le bouton droit de la souris et en choisissant d'autres types de tri dans le menu Affichage/Réorganiser les icônes par, vous pouvez trier les fichiers selon d'autres critères. Par exemple, si vous choisissez Réorganiser les icônes par/Taille, les fichiers les plus gros sont placés en tête de liste. Ou alors, vous pouvez choisir l'option Date afin que les fichiers les plus récents se trouvent en haut de la liste. Des options de tri différentes sont proposées pour les fichiers de musique et les fichiers graphiques.

Vous pouvez également trier en cliquant sur les titres des colonnes d'une fenêtre, sur Taille par exemple. Le tri s'effectuera selon la colonne choisie (NDT : cliquer une seconde fois inverse l'ordre du tri).

C'est quoi l'Explorateur Windows ?

Bien que Windows affiche presque toujours les fichiers et les dossiers dans la fenêtre du Poste de travail, un autre programme peut s'avérer très utile pour examiner et gérer vos fichiers et vos dossiers. Le Poste de travail ne montre que le contenu d'un seul dossier à la fois. En revanche, Windows Explorer donne à voir tous les dossiers à la fois, comme le montre la Figure 11.9. Mieux, l'Explorateur Windows est facile à charger et il est tout aussi facile de s'en défaire.

Pour charger l'Explorateur Windows à partir du Poste de travail, cliquez sur l'icône Dossiers, sous la barre de menus. Une liste de dossiers apparaît spontanément dans le volet gauche, ce qui transforme le Poste de travail en Explorateur Windows. Si vous avez lu le début de ce chapitre, où il était question de dossiers organisés en arborescence, vous avez sans aucun doute remarqué que l'Explorateur Windows a adopté cette méthode d'affichage des fichiers.

Vous avez vu que les icônes de certains dossiers étaient précédées un petit signe "plus" ? Cela signifie qu'ils contiennent des sous-dossiers. Cliquez sur un signe "plus" et le dossier s'ouvre, affichant dans l'arborescence les sous-dossiers qu'il recèle. Cliquer sur des signes "plus" déploie l'arborescence des dossiers et donne idée du nombre de niveaux.

Windows affiche les noms des dossiers dans le volet de gauche et le contenu du dossier sélectionné dans le volet de droite. Il est ainsi beaucoup plus facile de déplacer ou copier des éléments d'un dossier à un autre.

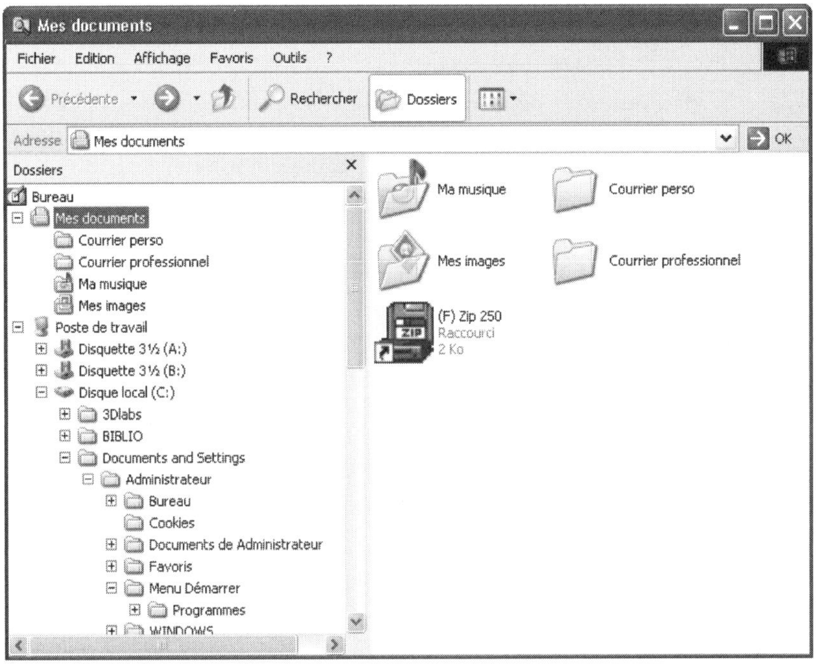

Figure 11.9 Cliquez sur une icône de dossier dans le volet gauche de l'Explorateur Windows pour voir les fichiers du dossier dans le volet droit.

Pour copier une lettre du Bureau vers le dossier Courrier professionnel, par exemple, ouvrez l'Explorateur Windows puis, dans le volet de gauche, cliquez sur Bureau ; le contenu du Bureau apparaît dans le volet de droite. Cliquez avec le bouton droit de la souris sur l'icône de la lettre à classer puis choisissez l'option Copier, comme nous l'avons expliqué plus haut dans ce chapitre, dans la section consacré à la copie et au déplacement des fichiers.

Trouvez le dossier Courrier professionnel parmi les dossiers affichés dans le volet de gauche, cliquez dessus avec le bouton droit de la souris et choisissez Coller. Windows copie la lettre dans le dossier Courrier professionnel.

- Pour voir ce que contient l'ordinateur, certaines personnes préfèrent la méthode "tout montrer" de l'Explorateur Windows. D'autres préfèrent le Poste de travail. Les deux approches se valent. Essayez-les toutes deux et faites votre choix.

- Vous pouvez créer des dossiers et des documents dans l'Explorateur Windows, exactement comme dans le Poste de travail (nous avons expliqué la procédure précédemment dans ce chapitre). En fait, la plupart des commandes et la méthodologie sont identiques dans les deux interfaces. L'Explorateur Windows fonctionne comme le Poste de travail, mais avec en prime l'arborescence des dossiers dans le volet de gauche.

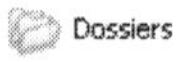

- Pour vous débarrasser de l'Explorateur Windows, et donc, supprimer l'affichage de tous ses dossiers dans le volet gauche, cliquez de nouveau sur l'icône Dossiers, dans la barre d'outils.

Comment me connecter au réseau ?

Windows XP est capable de connecter un grand nombre d'ordinateurs ensemble au travers d'un réseau domestique et, fort heureusement, il est ensuite assez facile d'aller récolter des fichiers dans les autres ordinateurs. C'est encore plus facile si quelqu'un d'autre a déjà configuré le réseau. Une fois qu'il est opérationnel, il suffit de prendre le train en marche. Il n'y a plus grand-chose à apprendre...

Vous avez vu l'icône Favoris réseau dans le menu Démarrer ? C'est la clé qui ouvre la porte pour tous les ordinateurs actuellement connectés au vôtre.

Double-cliquez sur cette icône et une fenêtre semblable à celle de la Figure 11.10 apparaît. Sur votre ordinateur, elle sera bien sûr légèrement différente, car votre configuration n'est pas la même. Dans la Figure 11.11, de nombreux ordinateurs sont connectés en réseau.

Double-cliquez sur le dossier de l'ordinateur auquel vous voulez vous connecter. Une nouvelle fenêtre montre le contenu du dossier de cet ordinateur, qu'il soit dans une autre pièce, dans un autre bâtiment, voire à l'autre bout du monde.

- Quand vous visualisez les fichiers d'un autre ordinateur, tout se passe comme si c'était votre ordinateur. Ne vous privez pas de pointer et cliquer dans les dossiers d'autrui. Pour copier des fichiers de-ci, de-là, faites-les simplement glisser d'une fenêtre d'ordinateur à une autre. Il arrive parfois qu'un ordinateur exige un mot de passe ; dans ce cas, vous devrez obtenir la permission de son propriétaire.

- Vous pouvez circuler en toute quiétude sur le réseau, car vous n'avez accès qu'aux ordinateurs auxquels l'administrateur vous a réservé un accès. Votre parcours est balisé.

- Quand vous passez par le réseau pour supprimer un élément dans un autre ordinateur, ou si quelqu'un utilise le réseau pour détruire des données dans *votre* ordinateur, il n'y a plus rien à faire. Les fichiers ne sont pas jetés dans la Corbeille. C'est pourquoi vous devez redoubler de

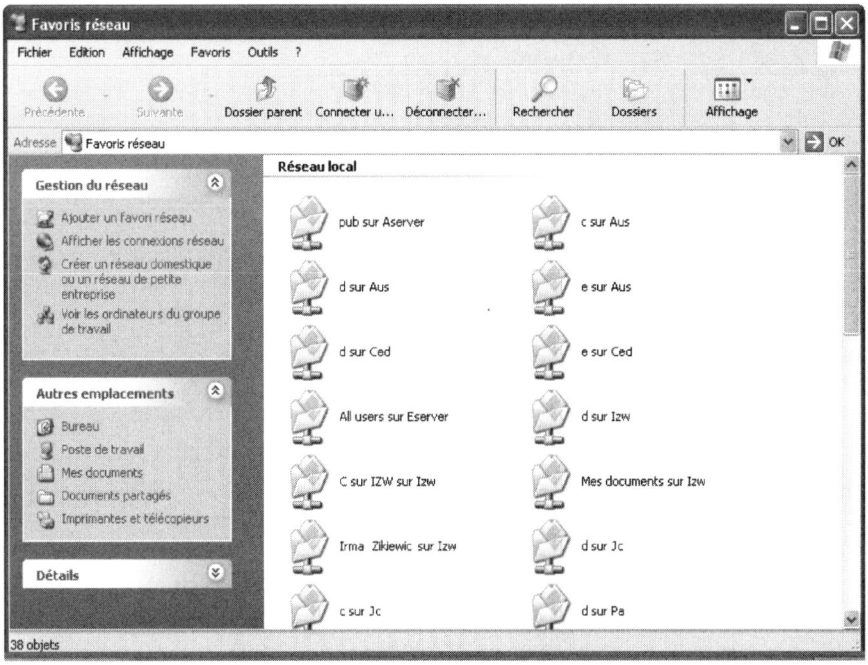

Figure 11.10 Double-cliquez sur l'icône Favoris réseau pour voir à quels ordinateurs du réseau vous pouvez accéder.

prudence, car l'administrateur pourra bien souvent savoir qui a détruit tel ou tel fichier.

- Windows XP est livré avec un processus de configuration d'un réseau domestique permettant de connecter directement des ordinateurs par des câbles. En fait, cette connexion établie, les ordinateurs peuvent partager un même modem. Vous trouverez plus d'informations sur les réseaux dans le Chapitre 9.

Quand des fichiers n'apparaissent pas dans le Poste de travail ou dans l'Explorateur Windows

Windows XP renâcle parfois et n'affiche pas tout ce qui se passe sur le disque dur. En général, il se débrouille plutôt bien avec le disque dur, et mieux encore quand vous vous contentez de démarrer un programme... Mais il est incapable de détecter un changement de disquette et il perd parfois les pédales sur le réseau, quand vous copiez des fichiers d'un endroit à un autre.

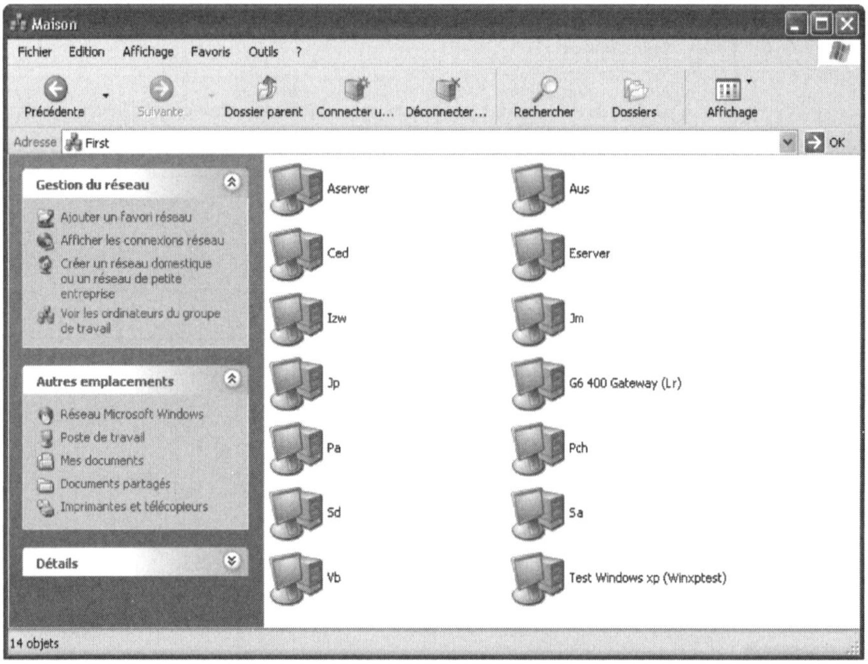

Figure 11.11 Cliquez sur Rechercher des ordinateurs pour voir tous ceux qui sont actuellement connectés au vôtre grâce à un réseau.

Si vous avez l'impression que le Poste de travail ou l'Explorateur Windows ne sont plus très au courant de ce qui se passe, demandez-leur d'*actualiser* l'affichage, c'est-à-dire de vérifier la liste des fichiers. Pour ce faire, cliquez sur Affichage/Actualiser, dans la barre de menus. Plus rapide encore : appuyez sur F5 (c'est l'une des touches de fonction situées en haut du clavier). Dans les deux cas, le programme vérifie l'affichage et, au besoin, met la liste à jour.

Appuyez sur la touche F5 chaque fois que vous insérez une nouvelle disquette dans le lecteur et que vous voulez voir ce qu'elle contient. Windows XP rafraîchit l'affichage et montre désormais les fichiers de la *nouvelle* disquette, et non ceux de l'ancienne.

Formater une disquette

Les disquettes que vous achetez ne sont pas toujours utilisables telles quelles. Si vous en insérez une malgré tout dans le lecteur, l'ordinateur vous retournera un message d'erreur. Une disquette doit en effet être formatée, sauf si vous avez eu la prévoyance d'acheter des disquettes *préformatées,* certes un peu plus onéreuses, mais immédiatement utilisables.

NOTE TECHNIQUE

Qui ça intéresse, ça ?

Windows applique à chaque fichier quatre commutateurs spéciaux appelés *attributs*. Avant de s'occuper d'un fichier, l'ordinateur examine la position de ces commutateurs (lorsque leur case est cochée, le commutateur est actif). Pour voir les attributs d'un fichier, cliquez sur le fichier avec le bouton droit de la souris et choisissez Propriétés :

- **Lecture seule :** Lorsque cet attribut est actif, le fichier ne peut être que lu, mais ni supprimé ni modifié en aucune manière.
- **Caché :** Lorsque cet attribut est actif, le fichier n'est pas visible durant les opérations normales.

En cliquant sur le bouton Avancé, Windows XP présente d'autres commutateurs :

- **Archive :** Les logiciels de sauvegarde vérifie cet attribut pour savoir si ce fichier a été modifié ou non, et par conséquent s'il doit être archivé ou non. Après l'archivage, l'attribut est désactivé.
- **Recherche rapide :** Normalement activé, cet attribut indique à Windows qu'il peut laisser son service d'indexation prendre note de l'existence de ce fichier et de son contenu afin d'accélérer une recherche.
- **Compression du contenu pour économiser l'espace disque :** Seulement disponible sur les ordinateurs dont le disque dur a été formaté en NTFS, ce paramètre autorise Windows XP à compresser le fichier afin de gagner de la place. Mais cela entraîne un ralentissement de la lecture des fichiers.

La boîte de dialogue Propriétés facilite – peut-être trop... – la modification de ces attributs. Dans la plupart des cas, vous n'avez pas à y toucher. Je ne les ai mentionnés que pour vous permettre de comprendre ce que ça veut dire lorsque, dans une réunion d'allumés d'informatique, un de ces loufoques dit à un autre : "Quelqu'un a dû bidouiller tes attributs quand tu t'es levé ce matin."

Certaines disquettes destinées à des appareils photo numériques et à des lecteurs MP3 doivent elles aussi être formatées. Dans tous ces cas, la procédure est sensiblement la même :

1. **Placez la disquette neuve dans le lecteur.**

2. **Dans le Poste de travail ou dans l'Explorateur Windows, cliquez avec le bouton droit de la souris sur l'icône du lecteur de disquettes puis, dans le menu contextuel, choisissez Formater.**

3. **Dans Capacité, indiquez le type de la disquette puis cliquez sur Démarrer.**

   De nos jours, presque toutes les disquettes ont une capacité de 1,44 Mo. Aussi, choisissez cette option en cas de doute.

   La capacité des disquettes des appareils photo numériques et des lecteurs MP3 est différente. Par chance, la capacité correcte est automatiquement déterminée et affichée dans la boîte de dialogue.

   Après avoir cliqué sur Démarrer, le lecteur de disquettes tourne pendant quelques brèves minutes avant qu'un message annonce la fin de l'opération.

4. **Une fois que tout est terminé, cliquez sur le bouton Fermer.**

   Retirez ensuite la disquette et recommencez à l'Etape 1 si vous devez formater une autre disquette.

ATTENTION !

Le formatage d'une disquette supprime définitivement toutes les données qu'elle contient. Elles ne seront envoyées dans aucune corbeille. Et n'essayez surtout pas de formater le disque dur !

Ne perdez pas de temps avec l'option Formatage rapide. Elle n'accélérera en rien la procédure si la disquette n'a pas déjà été formatée (NDT : cette option permet d'effacer rapidement le contenu d'une disquette que l'on désire recycler).

Chapitre 12

Le Web, la messagerie et les groupes de discussion

Dans ce chapitre :

- Comprendre Internet et le World Wide Web.
- Comprendre les différences entre Internet et les services en ligne.
- Accéder au World Wide Web.
- Utiliser le navigateur Internet Explorer de Microsoft.
- Envoyer et recevoir du courrier électronique avec Outlook Express.
- Participer à des groupes de discussion avec Outlook Express.

L'album de famille est en voie de disparition. Un de mes amis est venu chez moi l'autre jour. Il avait emporté son appareil photo numérique et prenait des photos de ses vacances.

Chaque soir, il branchait son ordinateur portable à la ligne téléphonique et envoyait ses photos sur son site Web. Il modifiait ses pages pour en faire un journal qui relatait les événements du jour. Vous ne trouverez jamais un de ces classiques albums de photos dans son bureau. Il partage en effet les grands moments de son existence avec tous ceux que ça intéresse.

D'autres sites Web sont encore plus étonnants. A New York, un appareil photo relié à un téléphone mobile est installé dans un taxi. Toutes les cinq minutes, l'appareil prend une photo des rues animées et l'envoie automatiquement au site Web de la compagnie de taxis.

Il n'est pas nécessaire que votre site soit aussi élaboré. En fait, vous n'avez pas du tout besoin d'un site Web. Ce chapitre vous explique ce qu'il faut faire pour aller voir les sites des autres, si vous en avez envie.

Quelle est la différence entre Internet, le World Wide Web et un navigateur Web ?

Internet est un réseau planétaire d'ordinateurs qui échangent des données via des câbles téléphoniques, optiques et hertziens. Des millions de personnes de tous âges l'utilisent pour recevoir et transmettre des informations.

Le *World Wide Web,* "toile d'araignée mondiale" (plus communément appelé "Web"), est le sous-ensemble grand public d'Internet. C'est grâce à lui qu'il est possible d'afficher sur un ordinateur des "pages Web" qui ressemblent à celles sur papier glacé des magazines.

Un *navigateur Web* est un logiciel qui permet de consulter les différentes pages d'un site Web, un peu comme quand vous feuilletez un magazine. Mieux, le navigateur vous permet de passer d'un site à un autre. Vous pouvez lire un journal sur l'un tout en commandant un livre ou un DVD sur un autre.

Internet Explorer, le navigateur Web gratuit livré avec Windows XP, fait du Web une sorte de borne d'informations interactive comme on en trouve dans les halls d'hôtels et dans les aéroports. Internet Explorer constelle l'écran de votre ordinateur de boutons et d'images mais, au lieu de les toucher, vous pointez et cliquez dessus avec la souris. Ce faisant, vous accédez à des musées, à des webcams, des plans de villes, des boutiques, des documentations et à plein d'autres choses encore.

- A l'instar des téléspectateurs qui zappent d'une chaîne à une autre, un internaute passe de page en page, récoltant au passage une incroyable quantité d'informations.

- Bien que n'importe qui puisse créer son propre site Web, cette tâche n'en implique pas moins la connaissance d'un langage appelé HTML (*HyperText Markup Language*). Surfer sur le Web est plus facile que fabriquer les "vagues" ; c'est pourquoi la plupart des internautes restent de simples surfeurs.

- Comme la création d'un site Web personnel est assez facile pour quiconque a quelques notions de programmation (NDT : il existe de plus d'excellents logiciels de création de sites qui ne nécessitent aucune connaissance du langage HTML), des dizaines de milliers de sites plus ou moins farfelus – sur les OVNI, le paranormal... – ont vu le jour.

Qui peut aller sur Internet et sur le Web ?

Eh bien, pour prendre la question à rebours, disons que tous ceux qui *ne sont pas* allés sur Internet en ont forcément entendu parler autour d'eux, à la télé, dans les journaux et les magazines, ou ont vu des adresses Internet sur des pubs, des affiches et même sur des camions.

- Les plus grands utilisateurs d'Internet sont les universités, les entreprises, les organisations gouvernementales et des millions de gens comme vous et moi qui l'utilisent quotidiennement. Beaucoup se contentent d'envoyer et de recevoir des messages appelés *courrier électronique, courriel* ou encore *e-mail.* D'autres échangent des programmes, des images ou des sons, en fait tout ce qui peut se trouver dans un ordinateur.

- Le gouvernement des Etats-Unis apprécie Internet. Le FBI y diffuse régulièrement les portraits des dix criminels les plus recherchés (`www.fbi.gov`), et les services fiscaux mettent des formulaires à la disposition des administrés (NDT : en France, les routards et autres grands voyageurs disposent par exemple d'un descriptif des risques encourus dans tous les pays du monde sur le site du ministère des Affaires étrangères, à l'adresse : `www.dfae.diplomatie.fr/voyageurs/etrangers/avis/conseils/default2.asp`).

- Les universités sont aussi très présentes sur le "réseau des réseaux" (NDT : en France, le Centre national de la recherche scientifique a évidemment son site, `www.cnrs.fr`, mais c'est aussi le cas de tous les grands pôles universitaires).

- De nombreux fabricants et éditeurs de matériel informatique présentent leurs produits sur Internet. Les visiteurs de leurs sites peuvent laisser des messages demandant au service technique de leur expliquer pourquoi le dernier gadget qu'ils ont acquis ne fonctionne pas. Ces sites contiennent aussi les correctifs et les mises à jour des logiciels.

- Les artistes ont découvert à travers le Web un nouveau moyen de faire connaître et diffuser leurs œuvres (voir Figure 12.1), dans l'espoir d'intéresser des mécènes ou des acheteurs.

- Vous vous demandez à quoi ressemble la gamme de voitures de chez Volkswagen ? Le site Web officiel de la firme allemande aux Etats-Unis

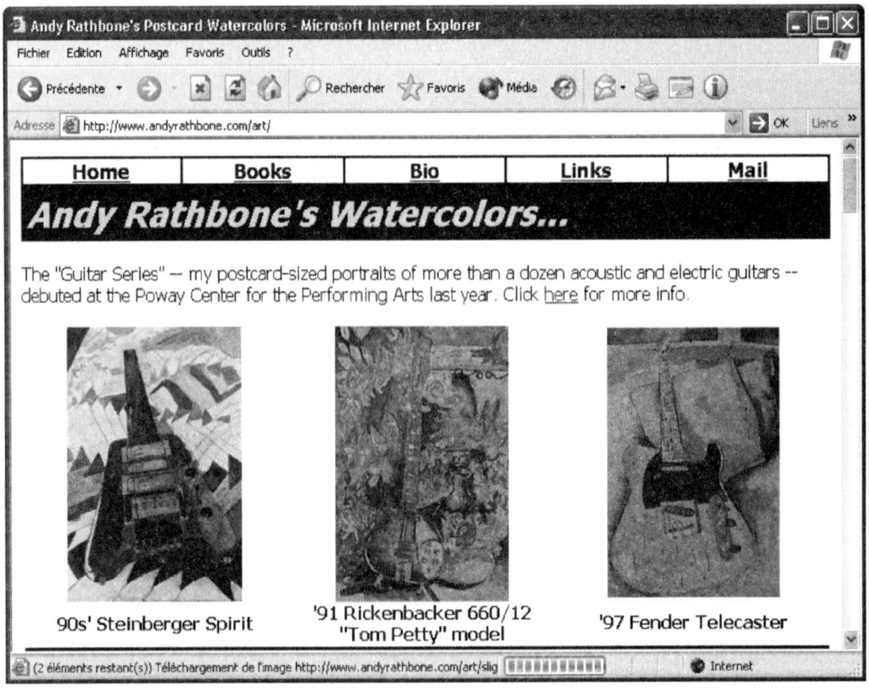

Figure 12.1
Le Web est un vaste centre commercial où l'on trouve de tout, même des cartes postales.

(www.vw.com) contient un véritable catalogue de tous leurs modèles comme le montre la Figure 12.2.

C'est quoi un FAI ? En ai-je besoin ?

Les signaux des chaînes de télévision vous parviennent par les airs au prix de la redevance ou d'un abonnement. Une fois que vous êtes en règle, vous pouvez regarder à loisir les *Shadoks* vivre sur leur drôle de planète.

C'est un peu pareil pour Internet. Vous payez un service, comme le gaz ou l'électricité. Pour avoir le privilège de surfer sur le Web, vous devez choisir un *fournisseur d'accès Interne*t, ou FAI. En échange de vos sous, il vous fournit un numéro de téléphone et un mot de passe. Après que le modem de votre ordinateur a composé ce numéro qui vous relie au réseau du FAI, vous tapez votre mot de passe et vous voilà sur la planche de surf : vous êtes sur le Web.

- Certains ISP proposent un abonnement à la minute, d'autres des forfaits, voire une connexion illimitée. Les abonnements mensuels tournent autour d'une quinzaine d'euros. Faites jouer la concurrence et, en cas de

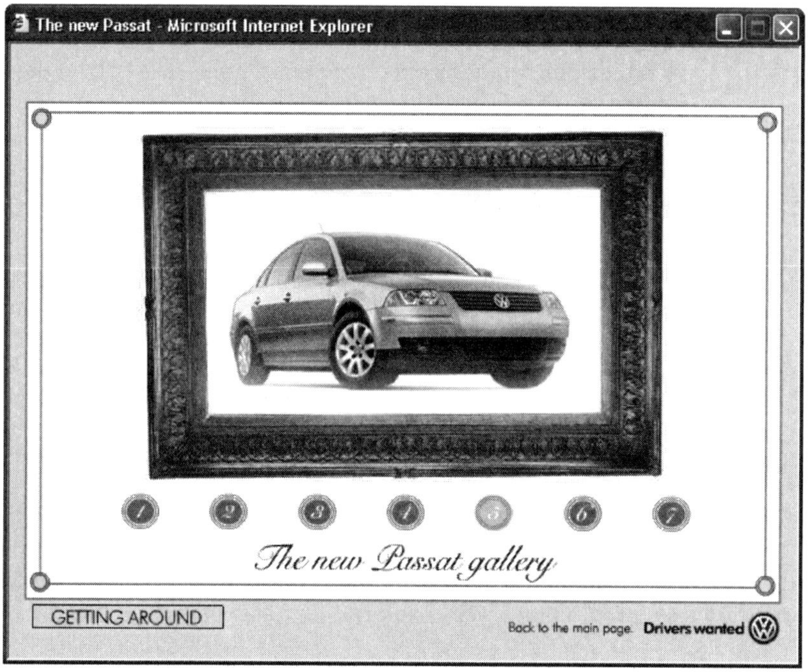

Figure 12.2
Le site de Volkswagen est un catalogue de type "pointez et cliquez". Chaque bouton affiche la voiture sous un angle différent.

forfait, tâchez de viser juste, car autrement vous risquez d'avoir des surprises à la fin du mois (NDT : un forfait sous-utilisé fait aussi les choux gras des fournisseurs d'accès).

- Certains fournisseurs proposent des accès gratuits. Ils se payent sur l'avalanche de publicités et de propositions commerciales qu'ils infligent à leurs abonnés. Aux Etats-Unis, la plupart ont disparu dès les premiers mois du nouveau millénaire, quand les marchés Internet y laissèrent leur dernière chemise.

- Presque tous les FAI réservent de la place sur le disque dur de leur réseau pour héberger les pages Web de leurs clients. Elles sont ainsi visibles en permanence. Profitez-en pour montrer au monde entier les photos de vos enfants et de vos chats, partager avec des Patagoniens la recette du cassoulet, discuter avec des Lapons des avantages de la surcongélation bien tempérée ou faire profiter la planète de vos talents pour la confection des mouches pour la pêche à la truite.

- Les FAI connectent leurs clients de différentes manières. Les moins performants sont eux-mêmes connectés à Internet au moyen de modems branchés à des lignes téléphoniques. Les plus rapides disposent des lignes numériques louées auprès des opérateurs téléphoniques. Certains acheminent même les données par satellite. Les connexions rapides s'effectuent aussi grâce à l'ADSL ou par le câble TV, s'il existe là où vous résidez.

Que me faut-il pour accéder au Web ?

Quatre éléments sont indispensables pour se connecter au Web : un ordinateur, un logiciel de navigation sur Internet, un modem et un abonnement auprès d'un FAI. En principe, vous avez déjà l'ordinateur, et Windows XP est livré avec un navigateur nommé Internet Explorer. Il y a de bonnes chances que votre ordinateur soit équipé d'un modem intégré. Si ce n'est pas le cas, vous vous en rendrez compte lorsque vous essaierez de configurer la connexion, comme nous le verrons dans la prochaine section.

Vous trouverez une foule d'offres de fournisseurs d'accès Internet dans la presse magazine, surtout la presse spécialisée (les magazines consacrés à Internet pullulent). Si aucune offre ne vous convient, cliquez sur Démarrer/Tous les programmes/MSN Explorer pour souscrire à un compte.

- Si vous comptez passer beaucoup de temps sur Internet, voyez avec votre fournisseur de télévision par câble s'il peut vous fournir un accès Internet. Vous y gagnerez en vitesse : les images, graphismes et animations surgissent littéralement à l'écran.

- Comme ce sont des techniciens purs et durs qui ont inventé et développé Internet, il est parfois assez laborieux pour les débutants de s'y connecter et de naviguer. Parfois, un ordinateur peut entrer dans Internet aussi facilement qu'un politicien véreux entre à la Maison Blanche. Mais parfois l'ordinateur vous demande de remplir un tas de formulaires et de taper une foule de chiffres avant de bien vouloir vous laisser accéder à Internet. N'hésitez pas à demander conseil à un ami qui s'y connaît la première fois que vous vous connectez à un FAI.

- N'hésitez pas non plus à tarabuster votre FAI pour avoir de l'aide. Ceux qui ont pignon sur rue ont un support technique par téléphone, ou "hot line". Un membre de l'équipe technique répondra à vos questions.

- Une fois que vous serez parvenu sur le Web, la vie sera bien plus facile. Le Web est *gigantesque*. C'est pourquoi il vous faudra recourir à un *moteur de recherche* pour trouver les informations et les services qui vous intéressent. Tapez un mot clé sur un sujet, et le moteur de recherche vous retournera une liste de sites où il en est question.

- Comme Windows XP peut faire beaucoup de choses en tâche de fond, il est facile d'oublier de se déconnecter d'Internet, au risque de voir la note de téléphone gonfler tandis que le reliquat du forfait, lui, fond rapidement. (NDT : pour éviter ce désagrément, utilisez par exemple un logiciel qui surveille les transactions télématiques. ModemGraph – téléchargeable sur le site `www.geocities.com/modemgph/` – peut être configuré pour s'activer dès la connexion et se fermer dès qu'elle cesse. Ainsi, aussi longtemps que ModemGraph est visible, il est évident qu'une connexion est en cours. De plus, ce logiciel est gratuit.)

Configurer un compte Internet avec l'Assistant Connexion Internet

Vous avez l'ordinateur, un modem et le navigateur Internet de Windows XP. Il vous reste maintenant une dernière chose à faire : vous connecter à un fournisseur d'accès Internet (FAI). Dans Windows, configurer un compte FAI est l'une des tâches les plus terrifiantes (hormis la configuration d'un compte de messagerie, ce que nous verrons plus tard).

Pour vous aider, Microsoft a concocté un Assistant Connexion Internet. Après vous avoir posé quelques questions, il se charge d'établir la liaison avec votre fournisseur d'accès, de sorte que vous puissiez ensuite surfer en toute liberté sur le Web. Mais auparavant, vous devrez :

- **Trouver un fournisseur de services Internet.** C'est lui qui établira la liaison entre vous et Internet. Pour le choisir, demandez conseil à vos amis, collègues ou aux boutonneux du voisinage. Vous ne savez pas sur quel FAI se portera votre choix ? L'Assistant Connexion Internet vous en trouvera un.

- **Obtenir de votre FAI votre nom d'utilisateur, votre mot de passe ainsi que le numéro de téléphone pour la connexion.** Vous n'avez pas de FAI ? Si l'Assistant Connexion Internet vous en a trouvé un, il vous communiquera ces trois éléments. Ayez un crayon et du papier sous la main pour noter tout ça.

- **Trouver un modem.** La plupart des nouveaux ordinateurs sont équipés d'un modem interne. Pour voir si c'est le cas du vôtre, regardez à l'arrière du boîtier si, parmi tous les connecteurs, il s'en trouve un qui ressemble à celui d'une prise de téléphone (la mini-prise, pas la grosse prise standard). Il doit être relié par un fil à la prise murale.

Le modem est branché ? Vous êtes paré pour démarrer l'Assistant Connexion Internet.

En fait, chaque fois que vous rencontrez des problèmes pour établir une connexion Internet, effectuez la procédure ci-dessous. L'assistant affiche en effet les paramètres courants et permet de les modifier.

1. **Cliquez sur le bouton Démarrer, puis sur le bouton Tous les programmes. Choisissez Accessoires, sélectionnez Communications puis chargez l'Assistant Connexion Internet.**

   Ou alors choisissez Démarrer/Internet Explorer. Si vous n'avez pas encore configuré un compte Internet, le navigateur sera dans l'incapacité d'établir la connexion. Par conséquent, il lancera automatiquement l'assistant.

2. **Choisissez l'une des trois options de la Figure 12.3 puis cliquez sur Suivant.**

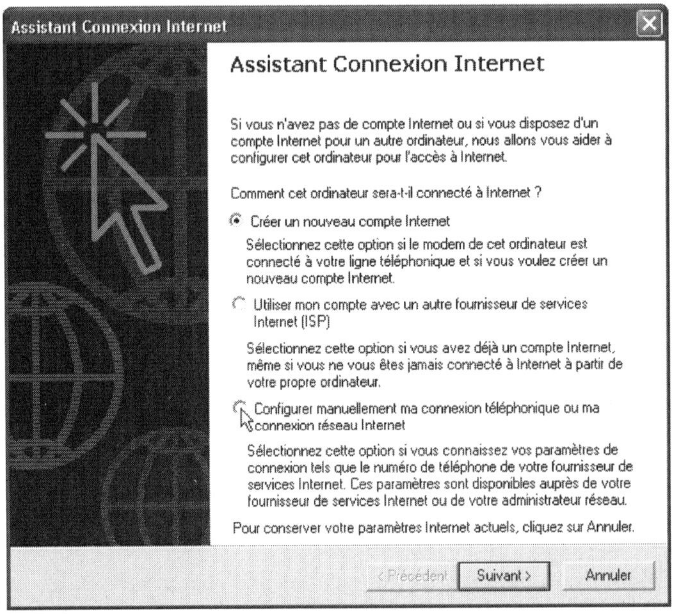

Figure 12.3 L'Assistant Connexion Internet vous aide à établir la connexion avec Internet.

Créer un nouveau compte Internet

Choisissez cette fonction si vous n'avez pas encore de compte Internet et si vous voulez en sélectionner un. Le modem se connecte au Service de référence de Microsoft pour extraire une liste de fournisseurs d'accès Internet dans votre région. Aux Etats-Unis, seuls ceux qui ont souscrit un contrat avec Microsoft sont signalés. Autrement dit, beaucoup sont ignorés par cette recherche ; la presse spécialisée est un moyen plus exhaustif de découvrir les différents FAI (NDT : cela est d'autant plus vrai qu'en France Microsoft ne propose strictement aucun fournisseur d'accès !).

Utiliser mon compte avec un autre fournisseur de services Internet (ISP).

Si vous possédez déjà un compte chez un fournisseur d'accès Internet, cette option permet d'en choisir un autre. Après avoir tenté de se connecter au Service de référence de Microsoft (qui ne propose rien), l'Assistant Connexion Internet affiche une boîte de dialogue permettant de configurer manuellement les coordonnées – nom et numéro de téléphone – d'un autre fournisseur d'accès (NDT : dans le libellé de l'option, les initiales ISP signifient *Internet Service Provider,* fournisseur de services Internet).

Configurer manuellement ma connexion téléphonique ou ma connexion réseau Internet.

Il y a de fortes chances pour que vous finissiez par adopter cette option. Elle vous permet de configurer un compte Internet à partir d'un autre ordinateur, ou de partager un modem sur un réseau. Après avoir sélectionné cette option, cliquez sur Suivant et répondez aux questions qui vous sont posées. Vous déclarez l'ordinateur au compte existant en remplissant des zones de texte et en cliquant sur des boutons.

3. **Indiquez à Windows XP si vous vous connectez par une ligne téléphonique ou par un réseau, puis cliquez sur Suivant.**

   Si vous vous connectez à un modem au travers d'un réseau, la suite des opérations est facile. Choisissez l'option de réseau puis, dans les boîtes de dialogue qui suivent, cliquez sur Suivant. Tout est automatiquement pris en compte. Si vous rencontrez un problème, revenez au Chapitre 9 et relisez la section consacrée au réseau domestique.

   Si vous utilisez un modem branché sur une ligne téléphonique, choisissez cette option puis cliquez sur Suivant. Les étapes qui suivent, ci-dessous, concernent la liaison par une ligne téléphonique.

4. **Tapez le numéro de téléphone de votre fournisseur d'accès Internet ; cliquez sur Suivant et entrez votre Nom d'utilisateur ainsi que votre Mot de passe.**

Votre fournisseur d'accès vous a certainement communiqué ces informations. Si vous ne les avez pas, appelez-le car vous en aurez besoin pour continuer.

5. **Tapez le nom de votre fournisseur d'accès Internet.**

   Vous pouvez taper tout simplement **Accès Internet** ou le nom de votre fournisseur. Si l'assistant demande si vous désirez configurer votre compte de messagerie maintenant, répondez Non. Vous trouverez les instructions pour cette tâche délicate plus loin dans ce chapitre.

6. **Cliquez sur le bouton Terminer.**

   C'est fait. Windows XP passe aussitôt aux actes et utilise la configuration que vous venez de définir pour appeler votre fournisseur d'accès Internet.

Si tout s'est bien déroulé, un message apparaît. Il mentionne entre autre la vitesse de transfert du modem. Vous êtes maintenant connecté à Internet. La page d'accueil du site Web de Microsoft s'affiche ; vous êtes prêt à surfer. Vous vous demandez où aller ? Connectez-vous à la page de l'auteur de ce livre, à l'adresse `www.andyrathbone.com` et voyez ce qui se passe.

TRUC

Si l'endroit où vous êtes est desservi par le câble, utilisez-le. Le chargement des pages Web sera infiniment plus rapide. Qui plus est, un technicien se déplace à domicile et configure tout. Et, cerise sur le gâteau, vous n'aurez pas à demander une seconde ligne de téléphone pour surfer sur le Web.

Dans certaines versions de Windows, le bouton de l'Assistant Connexion Internet ne se trouve pas dans le menu Démarrer. Pour le découvrir, cliquez sur le bouton Démarrer, puis sur l'icône Internet Explorer ; choisissez Propriétés Internet, cliquez sur l'onglet Connexion puis sur le bouton Configuration

TRUC

NDT : l'Assistant Connexion Internet n'apparaît qu'une seule fois dans Windows XP, lors de la première configuration d'une connexion. Ensuite, pour modifier ou ajouter des FAI, Windows affiche un Assistant Nouvelle Connexion. La procédure est sensiblement la même que pour l'Assistant Connexion Internet. Vous tenez à réutiliser ce dernier ? Dans ce cas, le seul moyen consiste à rechercher le fichier icwconn1.exe et à l'exécuter (reportez-vous au Chapitre 7 pour savoir comment rechercher un fichier dans le disque dur).

ATTENTION !

Si vous êtes connecté au câble ou à un réseau, ou si vous passez beaucoup de temps sur Internet, assurez-vous d'avoir activé le pare-feu de Windows XP décrit plus loin dans ce chapitre.

Qu'est-ce qu'un navigateur Web ?

Le navigateur Web est votre planche de surf sur Internet, votre moyen de transport vers les innombrables ordinateurs dispersés sur le Web. Internet Explorer 6 est livré gratuitement avec Windows XP ; c'est pourquoi il est le plus couru. Des utilisateurs préfèrent cependant les navigateurs édités par d'autres sociétés, comme Netscape Communicator ou Opera. Certains même passent de l'un à l'autre.

Tous les navigateurs fonctionnent en gros sur le même principe. A l'instar d'une maison, chaque page Web a son adresse. Lorsque vous la tapez dans le navigateur, ce dernier vous y conduit aussi sûrement qu'un chauffeur de taxi qui connaît sa ville, à moins que vous n'ayez fait une faute de frappe.

Pour éviter la frappe laborieuse des adresses (ces trucs avec des *www*), les navigateurs Web proposent un moyen efficace de passer sans effort d'une page à une autre : les *liens hypertextes*. Les créateurs de pages Web incorporent les adresses d'autres pages. Par exemple, le lien `www.sunsite.unc.edu/louvre` d'un site consacré aux grands musées du monde permet à un habitant de Singapour ou à un Australien de visiter le musée du Louvre.

- Si votre navigateur vous emmène vers une page sans intérêt, il existe un moyen très rapide de revenir à la page que vous venez de quitter : cliquez sur le gros bouton Précédente, dans le coin en haut à gauche d'Internet Explorer. Le zélé navigateur vous ramène aussitôt à l'emplacement précédent. Notez que si vous visitez des dossiers, ce même bouton vous ramène aussi au dossier précédent.

N'OUBLIEZ PAS

- La plupart des sites sont truffés de *liens hypertextes*. Ce sont des mots ou des boutons qui pointent vers une autre page ou un autre site sur le Web. Cliquez sur l'un de ces mots (généralement soulignés et d'une autre couleur que le restant du texte) et votre navigateur Web vous amène directement à cette adresse. Vous n'avez plus du tout à taper ces affreuses adresses de type *www*.

- Nombreux sont ceux qui profitent de leur site Web pour afficher des liens concernant un domaine d'intérêt comme les nains de jardin, le tissage des cottes de maille ou la collection d'enclumes portables.

- Les adresses des sites sont assez bizarres. Elles commencent généralement par la formule incantatoire www et se terminent par des mots aussi curieux que yadubonvin.com. Dans d'autres adresses, les lettres www sont omises et remplacées par http:// ; il y a de quoi s'y perdre...

TRUC

- Il arrive parfois que cliquer sur une adresse Web ne vous amène pas à la page. Par exemple, si un ami vous envoie l'adresse de son site perso, vous devrez la taper manuellement. Voici comment éviter les fautes de frappe : sélectionnez l'adresse Web en glissant le pointeur par-dessus les mots, bouton gauche de la souris enfoncé. Appuyez ensuite sur Ctrl+C afin de copier l'adresse. Cliquez maintenant dans la zone d'adresse du navigateur et appuyez sur Ctrl+V pour la coller dedans. Appuyez sur Entrée et votre navigateur ira droit vers ce site.

Comment naviguer sur le Web avec Internet Explorer ?

Après avoir choisi et configuré la connexion au réseau du fournisseur d'accès Internet – en choisissant The Microsoft Network (MSN), Wanadoo, Infonie, Club-Internet, Free, Liberty Surf, America Online, Neuronnexion ou tout autre fournisseur de votre choix –, vous êtes prêt à écumer Internet.

Bien que Windows XP facilite considérablement la liaison avec un fournisseur d'accès Internet, la configuration des différents paramètres peut s'avérer assez rébarbative. Commencez par utiliser l'Assistant Connexion Internet en suivant les étapes décrites précédemment dans ce chapitre (NDT : ou l'Assistant Nouvelle connexion, le cas échéant). Il devrait venir à bout de la plupart des problèmes de base.

Si vous n'arrivez toujours pas à configurer votre ordinateur pour Internet, ou si vous devez utiliser des paramètres personnalisés, un livre comme *Internet pour les Nuls* de John R. Levine, Carol Baroudi et Margaret Levine Young devrait vous y aider (il est publié par les Editions First).

Lorsque Internet Explorer est affiché à l'écran pour la première fois, il se présente comme dans la Figure 12.4, c'est-à-dire avec le site francophone de The Microsoft Network. Les prochaines sections expliquent comment explorer le Web et découvrir d'autres trésors.

Qu'est-ce qu'une page d'accueil ?

A l'instar de la télévision qui s'allume toujours sur une chaîne, votre navigateur Web affiche toujours une certaine page provenant d'Internet.

La première page qui s'affiche lorsque vous démarrez le navigateur est la *page d'accueil*. Elle apparaît systématiquement, et c'est toujours la même, bien que vous puissiez en changer comme nous le verrons d'ici peu.

Figure 12.4 Cliquez sur les mots soulignés – ce sont pour la plupart des liens hypertextes – et Internet Explorer vous emmène vers d'autres pages ou sites (le pointeur de la souris se transforme en main lorsqu'il survole un lien).

Mais la page d'accueil d'un *site Web* est quelque peu différente. Elle est comparable à la couverture d'un magazine avec les titres qui indiquent ce que contient le numéro. Chaque fois que vous visitez un site Web, vous commencez généralement par sa page d'accueil.

Après avoir chargé votre propre page d'accueil, vous pouvez voyager sur Internet à la recherche de sujets, soit en consultant des annuaires, soit en pointant et cliquant simplement sur des liens qui vous font aller de sujet en sujet.

- La plupart des navigateurs Web sont livrés avec une page d'accueil déjà configurée. Par exemple, après avoir installé Internet Explorer et vous être connecté pour la première fois au Web, vous vous retrouvez sur la page d'accueil du site MSN (reportez-vous à la Figure 12.4). Le navigateur d'un concurrent, Netscape Communicator, vous amène à la page d'accueil de l'éditeur Netscape.

TRUC

- Vous pouvez faire de n'importe quelle page Web votre page d'accueil, autrement dit en faire la première page qui apparaît au démarrage du navigateur. Allez avec Internet Explorer jusqu'au site qui contient votre page préférée puis cliquez sur Outils/Options Internet. Cliquez sur l'onglet Général – il est sans doute déjà affiché –, puis sur le bouton Page actuelle (c'est celui le plus à gauche). Cliquez ensuite sur OK pour valider puis continuer votre périple sur le Web.

- Pour revenir rapidement à votre page d'accueil pendant que vous êtes connecté à Internet, cliquez sur le bouton Démarrage, dans la barre d'outils en haut d'Internet Explorer.

Comment aller de page en page ?

Internet Explorer vous laisse aller de page en page de trois manières :

- En pointant et cliquant sur un bouton ou sur un lien qui vous amène automatiquement à une autre page.
- En tapant une succession de codes abscons dans la barre d'adresse du navigateur et en tapant ensuite sur Entrée.
- En cliquant sur les boutons de navigation situés sur l'interface du navigateur.

La première manière est la plus facile. Recherchez les *liens* (des mots mis en évidence ou des images) puis cliquez dessus. Vous avez remarqué tous les mots soulignés dans la Figure 12.4 ? Cliquer sur `Pas de vacances ? Partez en WE !` vous emmène vers une page Web où des propositions de petits voyages vous sont présentées. Dans cette page, tous les autres mots soulignés sont aussi des liens. Cliquer sur l'un d'eux vous emmène vers une page qui approfondit le sujet en question.

La deuxième manière est la plus difficile. Si un ami vous donne un bout de nappe en papier avec une chouette adresse Web griffonnée dessus, il n'y a rien à cliquer. Vous devrez la taper. C'est assez facile tant que vous ne faites pas une faute de frappe. Vous avez vu l'adresse du site Microsoft dans la barre de texte de la Figure 12.4 ? Il suffit de taper `www.msn.fr` ; après avoir appuyé sur la touche Entrée, Internet Explorer m'a emmené directement vers la page du site MSN. Pour aller vers le site Web américain de Volkswagen, tapez **www.vw.com** et appuyez sur Entrée. En pointant et cliquant sur divers liens, vous finissez par arriver au site visible dans la Figure 12.2 (il est fort heureusement inutile de taper le préfixe http://).

Enfin, vous pouvez évoluer sur Internet en cliquant sur diverses parties du navigateur Internet Explorer lui-même. Cliquer sur le bouton Favoris, dans la barre d'outils, révèle un dossier dans lequel vous pouvez stocker des boutons qui pointent vers vos sites Web préférés. Cliquer sur le bouton Historique vous permet de retourner vers n'importe laquelle des pages que vous avez visitées ces dernières semaines.

Explorez Internet à votre guise en cliquant simplement sur des boutons. Vous ne risquez absolument rien. Si vous êtes coincé quelque part, il vous suffit de cliquer sur le bouton Démarrage, dans la barre d'outils d'Internet Explorer, pour revenir instantanément en terrain connu.

- Le meilleur moyen pour surfer sur Internet est de devenir un "bouton-phile" et de garder à l'esprit cette simple règle : regardez toujours la forme du pointeur de la souris lorsque vous le promenez sur une page. S'il se transforme en petite main, cela signifie qu'il survole un lien qui ne demande qu'à être cliqué.

- Par les temps qui courent, les concepteurs de pages Web font preuve de pas mal de créativité et, sans cette petite main, il serait souvent difficile de savoir où pointer et cliquer. Certains boutons ressemblent à de robustes boutons d'ascenseur, d'autres plutôt à de vagues dés à jouer ou à un légume. Mais dès que vous cliquez dessus, le navigateur ne vous emmène pas moins à la page pointée par ce bouton. Par exemple, cliquer sur le bouton en forme de dé vous emmènera vers un site de jeux.

- Vos clics vous ont mené dans une impasse ? Cliquez sur le bouton Précédente, en haut à gauche d'Internet Explorer, pour revenir à la dernière page que vous avez visitée. En cliquant plusieurs fois dessus, vous finirez par vous retrouver à la page d'accueil, là où vous avez commencé.

- Il est facile de copier du texte depuis Internet. Faites glisser le pointeur de la souris au-dessus des caractères, le bouton enfoncé, comme quand vous sélectionnez des mots dans un traitement de texte. Une fois le texte en surbrillance, cliquez dessus avec le bouton droit de la souris et, dans le menu, choisissez Copier.

Comment revisiter mes emplacements préférés ?

Tôt ou tard, vous tomberez sur une page qui vous plaît vraiment. Pour être sûr de la retrouver par la suite, ajoutez-la au dossier des favoris en cliquant sur Favoris/Ajouter aux Favoris.

Ne cochez pas la case Rendre disponible hors connexion ; elle indique en effet à Windows de télécharger automatiquement le contenu de la page une fois par jour, ou chaque fois que vous appuyez sur un bouton. Vous préférerez sans doute modifier le nom du favori. Cliquez sur le bouton Créer dans, si vous désirez créer pour cette page Web un sous-dossier dans le dossier Favoris (notez que vous pourrez toujours organiser vos favoris ultérieurement). Cliquez ensuite sur OK pour valider votre manipulation.

Chaque fois que vous désirerez retourner à cette page, cliquez sur l'option Favoris de la barre de menus, puis sur le lien que vous voulez visiter.

TRUC

Les utilisateurs désireux de s'y retrouver facilement dans leurs favoris cliquent sur Favoris/Organiser les Favoris. Ils peuvent ainsi les placer dans des dossiers thématiques.

Qu'est-ce qu'un moteur de recherche ?

De même qu'il est quasiment impossible de trouver un livre dans une bibliothèque sans les fiches des catalogues, il est presque impossible de découvrir un site Web sans un bon annuaire. Il en existe fort heureusement plusieurs.

Windows XP n'en contient malheureusement aucun. Cliquer sur le bouton Rechercher, dans la barre d'outils en haut d'Internet Explorer, affiche la fonction de recherche intégrée de Windows, mais ce programme bute dès qu'il s'agit d'effectuer une recherche sur Internet. Essayez plutôt ceci :

1. **Cliquez dans la barre d'adresse d'Internet Explorer, tapez** `www.google.fr` **et appuyez sur Entrée.**

   Google, un des meilleurs moteurs de recherche Internet, apparaît (NDT : en anglais, *to google* se traduit par "ouvrir de grands yeux").

2. **Tapez quelques mots décrivant vos pôles d'intérêt – les hamsters en l'occurrence –, puis sélectionnez éventuellement le bouton d'options Pages écrites en français, si vous désirez limiter la recherche aux sites francophones. Cliquez ensuite sur le bouton Recherche Google.**

   En moins d'une seconde, Google a trouvé environ 10 900 références en français concernant le sympathique petit rongeur, comme le montre la Figure 12.5.

Cliquez sur n'importe lequel de ces sites pour tout savoir sur les hamsters. Cliquez sur le bouton Précédente pour revenir à la recherche de Google et faites une recherche sur d'autres animaux ou un sujet complètement différent.

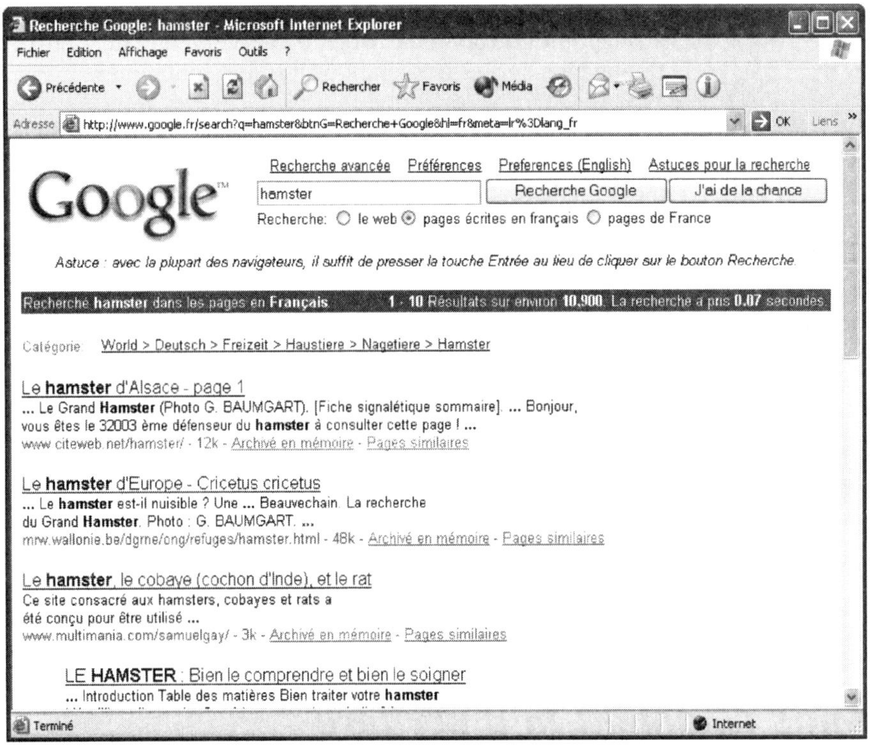

Figure 12.5 En moins d'une seconde, Google a trouvé environ 10 900 références sur les hamsters.

Ou alors, cliquez sur un lien avec le bouton droit de la souris et choisissez Ouvrir dans une nouvelle fenêtre. Un duplicata d'Internet Explorer apparaît qui affiche le contenu de ce lien, tandis que la fenêtre originale continue d'afficher la page de recherche de Google (cette procédure évite de perdre de la place en affichant des fenêtres juxtaposées).

- Si Google trouve des sites dans d'autres langues, il propose souvent la traduction. Et, si vous êtes polyglotte, cliquez sur le bouton Google.com qui renvoie au site américain ; là, en cliquant sur le lien Google in Your Language, vous trouverez une quarantaine de versions linguistiques.

- Il arrive parfois que Google propose un site Web qui a été mis à jour entre-temps et ne contient plus, de ce fait, ce que vous recherchez. Si cela se produit, cliquez sur le bouton Archivé en mémoire, au lieu du nom du site. Vous accéderez ainsi à une version du site tel qu'il se présentait à l'époque où il contenait ce que vous cherchez.

- Cliquez sur le bouton J'ai de la chance, et Google affiche quelques sites susceptibles de contenir l'objet de votre recherche. Cette option fonctionne bien sur les informations les plus communes.
- Bien que Google soit très commode, il n'est qu'un moyen parmi d'autres de découvrir une information. Internet contient une foule d'autres moteurs de recherche.
- Depuis plusieurs années, les ordinateurs communiquent entre eux sur une partie d'Internet appelée *Usenet*. Divisée en milliers de zones de discussion, Usenet permet à ceux qui y sont connectés d'aborder quasiment n'importe quel sujet, d'échanger des informations ou tout simplement de converser de façon informelle. C'est une remarquable source d'information sur les ordinateurs provenant des utilisateurs, sans le filtrage des entreprises. Pour effectuer une recherche sur Usenet, cliquez sur le lien Groupes, en haut de la page d'accueil du site `www.google.fr`.
- Une recherche produit les adresses de centaines, voire de milliers de sites liés au sujet indiqué. Si le choix est trop vaste, recommencez mais en étant plus spécifique.

Mais comment m'y prendre ?

Internet existe depuis un bon moment, mais le Web, lui, est relativement récent et a été rapidement saturé. Il n'est plus supposé transmettre des données avec une fluidité parfaite, et il n'est pas facile de préjuger du jour au lendemain de son avenir. Vous trouverez dans les lignes qui suivent l'énoncé des problèmes les plus courants ainsi que des solutions possibles.

La personne qui détient le compte Administrateur – c'est généralement le possesseur de l'ordinateur – est la seule habilitée à effectuer la plupart des modifications dont il est question dans ce chapitre. Si un message du type "limité à l'Administrateur" apparaît, vous restez à la porte. Il vaut alors mieux trouver le possesseur de l'ordinateur pour continuer.

Je n'arrive pas à l'installer !

L'installation d'Internet Explorer n'est pas si difficile ; la partie la plus ardue est de lui indiquer comment se connecter à l'ordinateur de votre fournisseur d'accès Internet (la société qui vous fournit un accès téléphonique à Internet).

Essayez l'Assistant Connexion Internet décrit précédemment dans ce chapitre. Il affiche les paramètres courants et permet, au besoin, de les modifier.

Comme chaque fournisseur d'accès Internet (FAI) a sa manière à lui d'établir la connexion avec ses clients, il est préférable de demander de l'aide à leur support technique (j'ai bien dit le FAI ; n'appelez pas Microsoft).

Eh oui, configurer la connexion au FAI est une galère, mais vous n'avez à le faire qu'une seule fois. Une fois qu'Internet Explorer s'est mis en cheville avec votre FAI, il suffit de cliquer sur un bouton pour composer son numéro puis commencer à surfer.

Comment installer un pare-feu ?

Vous est-il déjà arrivé de décrocher le téléphone pour n'entendre qu'une voix enregistrée qui vante le dernier produit de la société Dupneu ? Ces téléprospecteurs lancent un programme qui compose simplement les numéros de téléphone les uns après les autres jusqu'à ce qu'ils trouvent quelqu'un qui soit intéressé et appuie sur la touche Etoile, par exemple. Les pirates informatiques procèdent de la même manière. Ils démarrent un programme qui tente de s'introduire dans tous les ordinateurs actuellement connectés à Internet.

Si vous disposez d'une liaison par câble ou de tout autre dispositif vous permettant d'être connecté en permanence à Internet, vous êtes particulièrement vulnérable. Car, voyez-vous, un numéro d'identification spécial est affecté à votre ordinateur chaque fois qu'il se connecte. Chaque fois que votre modem compose le numéro qui vous connecte, ce numéro d'identification change. Mais si vous êtes connecté 24 heures sur 24 à Internet grâce à une connexion par câble ou autre, ce numéro spécial ne change jamais. Votre ordinateur devient plus facile à repérer et, s'il est vulnérable, son numéro sera communiqué par le pirate à tous les autres pirates du voisinage (c'est-à-dire à la Terre entière).

C'est là qu'un pare-feu (NDT : ou *firewall,* en anglais, ce terme étant souvent utilisé) s'avère fort utile. Le pare-feu s'interpose entre votre ordinateur et Internet, un peu comme une porte à l'épreuve du feu. Il vous laisse décider quels logiciels peuvent accéder à votre ordinateur, et quand. Windows XP est livré avec un pare-feu intégré. Procédez comme suit pour l'installer :

1. **Ouvrez le menu Démarrer, cliquez avec le bouton droit de la souris sur Favoris réseau et choisissez Propriétés.**

   Internet est souvent surnommé "le réseau des réseaux" ; c'est en vérité un immense réseau d'ordinateurs qui conversent entre eux. C'est pourquoi il est vital de s'assurer que les contacts ne s'effectuent qu'avec des ordinateurs amis.

2. **Cliquez avec le bouton droit sur la connexion que vous désirez protéger et choisissez Propriétés.**

   Si vous utilisez par exemple un compte pour une connexion par ligne téléphonique, cliquez sur son icône avec le bouton droit de la souris. Si vous utilisez un réseau domestique ou celui de votre bureau, cliquez avec le bouton droit de la souris sur la Connexion au réseau local. Dans les deux cas, choisissez Propriétés.

3. **Cliquez sur l'onglet Paramètres avancés et cochez la case qui active le pare-feu.**

   Cochez la case Protéger mon ordinateur et le réseau en limitant ou interdisant l'accès à cet ordinateur à partir d'Internet.

   NOTE TECHNIQUE

   Si vous travaillez en réseau et utilisez le partage de modem afin que tout le monde puisse partager un même modem, le pare-feu ne doit être activé que sur l'ordinateur hôte, c'est-à-dire l'ordinateur réellement connecté à Internet. Il n'est pas nécessaire d'activer le pare-feu sur les ordinateurs clients, puisque ceux-ci partagent le modem de l'ordinateur hôte.

Ça sonne toujours occupé !

Ce problème est typique des fournisseurs d'accès Internet qui offrent un accès illimité à un prix très avantageux. Ce genre d'offre intéresse beaucoup de gens, qui appellent en même temps que vous, saturant les installations du FAI, d'où la tonalité "occupé".

Que faire ? Reconsidérez vos priorités : vous préférez payer moins cher quitte à ce que la connexion à Internet ne soit pas fiable. Dans ce cas, vous trouverez peut-être un meilleur rapport qualité/prix chez un autre fournisseur.

La page Web me demande un nom ou demande de télécharger un programme bizarre

Les programmeurs informatiques ont abandonné leur ennuyeux poste de télévision et leur ont préféré, pour le divertissement, les nouveaux ordinateurs autrement plus excitants. Et maintenant, ils essaient tout simplement de transformer les ordinateurs en téléviseurs ! Pour cela, ils utilisent des techniques de programmation aux noms aussi étranges que Java (NDT : ce nom est celui d'une marque de café américaine très prisée des programmeurs insomniaques), Shockwave, RealPlayer, QuickTime et autres gâteries qui servent à créer des animations sur Internet.

Les programmeurs ont aussi développé des petits programmes complémentaires appelés *modules* (ou *plug-in*) qui augmentent les capacités de l'ordinateur à afficher des publicités animées en haut de votre écran.

Où est le problème ? Les nouvelles versions de ces modules évoluent au gré des saisons. Si l'ordinateur exige la dernière version d'un module ou *plug-in,* cliquez dans la page Web sur le bouton qui mène à la zone de téléchargement.

Fermez toutes vos applications – hormis le navigateur Web –, téléchargez le programme et installez-le. La prochaine fois que vous ouvrirez le navigateur Web, la publicité sera plus belle que jamais.

Si vous avez essayé de visionner une vidéo sur Internet et que le Lecteur Windows Media s'est défilé, c'est parce que cette vidéo nécessite peut-être un logiciel appelé RealPlayer. Allez sur le site `www.real.com` et téléchargez RealPlayer Basic. C'est une version gratuite qui permet de visionner des vidéos, et parfois d'écouter des stations de radio.

Comment copier une image d'une page Web ?

Lorsque vous parcourez des pages Web et que le pointeur de la souris s'attarde au-dessus d'une photographie ou d'une image, une petite barre contenant quelques icônes s'affiche spontanément, comme le montre la Figure 12.6.

MISE À JOUR

Cette barre d'icône, nouvelle dans Internet Explorer 6, permet de récupérer des images. Cliquer sur l'icône illustrée d'une disquette les enregistre dans le dossier Mes images. Cliquer sur l'icône Imprimer imprime l'image. Cliquer sur celle avec une enveloppe envoie l'image par courrier électronique. Et enfin, cliquer sur l'icône avec un petit dossier place l'image dans le dossier Mes images.

TRUC

Si vous avez repéré sur Internet une image que vous aimeriez utiliser dans l'écran d'accueil de votre compte utilisateur, enregistrez-la dans le dossier Mes images. Utilisez ensuite le Panneau de configuration (reportez-vous au Chapitre 9) pour remplacer l'image qui s'y trouve par celle que vous venez de récupérer.

Figure 12.6 Une petite barre apparaît dès que le pointeur de la souris s'immobilise au-dessus d'une image. Elle permet de l'enregistrer, de l'imprimer ou de l'envoyer par courrier électronique.

Les petites boîtes des pages Web

Internet Explorer est doté d'une nouvelle fonctionnalité, les *balises actives*. Les balises actives sont reconnaissables au soulignement en pointillé sous certains mots. Lorsque vous immobilisez le pointeur de la souris au-dessus d'un mot balisé, un petit bouton comportant un "i" apparaît. Cliquez sur la petite flèche pointant vers le bas et une fenêtre se déploie ; elle contient des liens ayant un rapport avec ce nom.

Ce n'est pas le programmeur de la page Web qui a ajouté ces liens ; en fait, Internet Explorer reconnaît certains mots et ajoute ses propres liens. Les balises actives peuvent toutefois être gênantes. Si vous consultez une page consacrée à la mythologie grecque, le navigateur ajoutera des liens de son cru à chaque apparition du mot Oracle, par exemple. Pour désactiver cette fonctionnalité, choisissez Outils/Options Internet, cliquez sur l'onglet Avancé puis ôtez la coche de l'option Activer les balises actives (NDT : dans certaines versions de Windows XP, la boîte de dialogue contient encore l'intitulé en anglais : *Enable Smart Tags*).

Gérer le courrier électronique avec Outlook Express

Internet Explorer se contente d'aller de page en page sur les divers sites Web que vous visitez. Outlook Express, lui, utilise Internet à la manière d'un bureau de poste en vous permettant d'envoyer des lettres et des fichiers à quiconque possède un compte Internet. Mieux, il n'est pas nécessaire que les destinataires disposent d'Outlook Express pour lire vos missives et y répondre ; presque tous les logiciels de messagerie sont en effet capables de communiquer entre eux (mais certains programmes de courrier électronique ne reçoivent pas bien – voire pas du tout – les fichiers ; mais c'est là une autre histoire).

Outlook Express a été conçu pour fonctionner avec les fournisseurs d'accès Internet ayant adopté un standard industriel qui achemine le signal Internet depuis votre ordinateur vers Internet sans qu'un service Internet ne s'interpose sur le trajet. C'est pourquoi Outlook Express 6, la version fournie avec Windows XP, ne fonctionne pas avec les services en ligne comme America Online (AOL). Ces services utilisent leur propre système de messagerie qui traite le courrier différemment d'Outlook Express. De ce fait, si vous êtes abonné à AOL, ce n'est pas la peine de lire cette section, car vous n'utiliserez pas Outlook Express 6.0.

Le reste de cette section vous explique comment configurer Outlook Express, écrire une lettre, l'envoyer et lire les réponses.

Configurer Outlook Express 6.0 pour envoyer et recevoir du courrier électronique

Pour configurer votre adresse de courrier électronique, aussi appelée *compte,* votre fournisseur d'accès Internet doit vous communiquer plusieurs informations : votre nom d'utilisateur, le numéro de téléphone que vous devez utiliser et votre mot de passe. Ce sont les mêmes que celles ayant servi à configurer votre compte Internet, comme nous l'avons décrit dans la section consacrée à l'Assistant Connexion Internet, précédemment dans ce chapitre.

De nombreux internautes ont plus d'une adresse électronique ; ils peuvent en avoir une sur Yahoo! et une autre sur Hotmail, par exemple. De plus, les FAI offrent en général la possibilité de définir plusieurs adresses par compte, ce qui permet aux différents membres d'une famille d'avoir leur propre compte de courrier. Les étapes ci-dessous peuvent aussi servir à ajouter des adresses supplémentaires dans Outlook Express.

1. **Configurez votre compte Internet puis ouvrez Outlook Express.**

   Vous devez *d'abord* configurer votre compte Internet ainsi que nous l'avons expliqué précédemment dans ce chapitre. Sinon, votre logiciel de courrier électronique ne pourra en aucune manière se connecter à Internet.

   Pour appeler Outlook Express pour la première fois, ouvrez le menu Démarrer puis cliquez sur l'icône Outlook Express (une enveloppe entourée de flèches incurvées). Outlook Express apparaît à l'écran, comme le montre la Figure 12.7, prêt à recevoir un compte de messagerie électronique.

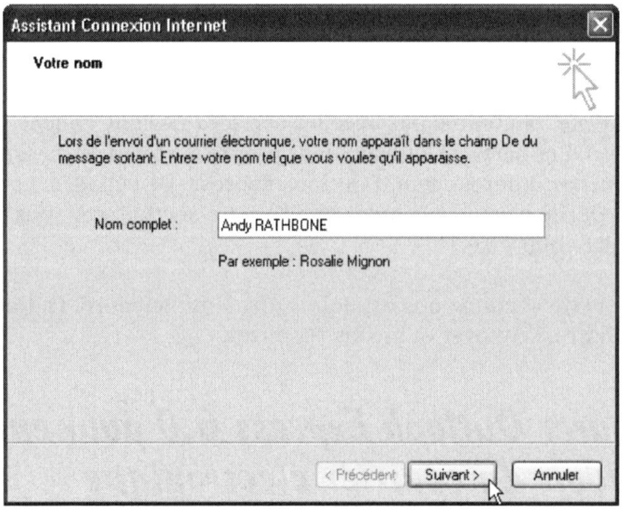

Figure 12.7 Ajoutez ici votre nom.

2. **Tapez votre nom et cliquez sur Suivant.**

   Dans un courrier, ce nom apparaît dans la ligne indiquant l'expéditeur. C'est pourquoi la plupart des personnes ajoutent ici leur prénom à leur nom, comme le montre la Figure 12.7. Un pseudonyme comme *StarMan* ne vous rendra pas service.

3. **Tapez votre adresse de messagerie puis cliquez sur Suivant.**

   Vous tapez là votre nom d'utilisateur suivi du signe @ (l'arobase) puis du nom de votre FAI. Ces informations vous sont communiquées par votre fournisseur d'accès Internet. Par exemple, si mon nom d'utilisateur est *a-b* et mon adresse de FAI *home*, je tape **a-b@home.com** dans la zone de texte Adresse de messagerie.

Si vous ajoutez un autre compte à Outlook Express, tapez le nom d'utilisateur de ce compte supplémentaire (vous devrez avoir ouvert un autre compte de messagerie sur la page Web de votre FAI, ou lui avoir demandé le nom d'utilisateur et le mot de passe à utiliser pour ce deuxième compte).

4. **Choisissez le type de serveur ainsi que les noms des serveurs de courrier entrant et sortant. Cliquez ensuite sur Suivant.**

   Là, vous devez connaître le *type* de compte de messagerie qu'utilise le service. C'est en général un nom bizarre, comme POP3, IMAP ou HTTP. La plupart des FAI vous envoient par la poste un petit mot contenant ces informations ainsi que les paramètres à utiliser.

   Mais si vous voulez tenter votre chance, essayez avec les paramètres suivants, qui fonctionnent généralement. Sélectionnez POP3 dans la zone de liste du haut et tapez le mot **mail** dans les zones de texte Serveur de messagerie pour courrier entrant et Serveur de messagerie pour courrier sortant.

5. **Tapez votre nom d'utilisateur et votre mot de passe, puis cliquez sur suivant.**

   Le nom d'utilisateur est celui de votre compte auprès du FAI, c'est-à-dire le nom que vous avez utilisé pour configurer votre compte Internet. Même si vous créez des comptes de messagerie supplémentaires, vous devrez taper ce même nom pour accéder à Internet.

   Tapez le même mot de passe que pour l'accès à Internet. Pour vous connecter sans avoir chaque fois à le taper, cochez la case Mémoriser le mot de passe. Ne cochez la case Se connecter en utilisant l'authentification de mot de passe sécurisé (SPA) que si le fournisseur d'accès Internet vous le demande.

6. **Cliquez sur Terminer.**

   C'est fait. Vous êtes maintenant en mesure d'envoyer et de recevoir du courrier électronique.

Les abonnés à AOL (America Online) ne peuvent pas utiliser Outlook Express sur leurs propres ordinateurs pour envoyer du courrier. Cependant, ils peuvent recevoir du courrier envoyé par Outlook Express ou par n'importe quel autre logiciel de messagerie.

TRUC

Si votre exemplaire d'Outlook Express diffère de celui de ce chapitre, c'est probablement parce qu'il a été configuré un peu différemment. Essayez ce truc : choisissez Affichage/Disposition et assurez-vous que les cases Barre de dossiers, Liste des dossiers, Barre d'état et Barre d'outils sont cochées. Cliquez ensuite sur le bouton Appliquer.

Se préparer à envoyer un courrier électronique

L'écran d'Outlook Express est divisé en trois parties : la fenêtre Dossiers, dans laquelle vous stockez les courriers électroniques, la fenêtre Contact, qui affiche les entrées de votre carnet d'adresses, et la fenêtre de travail, où vous choisissez si vous voulez consulter votre courrier ou participer à des groupes de discussion (nous parlerons des groupes de discussion plus loin dans ce chapitre).

Il faut trois éléments pour envoyer un courrier électronique :

- **Le logiciel Outlook Express correctement configuré.**

  La configuration des comptes de messagerie est expliquée dans la section précédente.

- **L'adresse de messagerie de votre correspondant.**

  Le moyen le plus simple est de la demander de vive voix. Elle est constituée d'un nom d'utilisateur (qui n'est pas nécessairement celui de l'état civil), suivi de l'arobase (le signe "@"), suivi du nom du FAI. Il peut s'agir d'AOL, de Neuronnexion ou de n'importe lequel des milliers d'autres FAI. L'adresse de messagerie de quelqu'un dont le nom est Jeff9435 et qui est un abonné d'AOL sera : Jeff9435@aol.com.

- **Votre message.**

  C'est là que ça devient intéressant : rédigez votre lettre. Après avoir tapé l'adresse de messagerie et le contenu de la lettre, vous disposez de plusieurs moyens pour l'envoyer.

Vous pouvez trouver l'adresse de messagerie de quelqu'un sur sa carte de visite, sur son site Web et quand vous répondez à un de ses courriers : chaque fois que quelqu'un vous envoie un message, son adresse électronique est indiquée.

Si vous faites une faute de frappe dans l'adresse de messagerie d'un correspondant, le message vous est renvoyé avec une notification *undeliverable* (impossible à délivrer) quelque peu contrariante.

Rédiger une lettre

Vous êtes prêt à envoyer votre première lettre ? Après avoir configuré Outlook Express avec votre compte de messagerie, appliquez ces étapes pour rédiger votre lettre et la glisser dans la boîte aux lettres électronique, autrement dit l'envoyer à travers les espaces virtuels jusqu'à la boîte électronique de votre correspondant.

1. **Ouvrez Outlook Express puis, dans le menu, cliquez sur l'icône Créer un message.**

   Le texte de cette icône est tronqué (voir illustration en marge). Si cette icône n'est toutefois pas visible dans le menu, cliquez sur Fichier/Nouveau/Message de courrier.

   Une fenêtre Nouveau message apparaît, semblable à celle de la Figure 12.8.

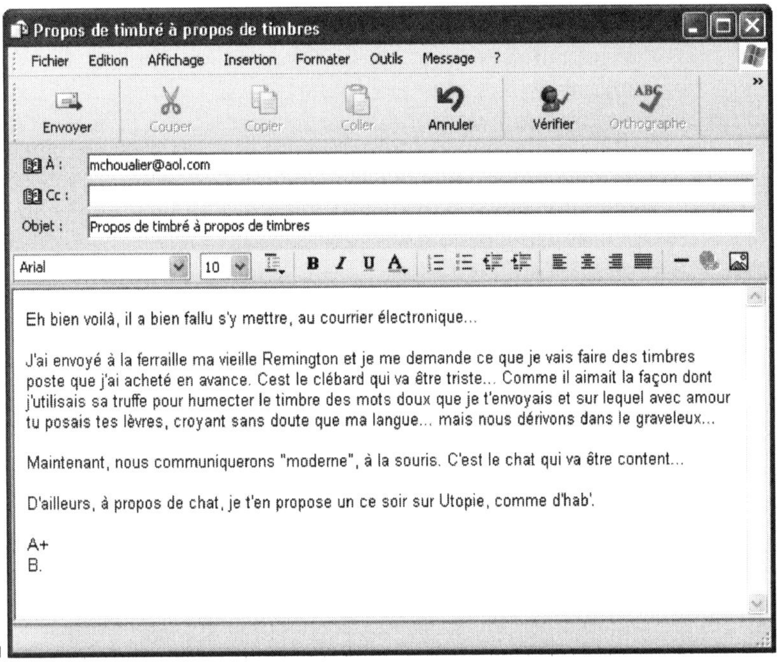

Figure 12.8 Tapez l'adresse de messagerie du correspondant dans la zone de texte À :, puis un Objet du message assez descriptif ; enfin, rédigez le message dans la grande fenêtre du bas.

2. **Tapez l'adresse du destinataire dans la zone de texte À.**

   Tapez une adresse de messagerie. Si vous avez déjà écrit à votre correspondant précédemment, cliquez sur le mot *À*. Une fenêtre liste les noms de toutes les personnes auxquelles vous avez déjà envoyé des messages.

3. **Remplissez la zone Objet.**

   Elle est facultative, mais elle permet toutefois au correspondant d'avoir une idée de la teneur du message, et lui permettra de le retrouver facilement par la suite.

4. **Rédigez le message dans la grande fenêtre du bas.**

   Tapez ce que vous voulez, sans limitation de longueur, car le texte peut être assez abondant.

5. **Cliquez sur le bouton Envoyer, en haut à gauche d'Outlook Express.**

   Zou ! Outlook Express démarre le modem au besoin et envoie le message à travers le Web jusqu'à la boîte aux lettres de votre correspondant. Selon la vitesse de la connexion Internet, le courrier peut arriver à destination en une quinzaine de secondes ou en cinq jours, la moyenne se situant autour de quelques minutes.

   Pas de bouton Envoyer en vue ? Dans ce cas, choisissez Fichier/Envoyer le message.

   TRUC

   Certaines personnes apprécient ces gros boutons en haut d'Outlook Express, comme ceux que l'on voit dans la Figure 12.9. Si les vôtres ne sont plus visibles et que vous souhaitiez les récupérer, cliquez dans une partie vide du menu d'Outlook Express (à environ deux centimètres à droite de l'option d'aide "?", dans le menu, c'est parfait). Choisissez Barre d'outils et les boutons réapparaissent. Pour vous en débarrasser de nouveau, cliquez au même endroit et choisissez de nouveau Barre d'outils pour désactiver son affichage.

Pas doué en ortografe ? Dans ce cas, avant d'envoyer le message, cliquez sur l'icône Orthographe, parmi les icônes du haut. Ou appuyez sur la touche F7. Ou encore, prenez tout bêtement un bon vieux dictionnaire. Si rien ne marche, lisez la mise en garde qui suit.

MISE À JOUR

Microsoft nous a joué un sale tour avec son correcteur orthographique. Outlook Express emprunte tout simplement celui qui fait partie de Word, Excel et PowerPoint. Si aucun de ces logiciels n'a été installé, le correcteur orthographique est tout simplement inopérant (c'est d'ailleurs pourquoi il apparaît en grisé dans la Figure 12.9).

Vous voulez joindre un fichier au message ? Après avoir effectué l'Etape 4, cliquez sur l'icône en forme de trombone, ou choisissez Insertion/Pièce jointe. Windows XP affiche un sélecteur de fichiers ouvert sur le Poste de travail. Naviguez à travers les dossiers pour atteindre le fichier à envoyer puis double-cliquez sur son nom. Quand vous cliquerez sur le bouton Envoyer, à l'Etape 5, Outlook Express enverra à votre correspondant le message et, dans la foulée, le fichier joint. Notez que de nombreux FAI limitent la taille des pièces jointes à 4 Mo, ce qui exclut l'envoi de bon nombre de fichiers MP3.

Lire le courrier reçu

Si vous laissez Outlook Express tourner 24 heures sur 24, vous saurez qu'une lettre vient d'être déposée dans votre boîte grâce à un avertisseur sonore qui notifie l'arrivée de tout message. Vous remarquerez aussi une petite icône en bas à droite du Bureau, juste à côté de l'horloge. De plus, si plusieurs personnes utilisent le PC, l'écran d'accueil indiquera combien chaque personne a reçu de courriers électroniques.

Pour vérifier si du courrier est arrivé, lorsque Outlook Express n'est pas connecté en permanence, chargez-le à partir du menu Démarrer. Cliquez ensuite sur le bouton Envoyer/Recevoir ou choisissez Outils/Envoyer et recevoir/Envoyer et recevoir tout (NDT : ou, ce qui est encore plus rapide, appuyez sur Ctrl+M). Outlook Express envoie tout le courrier qui était en attente dans votre ordinateur et récupère tout le courrier qui vous attendait sur le serveur du FAI.

Procédez comme suit pour lire le courrier dans votre boîte aux lettres, et éventuellement y répondre ou le stocker dans des dossiers :

1. **Ouvrez Outlook Express et regardez dans la Boîte de réception.**

   Selon la manière dont Outlook Express a été configuré, vous avez différents choix. Si vous voyez un écran d'accueil annonçant que des Courriers non lus se trouvent dans votre Boîte de réception, cliquez sur les mots Courriers non lus. Si vous apercevez des dossiers sur le côté gauche d'Outlook Express, cliquez sur Boîte de réception. Dans l'un et l'autre cas, Outlook Express affichera la liste des messages présents dans la Boîte de réception (voir Figure 12.9). Tous les objets, appelés *en-têtes,* sont listés un par un.

2. **Cliquez sur l'objet d'un message pour en lire le contenu.**

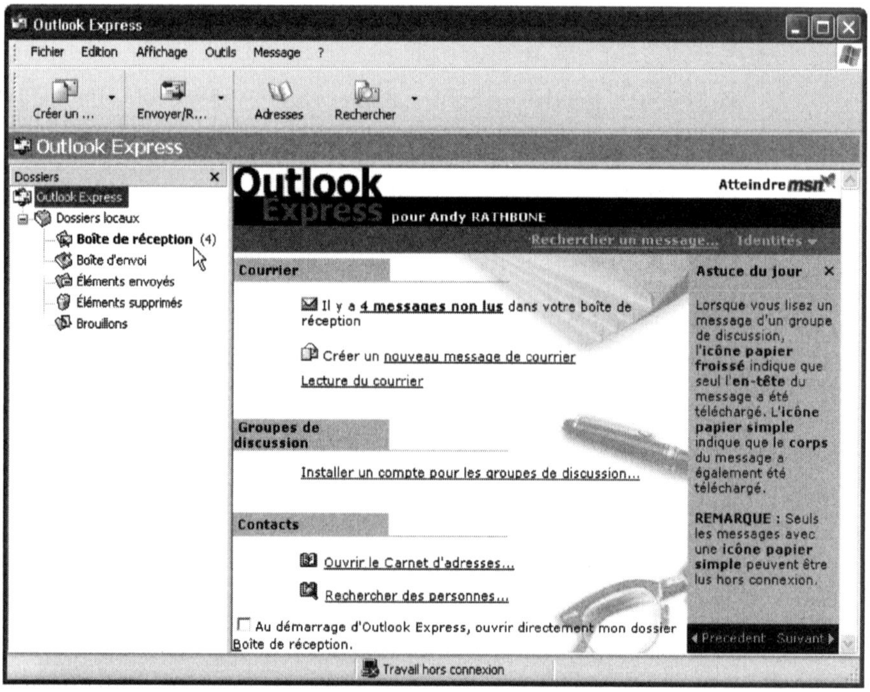

Figure 12.9 Cliquez dans la Boîte de réception d'Outlook Express pour découvrir les messages qui viennent d'arriver.

Le contenu du message apparaît dans la partie inférieure de l'écran, comme le montre la Figure 12.10. Pour voir le message tout entier dans sa propre fenêtre, double-cliquez sur l'objet.

A partir d'ici, Outlook Express propose plusieurs options :

- **Ne rien faire.** Le message reste dans la Boîte de réception jusqu'à ce que vous l'ayez supprimé.

- **Répondre au message.** Cliquez sur l'icône Répondre, en haut d'Outlook Express (ou choisissez Message/Répondre à l'expéditeur). Une nouvelle fenêtre apparaît dans laquelle vous tapez votre message. C'est la même que celle qui sert à rédiger un nouveau message, mais à une grosse différence près : elle est *préadressée*, avec le nom du destinataire et l'objet.

- **Archiver le message.** Cliquez sur le message avec le bouton droit de la souris et choisissez Copier dans un dossier ou Déplacer vers un dossier ; sélectionnez ensuite un dossier. Ou encore, faites glisser le message jusque dans l'un des dossiers visibles dans le volet à gauche.

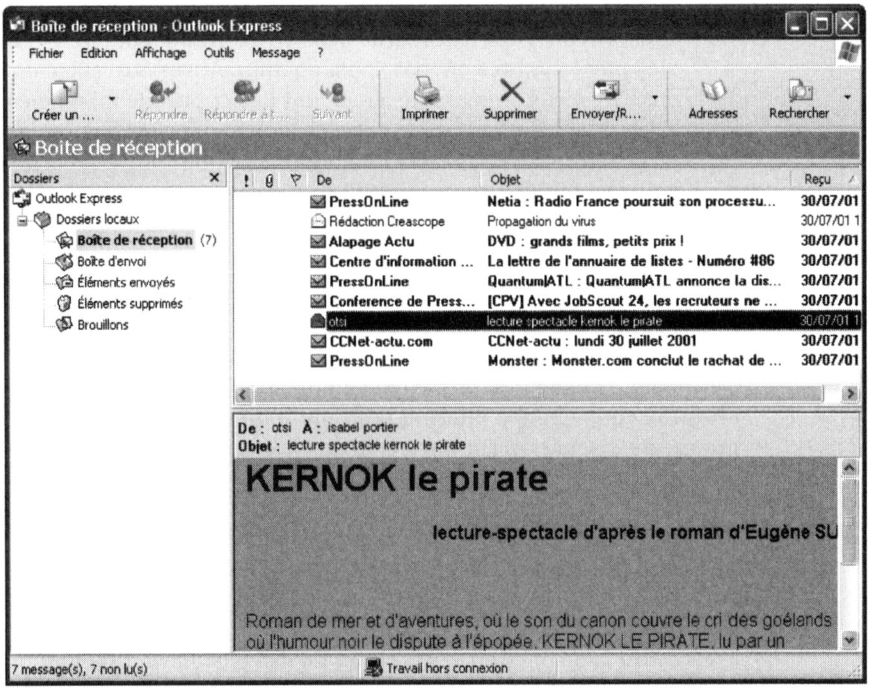

Figure 12.10 Cliquez sur l'objet d'un message pour le lire.

Cliquez sur les mots Dossiers locaux et, dès que les sous-dossiers se sont déployés, cliquez sur l'un d'eux.

- **Imprimer le message.** Cliquez sur l'icône Imprimer, en haut d'Outlook Express. Vous obtenez aussitôt un exemplaire sur papier de votre courrier.

TRUC

- Outlook Express risque de se mélanger les pinceaux quand vous glissez et déposez un message. Lorsque vous déplacez le message par-dessus les dossiers, la petite icône en forme d'enveloppe se transforme en cercle barré. Ne vous inquiétez pas : ce signe d'interdiction disparaît dès que le pointeur de la souris survole un dossier acceptant le message.

- Outlook Express est capable de gérer des tâches plus compliquées, mais les étapes fondamentales que nous venons de voir sont suffisantes pour envoyer du courrier électronique à vos proches et à vos collègues, et en recevoir.

ATTENTION !

- Si vous recevez une pièce jointe dont le nom se termine par .exe ou .vbs, *détruisez-la sans l'ouvrir,* même si elle provient d'un ami en qui vous avez toute confiance. Ces pièces jointes sont un moyen facile, pour les malfaisants, d'introduire des virus dans votre ordinateur (NDT : éliminez aussi les pièces jointes en .bat, .com ou .lnk). Après être entré dans l'ordinateur, le virus se réplique, envoyant des copies de lui-même à toutes les personnes figurant dans votre carnet d'adresses, à votre insu. Nous n'insisterons jamais assez sur ce point : pour votre sécurité et celle des autres, achetez un programme antivirus et mettez-le régulièrement à jour (NDT : tous les quinze jours, comme le préconise Norton Antivirus).

A quoi sert la zone News ?

Des milliers de personnes partageant un intérêt commun pour telle ou telle chose se connectent à Internet pour participer à des *groupes de discussion*. Un groupe de discussion est une sorte de courrier qui peut être lu par tout le monde.

Un groupe de discussion est comparable à un tableau d'affichage : une personne poste un message ou un fichier que tout le monde peut lire. Les autres postent ensuite leurs réponses, qui suscitent d'autres réactions.

Pour éviter la dispersion, les groupes de discussion sont thématiques : plus de 30 000 sujets sont jetés en pâture aux internautes. Outlook est capable de les afficher tous et de vous laisser vous joindre à une conversation.

S'inscrire à un groupe de discussion est bien plus facile que configurer un compte de messagerie. Cliquez sur Outils/Comptes puis sur l'onglet News. Cliquez ensuite sur le bouton Ajouter et, dans le menu, choisissez News. Tapez ensuite votre nom ainsi que votre adresse électronique puis tapez le mot **News** quand il vous sera demandé de préciser votre serveur de News (NNTP). Enfin, répondez Oui lorsque Office Express vous proposera de télécharger des groupes de discussion pour votre nouveau compte.

Quand vous vous inscrivez pour la première fois, Outlook Express recherche les noms de *tous* les groupes de discussion auxquels votre FAI a accès et les affiche à l'écran. La récupération des noms et descriptions de milliers de groupes de discussion prend un certain temps, comme le précise le message de la Figure 12.11. Vous pouvez jouer au Solitaire pendant ce temps... Cette récupération ne s'effectue fort heureusement qu'une seule fois.

Trouver et participer à un groupe de discussion

Parmi ces dizaines de milliers de groupes de discussion, comment découvrir le bon ? Eh bien, en demandant à Outlook Express de le trouver à votre place.

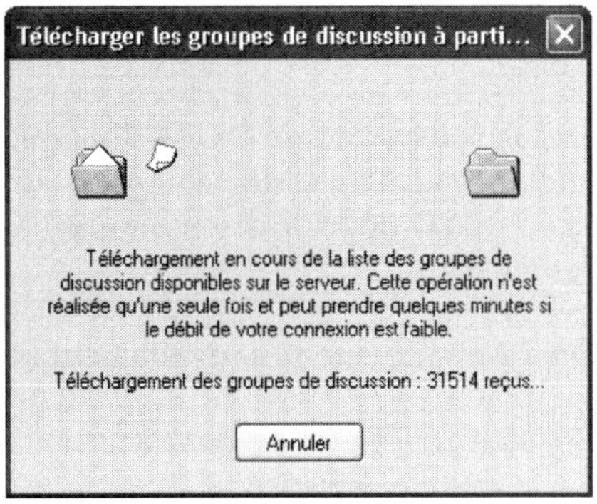

Figure 12.11 Outlook Express recherche les noms et descriptions de tous les groupes de discussion afin que vous puissiez ensuite vous joindre à eux.

Voici par exemple la procédure à suivre pour vous connecter à un groupe de discussion sur l'astronomie :

1. **Demandez à Outlook Express de télécharger la liste des groupes de discussion puis choisissez Outils/Groupes de discussion.**

   Le téléchargement de la liste ne s'effectue qu'une seule fois, ce qui est heureux car elle est looongue. Quand vous choisissez Groupes de discussion, une fenêtre les affiche, ou du moins les quelque dix premiers, dans l'ordre alphabétique.

2. **Tapez astronomie dans la zone de texte Afficher les groupes de discussion qui contiennent.**

   C'est le mot *astronomie* et aucun autre. Dès que vous commencez à le taper, Outlook Express effectue sa recherche et élimine tous les groupes qui ne contiennent pas la chaîne de caractères *astronomie*. Parfois, il n'en reste qu'un.

3. **Choisissez le groupe de discussion qui vous semble digne d'intérêt.**

   Assez peu de groupes sont consacrés à l'astronomie. S'ils étaient plus nombreux, vous auriez à les faire défiler.

4. **Abonnez-vous au groupe de discussion de votre choix.**

   Cliquez sur le nom d'un groupe de discussion qui vous semble intéressant puis cliquez sur le bouton S'abonner, à droite. Une petite icône apparaît juste avant le nom sur lequel vous avez cliqué, ce qui vous permet de savoir que vous êtes abonné à ce groupe. Abonnez-vous à autant de groupes de discussion que vous le désirez.

5. **Après vous être abonné à un ou plusieurs groupes de discussion, cliquez sur le bouton OK.**

Le groupe de discussion que vous venez de choisir apparaît tout en bas des dossiers, dans le volet de gauche d'Outlook Express. (Pas de volet Dossiers ? Cliquez sur le bouton Groupe de discussion, puis sur la petite pointe de flèche pour l'afficher.)

6. **Cliquez sur l'un des noms d'abonnement nouvellement souscrits.**

Une liste de courriers postés vers ce groupe de discussion apparaît à droite de l'écran, comme le montre la Figure 12.12.

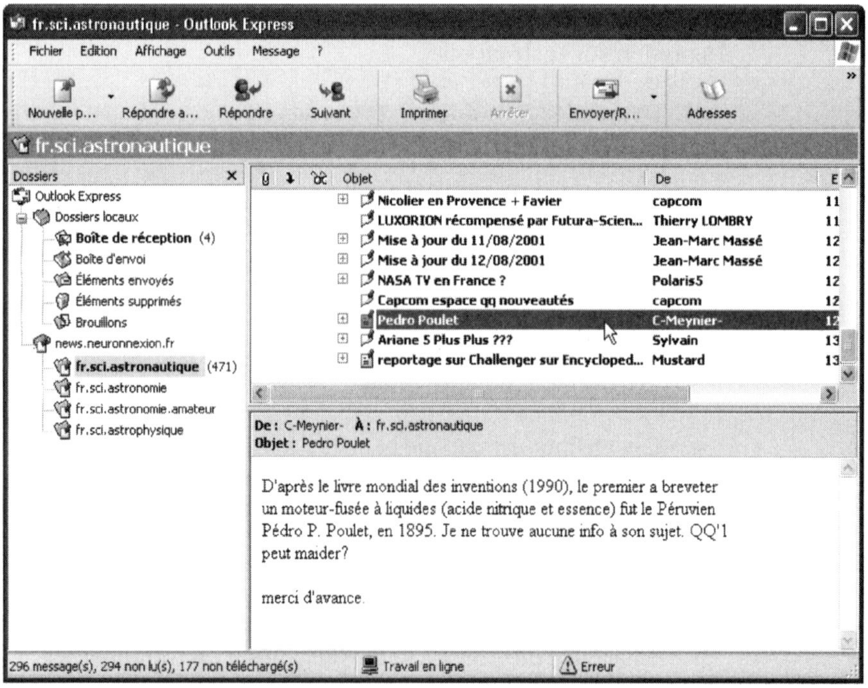

Figure 12.12 Après vous être abonné à des groupes de discussion, cliquez sur le nom de l'un d'eux pour voir les messages qui ont été postés par d'autres participants.

7. **Cliquez enfin sur l'un des messages pour en voir le contenu.**

Dans la Figure 12.12, par exemple, si vous cliquez sur Pedro Poulet, vous découvrez une intéressante information concernant l'invention des moteurs de fusée à liquide (si un message est précédé du préfixe Re:, cela signifie qu'il s'agit d'une réponse ajoutée au corps d'un message).

Et voilà. Vous venez de faire vos premiers pas dans le monde fascinant des groupes de discussion. Vous y trouverez des correspondants qui conversent sur quasiment n'importe quel sujet imaginable (et même inimaginable).

- Pour répondre à un message d'un groupe de discussion, faites comme s'il s'agissait d'un courrier électronique. Cliquez sur le bouton Répondre au groupe, en haut de la fenêtre ; tapez ensuite votre réponse puis cliquez sur le bouton Envoyer.
- Les messages des groupes de discussion sont publics, contrairement aux courriers électroniques qui sont privés. Abstenez-vous de propos inconsidérés qui pourraient heurter les autres participants (et n'écrivez rien de compromettant qui pourrait être lu par vos parents, conjoint, patron ou voisin de palier).
- Le contenu de certains groupes de discussion s'adresse à des adultes. Evitez que vos enfants lisent ces messages.
- Les groupes de discussion sont une aide précieuse lorsque l'ordinateur vous fait des misères. Si votre moniteur fait des siennes, recherchez un groupe de discussion consacré aux écrans. Peut-être même en trouverez-vous un spécialisé dans la marque que vous possédez. Postez votre question et voyez si quelqu'un d'autre a déjà rencontré le même problème que vous, ou mieux a trouvé la solution.
- De nombreux habitués des groupes de discussion sont des vieux de la vieille qui ne supportent pas que l'on piétine leurs plates-bandes. Avant de poster quoi que ce soit, restez un moment un simple observateur afin de vous familiariser avec les us et coutumes de la faune locale. Lisez bon nombre des derniers messages avant d'y mettre votre grain de sel.

Chapitre 13

Du son ! Des images ! Le Lecteur de média !

Dans ce chapitre :

- Le Lecteur Windows Media.
- Découvrir de la musique, des stations de radio et des bandes-annonces de films sur Internet.
- Trouver et cataloguer la musique dans votre ordinateur.
- Lire des CD et des DVD.
- Lire des fichiers MP3, WMA et vidéo.
- Créer des fichiers WMA.
- Créer des CD.
- Déplacer de la musique depuis et vers des lecteurs MP3.
- Changer l'apparence du Lecteur de média.
- Utiliser les dossiers Mes images et Ma musique.
- Résoudre les problèmes de son et de vidéo.

Pendant des années, les ordinateurs ne purent émettre un autre son qu'un pauvre bip fort énervant, car il laissait croire que vous aviez appuyé sur une mauvaise touche. Le Lecteur Windows Media 8 de Windows XP est loin de ces horreurs sonores. Il vous permet de gérer de fabuleuses vidéos, d'écouter des stations de radio sur Internet, des CD, DVD et fichiers MP3, et bien plus encore. Mais seulement si vous appuyez *sur les bonnes touches*.

Comprendre le Lecteur Windows Media

Les performances du Lecteur Windows Media dépendent entièrement de la somme que vous avez investie dans votre ordinateur, ou de la somme engloutie par les mises à niveau successives.

Le Lecteur Windows Media n'est rien d'autre qu'un gros tas de boutons. Avant que vous puissiez en tirer quoi que ce soit, vous devez brancher à l'ordinateur quelques accessoires tels que des haut-parleurs, une carte son, un graveur de CD, un lecteur de CD/DVD, une liaison Internet et un lecteur MP3. L'appui sur les divers boutons met ces dispositifs en action et indique à l'ordinateur ce qu'il doit en faire.

La Figure 13.1 montre quelques-uns des boutons du Lecteur Windows Media lorsque celui-ci vient d'être activé pour la première fois (si vous vous demandez à quoi ils servent, immobilisez simplement le pointeur de la souris dessus, et Windows XP vous en dira plus).

- Une carte son et des haut-parleurs, ou des écouteurs, sont indispensables pour entendre quoi que ce soit. La plupart des ordinateurs sont fort heureusement livrés avec des enceintes. De plus, une carte son est bon marché et facile à installer.

- Un lecteur de CD est essentiel pour lire des CD ou créer des fichiers MP3 ou WMA (*Windows Media Audio*). Il vous faudra peut-être aussi un lecteur de CD inscriptible, ce qui vous permettra de graver vos musiques préférées sur CD. Les ordinateurs les plus récents sont équipés d'un tel matériel.

- Il vous faudra aussi une liaison Internet si vous voulez écouter les radios sur Internet ou rechercher des vidéos et autres médias sur le Web. Plus elle sera rapide, mieux ce sera. En fait, sur Internet, la plupart des vidéos sont de petite taille avec un fort grain, si vous utilisez une connexion via les lignes téléphoniques.

- Pour copier des fichiers MP3 ou WMA sur des lecteurs MP3 portables, vous devez disposer d'un lecteur qui accepte le format WMA. Le Lecteur Windows Media ne communique qu'avec les lecteurs qui reconnaissent le standard WMA élaboré par Microsoft. Il communique cependant avec des lecteurs qui utilisent à la fois les standards WMA et MP3.

NOTE TECHNIQUE

- Les précédentes versions du Lecteur multimédia de Microsoft étaient des mises à jour, ce qui permettait à tout utilisateur de Windows de le télécharger et de l'installer. En revanche, le Lecteur Windows Media 8

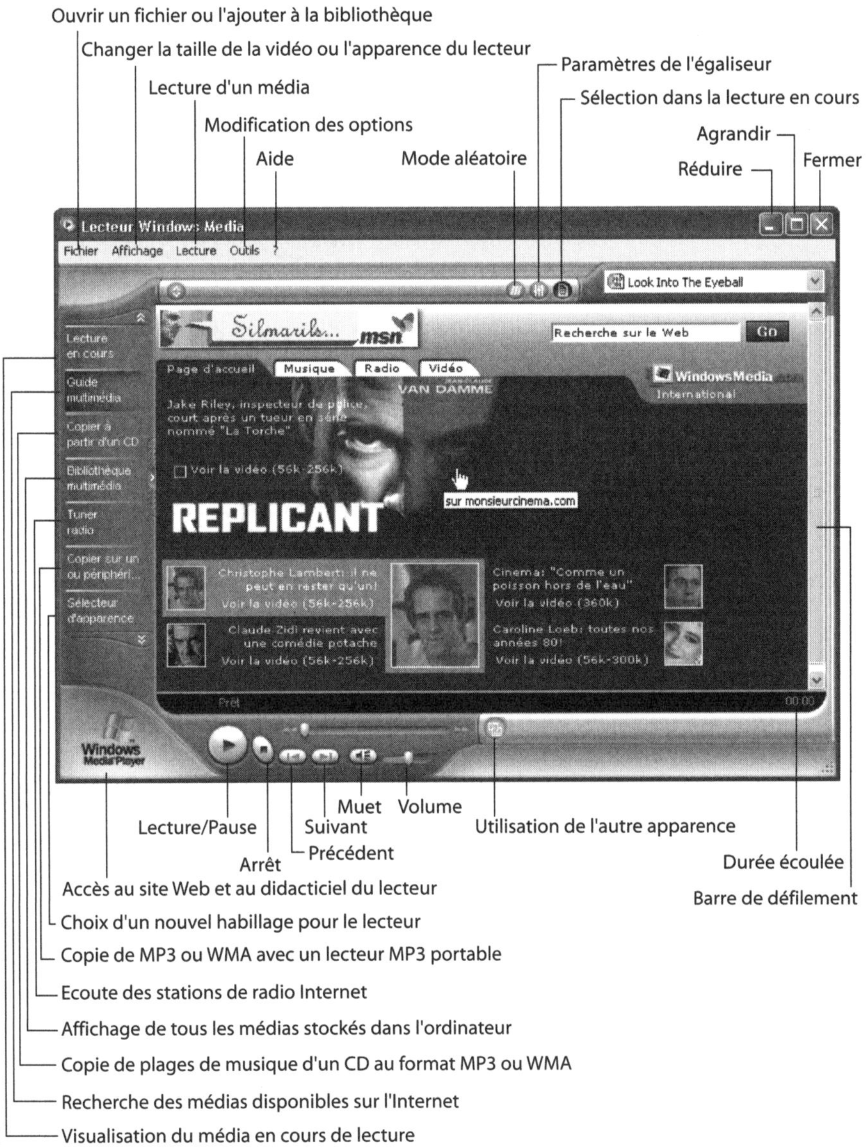

Figure 13.1 Immobilisez la souris au-dessus d'un bouton, et Windows XP vous indique à quoi il sert.

n'est livré qu'avec Windows XP. Il ne peut être téléchargé et installé sur d'autres versions.

Trouver des vidéos, de la musique et des bandes-annonces de films à l'aide du Guide multimédia

Le Lecteur Windows Media sert non seulement à écouter les musiques et voir les vidéos stockées dans votre ordinateur, mais aussi à les prendre sur Internet. En fait, si vous êtes connecté alors que le Lecteur Windows Media est chargé, il s'ouvre avec la fonction Guide multimédia sur un assortiment de musiques stockées sur Internet sur WindowsMedia.com.

Le site, visible dans la Figure 13.1, propose des vidéos, de la musique, des radios, accessibles en cliquant sur les différents onglets : Musique, Radio ou Vidéo.

Voici quelques conseils pour exploiter cette mine de médias, notamment de vidéos, qu'est Internet :

1. **Ouvrez le Lecteur Windows Media puis cliquez sur le bouton Guide multimédia, à gauche.**

   Le Lecteur Windows Media occupe généralement une place de choix dans le menu Démarrer. S'il ne s'y trouve pas, cliquez sur le bouton Tous les programmes et choisissez-le dans les menus (le Chapitre 10 explique comment utiliser ce bouton et décrit les programmes qu'il recèle).

2. **Demandez à Windows de vous connecter à Internet, si ce n'est pas déjà le cas.**

   Lorsqu'il est connecté, le Lecteur Windows Media montre la page du site WindowsMedia.com de la Figure 13.1. Vous avez en vérité droit à la même page que si vous y étiez allé avec Internet Explorer, en demandant à voir la page `www.windowsmedia.com`.

3. **Choisissez un sujet qui vous intéresse.**

   Cliquez éventuellement sur l'un des onglets Musique, Cinéma ou Divertissement.

4. **Cliquez sur l'icône ou le lien qui démarre le média désiré.**

   Par exemple, si vous tenez à voir Christophe Lambert en action, cliquez sur le lien Voir la vidéo. La vidéo est chargée – ce qui peut prendre du temps avec une connexion lente – et jouée.

De nombreuses vidéos sont accompagnées de chiffres comme 56K | 100K | 300K. Ces chiffres sont ceux du débit de la connexion. Par exemple, si vous utilisez un modem à 56 000 bits par seconde, cliquez sur le lien 56K. La qualité de l'image ne sera toutefois pas aussi bonne qu'avec des taux de transfert plus élevés. Les utilisateurs équipés de liaisons de type Numéris, câble, ADSL ou T1 pourront choisir des débits de 100K ou 300K.

Une bonne nouvelle : même si l'image n'est rafraîchie qu'une ou deux fois par seconde, le son, lui, passe relativement bien.

Les petites icônes sous chaque image indiquent le type de ces images. Celle montrant un petit bout de pellicule indique qu'il s'agit d'une vidéo. Le petit haut-parleur indique qu'il s'agit d'un fichier son ou d'une station de radio. Quant aux deux petites fenêtres l'une dans l'autre, elles ouvrent Internet Explorer pour aller à un autre site.

Si la fenêtre du Guide multimédia vous paraît bien encombrante dans l'espace restreint du Lecteur Windows Media, mettez-la de côté, ouvrez Internet Explorer et allez sur le site `www.windowsmedia.com` ; vous y ferez exactement la même chose qu'avec le Lecteur Windows Media.

Dans la version américaine du site windowsmedia.com, ne manquez pas de visiter la section Coming Attractions (spectacle à venir) pour y découvrir les bandes-annonces des derniers films. Cliquez aussi sous Videos/Downloads (Vidéo/Téléchargements) pour voir les vidéos de dizaines d'artistes.

Il arrive parfois que le Lecteur Windows Media vous amène sur un site où vous devez vous enregistrer et communiquer votre nom et votre adresse de messagerie, et définir un mot de passe. Si vous ne tenez pas à crouler sous les propositions commerciales en tous genres, ne vous gênez pas pour donner une adresse bidon.

Trouver des stations de radio et les écouter

C'est sûr, n'importe qui peut acheter une radio pour 10 euros et rechercher des stations. Mais Windows transforme votre PC de 1 500 euros en radio capable de capter toutes les stations du monde. Ces ondes arrivent à travers le canal de l'avenir : Internet.

Les sections précédentes ont montré comment le Lecteur Windows Media arrive à recevoir des stations de radio grâce à la fonction Guide multimédia.

Améliorer l'affichage des vidéos

Les vidéos ne sont pas toujours très fluides. Si l'ordinateur et son modem ne sont pas assez rapides pour maintenir un débit élevé, la vidéo est saccadée. Le problème, c'est que le Lecteur Windows Media saute dans ce cas des images afin de conserver la temporisation avec la piste sonore. Voici quelques conseils pour améliorer la fluidité lorsque vous visionnez des séquences :

- Veillez à utiliser le plus rapide des modems dont vous disposez. Les ordinateurs les plus puissants traitent la vidéo le plus rapidement. Ne cédez pas à la tentation de choisir une vitessse de téléchargement plus élevée que celle de votre modem.
- Les séquences sont affichées le plus rapidement possible lorsqu'elles sont visionnées en plein écran (c'est-à-dire sans fenêtrage) ou alors dans la fenêtre la plus petite possible. Appuyez sur les touches Alt+Entrée pour basculer du mode fenêtré au mode plein écran, et inversement.
- Pour voir les différentes tailles d'affichage d'une vidéo, cliquez dessus avec le bouton droit pendant qu'elle est affichée. Choisissez Ajuster à la fenêtre pour la dilater ou la contracter selon le redimensionnement de la fenêtre. Les pourcentages indiquent la taille de la vidéo par rapport à son affichage normal. Choisissez Plein écran pour visionner la vidéo sans les bordures du Lecteur Windows Media (bougez la souris, et les commandes de volume, de pause et autres paramètres réapparaissent).

Mais la radio sur Internet est si fabuleuse qu'elle a eu droit à son propre bouton.

Les étapes qui suivent expliquent comment rechercher les genres de musique que vous préférez sur les stations radio et les affecter à des boutons afin que vous puissiez immédiatement vous y reconnecter.

1. **Connectez-vous à Internet, ouvrez le Lecteur Windows Media, puis cliquez sur le bouton Tuner radio.**

   La fenêtre du Tuner radio contient des stations de radio et permet d'en trouver d'autres.

2. **Cliquez sur le lien Find More Stations (Rechercher d'autres stations), comme le montre la Figure 13.2.**

Figure 13.2 Cliquez sur le lien Find More Stations afin d'accéder à d'autres stations de radio.

La navigation parmi les stations s'effectue en anglais car le site est américain. Une liste de styles de musique est affichée sous le lien : cliquez dessus pour effectuer une recherche parmi les radios spécialisées en musique country, classique, jazz, world music, etc.

3. **Cliquez sur une des stations pour obtenir des renseignements complémentaires (Figure 13.3).**

4. **Cliquez sur le bouton Play pour entendre la radio.**

   Si une même station est proposée à deux vitesses de modem (28K ou 56K par exemple), choisissez la vitesse en fonction de votre modem. Si une seule vitesse est proposée, assurez-vous que votre modem est au moins aussi rapide.

- Il arrive parfois que la station sélectionnée ouvre Internet Explorer, qui vous amène alors à la page Web de cette station. Vous devrez dans ce cas cliquer sur quelques autres boutons pour l'écouter. Vous devrez

Figure 13.3 Le Lecteur Windows Media recherche n'importe quel genre de station radio et diffuse les émissions de celle que vous avez choisie.

choisir votre taux d'émission, par exemple, ou, si le site diffuse plusieurs stations, choisir de nouveau votre station préférée.

TRUC

- Les transmissions à gros débit des stations de radio donnent de meilleurs résultats que celles à petit débit.

- Pour élargir vos horizons culturels, choisissez des stations de différents pays, ou des genres de musique que vous n'avez jamais écoutés auparavant. Car après tout, vous n'êtes pas tenu de vous limiter à ce que vous arrivez à capter avec votre vieux transistor ! Essayez autre chose sur Internet !

- Pour savoir quelle station vous écoutez actuellement, cliquez sur le bouton Lecture en cours. Très souvent, vous obtiendrez des informations sur la musique : son interprète et son compositeur, le nom du morceau, le titre de l'album auquel il appartient et la durée.

- Vous avez découvert une station géniale ? Ajoutez-la à la liste Presets (Présélections) afin de la retrouver facilement par la suite. Dans windowsmedia.com, cliquez sur le lien Add to My Stations (Ajouter à Mes stations). Après avoir cliqué dessus, le lien devient Added to My Stations (Ajouté à Mes stations) et reste ainsi définitivement, ce qui évite de présélectionner deux fois une même station. Au début, la liste Presets est vide. Elle se remplit peu à peu au gré de vos choix. Vous pourrez accéder aux radios via la Bibliothèque multimédia, décrite dans la prochaine section.

Découvrir des médias dans votre ordinateur et les placer dans la Bibliothèque multimédia

Au bout d'un certain temps, votre ordinateur sera plein de musique, de vidéo et d'indicatifs de stations de radio. Le Lecteur Windows Media vous aide à cataloguer tous les médias présents dans votre ordinateur. Il les liste dans un vaste document appelé *Bibliothèque multimédia.* Qu'un fichier son émette un simple bip ou qu'il contienne une symphonie tout entière, le Lecteur Windows Media saura le retrouver, indiquer sa catégorie, et le jouer rapidement et facilement. Qui plus est, il fait tout ça automatiquement.

TRUC

Pour que le Lecteur Windows Media parcourt le disque dur à la recherche de chansons, de bruitages et de vidéos, cliquez sur l'option Outils du Lecteur Windows Media et choisissez Rechercher des fichiers multimédias. Dans la boîte de dialogue qui apparaît, conservez l'option Dans tous les lecteurs (veillez néanmoins à retirer le CD du lecteur, s'il y en a un dedans) puis cliquez sur Rechercher. Le Lecteur Windows Media examine la totalité de l'ordinateur à la recherche de tous les fichiers de média ; ce faisant, il inscrit leur emplacement dans la Bibliothèque multimédia afin d'en faciliter l'accès.

Pour voir le résultat de la recherche, cliquez sur le bouton Bibliothèque multimédia. Le Lecteur Windows Media affiche tous les fichiers de média, triés par types : Audio, Vidéo, Mes sélections et Présélections de stations.

Voici une brève présentation de ces catégories :

- **Audio :** Le Lecteur Windows Media classe les fichiers audio en quatre sous-catégories. Cliquez sur Tout l'audio pour obtenir la liste de *tout* ce qui est audible : les stations de radio, les CD, les fichiers MIDI, MP3 et WMA. Cliquer sur Album regroupe tous les fichiers MP3 et WMA par albums. Cliquer sur Artistes classe les fichiers audio par interprètes plutôt que par albums. Enfin, la sous-catégorie Genre trie les musiques par genre comme Rock, Jazz ou Classique.

- **Vidéo :** Cette catégorie ne comporte que deux sous-catégories. Choisissez Tous les clips pour voir tous les fichiers vidéo présents dans l'ordinateur. Cliquer sur Auteur classe les vidéos selon leur créateur.

- **Mes sélections :** Pour personnaliser vos fonds sonores musicaux, créez une liste *Mes sélections* (décrite dans la prochaine section). Une liste Mes sélections contient le nom et l'emplacement des médias que vous avez choisis ; ils sont joués dans l'ordre où ils apparaissent.
- **Présélections du Tuner radio :** Si vous avez présélectionné des radios en cliquant sur le lien Add to My Stations, ou sur Presets dans d'autres sites, comme nous l'avons décrit dans la section précédente, ces radios apparaissent dans cette liste, d'où elles peuvent être rapidement choisies.

Si vous allez fréquemment sur Internet pour écouter ou regarder, demandez au Lecteur Windows Media d'ajouter automatiquement les adresses des sites dans la Bibliothèque multimédia. Cliquez sur Outils/Options. Choisissez ensuite l'onglet Lecteur puis cochez la case Ajouter des éléments à la bibliothèque multimédia pendant la lecture.

Créer des listes de diffusion

Presque tout le monde a acheté un jour ou l'autre un album du genre "Les plus grands succès". Le Lecteur Windows Media vous permet de créer le vôtre, même si vous n'écoutez que les joueurs de biniou. Vous n'êtes pas obligé de vous en tenir à de la musique. N'importe quel son peut être ajouté à une liste de diffusion.

Vous pouvez créer votre propre bande sonore en mélangeant le flux de données d'une station de radio avec des fichiers MP3, vos vidéos préférées et, à l'aide de liens, les bandes-annonces de films sur Internet. Pour configurer et utiliser une liste de diffusion, procédez comme suit :

1. **Chargez le Lecteur Windows Media et cliquez sur le bouton Bibliothèque multimédia.**

   Le bouton Bibliothèque multimédia se trouve à gauche du lecteur. Une liste de catégories apparaît ; elle ressemble vaguement à celle de l'Explorateur Windows et fonctionne d'ailleurs sur le même principe.

2. **En haut du Lecteur Windows Media, cliquez sur le bouton Nouvelle sélection.**

   Une boîte de dialogue vous demande de nommer la nouvelle création.

3. **Dans la zone de texte Entrez le nom de la nouvelle sélection, tapez le nom de la liste de diffusion puis cliquez sur OK.**

Tapez un nom comme "Réveil en fanfare", par exemple.

4. **Cliquez avec le bouton droit de la souris sur un fichier ou une station de radio et choisissez Ajouter à la sélection. Choisissez ensuite la liste de diffusion (appelée Sélection dans Windows XP).**

   Parcourez les fichiers, y compris audio, vidéo et radio. Pour voir tous les fichiers son, cliquez sur Tout l'audio. Après avoir repéré un fichier, cliquez dessus avec le bouton droit de la souris et choisissez Ajouter à la sélection.

5. **Pour jouer une liste de diffusion, cliquez sur le bouton Bibliothèque multimédia, puis sur Mes sélections et choisissez une des listes de diffusion.**

   La liste de diffusion créée à l'Etape 3 contient toutes les musiques et les vidéos sélectionnées. Le Lecteur Windows Media se met aussitôt à les jouer.

Les listes de diffusion évitent d'avoir à cliquer sans cesse sur les innombrables boutons du Lecteur Windows Media. Au lieu de cliquer sans arrêt de-ci, de-là pour écouter de la musique, vous choisissez une liste correspondant à votre humeur du moment.

N'oubliez pas l'astuce à la fin de la section "Découvrir des médias dans votre ordinateur et les placer dans la Bibliothèque multimédia" : chaque fois que vous écoutez quelque chose sur Internet, le Lecteur Windows Media ajoute automatiquement le lien dans la Bibliothèque multimédia.

Lire des CD

La quasi-totalité des lecteurs de CD-ROM construits depuis cinq ans sont capables de lire non seulement des données informatiques, mais aussi des CD audio. Un ordinateur équipé d'une carte son, d'enceintes et d'un lecteur de CD-ROM vous permet d'écouter de la musique tout en travaillant.

Cette section vous explique comment écouter des CD sur votre ordinateur. Elle explique aussi comment le Lecteur Windows Media se sert d'Internet pour identifier votre CD, lister les titres qui s'y trouvent, et même récupérer l'image de couverture de son boîtier.

1. **Connectez-vous à Internet.**

Si vous n'êtes pas connecté au moment d'insérer un nouveau CD, le Lecteur Windows Media le jouera mais ne pourra pas l'identifier.

2. **Insérez un CD audio dans le lecteur de CD-ROM.**

   Juste après l'insertion du CD, le Lecteur Windows Media s'affiche au premier plan, ouvre la fenêtre Lecture en cours et commence à jouer les morceaux.

   Gardez un œil sur la liste de diffusion du Lecteur Windows Media. Il identifie actuellement le CD et affiche Artiste inconnu, suivi du numéro de la piste lue. Après un instant, les noms des chansons du CD apparaissent à droite dans la liste de diffusion, comme le montre la Figure 13.4.

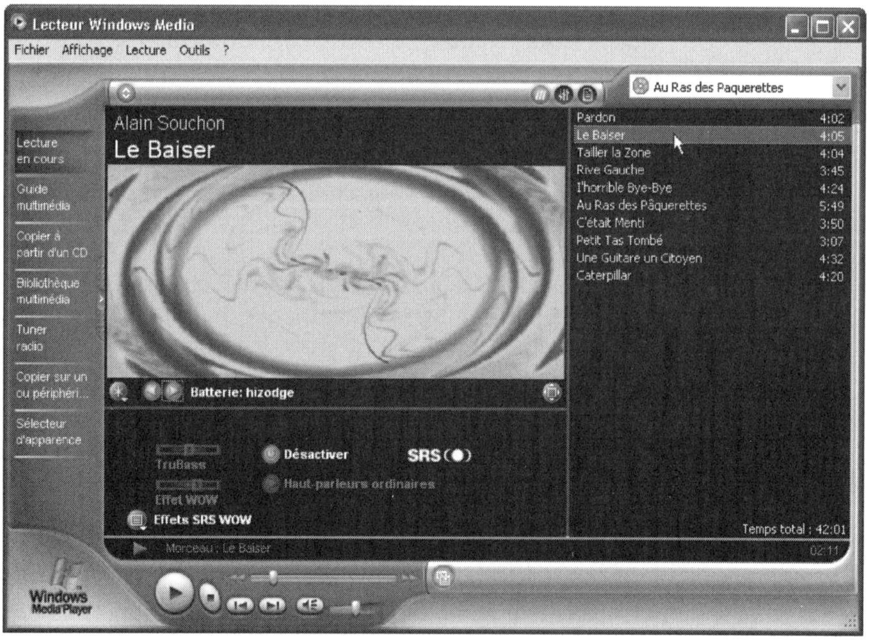

Figure 13.4 Lors d'une connexion à Internet, le Lecteur Windows Media reconnaît automatiquement le CD et affiche les noms des morceaux dans la liste de diffusion.

   Pendant que le CD est joué, le Lecteur Windows Media affiche des visualisations plus ou moins psychédéliques qui se déforment au gré de la musique.

3. **Contrôlez la lecture de l'album en cliquant sur des boutons.**

Les boutons de commande du Lecteur Windows Media imitent ceux de presque tous les autres lecteurs de CD audio. Vous y retrouvez les boutons Lecture/Pause, Arrêt, Précédent, Suivant et Muet. Actionnez la glissière près du petit haut-parleur pour régler le volume. Référez-vous à la Figure 13.1 pour connaître ces boutons, ou immobilisez simplement la souris dessus.

- Le Lecteur Windows Media reconnaît automatiquement les best-sellers ainsi qu'une surprenante quantité d'obscurs navets. Mais parfois vous devrez entrer les noms vous-même. Cliquez avec le bouton droit de la souris sur une piste, choisissez Modifier puis tapez le nom. Après avoir identifié le titre du CD ainsi que les noms des morceaux, le Lecteur Windows Media s'en souvient. Il n'est plus nécessaire de se connecter à Internet pour les télécharger.

- Les *visualisations* sont ces effets tourbillonnants qui varient au gré du rythme des morceaux. Sous cet effet, deux petits boutons permettent de choisir d'autres types de visualisations. Fouillez dans le menu Outils/Télécharger des visualisations, pour en trouver d'autres. Ou alors, cliquez dans un effet avec le bouton droit de la souris et choisissez-en un dans le menu.

- Cliquez dans une visualisation avec le bouton droit de la souris et choisissez l'option Pochette d'album. Le Lecteur Windows Media remplace l'effet tourbillonnant par la pochette de l'album, s'il parvient à la trouver sur Internet.

- Jouez les morceaux du CD au hasard en cliquant sur le bouton Activer la lecture aléatoire (reportez-vous à la Figure 13.1) ou sur Lecture/Lecture aléatoire.

- Vous voulez écouter et réécouter un CD jusqu'à saturation ? Jouez-le puis, dans le menu Lecture, choisissez Répéter. Le CD est lu et relu jusqu'à ce que vous appuyiez sur le bouton Arrêter.

- Vous pouvez ajuster le son à votre convenance. Choisissez les Effets WOW et SRS en cliquant sur les petits boutons ou, dans la barre de menus, cliquez sur Affichage/Outils de lecture. Les effets WOW produisent une qualité "3D" tandis que la commande TruBass remonte artificiellement les basses. Pour mieux vous rendre compte du son, choisissez l'Egaliseur graphique. Sculptez le son vous-même ou choisissez parmi les présélections telles que Rock, Jazz, Classique, etc.

Lire les DVD

En ce qui concerne le Lecteur Windows Media, Microsoft s'est emballé pour le DVD, mais il n'y a pas de quoi. Car Windows XP ne peut pas lire spontanément un DVD. Même si vous avez acheté un ordinateur équipé de Windows XP, d'un lecteur de DVD et aussi acheté un DVD, il vous faudra un élément supplémentaire : un programme appelé *décodeur.* Il est appelé *codec* (NDT : contraction de compression/décompression), car il traduit un format en un autre, ce qui permet à l'ordinateur de convertir les données numériques présentes sur le disque en chevaux lancés au galop à l'écran.

Windows XP n'est, hélas ! pas équipé d'un codec pour les DVD. Il vous faudra donc le trouver ailleurs. Où ? Eh bien, la plupart des ordinateurs dotés d'un lecteur de DVD sont livrés avec ce programme de lecture. Il se présente sous la forme d'une petite boîte de dialogue avec des boutons. Il installe son propre codec de DVD dans Windows ; le Lecteur Windows Media ne fait que l'emprunter. Mais si vous ne possédez pas le programme de lecture de DVD, il n'y a rien à emprunter, et le Lecteur Windows Media ignore tout simplement vos DVD.

- Si vous choisissez le Lecteur Windows Media au lieu du lecteur de DVD tiers pour regarder vos DVD, les commandes sont à peu près les mêmes que pour la lecture des CD audio décrite dans la section précédente.
- Il vous faudra sans doute mettre votre logiciel de lecture de DVD à jour pour qu'il fonctionne sous Windows XP. Sinon, il ne fonctionnerait pas avec le Lecteur Windows Media. Allez sur le site Web du fabricant de votre lecteur de DVD et recherchez le correctif (*patch*) ou la mise à jour (*update*) pour Windows XP. Avec un peu de chance, le téléchargement sera gratuit. Certains fabricants vendent cependant la nouvelle version de leur logiciel.
- DVD sont les initiales de Digital Video Disc ou Digital Versatile Disc.

Lire des fichiers MP3 et WMA

Windows XP lit les fichiers MP3, le standard de stockage de la musique sur les ordinateurs et sur Internet. Il gère aussi le format concurrent de Microsoft, les fichiers WMA. Pour écouter un fichier MP3 – que vous l'ayez téléchargé depuis Internet ou créé à l'aide d'un logiciel de musique –, procédez comme suit :

1. **Ouvrez le Lecteur Windows Media.**

S'il n'est pas visible dans le menu Démarrer ou dans la barre des tâches, cliquez sur le bouton Démarrer, choisissez Tous les programmes puis Lecteur Windows Media.

2. **Cliquez sur Fichier/Ouvrir.**

   La boîte de dialogue Ouvrir apparaît.

3. **Localisez vos fichiers MP3 et WMA.**

   Ouvrez le dossier contenant ces fichiers.

TRUC

Vous avez du mal à retrouver vos fichiers MP3 ? Dans ce cas, dans le menu Démarrer, choisissez Rechercher, choisissez l'option Images, musique ou vidéo, puis cochez la case Musique. Après avoir cliqué sur le bouton Rechercher, tous les fichiers MP3 et WMA apparaissent dans la fenêtre Résultats de la recherche.

4. **Double-cliquez sur le fichier que vous désirez écouter.**

- Si vous avez demandé au Lecteur Windows Media de cataloguer tous vos fichiers de média, comme nous l'avons expliqué dans ce chapitre à la section "Découvrir des médias dans votre ordinateur et les placer dans la Bibliothèque multimédia", cliquez sur le bouton Bibliothèque multimédia. Les fichiers MP3 se trouvent dans la section Audio du Lecteur Windows Media, triés par Album, Artiste et Genre.

- Le Lecteur Windows Media permet de créer des listes de diffusion de vos airs préférés, comme nous l'avons expliqué dans la section "Créer des listes de diffusion", précédemment dans ce chapitre. Il vous est ainsi possible de mettre en mémoire une liste des fichiers que vous désirez écouter, dans l'ordre que vous aurez défini.

- Le Lecteur Windows Media n'est pas très adapté à la lecture des fichiers MP3, car il est trop lourd et peu maniable. Vous trouverez Winamp, un lecteur plus souple et plus réduit, sur le site `www.winamp.com`.

Créer des fichiers WMA ou MP3

Le Lecteur Windows Media permet de copier les plages d'un CD audio sur l'ordinateur, mais seulement au format WMA. Le format MP3 est cependant plus connu et supporté par tous les lecteurs MP3 portables. Microsoft compte sur son poids commercial pour que le WMA connaisse le même succès,

Que sont les formats MP3, WMA et Mp3PRO ?

Le format MP3 a ouvert à Internet de tous nouveaux horizons, inconnus auparavant. La technologie MP3 sert à stocker de la musique dans un ordinateur sous la forme de fichiers compressés à environ un dixième de leur taille d'origine. Le son est presque aussi bon que celui du CD original.

Lorsque le public mesura les implications du format MP3, pas mal de gens se mirent à créer des fichiers MP3 à partir de leurs CD préférés. Ils les stockèrent dans leur ordinateur ou dans des "lecteurs MP3" comme le Rio ou le Nomad. Nombreux sont ceux qui échangent des fichiers MP3 via Internet à l'aide de programmes comme BearShare ou à la faveur de groupes de discussion. Les fanas de musique adorent ça, mais les éditeurs l'ont en horreur, car ces échanges portent atteinte au droit d'auteur et font baisser les ventes.

Décelant là l'ouverture d'un nouveau marché, Microsoft a créé son propre algorithme de compression de la musique nommé Windows Media Audio (WMA). Il concurrence le format MP3 dans son propre domaine. Car, voyez-vous, un fichier MP3 doit être encodé à 128 kilobits par seconde pour restituer un son de bonne qualité, alors que le WMA produit un résultat comparable à 64 Kbps. Autrement dit, pour un son identique, un fichier WMA est deux fois plus petit pour une qualité équivalente.

Certaines personnes préfèrent le format MP3 à cause du son produit, largement acceptable. D'autres préfèrent le WMA à cause de sa compacité qui permet de stocker davantage de morceaux dans un lecteur portable, à condition bien sûr qu'il accepte ce format.

Mais si vous ne cliquez pas sur le bouton correct, une licence spéciale est introduite dans le fichier WMA, qui rend la copie plus difficile : il n'est pas toujours possible de prendre un fichier WMA créé sur un ordinateur pour l'écouter dans un autre.

Le Lecteur Windows Media joue aussi bien les fichiers WMA que MP3, mais, en ce qui concerne les CD audio, il ne permet que la création de fichiers WMA.

Qui plus est, les auteurs du format MP3 ont récemment développé le nouveau format Mp3PRO. Ils ont amélioré le son MP3 tout en divisant la taille du fichier par deux ; la qualité est comparable, voire meilleure que celle du standard MP3. Malheureusement, pour bénéficier de cette qualité accrue, les fichiers Mp3PRO exigent un lecteur spécial. Joués dans un lecteur MP3 classique, le son Mp3PRO est moitié moins bon qu'un son MP3.

Comme les fabricants de matériel audio doivent payer une redevance spéciale pour utiliser le format Mp3PRO, seul l'avenir nous dira s'il sera accepté.

d'autant que les fichiers WMA sont moitié moins encombrants que les fichiers MP3.

Avant de copier des fichiers, vous devez indiquer au Lecteur Windows Media où il doit les stocker, et dans quel format. Dans la barre de menus, choisissez Outils/Options, puis cliquez sur l'onglet Copier la musique (pour savoir quel format choisir, lisez l'encadré " Que sont les formats MP3, WMA et Mp3PRO ?", plus haut dans ce chapitre).

Pour économiser la place, je vous recommande de stocker vos morceaux dans le dossier Musique partagée afin que tous les utilisateurs de l'ordinateur puissent les écouter. Cliquez sur le bouton Modifier, puis sur Poste de travail/Documents partagés/Musique partagée. Cliquez ensuite sur OK pour enregistrer les changements.

Assurez-vous d'avoir ôté la coche de la case Protéger le contenu. Vous voilà dès lors prêt à recopier les sons du CD dans votre ordinateur, où vous pourrez les écouter, les cataloguer ou les copier directement dans un lecteur MP3 ou un Pocket PC.

1. **Connectez-vous à Internet.**

   Bien que cela ne soit pas indispensable, la connexion Internet fournit automatiquement les informations sur des morceaux du CD pendant que le Lecteur Windows Media crée les fichiers WMA (ou éventuellement, comme nous le verrons plus loin, des fichiers MP3). Internet fait gagner du temps et évite les embarrassantes fautes d'orthographe.

2. **Chargez le Lecteur Windows Media.**

3. **Insérez le CD audio dans le lecteur de l'ordinateur puis cliquez sur le bouton Lire/Pause.**

   Le Lecteur Windows Media se mettra probablement à jouer un morceau. Or, la copie est plus rapide si le lecteur ne lit rien.

4. **Cliquez sur le bouton Copier à partir d'un CD.**

   Après avoir cliqué sur le bouton Copier à partir d'un CD, le Lecteur Windows Media montre tous les titres qui ont été sélectionnés.

5. **Otez la coche pour tous les titres que vous ne désirez pas copier (Figure 13.5).**

6. **Cliquez sur le bouton Copier la musique.**

Figure 13.5 Le Lecteur Windows Media crée des fichiers WMA, et non des fichiers MP3.

C'est tout. Le Lecteur Windows Media enregistre automatiquement tous les morceaux sélectionnés sur le disque dur.

- Pour écouter les fichiers que vous venez de copier, cliquez sur le bouton Bibliothèque multimédia, puis trouvez le contenu du CD dans la catégorie Album. Cliquez sur le nom du CD ; tous les morceaux copiés apparaissent dans le volet de droite du Lecteur Windows Media.

- Si vous avez enregistré les fichiers de musique dans le dossier Ma musique, vous seul pouvez les écouter sur l'ordinateur. Pour que tous les utilisateurs puissent en profiter, vous devez les enregistrer dans le dossier Musique partagée.

- De même que Windows XP est dépourvu de tout codec permettant de lire les fichiers d'un DVD, il est aussi dépourvu de codec permettant la création de fichiers MP3. La solution ? Il vous faudra un logiciel MP3 tiers doté d'un encodeur MP3. Si le Lecteur Windows Media estime que cet encodeur répond aux spécifications édictées par Microsoft, il l'emprunte afin de procéder à la copie au format MP3. Cliquez sur Outils/Options puis sur l'onglet Copier la musique afin de choisir un format de fichier, WMA ou MP3.

Comment me défaire de cette satanée fonction de licence ?

Hormis les éditeurs de musique, tout le monde est d'accord pour dire que la fonction de licence de Microsoft est exécrable. Il est heureusement possible de la désactiver.

1. **Dans la barre de menus, cliquez sur Outils/Options.**
2. **Cliquez sur l'onglet Copier la musique.**
3. **Otez la coche de l'option Protéger le contenu.**

Si la case n'est pas cochée, le Lecteur Windows Media n'incorpore dans les fichiers copiés aucune licence ni aucune protection contre la copie. La désactivation de cette fonction vous permet de copier les fichiers dans n'importe quel autre ordinateur ou lecteur de musique portable.

Stocker les fichiers dans les dossiers Ma musique et Musique partagée

Lorsque le Lecteur Windows Media copie le contenu d'un CD audio dans le disque dur, au format WMA ou MP3, il le stocke dans le dossier Ma musique ou dans le dossier Musique partagée, ce dernier étant en aval du dossier Poste de travail. Mais il y a plus intéressant : le Lecteur Windows Media récupère parfois un exemplaire de la couverture du CD et la colle dans le dossier Poste de travail, comme le montre la Figure 13.6. Mais pour cela : il faut recourir au petit truc que voici :

1. **Comme le Lecteur Windows Media doit être en mesure de télécharger la pochette, vous devez être connecté à Internet pendant que vous copiez les fichiers.**

2. **Pour être sûr que la pochette sera visible, ouvrez le Poste de travail et cliquez avec le bouton droit sur le dossier contenant les morceaux. Choisissez Propriétés, cliquez sur l'onglet Personnaliser puis, dans la zone de liste déroulante du haut, sélectionnez Album de musique (préférable pour les pistes d'un album). Cliquez sur OK pour revenir à l'affichage du dossier.**

3. **Dans le menu principal du dossier, choisissez Affichage puis, dans le menu déroulant, sélectionnez l'option Miniatures.**

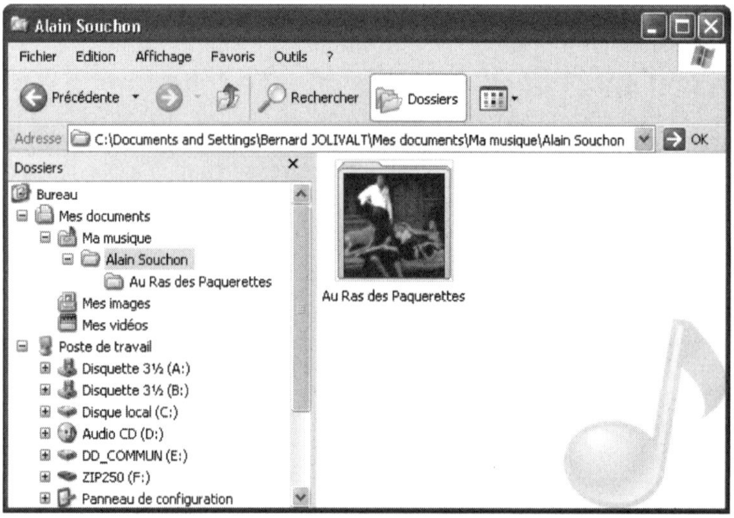

Figure 13.6
La couverture de la pochette d'un CD peut se retrouver dans les dossiers Ma musique et Musique partagée.

4. **Si la pochette n'apparaît pas dans le dossier, cliquez de nouveau dans le dossier avec le bouton droit de la souris et choisissez Réactualiser les miniatures.**

Le Poste de travail classe les CD par artistes, chacun ayant droit à un sous-dossier distinct. Le dossier Artiste montre des petites vignettes des différentes pochettes. Si ce n'est pas le cas, effectuez les mêmes étapes que pour la récupération d'une pochette, mais en choisissant cette fois l'option Artiste de musique (préférable pour les œuvres d'un artiste), au lieu de l'option Album de musique.

Lire les vidéos

Windows XP est livré avec un éditeur de vidéo d'amateur qui produit de petites séquences susceptibles d'être envoyées par courrier électronique. Le Lecteur Windows Media joue ces vidéos, de même que celles que vous avez téléchargées depuis Internet, y compris les très connus formats MPG et AVI.

Windows XP ne lit cependant pas les vidéos au format QuickTime. Pour ces fichiers, vous devez télécharger le lecteur QuickTime d'Apple, à l'adresse `www.apple.com/quicktime`.

La lecture des fichiers vidéo est identique à celle d'un fichier WMA.

1. **Ouvrez le Lecteur Windows Media.**
2. **Choisissez Fichier/Ouvrir.**
3. **Localisez le fichier vidéo.**

   Ouvrez le dossier contenant vos vidéos.

4. **Double-cliquez sur le fichier de la vidéo. Elle est aussitôt lue.**

   Pour faire en sorte que la vidéo emplisse tout l'écran, appuyez sur les touches Alt+Entrée (ou choisissez Plein écran, dans le menu Affichage). Attention ! certaines vidéos passent mieux en plein écran que d'autres. Appuyez de nouveau sur Alt+Entrée pour revenir à la taille normale (en mode fenêtré).

Déplacer de la musique ou des vidéos vers un lecteur MP3 ou un Pocket PC

Ne faites pas compliqué : désactivez la fonction de licence WMA lorsque vous copiez des fichiers à partir d'un CD audio. Vous pourrez ainsi les écouter sur presque tous les lecteurs MP3 du marché.

Le Lecteur Windows Media est capable de recopier des fichiers directement de la Bibliothèque multimédia vers un lecteur MP3 ou un Pocket PC. Mais cela ne fonctionne par ailleurs qu'avec les périphériques les plus récents comme le HipZip de Iomega, le Nomad II de Creative, les Rio 600 et 800, et d'autres.

Voici comment copier de la musique ou des vidéos dans un lecteur MP3 ou un Pocket PC :

1. **Connectez votre périphérique à l'ordinateur.**

   Certains périphériques se connectent au moyen d'un câble série, d'autres par le port USB ou parallèle. D'autres encore utilisent un lecteur de cartes Compact Flash.

2. **Allumez le périphérique.**

   Une fenêtre apparaît généralement ; elle demande si Windows doit gérer votre périphérique. Windows demande spécifiquement si le fichier de musique doit être joué à partir du périphérique, ou s'il doit ouvrir le contenu du périphérique dans un dossier afin que vous puissiez voir les fichiers. Cliquez sur Annuler car, avec le Lecteur Windows Media, vous n'avez besoin d'aucune de ces options pour copier des fichiers.

3. **Cliquez sur le bouton Copier sur un CD ou un périphérique**

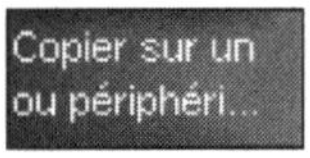

Le Lecteur Windows Media se connecte à votre périphérique (appuyez sur la touche F5 s'il a des difficultés à le trouver). Comme vous le constatez dans la Figure 13.7 par exemple, le Lecteur Windows Media montre à gauche des fichiers audio en attente d'être recopiés dans un périphérique Iomega, à droite.

Figure 13.7 Le volet de gauche contient les vidéos à transférer dans le lecteur de disquettes amovibles (à droite).

4. **Choisissez ce que vous désirez copier dans le lecteur.**

Vous avez remarqué la petite flèche en haut à droite du volet de gauche ? Cliquez dessus et une longue liste se déploie. C'est la liste de recopie, dans laquelle vous pourrez sélectionner par artiste, par titre de CD, par genre, etc. Ou alors, choisissez Tout l'audio pour voir *tous* les fichiers son de l'ordinateur.

Les morceaux que vous avez choisis apparaissent dans la fenêtre juste en dessous. Tous sont cochés : le Lecteur Windows Media indique la taille des fichiers ainsi que celle de la sélection afin que vous puissiez gérer au mieux les transferts. Pour désélectionner tous les fichiers, cliquez sur la petite case à gauche de Titre. Choisissez ensuite les fichiers un par un, en toute connaissance de cause.

Pour supprimer des sons dans le lecteur courant, cliquez dessus avec le bouton droit de la souris et choisissez Supprimer de la bibliothèque.

Les morceaux sélectionnés tiendront-ils dans le lecteur ? C'est le moment de passer à l'Etape 5.

5. **Cliquez sur le bouton Copier la musique, en haut à droite du Lecteur Windows Media.**

Le Lecteur Windows Media transfère fidèlement les fichiers.

- Si le message "une erreur s'est produite" apparaît à côté d'un titre, c'est sans doute parce que son fichier est trop volumineux pour tenir dans le lecteur. Choisissez un fichier plus petit et voyez s'il tient dans la place restante.
- Le moyen le plus rapide de transférer des fichiers consiste à acquérir un lecteur de cartes Compact Flash et à le connecter à l'ordinateur. Copiez ensuite les fichiers WMA ou MP3 vers le lecteur de cartes en utilisant le Poste de travail. Le transfert s'effectue en quelques secondes.
- Le Lecteur Windows Media copie aussi des vidéos dans un Pocket PC. Mais attention ! l'opération risque de prendre beaucoup de temps. En fait, à moins que le lecteur de musique ou le Pocket PC soit relié à l'ordinateur par un port USB, le transfert peut atteindre ou dépasser 20 minutes.
- Lorsque vous copierez des morceaux dans votre lecteur portable ou dans un Pocket PC, vous gagnerez de la place en encodant les fichiers WMA en 64 Kbps. Ils occupent deux fois moins de place et, pour une écoute dans la rue, le son est bien assez bon. Pour modifier le taux de transfert, cliquez sur Outils/Options, activez l'onglet Copier la musique, puis mettez la glissière de qualité à 64 Kbps.
- Les fichiers WMA supportent mieux les taux de transfert faibles que les fichiers MP3. C'est pourquoi la qualité audio d'un son WMA à 64 Kbps est meilleure qu'un fichier MP3 lui aussi encodé à 64 Kbps.

Graver vos propres CD

Windows XP vous permet de graver vos musiques préférées sur des CD inscriptibles. L'opération peut s'effectuer de deux façons *vraiment* très différentes.

La première consiste à accumuler les fichiers sur un CD uniquement à des fins de stockage. Vous pouvez par exemple copier plus de 150 fichiers MP3 sur un simple CD. Ouvrez simplement le Poste de travail, cliquez sur les fichiers avec le bouton droit de la souris, choisissez Envoyer vers, puis sélectionnez CD. Ouvrez ensuite le lecteur de CD inscriptibles dans le Poste de travail et choisissez Ecrire ces fichiers sur le CD (cette manipulation fonctionne bien sûr pour tous les fichiers que vous désirez copier sur un CD, pas seulement pour des fichiers de musique).

La seconde façon vous permet de créer un CD audio *standard*, soit un CD contenant une douzaine de morceaux que vous pourrez écouter à la maison ou en voiture. En mélangeant les morceaux de différents albums, vous pouvez créer votre propre compilation.

Procédez comme suit pour stocker une douzaine de morceaux sur un CD (à vrai dire, l'opération ressemble beaucoup à la copie de fichiers audio sur un lecteur MP3 portable, comme nous l'avons décrit dans la section précédente) :

1. **Insérez le CD vierge dans le lecteur de CD inscriptibles.**

   Dès que l'utile petit message est apparu, cliquez sur Pas d'action. Le Lecteur Windows Media s'occupera des détails.

2. **Ouvrez le Lecteur Windows Media puis cliquez sur le bouton Copie sur CD ou périphérique.**

   Ce bouton se trouve à gauche du Lecteur Windows Media. Ce dernier affiche un écran à deux volets. Les fichiers à copier sur le CD se trouvent d'un côté ; l'autre montre les fichiers déjà transférés. Les deux volets sont vides car vous n'avez encore sélectionné aucun fichier, et parce que le CD est encore vierge.

3. **Cliquez sur le bouton Bibliothèque multimédia.**

   Cliquez sur l'album contenant les morceaux à graver sur le CD. Ils apparaissent dans le volet de droite du Lecteur Windows Media.

4. **Cliquez avec le bouton droit de la souris sur les morceaux à sélectionner. Cliquez ensuite sur Copier sur le CD audio.**

Chaque fois que vous cliquez sur un morceau puis sur Copier sur le CD audio, le Lecteur Windows Media affiche la fenêtre que vous avez vue à l'Etape 2, avec le fichier qui vient d'être choisi dans la liste Musique à copier. Le Lecteur Windows Media indique la longueur de chaque morceau et le total en bas.

Pourquoi le Lecteur Windows Media est-il si vigilant sur la quantité de données ? Parce qu'un CD audio ne contient que 74 ou 80 minutes de données. Si vous essayez de bourrer le CD au-delà de sa capacité, le Lecteur Windows Media affiche le message "Espace peut-être insuffisant" à côté de certains titres.

Pour supprimer de la liste les fichiers qui ne tiendront pas sur le CD, cliquez dans la case qui les précède afin d'ôter la coche.

Après avoir ajusté la quantité de morceaux selon l'espace disponible, vous pouvez passer à l'Etape 5.

5. **Cliquez sur Copier la musique.**

   C'est le petit bouton rouge en haut à droite.

   Vous pouvez maintenant quitter l'ordinateur pendant un certain temps. Windows doit en effet convertir les fichiers au format propre au CD audio, ce qui prend une bonne dizaine de minutes. Il lui faudra ensuite une bonne demi-heure pour graver le CD. Microsoft recommande vivement de ne pas toucher à la machine pendant la gravure, car le Lecteur Windows Media "pourrait s'arrêter".

- Le Lecteur Windows Media sait copier sur des disques compacts de type CD-R et CD-RW. Comme bon nombre de chaînes stéréo calent sur un CD-RW, il est conseillé de toujours utiliser des disques de type CD-R. Je les achète par paquet de 50 sur Amazon.com.

- Lorsque vous stockez des sons sur votre disque dur, le Lecteur Windows Media les compresse au format WMA, ce qui entraîne une certaine perte de qualité. Pour que le Lecteur Windows Media puisse graver au mieux les CD, enregistrez les sons avec la qualité la plus élevée possible lorsque vous les couchez sur le disque dur. Pour ce faire, cliquez sur Outils/Options, puis sur l'onglet Copier la musique ; enfin, mettez le curseur de la glissière sur Qualité optimale.

Mais ce n'est pas tout : si vous possédez déjà ou si vous envisagez d'installer les programmes de gravure Easy CD et DVD Creator ou Nero, j'ai consacré une partie entière de ce livre, la quatrième, à leur prise en main. Les Chapitres 14 et

15 vous donneront toutes les informations nécessaires pour réussir sans encombre vos premières gravures.

Changer l'apparence du Lecteur Windows Media

L'actuelle génération aime faire joujou. C'est pourquoi Microsoft a doté le Lecteur Windows Media d'une fonctionnalité quelque peu saugrenue. Le programme reste normalement à l'écran, couvrant tout comme une grande serviette mouillée.

Grâce à la technologie des habillages, l'utilisateur peut transformer cette affreuse serviette en quelque chose d'un peu plus attrayant. Les *apparences* sont de nouvelles interfaces pour le Lecteur Windows Media qui le rendent moins envahissant et plus convivial.

Voici comment revêtir le Lecteur Windows Media d'habits neufs :

1. **Cliquez sur le bouton Sélecteur d'apparence.**

   Une liste d'apparences est affichée à gauche, avec à droite un aperçu.

2. **Choisissez une apparence dans la liste.**

   La liste contient près d'une vingtaine d'apparences. Essayez-les en cliquant sur leurs noms. La fenêtre d'aperçu montre à quoi elles ressemblent (voir Figure 13.8).

   Pour voir *plus* d'apparences, cliquez sur le bouton Autres apparences, au-dessus de la liste. Il vous envoie sur la Microsoft Skin Gallery, accessible par Internet. Elle contient toute une collection d'apparences téléchargeables.

3. **Cliquez sur le bouton Appliquer l'apparence.**

   Situé au-dessus de la liste, ce bouton donne au Lecteur Windows Media l'apparence que vous avez choisie, comme le montre la Figure 13.9.

   Si la nouvelle apparence vous plaît, gardez-la (profitez-en pour retrouver l'emplacement de tous les boutons). Si vous en voulez une autre, répétez la manipulation.

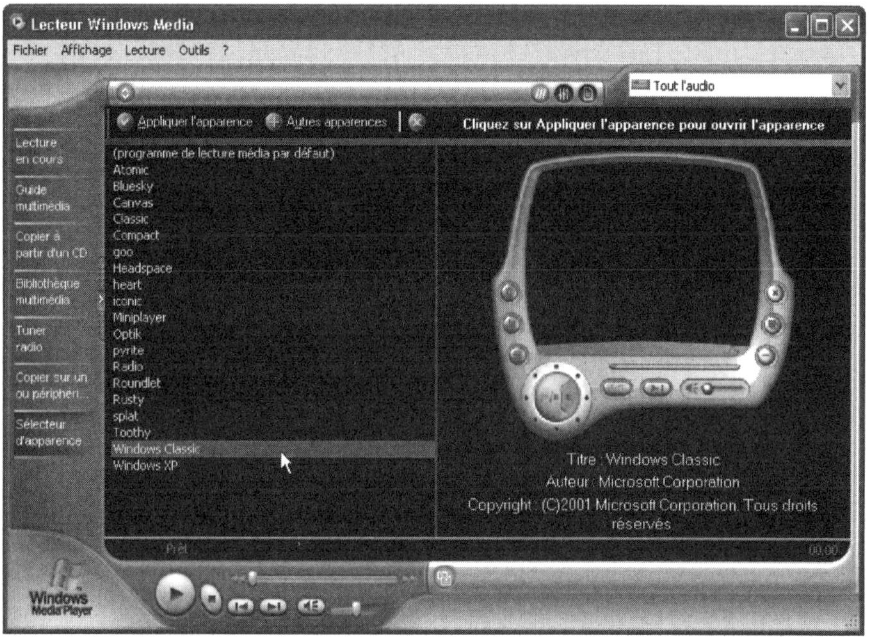

Figure 13.8 Cliquez sur une apparence (à gauche) pour en avoir un aperçu (à droite).

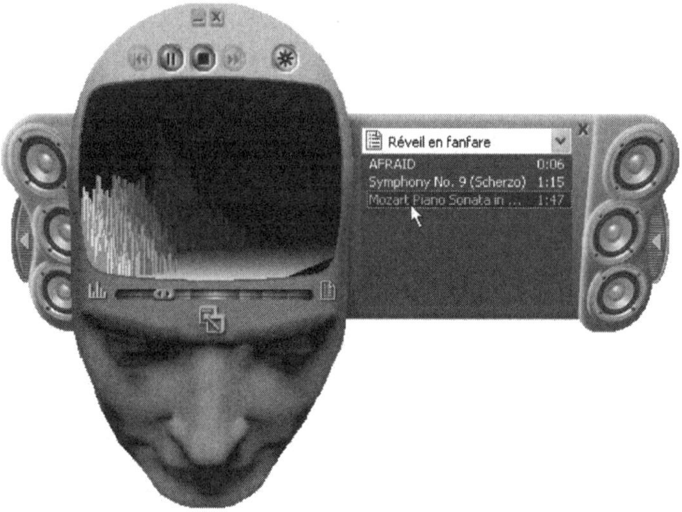

Figure 13.9 L'une des nombreuses apparences du Lecteur Windows Media.

TRUC

Choisissez l'apparence Miniplayer quand vous travaillez en musique. C'est un lecteur très compact, donc assez discret (il est toutefois incapable de visionner des vidéos).

Venir à bout des avanies du Lecteur Windows Media

Toute la débauche de technologie dévolue à nos puissants ordinateurs se ramasse lamentablement dès qu'on lui demande d'agir à la manière d'un simple téléviseur. Le choix d'un autre canal sur un téléviseur se limite à appuyer sur un bouton. Mais, dans le monde d'Internet, l'utilisateur doit se coltiner des standards biscornus, des termes aussi déroutants que "codec", et s'accommoder d'un ordinateur qui renâcle lorsqu'on lui demande de restituer les sons et les graphismes de haut niveau acheminés par Internet.

Cette section aborde les problèmes que vous risquez de rencontrer avec le Lecteur Windows Media.

Ça ne marche tout simplement pas !

Si le Lecteur Windows Media fait des siennes, consultez cette liste de dépannage avant de vous arracher les cheveux :

- **Vérifiez le volume sous Windows XP :** Cliquez sur le petit haut-parleur dans la zone de notification de la barre des tâches et remontez le niveau sonore. Assurez-vous aussi que la case Tous muets n'est pas cochée. Pas d'icône Haut-parleur ? Cliquez sur Démarrer/Panneau de configuration, choisissez Sons, voix et périphériques audio, puis cliquez sur l'option Ajuster le volume du système. Cochez ensuite la case Placer l'icône de volume dans la barre des tâches.

- **Vérifiez le volume de la carte son.** Sur certaines cartes son, une petite molette règle le volume. Vous devrez peut-être glisser vos petits doigts dans l'enchevêtrement de câbles de toutes sortes pour l'atteindre, à l'arrière du boîtier. Avec d'autres cartes, le volume se règle grâce à une combinaison de touches. Dans ce cas, vous devrez consulter le manuel.

- **Exécutez les logiciels de réglage ou de configuration livrés avec la carte son.** Ils arrivent parfois à éradiquer certains problèmes.

- **Avez-vous les codecs requis pour les DVD et les fichiers MP3 ?** Ils ne font pas partie de Windows XP. Vous devez installer un lecteur de DVD ou un encodeur MP3 tiers afin que le Lecteur Windows Media puisse leur emprunter ces indispensables codecs.

- **Assurez-vous d'avoir un compte Administrateur.** Sinon, vous ne pourrez pas graver de CD ni même, dans certains cas, installer de nouveaux logiciels.
- **Les pilotes de Windows XP pour votre carte son ont-il été correctement installés ?** Reportez-vous au Chapitre 3, à la section consacrée aux pilotes.
- **Avez-vous branché les enceintes à la carte son ?** Il faut bien que le son soit restitué par quelque chose... Le cordon de ces enceintes est-il bien enfoncé à fond dans les jacks ? Pendant que vous y êtes, vous avez pensé à brancher ces jolies enceintes de bureau sur le secteur ?

Il faut vraiment qu'il soit aussi encombrant ?

Les anciennes versions du Lecteur multimédia se contentaient de jouer les médias. Elles ne comportaient qu'une petite rangée de boutons pour contrôler la lecture des CD, l'enregistrement sonore et visionner occasionnellement des vidéos.

Aujourd'hui, le Lecteur Windows Media catalogue toute votre collection de fichiers et affiche un grand nombre d'informations. Il peut s'étaler sur tout l'écran ou au contraire être réduit à la taille d'une icône, dans la barre des tâches. Il n'y a que peu de moyen terme... Cliquez sur le Sélecteur d'apparence et choisissez par exemple l'apparence Windows Classic pour avoir un petit aperçu d'une époque désormais révolue.

Les mots bizarres du multimédia

Ce petit glossaire définit certains des termes étranges qui ont cours dans le curieux milieu du multimédia. Ne les prononcez qu'à voix très basse dans un ascenseur bourré de monde.

- **Analogique :** Mouvement naturel des éléments tels que les vagues, les sons et les déplacements. L'ordinateur transforme ces mouvements en chiffres. Voir *Numérique*.
- **Apparence :** Amélioration "cosmétique" d'un logiciel. Egalement appelée "habillage", cette fonction est comparable aux façades amovi-

bles et interchangeables de certains téléphones mobiles ou de certaines montres-bracelets. Le Lecteur Windows Media est doté de nombreuses apparences.

- **AVI :** Initiales de *Audio Video Interleaved,* audio et vidéo entrelacés. Les fichiers AVI sont des fichiers audiovisuels destinés à être lus sur des PC et compatibles. Ce format est en concurrence avec le format QuickTime d'Apple qui l'a supplanté sur Internet.

- **Codec :** Technique de compression et de décompression d'un fichier son ou vidéo, dont les formats sont souvent différents. C'est le cas des formats MP3 et WMA qui utilisent chacun un codec spécifique.

- **Compression à pertes :** Dans les fichiers compressés aux formats WMA ou MP3, des données audio sont sélectivement éliminées pour réduire l'encombrement final.

- **Copyright :** Terme légal établissant des droits sur l'œuvre créée. Dans le cas du son, le copyright peut être établi en faveur du compositeur, de la musique ou des interprètes. (NDT : en France, la notion de *copyright* est remplacée par celle de *droit d'auteur*, différente dans son esprit car, outre le droit pécuniaire, elle prend en compte le droit moral [le nom de l'auteur, par exemple, est à jamais indissociable de l'œuvre et ne peut faire l'objet d'une transaction])

- **Digital :** Qui concerne les doigts (empreintes digitales). En anglais, le terme *digit* signifie "nombre". D'où un malencontreux et tenace abus de langage. La traduction de *digital* est "numérique". Voir ce terme.

- **Domaine public :** ?uvre pouvant être copiée et distribuée sans aucun paiement de droits ou d'une redevance. Une œuvre protégée tombe dans le domaine public après l'expiration de sa période de protection, ou si l'ayant droit décide d'en faire don à l'humanité laborieuse.

- **DSP :** Initiales de *Digital Signal Processor,* processeur de signal numérique. Il est souvent utilisé pour ajouter de l'écho, de la réverbération et autres effets sonores à de la musique (NDT : le DSP sert aussi et surtout à la compression des données audiovisuelles).

- **Echantillonnage :** Précision du codage d'un signal numérique. Plus le taux d'échantillonnage est élevé, plus la qualité du signal – le son par exemple – est bonne. Mais, corollairement, plus le fichier ainsi échantillonné occupe de place sur le disque dur. La plupart des cartes son échantillonnent à 11, 22 ou 44 kilohertz.

- **Encodage :** Algorithme de compression d'un fichier. Lorsque vous créez un fichier WMA, vous procédez à un encodage du fichier.
- **FM :** Initiales de *Frequency Modulation,* modulation de fréquence. La FM était utilisée par la plupart des cartes son compatibles AdLib pour créer des sons d'instruments de musique.
- **Liste de diffusion :** Liste de fichiers de médias avec leurs emplacements. Le lecteur lit la liste, localise successivement chacun des fichiers et les joue dans l'ordre où ils sont listés.
- **MIDI :** Initiales de *Musical Instument Digital Interface,* interface numérique pour les instruments de musique.
- **Module sonore :** Un machin qui produit un son sans passer par un clavier. Exemple : la boîte à rythmes.
- **MP3 :** Abréviation de MPEG 3 Layer 1. Il s'agit d'une méthode de compression des fichiers audio à un dixième seulement de leur taille d'origine, tout en conservant une qualité proche de la qualité CD. Un fichier MP3 de 1 mégaoctet contient environ une minute de son.
- **Numérique :** Expression d'une variance par une succession de chiffres. Les ondes sonores, le dégradé d'un ciel dans une image sont quantifiés par des valeurs chiffrées utilisables par l'ordinateur. Voir *Analogique.*
- **Qualité CD :** Terme utilisé par Windows XP pour qualifier un son stéréophonique codé sur 16 bits, enregistré à 44 kilohertz. Ce son de très grande qualité occupe, hélas ! beaucoup de place sur le disque dur.
- **Qualité radio :** Terme utilisé par Windows XP pour définir un son monophonique codé sur 8 bits, enregistré à 22 kilohertz. Sa qualité est celle d'un poste de radio dont la réception est claire.
- **Qualité téléphone :** Terme utilisé par Windows XP pour décrire un son monophonique codé sur 8 bits à 11 kilohertz. La qualité est celle d'une conversation téléphonique.
- **RealAudio :** Autre format de fichier son conçu pour l'acheminement de la musique en flux continu sur Internet. Le format RealAudio n'est pas reconnu par le Lecteur Windows Media. Vous devez de ce fait télécharger le logiciel RealAudio depuis le site `www.real.com` (Microsoft espère bien faire un mauvais sort à RealAudio avec son format WMA).
- **Tampon de données :** Technique de stockage provisoire des informations destinée à rendre les transferts plus fluides. Les sons et les vidéos

acheminés via Internet exigent souvent d'être placés dans un tampon avant d'être restitués. Plus ce tampon est vaste, plus la musique et les images sont de bonne qualité, mais plus la charge de travail du processeur est élevée.

- **Touché pondérée :** Restitution du touché d'un véritable piano sur un synthétiseur ou un clavier électronique.
- **WAV :** Format audio propre à Windows.
- **WinAmp :** Incontestablement le plus connu des lecteurs MP3. Il est régulièrement amélioré et mis à jour. Sa personnalisation est facile et sa qualité sonore irréprochable. Allez le voir et l'entendre sur le site `www.winamp.com`.

Quatrième partie

Graver vos CD avec Easy CD et DVD Creator ou Nero

Dans cette partie...

Ne cherchez pas dans les Accessoires de Windows XP, ces programmes ne s'y trouvent pas... Mais il y a fort à parier que, tôt ou tard, vous serez amené à tester – et adopter – l'un ou l'autre de ces ténors de la gravure. Alors, pourquoi ne pas vous donner dès maintenant un aperçu de ces programmes pour vous aider à faire votre choix bien sûr mais également vous donner un petit coup de pouce afin de tirer le meilleur des deux.

Le premier, Easy CD et DVD Creator, édité par la société Roxio (`www.roxio.de/french/`), est une véritable suite logicielle entièrement dédiée à la gravure : qu'il s'agisse de copier des données, de la musique, des images, des vidéos... Rien ne lui est impossible.

Le second, Nero, développé par Ahead Software (`www.nero.com/en/index.html`) est devenu au fil des versions beaucoup plus convivial et s'affirme désormais comme un sérieux concurrent du premier. C'est de plus le roi de l'overburning. Mais, qu'est-ce que l'*overburning*, me direz-vous ? Rendez-vous au Chapitre 15 pour tous les détails.

A vos graveurs, prêts, gravez... !

Chapitre 14

Un petit tour avec Easy CD et DVD Creator

Dans ce chapitre :

- Graver des CD-ROM de données.
- Graver des CD audio.
- Copier un CD.
- Utiliser des images disque.
- Créer des CD-ROM multisession.

Le moment est venu de démarrer Easy CD et DVD Creator 6 sur votre PC et de découvrir comment il s'y prend pour graver de simples CD audio et CD-ROM de données. Ce chapitre présente le tout-venant de la gravure des CD, dans la mesure où ces types de disques représentent 90 % des enregistrements. Je commencerai par décrire les étapes de base de chacune des procédures, puis nous terminerons ce chapitre avec deux projets qui illustrent des tâches spécifiques.

La gravure des données : enregistrer des fichiers sur un CD

Le premier disque compact que j'ai enregistré était un CD-ROM de données. Ce fut mémorable ! Easy CD et DVD Creator 6 n'existait pas et le logiciel rudimentaire que j'avais utilisé était loin d'être convivial et facile d'emploi. En fait, j'ai gâché deux CD avant d'en obtenir un qui soit utilisable.

A la recherche des fichiers et dossiers perdus

"Je sais que ce fichier se trouve quelque part sur ce disque !" Très chers frères et sœurs, je compatis à votre peine. La recherche d'un document parmi 50 répertoires et 30 000 fichiers n'est pas la meilleure manière de passer une soirée agréable, j'en conviens. Il est préférable de cliquer sur le bouton Rechercher des fichiers ou des dossiers, près de la boîte de liste Sélectionner les fichiers source (c'est un bouton avec une loupe placée sur un dossier) et demander à Easy CD et DVD Creator 6 de vous tirer d'embarras.

Commencez par choisir le lecteur dans lequel vous voulez effectuer la recherche en cliquant dans la boîte de liste Rechercher dans. Entrez ensuite les critères de recherche :

Le nom du fichier : Même si vous ne connaissez qu'une partie du nom, entrez-la dans le champ Nommé. N'oubliez pas de cocher la case Inclure les sous-dossiers, si la recherche doit aussi s'effectuer en aval de l'emplacement spécifié.

Une chaîne de caractères dans un fichier : Cette fonction permet de ne trouver que les fichiers contenant la chaîne de caractères spécifiée dans le champ Contenant le texte.

La date et l'heure de création ou de modification du fichier : Cliquez sur l'onglet Date et précisez un intervalle de temps.

La taille et le type du fichier : Cliquez sur l'onglet Avancé et choisissez le type de fichier. Précisez aussi la taille minimale et maximale des fichiers.

Dès que vous êtes prêt, cliquez sur Rechercher maintenant. Et bonne chance !

Tout a évolué en mieux. Pendant la gravure, Easy CD et DVD Creator 6 prend en charge la plupart des tâches rebutantes. Procédez comme suit pour graver un CD-ROM contenant des données informatiques (fichiers et dossiers) provenant du disque dur de votre PC :

1. **Insérez un disque compact vierge dans le graveur.**

   Si vous utilisez un CD-RW, il doit avoir été formaté. Easy CD et DVD Creator 6 détecte l'insertion d'un disque vierge et affiche aussitôt l'écran du Sélecteur de projet que montre la Figure 14.1.

   Pour démarrer depuis le menu Démarrer, cliquez sur Démarrer/ Programmes/Roxio Easy CD et DVD Creator 6 /Creator Classic.

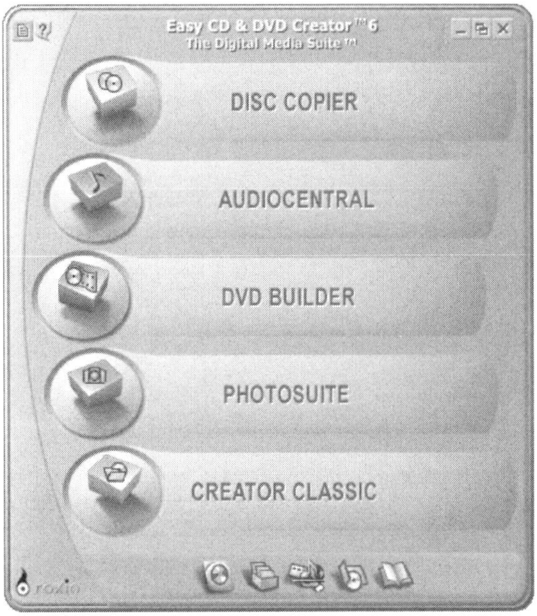

Figure 14.1 Le sélecteur de projet a un *look* très Macintosh.

2. **Cliquez sur le bouton bleu Creator Classic.**

3. **Cliquez le Bouton Données au milieu de l'écran s'il n'est pas déjà activé, comme le montre la Figure 14.2.**

   Vous avez remarqué l'arborescence de dossiers qui occupe la fenêtre du haut ? Elle est semblable à celle de Windows Explorer. C'est là que vous sélectionnez les dossiers et les fichiers à graver.

4. **Double-cliquez sur un dossier pour l'ouvrir et voir ce qu'il contient. Pour passer au dossier précédent, cliquez sur le bouton Dossier parent (l'icône avec un dossier et une flèche vers le haut).**

   Vous pouvez aussi naviguer vers un dossier en déroulant le menu de l'option Sélectionner les fichiers source. Mettez en surbrillance le dossier ou le fichier à graver en cliquant une seule fois dessus. Il est possible de sélectionner plusieurs éléments en maintenant la touche Ctrl enfoncée tout en cliquant dessus.

5. **Après avoir sélectionné les dossiers et les fichiers à placer dans le répertoire courant, cliquez sur le bouton Ajouter, au milieu de l'écran.**

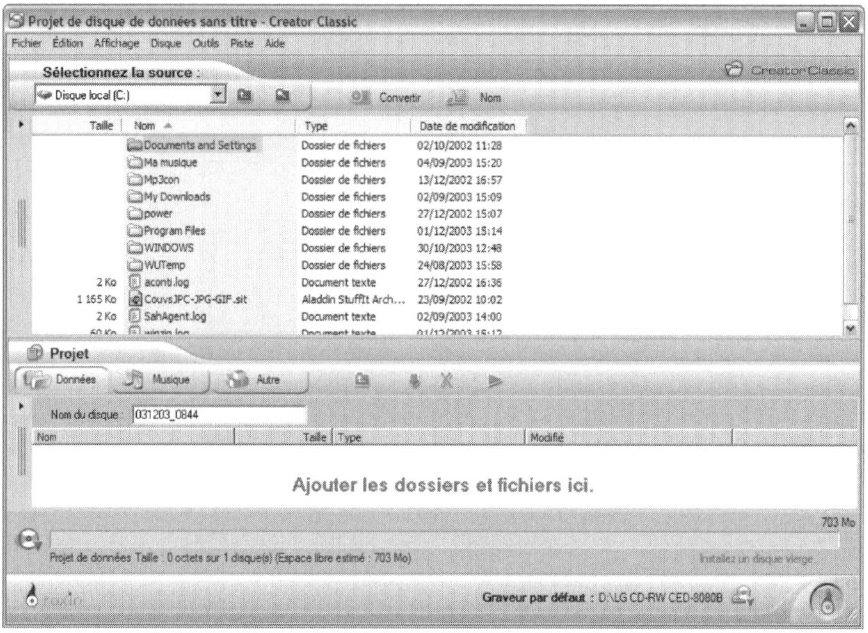

Figure 14.2 Le CD-ROM vierge attend les données à graver dessus.

Il est aussi possible de cliquer et, bouton de la souris enfoncé, tirer un rectangle de sélection dans l'arborescence, après quoi il suffit de faire glisser les éléments jusque dans la fenêtre d'en bas. J'allais oublier : en bas de la fenêtre, une barre d'état indique le nombre de mégaoctets qui seront gravés et la place restante sur le CD de destination, qu'il s'agisse d'un CD de 74 minutes ou de 80 minutes. C'est ce genre de détail qui me rend fier d'être un technophile.

6. **Au besoin, répétez les Etapes 4 et 5 avec d'autres dossiers jusqu'à ce que tous les fichiers à graver apparaissent dans la fenêtre du CD, comme le montre la Figure 14.3.**

   Il est aussi possible de faire glisser des éléments (fichiers et dossiers) à l'intérieur de la fenêtre du CD afin de modifier leur disposition.

   NOTE TECHNIQUE

   Enfer et damnation ! Ça ne loupe jamais ! Vous avez à peine fini de disposer les dossiers et fichiers que quelqu'un vous appelle ailleurs. Il est fort heureusement possible d'enregistrer le projet courant dans Easy CD et DVD Creator 6. Cliquez sur Fichier et choisissez Enregistrer la liste du projet. Tapez un nom pour le projet en cours puis cliquez sur Enregistrer (pour copier le projet courant sous un autre nom, cliquez sur Fichier et choisissez Enregistrer la liste du projet sous). Dès que vous

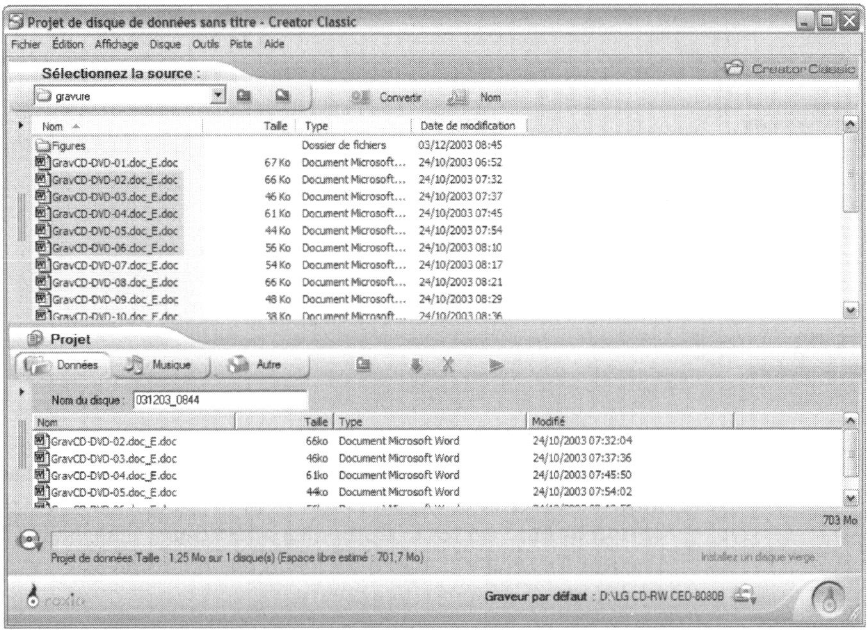

Figure 14.3 La fenêtre du CD-ROM de données est rapidement pleine comme un œuf.

êtes prêt à reprendre le projet, démarrez Easy CD et DVD Creator 6, cliquez sur Fichier et choisissez Ouvrir un projet. Sélectionnez le fichier de projet puis cliquez sur Ouvrir pour le charger.

Pour votre disque, un nom du genre 010803_0203 ne vous enthousiasmera probablement pas. Je vous comprends. Alors, pourquoi ne pas en changer. Cliquez une seule fois sur le nom de volume du CD (il se trouve sous le joli logo Data CD Project) et renommez-le aussi facilement que n'importe dossier du disque dur. Rappelez-vous que le nombre de caractères est limité à 255 sous Windows XP. Revoyez également le Chapitre 11 pour un rappel des noms de fichiers et de dossiers légaux et illégaux.

7. **Tout est fin prêt pour la gravure ? Cliquez sur le gros bouton d'enregistrement, en bas à droite de l'écran.**

   Le logiciel affiche la boîte de dialogue Configuration que montre la Figure 14.4. Pour un simple CD de données, les valeurs par défaut devraient parfaitement convenir.

8. **Vérifiez que l'unité de gravure est mentionnée et que la vitesse de gravure est correcte.**

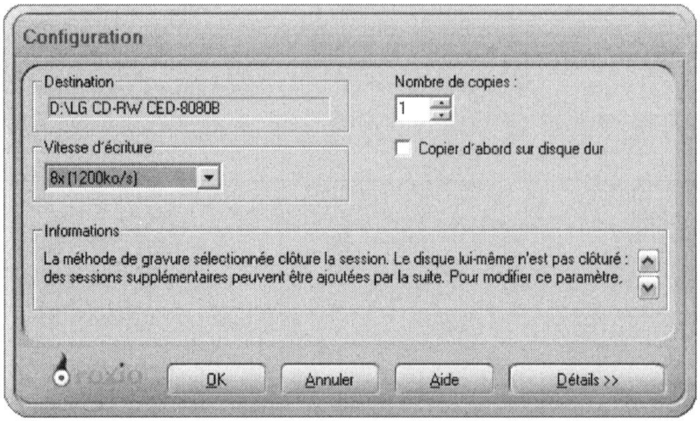

Figure 14.4 Ne vous laissez pas impressionner par ces paramètres(il n'y a vraiment pas de quoi).

9. **Comme c'est peut-être la première fois que vous gravez, activez le bouton Tester et enregistrer le CD, pour plus de prudence. Cette option double certes la durée des opérations, mais Easy CD et DVD Creator 6 exécute d'abord un test d'enregistrement et, si ce test est concluant, il démarre la gravure.**

   Grâce à ce test, si un problème est détecté, vous sauverez le disque vierge. Une fois que vous serez à l'aise avec votre graveur, vous pourrez choisir l'option Record CD.

10. **Il est possible de graver un certain nombre d'exemplaires du CD en spécifiant la quantité dans le champ Nombre de copies.**

11. **Si la case Prévention du buffer underrun est accessible, cochez-la afin d'activer le mode de protection contre les ruptures (*burnproof*) et prévenir ainsi les problèmes dus à l'insuffisance d'alimentation du tampon.**

    L'écriture du texte du CD n'étant pas importante pour la gravure d'un CD-ROM de données, vous pouvez ignorer cette option.

12. **Si vous enregistrez en mode "piste par piste", vous aurez le choix entre trois options :**

    - **Ne pas clôturer la session :** Laisse le disque ouvert, ce qui permet par la suite d'ajouter des données sans devoir créer un disque multi-session. Cependant, à moins d'avoir finalisé la session ou le CD, le disque n'est lisible que dans votre lecteur CD-RW. Si cette option est en grisé, c'est sans doute parce que votre graveur ou le système de fichier ne la supportent pas.

- **Clôturer la session. Ne pas clôturer le CD :** Ferme la session courante afin que le disque puisse être lu par n'importe quel lecteur de CD-ROM. Cependant, le CD lui-même n'est pas clôturé, ce qui permet d'écrire d'autres sessions dessus et créer un disque multisession.

- **Clôturer le disque :** Le disque tout entier est clôturé, ce qui empêche toute écriture de sessions ultérieure (c'est une sorte de protection du disque contre l'écriture). J'utilise classiquement cette option chaque fois que je grave en mode "plage par plage".

13. **Cliquez sur OK pour lancer la gravure.**

    Ensuite, vous pouvez suivre l'avancement des opérations dans la boîte de dialogue Progression de l'enregistrement du CD (voir Figure 14.5). La gravure terminée, vous pouvez éventuellement démarrer le logiciel CD Label Creator ou simplement quitter et essayer de lire le nouveau CD.

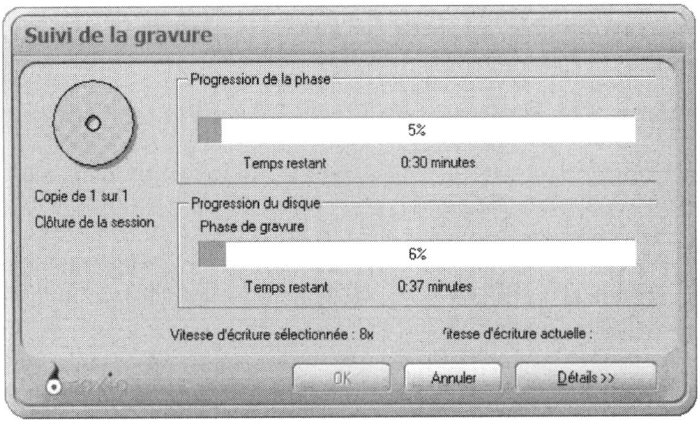

Figure 14.5 Ça grave, ça grave...

Félicitations ! Vous êtes l'auteur d'un CD-ROM tout beau tout neuf !

Graver de la musique

ATTENTION !

Ne recopiez la plage d'un CD audio ou ne gravez que ce que la loi autorise. Ne copiez jamais des logiciels vendus dans le commerce ou manifestement piratés. Loin de moi l'intention de faire la morale ou de me substituer à un

Comment "tester" un CD-R ?

"Dis donc Mark, tu n'avais pas dit qu'un CD-R n'est pas réutilisable ? Si oui, comment mon graveur peut-il bien tester un disque sans se fourvoyer ?"

Quand vous testez le contenu d'un disque, le graveur fait comme s'il enregistrait les données sur le CD, alors qu'en fait le laser émet un rayon de faible puissance qui ne modifie pas la teinture de la couche de polycarbonate transparent, si c'est un CD-RW que vous utilisez.

Le test est ainsi effectué en toute sécurité. Easy CD et DVD Creator 6 est capable de détecter une erreur pendant l'enregistrement, de sorte qu'en cas de problème vous ne perdez pas le CD vierge.

juriste, mais le respect des droits d'auteur, c'est avant tout le respect de l'œuvre et le respect de l'auteur qui y a mis le meilleur de lui-même.

Ces temps-ci, je grave pas mal de CD audio que je remplis essentiellement avec des fichiers MP3. Toutefois, Easy CD et DVD Creator 6 est aussi capable de :

- Copier chacune des pistes d'un CD, par un procédé appelé "extraction" ou, en franglais, *ripping*.

- Copier l'intégralité d'un CD audio. Nous verrons comment dans la prochaine section, où j'explique comment cloner des données audio avec CD Copier.

1. **Insérez un disque vierge dans le graveur. L'écran Sélectionner un projet apparaît automatiquement.**

   N'utilisez jamais un disque CD-RW pour enregistrer un CD audio standard afin de le lire dans un lecteur stéréo. Au moins, vous ne pourrez pas dire que vous n'avez pas été prévenu.

2. **Cliquez sur le bouton Musique.**

3. **Cliquez sur Projet Disque musical.**

4. **Le moment est maintenant venu d'ajouter des plages à partir de l'écran d'Easy CD et DVD Creator 6 que montre la Figure 14.6. Vous avez le choix entre :**

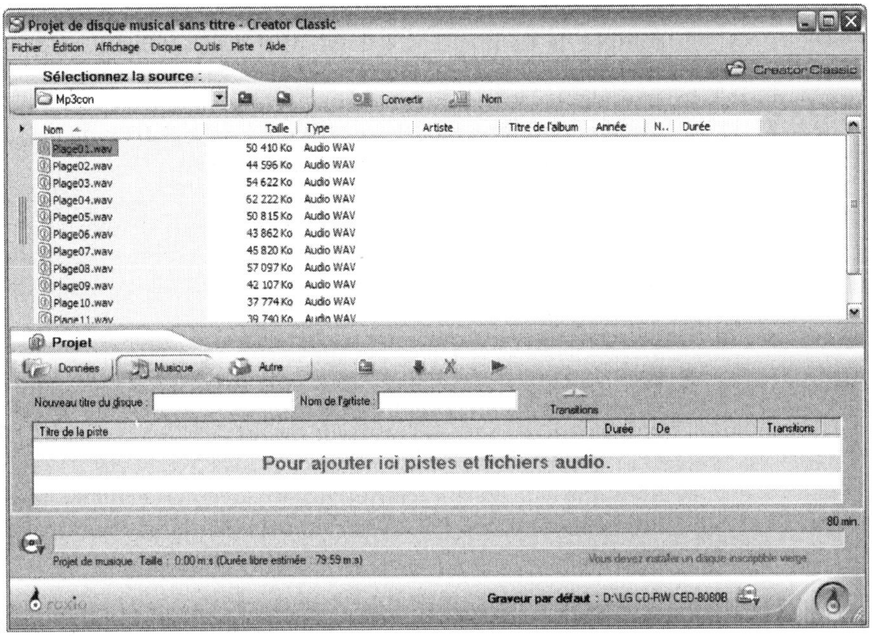

Figure 14.6
La gravure d'un nouveau CD de musique commence à cet écran.

- **Ajouter au projet des fichiers MP3, WAV ou WMF :** Utilisez la fenêtre du haut pour localiser les dossiers contenant les fichiers audio.
- **Extraire des plages d'un autre CD :** Insérez un disque dans le lecteur de CD-ROM ou dans le graveur puis sélectionnez l'unité de ce périphérique de la liste Sélectionner la source pour accéder aux plages. Répétez cette manipulation pour charger d'autres plages provenant d'autres CD audio.

Si vous n'apercevez pas la liste des plages du CD, double-cliquez simplement dans une plage affichée dans la fenêtre du haut. Easy CD et DVD Creator 6 affiche un Lecteur de CD qui permet de l'écouter avant de l'ajouter aux morceaux à graver.

5. **Cliquez une seule fois sur chacune des plages à graver.**

   Pour sélectionner plusieurs plages d'une même source, maintenez la touche Ctrl enfoncée tout en cliquant sur chaque nom.

6. **Après avoir sélectionné les plages dans le dossier ou le disque source, cliquez sur le bouton Ajouter, au milieu de l'écran, pour placer la**

sélection dans la fenêtre des fichiers à graver ou faites-les glisser de la fenêtre du haut vers la fenêtre de projet, en bas.

7. **Répétez les Etapes 4 à 6 jusqu'à ce que la fenêtre des éléments à graver contienne tous les morceaux à enregistrer, ou jusqu'à ce que la moindre seconde du disque ait été utilisée.**

   Vous pouvez connaître la durée utilisée sur le disque en jetant un coup d'œil sur la barre Durée estimée, en bas de l'écran. Elle indique non seulement la durée déjà utilisée, mais aussi celle restante sur un CD-R de 74 ou 80 minutes.

8. **Dans la fenêtre du bas, arrangez les plages à graver dans l'ordre qui vous convient en cliquant d'abord sur le nom d'une plage puis en la faisant glisser à l'emplacement désiré.**

9. **Bien que cela ne soit pas obligatoire, je vous recommande d'entrer un nom dans le champ Nouveau titre du disque et un autre dans Nom de l'artiste.**

   Vous voulez modifier le nom d'une piste ou en créer une ? Cliquez simplement sur l'entrée en question puis cliquez de nouveau pour modifier le champ sous Titre de la piste.

10. **Prêt à graver d'interminables successions de 0 et de 1 ? Cliquez sur le gros bouton d'enregistrement rouge, au milieu de l'écran.**

    Si vous chargez des plages à partir d'un CD audio, Easy CD et DVD Creator 6 vous demande de l'insérer au moment opportun afin de copier les plages et les convertir.

11. **Au besoin, sélectionnez le graveur et choisissez la vitesse de gravure la plus élevée possible.**

12. **Vous pouvez créer plusieurs exemplaires du disque de musique en cliquant sur la flèche à côté du champ Nombre de copies.**

    De nombreux CD audio – et la plupart des logiciels de lecture de CD audio – affichent les informations textuelles du CD pendant l'audition : le nom du disque, le nom de l'interprète ainsi que le nom de chaque plage.

13. **Pour donner une touche un peu plus high-tech à votre nouveau CD audio, cochez la case Ecrire le texte du CD.**

14. **Si votre graveur accepte le mode "disque entier" sélectionnez-le afin d'éviter les clics sonores entre les plages. Sinon, choisissez le mode Plage par plage ainsi que l'option Clôturer le disque.**

15. **Cliquez sur OK pour commencer l'enregistrement du CD. Si le graveur est vide, Easy CD et DVD Creator 6 vous demandera d'insérer un disque vierge.**

    Le logiciel affiche la boîte de dialogue Progression de l'enregistrement du CD (voir Figure 14.5, plus haut) qui montre comment le graveur enfourne les zéros et les uns dans la fournaise produite par le rayon laser. La gravure terminée, vous pouvez démarrer CD Label Creator afin d'imprimer une étiquette pour le disque ou une jaquette pour le boîtier.

Ça y est ! Vous pouvez mettre un casque et écouter votre CD !

Copier un disque

Dans cette section, j'explique comment copier un CD-ROM de données ou un CD audio. Plutôt que de démarrer Easy CD et DVD Creator 6 pour ce genre de tâche, Roxio propose de confier la tâche à un logiciel distinct, Disc Copier. Il est capable de cloner un CD en n'utilisant que le seul graveur. Mais si vous avez la chance de disposer, dans l'ordinateur, d'un lecteur de CD-ROM supplémentaire ou d'un autre graveur, la copie s'effectuera de disque à disque en un temps record !

Procédez comme suit pour copier un disque :

1. **Cliquez sur Démarrer/Programmes/Roxio Easy CD et DVD Creator 5/ Disc Copier pour afficher l'écran de la Figure 14.7.**

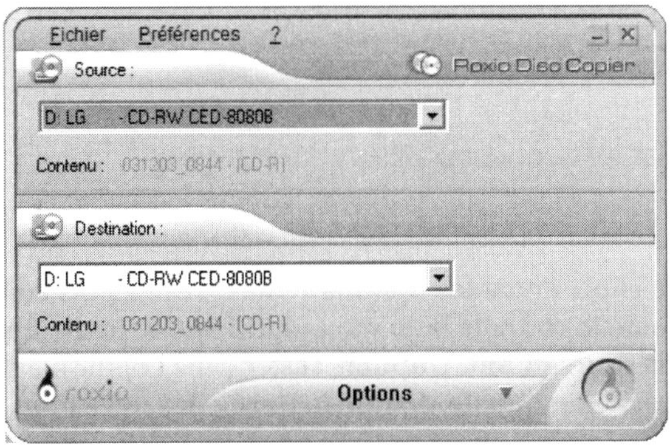

Figure 14.7 CD Copier est un duplicateur de disques compacts.

2. **Déroulez la liste Source, et choisissez l'unité où se trouve le CD à copier.**

   Cette unité est n'importe quelle unité capable de lire un CD, y compris le graveur de CD-RW.

3. **Cliquez sur la liste déroulante Destination, et choisissez l'unité qui gravera le CD.**

   Rappelez-vous que cette unité peut être la même que celle de la source (Copier à partir de).

4. **Il est recommandé de cliquer sur l'onglet Options et de jeter un coup d'œil aux paramètres qui s'y trouvent (voir Figure 14.8) avant de commencer la copie.**

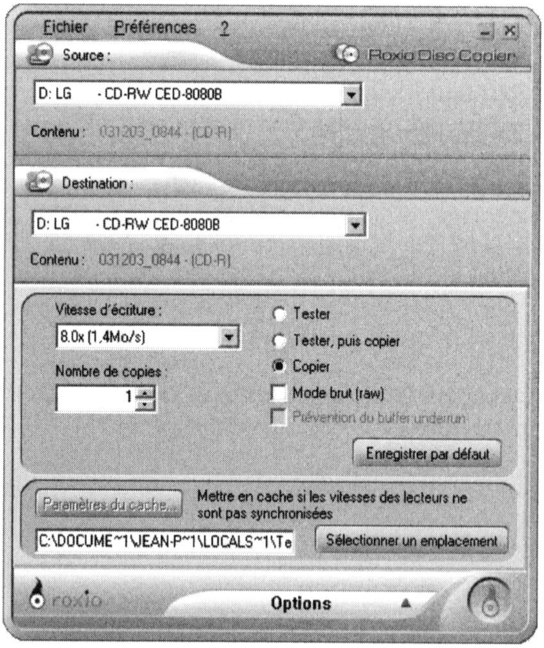

Figure 14.8 C'est ici que vous configurez CD Copier.

5. **Vous avez le choix entre les options Tester, Tester puis copier ou Copier. Comme je connais bien mon équipement, je me dispense du test et je vais droit au but. L'option Tester puis copier n'est toutefois pas à négliger, bien qu'elle double la durée des opérations.**

6. **Pour graver plusieurs exemplaires du disque original, cliquez sur la flèche à côté du champ Nombre de copies et choisissez le nombre d'exemplaires.**

   Si vous gravez plusieurs exemplaires, cochez la case Copier d'abord le CD source sur le disque dur. Vous gagnerez ainsi du temps car CD Copier utilisera un fichier image temporaire plutôt que de relire chaque fois les données dans le CD source.

7. **Cliquez sur le bouton Graver pour libérer la terrifiante puissance du rayon laser et, si vous travaillez avec une seule unité de CD, préparez-vous à insérer un disque vierge.**

Travailler avec une image de disque

De temps en temps, vous serez amené à créer plusieurs exemplaires d'un disque, mais sans forcément les graver tous en même temps. Car quelques semaines plus tard, certaines données risquent de devoir être modifiées, à moins que vous ne prépariez des disques pour la distribution ou la vente sans savoir à l'avance combien il vous en faudra.

C'est là qu'intervient l'*image de disque*. C'est un CD complet enregistré dans le disque dur sous la forme d'un seul fichier. Il est même possible de créer une telle image sans qu'un graveur soit installé. Ça paraît un peu bizarre, mais quand vous êtes sur la route avec votre ordinateur portable, voire au bureau, et que vous n'avez pas de quoi graver sous la main, il vous est néanmoins possible de préparer le travail en confectionnant un fichier image. Quand l'ordinateur aura accès à un graveur, l'enregistrement sur le CD se fera tout seul ou presque.

Il faut cependant considérer un inconvénient de taille : une image de disque occupe autant d'espace, sur le disque dur, que son futur jumeau optonumérique. Il faudra prévoir de la place en conséquence sur le disque dur.

Procédez comme suit pour créer une image de disque avec Easy CD et DVD Creator 6 :

1. **Cliquez sur Démarrer/Programmes/Roxio Easy CD et DVD Creator / Creator classic. Il est aussi possible de démarrer depuis la fenêtre Sélecteur de projet, comme je l'avais montré précédemment dans ce chapitre.**

2. **Cliquez sur Fichier/Nouveau projet, puis sélectionnez le type de disque dont vous avez besoin.**

3. **Créez le projet de disque comme d'habitude.**

4. **Cliquez sur Fichier puis sur Créer une image du disque pour ouvrir la familière boîte de dialogue que montre la Figure 14.9.**

Figure 14.9 Nommez l'image du disque et choisissez son emplacement.

5. **Naviguez dans le disque dur jusqu'au dossier dans lequel l'image du disque doit se trouver, tapez un nom puis cliquez sur Enregistrer.**

L'image du disque est peu à peu enregistrée. Le fichier qui la contient a une extension CIF.

Par la suite, quand vous aurez l'occasion de graver le disque, l'opération sera tout aussi facile :

1. **Cliquez sur Démarrer/Programmes/Roxio Easy CD et DVD Creator 6/ Creator classic.**

2. **Cliquez sur Fichier et sélectionnez l'option Graver le disque à partir d'une image.**

3. **La boîte de dialogue Enregistrer un disque à partir d'une image apparaît (voir Figure 14.10). Naviguez jusqu'à l'emplacement de l'image du disque à graver. Sélectionnez le fichier puis cliquez sur Ouvrir.**

4. **Modifiez éventuellement les paramètres de gravure, comme je l'avais expliqué précédemment dans ce chapitre, puis cliquez sur le bouton Commencer la gravure.**

5. **Insérez un disque vierge. Le graveur se charge du reste.**

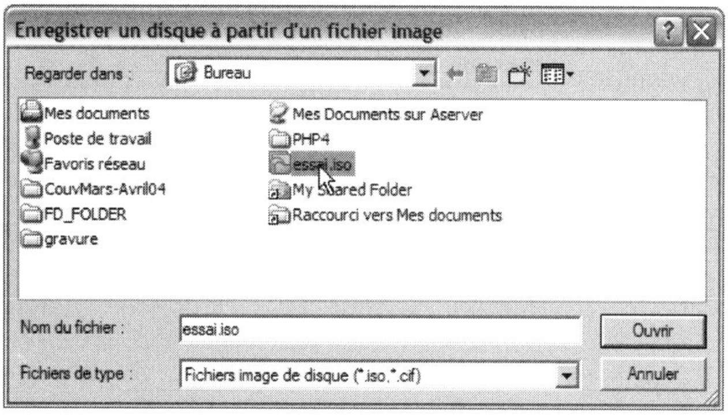

Figure 14.10 Sélection de l'image du disque à graver.

Utiliser des disques multisessions

Les disques multisessions ont un peu perdu de leurs attraits avec l'avènement de l'écriture par paquets. Les deux permettent d'enregistrer des données sur un disque, d'utiliser le disque puis d'ajouter des informations supplémentaires par la suite. Un disque de type UDF offre toutefois la même souplesse, mais sans tous les méandres de la gravure multisession ; par exemple, vous n'êtes pas obligé de démarrer Easy CD et DVD Creator 6 pour enregistrer une autre session, ni de recourir à un logiciel de sélection de sessions pour choisir le volume que vous désirez lire.

Mais, comme je suis du genre minutieux, et qu'un jour peut-être vous aurez à créer un disque multisession pour une raison ou pour une autre, je vais décrire dans cette section les deux types de gravure multisession.

ATTENTION !

Rappelez-vous toujours que tous les lecteurs de CD-ROM ne sont pas capables de lire des disques multisessions. N'en réalisez que si un CD-ROM standard à session unique ne fait pas l'affaire.

Ah oui, je parlais à l'instant de deux types de gravure… Les voici :

- **Incrémentale :** Utilisez un disque multisession incrémental lorsque vous savez dès à présent qu'il faudra ajouter des données à une session. Comme vous le constatez dans la Figure 14.11, des sessions ultérieures peuvent ajouter ou "supprimer" le matériel existant en écrivant par-dessus (désolé coco, ça ne signifie pas que tu récupères aussitôt cette place, mais tout simplement que le graveur n'accède plus à ce qui s'y trouve). Puisque les données de la session précédente sont placées dans la nouvelle, le logiciel de sélection de session n'est pas nécessaire. Le graveur lit simplement la dernière session qui a été enregistrée.

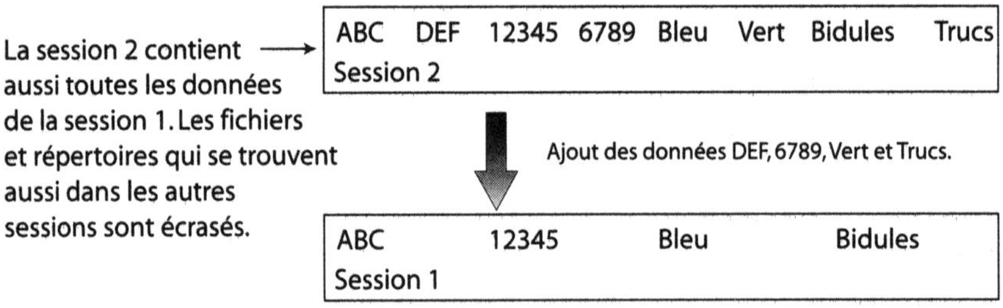

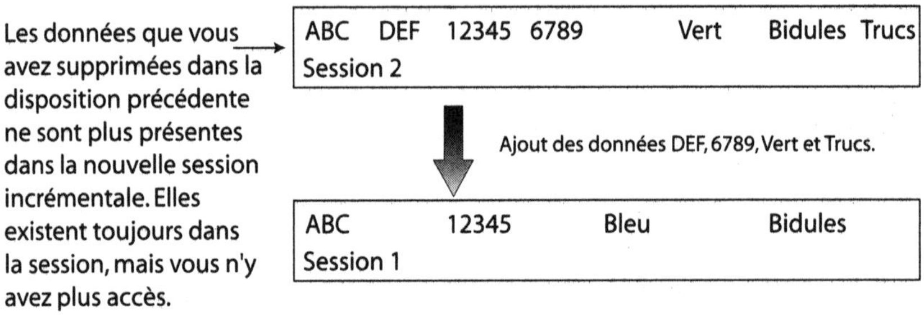

Figure 14.11 Utilisez un disque multisession incrémental si vous devez mettre des données à jour.

- **Multivolume :** Dans un disque multisession multivolume (voir Figure 14.12), toutes les sessions sont bien séparées les unes des autres. Elles ne peuvent pas être mises à jour comme les données d'un disque incrémental. Un logiciel de sélection de session est nécessaire pour passer d'un volume à un autre, et une seule session à la fois est lisible.

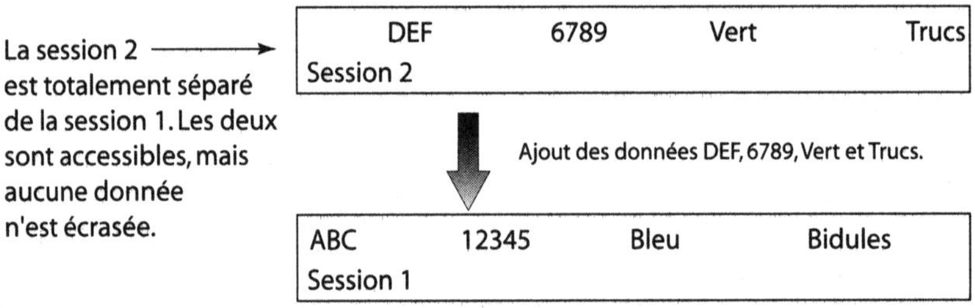

Figure 14.12 Ne mêlez jamais les sessions sur un disque multisession multivolume !

Pour graver un disque multisession incrémental, assurez-vous que la première session a été enregistrée en utilisant :

- **La méthode de gravure "piste par piste".**

- **L'option Clôturer la session. Ne pas clôturer le disque.** Elle crée une première session mais ne ferme pas définitivement le disque.

Dès que vous voudrez de nouveau graver, procédez comme suit :

1. **Cliquez sur Démarrer/Programmes/Roxio Easy CD et DVD Creator 6/ Creator classic.**

2. **Insérez le disque original dans le graveur.**

3. **Cliquez sur Fichier, sélectionnez Nouveau projet et choisissez CD de données. N'ajoutez aucun fichier à graver dans le projet pour le moment !**

4. **Ajoutez des fichiers au projet comme vous le feriez normalement ; les données de la première session sont automatiquement affichées.**

5. **Terminez l'enregistrement comme d'habitude. N'oubliez pas de choisir l'option "Clôturer la session. Ne pas clôturer le disque" si vous voulez pouvoir mettre ultérieurement la session à jour. Si les données à graver doivent rester immuables – et que vous en êtes vraiment sûr pour de bon –, je vous conseille de choisir Clôturer le disque.**

Projet 1 : la fièvre du MP3

Les amis, j'ai une terrible envie d'écouter le King, j'ai cité Elvis Aaron Presley. Le problème, c'est que toutes les chansons d'Elvis que je possède sont stockées au format MP3 dans mon disque dur et que je voudrais les écouter dans le lecteur de CD de ma Chevrolet modèle 1958. Si vous êtes dans le même cas, vous devrez adopter le projet que je propose, c'est-à-dire la gravure d'un CD audio contenant un *Best of* d'Elvis. (OK, les gars, j'ai aussi les CD d'origine de toutes ces chansons. Si j'ai recopié les plages au format MP3, c'est justement pour avoir de quoi réaliser cette démonstration.)

1. **Cliquez sur Démarrer/Programmes/Roxio Easy CD et DVD Creator 6/ Creator Classic.**

2. **Cliquez sur le bouton Musique.**

3. **Cliquez sur Disque musical.**

4. **Déroulez la liste Source et choisissez l'unité correspondant au graveur. Utilisez la vue supérieure de l'écran pour naviguer jusqu'au bon dossier.**

5. **La touche Ctrl enfoncée, cliquez sur chacun des fichiers MP3 à graver (Figure 14.13).**

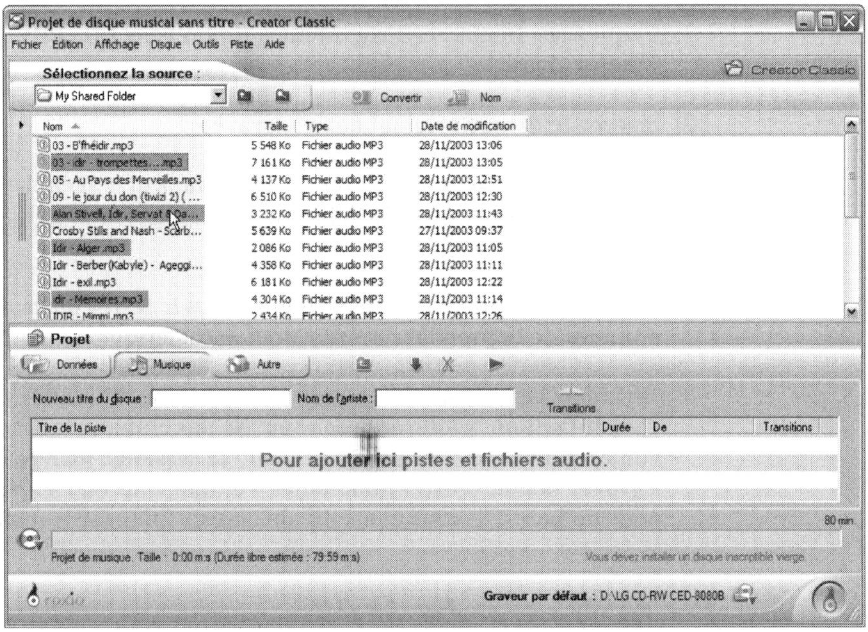

Figure 14.13
Ça c'est de la musique ! Rien que le meilleur !

6. **Cliquez sur le bouton Ajouter, au milieu de l'écran. La Figure 14.14 montre les plages placées dans la fenêtre du bas.**

7. **Pour ajouter des chansons provenant d'autres dossiers, répétez les Etapes 4 à 6.**

   A mon avis, ce sont les meilleures chansons du King. Nous en resterons donc là. Comme l'indique la barre d'état en bas de l'écran, ces plages correspondent à 13 minutes et 15 secondes de son, et il reste 60 minutes et 44 secondes de place libre sur le CD.

8. **Vous pouvez cliquer sur les noms des plages et les faire glisser pour modifier l'ordre. J'aimerais bien que mon CD commence par "Viva Las Vegas" ; je vais donc le faire glisser de l'emplacement 5 jusqu'à l'emplacement 1.**

9. **Cliquez dans le champ Nouveau titre du disque et tapez un nom pour votre CD.**

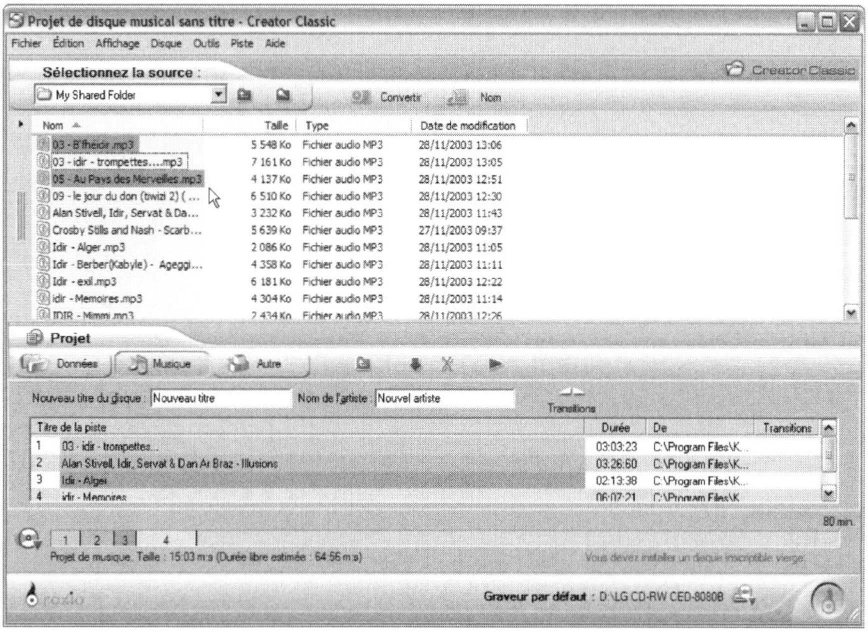

Figure 14.14 La liste des plages à graver est en train de s'étoffer.

10. Cliquez dans le champ Nom de l'artiste et tapez le nom de l'interprète des chansons.

11. Comme vous le voyez dans la Figure 14.15, le projet est prêt pour la gravure. Il ne reste plus qu'à cliquer sur le gros bouton rouge.

12. Puisque je n'ai besoin que d'un seul exemplaire de ce disque, je laisse l'option Nombre de copies sur 1.

13. Même si votre lecteur de CD n'affiche aucun texte, vous lirez peut-être un jour ce disque sur un matériel qui possède cette option. C'est pourquoi je recommande toujours de cocher la case Ecrire les informations CD-Text chaque fois que vous gravez un CD audio.

14. Comme mon graveur supporte le mode DAO (*disc-at-once*), j'enregistre en mode "disque entier". Si ce champ est en grisé, n'insistez pas, cela signifie que votre graveur ne reconnaît pas le mode DAO ; dans ce cas, utilisez à la place le mode "plage par plage", c'est-à-dire l'option Clôturer le disque.

15. Cliquez sur le bouton "Commencer la gravure du disque" afin de démarrer la gravure, puis insérez un disque vierge.

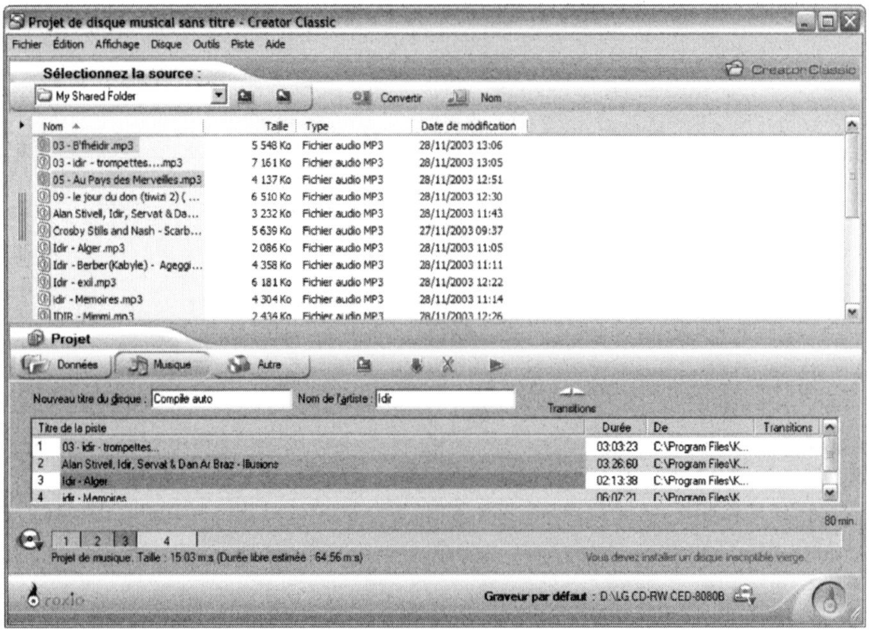

Figure 14.15 Tout est prêt pour la gravure.

Projet 2 : l'archivage des photos numériques

Vous avez un tas de photos de famille que vous avez prises avec votre appareil photo numérique (NDT : ou scannées) ? Pourquoi ne pas les graver sur un CD-ROM de données et libérer ainsi de la place sur le disque dur ? Voici comment archiver simplement des images :

1. **Cliquez sur Démarrer/Programmes/Roxio Easy CD et DVD Creator 6/ Creator classic.**

2. **Cliquez sur le bouton Données.**

3. **Déroulez la liste de Sélectionner la source et naviguez jusqu'à l'endroit où vos images sont stockées. Pour aller dans un autre dossier, utilisez la vue supérieure de l'écran.**

5. **La touche Ctrl enfoncée, cliquez sur les noms des fichiers à graver.**

6. **Cliquez sur le bouton Ajouter, au milieu de l'écran, ou faites glisser les fichiers en surbrillance jusque dans la fenêtre du bas. Comme**

l'illustre la Figure 14.16, les noms des images apparaissent dans le projet du CD de données.

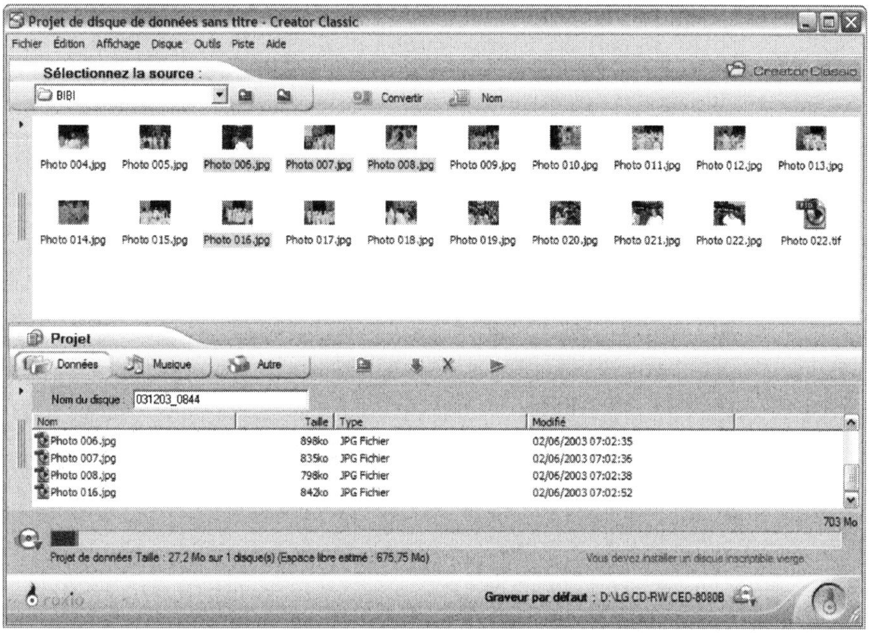

Figure 14.16 Ajout de photographies dans le projet d'un CD de données.

7. **Pour sélectionner plus d'images, répétez les Etapes 4 à 6 jusqu'à ce que vous ayez ajouté toutes les photos voulues (ou jusqu'à ce que le disque soit plein). Consultez la barre d'état pour savoir combien il restera de place sur le CD.**

8. **Pour créer un nouveau dossier dans le projet du CD, cliquez sur le titre du disque avec le bouton droit de la souris puis, dans le menu contextuel qui apparaît, cliquez sur Nouveau/Dossier. Le nom du nouveau dossier est en surbrillance. Tapez un nouveau nom et appuyez sur la touche Entrée afin de l'enregistrer. Pour faire glisser des images depuis et vers un dossier, faites simplement glisser les noms des dossiers où bon vous semble.**

   Dans cet exemple, j'ai créé un dossier nommé Mon clébard et j'y ai fait glisser trois images.

9. **Cliquez sur le titre du disque afin de le mettre en surbrillance puis cliquez de nouveau dessus. Tapez le nouveau nom (j'ai choisi Photos 2001 pour ce disque).**

10. **La maquette finale du CD apparaît dans la Figure 14.17. Cliquez maintenant sur le gros bouton d'enregistrement.**

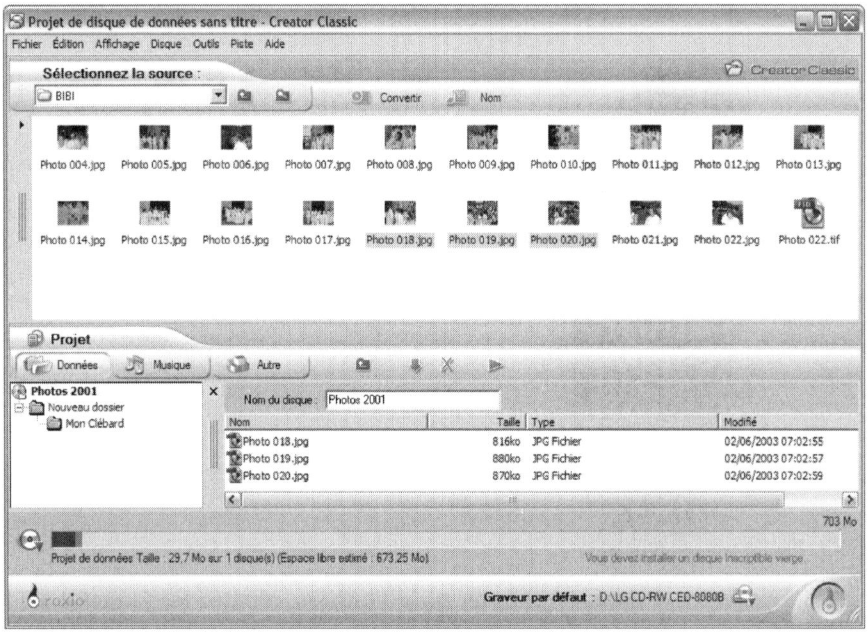

Figure 14.17 Les archives sont prêtes pour la gravure.

11. **Si vous n'avez pas besoin de plusieurs exemplaires, laissez le champ Nombre de copies sur 1.**

12. **Choisissez l'option d'enregistrement "disque en entier" si le graveur le permet. Sinon, optez pour le mode "piste par piste" avec l'option Clôturer le disque.**

13. **Cliquez sur le bouton Commencer la gravure du disque pour démarrer la gravure, puis insérez un disque vierge.**

Chapitre 15

Graver des CD avec Nero

Dans ce chapitre :

- Graver un CD-ROM de données.
- Graver un CD-ROM musical.
- Copier un disque entier.

Nous allons découvrir dans ce chapitre le logiciel de gravure Nero 6 qui est devenu l'outil incontournable de tous ceux qui voient la gravure comme Saint Laurent la haute couture.

Nero était dans ses versions précédentes un logiciel beaucoup moins convivial qu'Easy CD, mais on peut dire que dans sa version 6, il a largement comblé son retard.

Nero, le roi de l'overburning

Le plus de Nero par rapport à ses concurrents réside dans sa capacité à gérer *l'overburning*. L'overburning est un procédé de gravure qui permet de graver des CD au-delà des 74 minutes habituelles. La limite d'un CD ne correspond pas à un standard mais plutôt à une réalité physique et peut varier d'une marque à l'autre. Cet espace supplémentaire permet aux éditeurs de logiciels d'installer à cet endroit leur protection contre la copie. Pour pratiquer ce type de gravure, vous devez vous assurer que votre graveur supporte l'overburning.

Démarrage de Nero

Avec le logiciel Nero, vous pouvez accéder aux différents modules de gravure de bien des manières différentes. Dans les exemples qui vont suivre, nous partirons du module Nero Express qui suffira sans doute à la plupart de vos projets.

Voici la procédure à suivre pour lancer Nero Express :

- Cliquez sur Démarrer/Tous les programmes/Nero/Nero 6/Nero Express.

  Vous pouvez également faire un double-clic sur l'icône Nero Express sur votre Bureau.

La fenêtre de la Figure 15.1 s'affiche à l'écran.

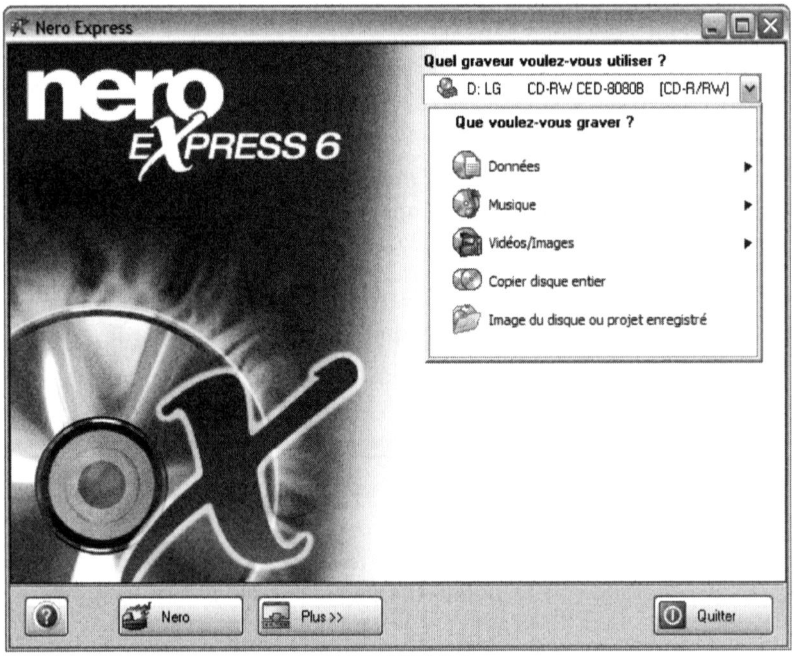

Figure 15.1 C'est à partir de cette fenêtre que vous démarrez votre projet avec Nero Express.

- **Données :** Cette option vous permet de créer un CD-ROM de données dans différents formats.

- **Musique :** Cette option vous permet de créer des compilations musicales, soit au format MP3, soit au format CD audio, lisible sur un lecteur quelconque.
- **Video/Images :** Cette option vous permet de créer un vidéo CD ou un CD d'images numériques en provenance de votre appareil photo.
- **Disque Entier :** Cette option copie physiquement la totalité d'un disque sur un nouveau support vierge.
- **Image disque :** Cette option grave une image d'un disque sur le disque dur pour la graver ultérieurement sur un CD vierge.

Créer un disque de données

Nous allons dans le étapes suivantes créer notre premier disque de données. Un disque de données contient en général des fichiers que vous souhaitez sauvegarder sur un CD-ROM. Voici la procédure à suivre :

1. **Dans la page de sélection de projet sélectionnez Données Disque de données (Figure 15.2).**

   La fenêtre de la Figure 15.3 s'affiche à l'écran.

2. **Cliquez sur le bouton Ajouter pour sélectionner vos fichiers. Une fenêtre identique à celle de l'Explorateur Windows s'affiche.**

3. **Sélectionnez vos fichiers dans les différents dossiers et cliquez sur le bouton Ajouter (Figure 15.4).**

   Vous pouvez également ouvrir l'explorateur Windows et faire glisser les fichiers directement dans la fenêtre de Nero Express (Figure 15.5).

4. **Cliquez sur le bouton Suivant.**

   Dans la fenêtre qui s'affiche, vous pouvez sélectionner la vitesse d'écriture, donner un nom à votre CD, choisir de pouvoir ajouter des données lorsque le CD n'est pas rempli, ou vérifier le disque après la gravure. Cochez les différentes cases en fonction de vos besoins (Figure 15.6).

5. **Cliquez sur le bouton Plus pour avoir accès à des options supplémentaires.**

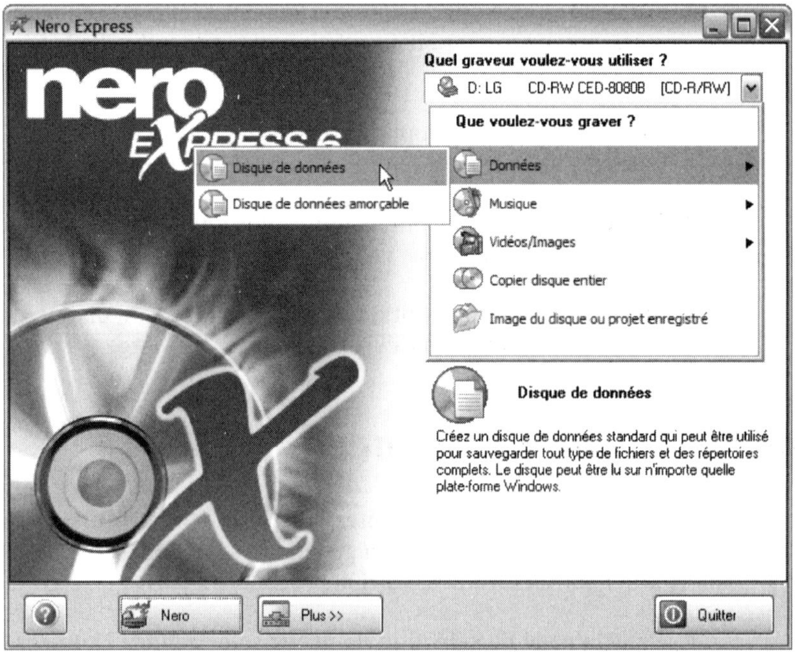

Figure 15.2
En avant pour la gravure des données.

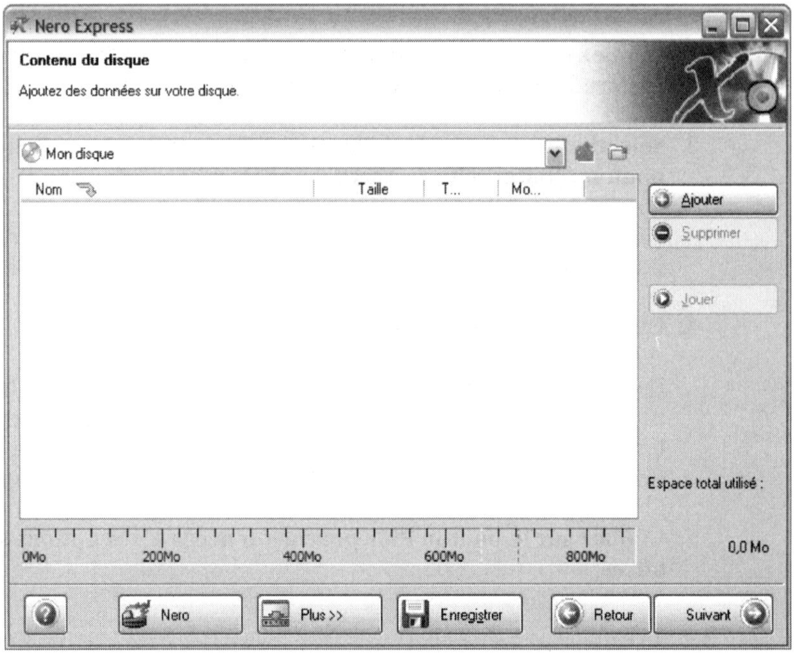

Figure 15.3
Cette fenêtre permet d'ajouter des données à votre projet.

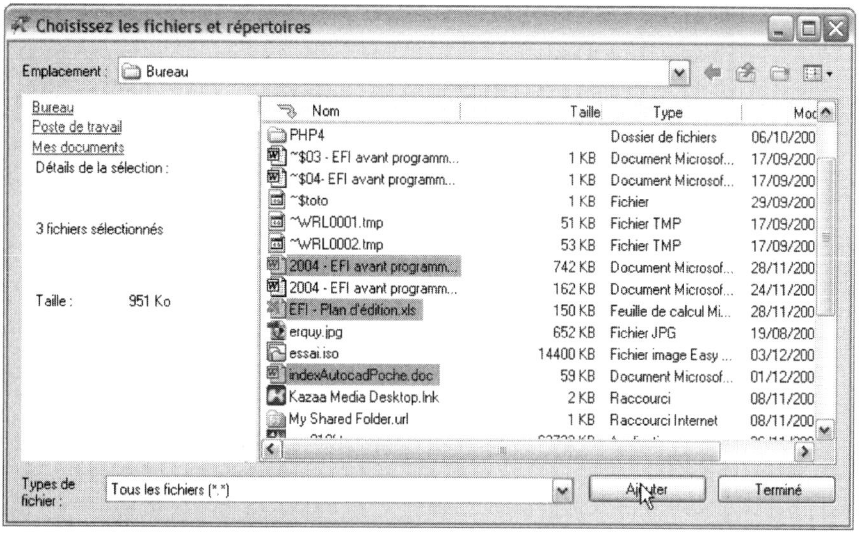

Figure 15.4 Les fichiers sélectionnés vont être ajoutés.

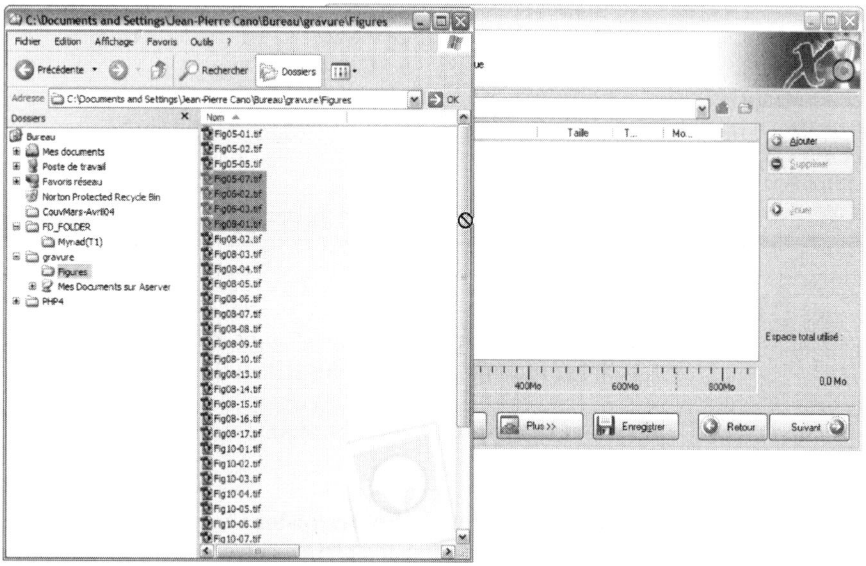

Figure 15.5 Les fichiers glissent directement depuis l'explorateur.

Track-At-Once : Ce mode de gravure grave les pistes une par une. Le processus s'interrompt entre chacune des pistes. On l'utilise pour les données.

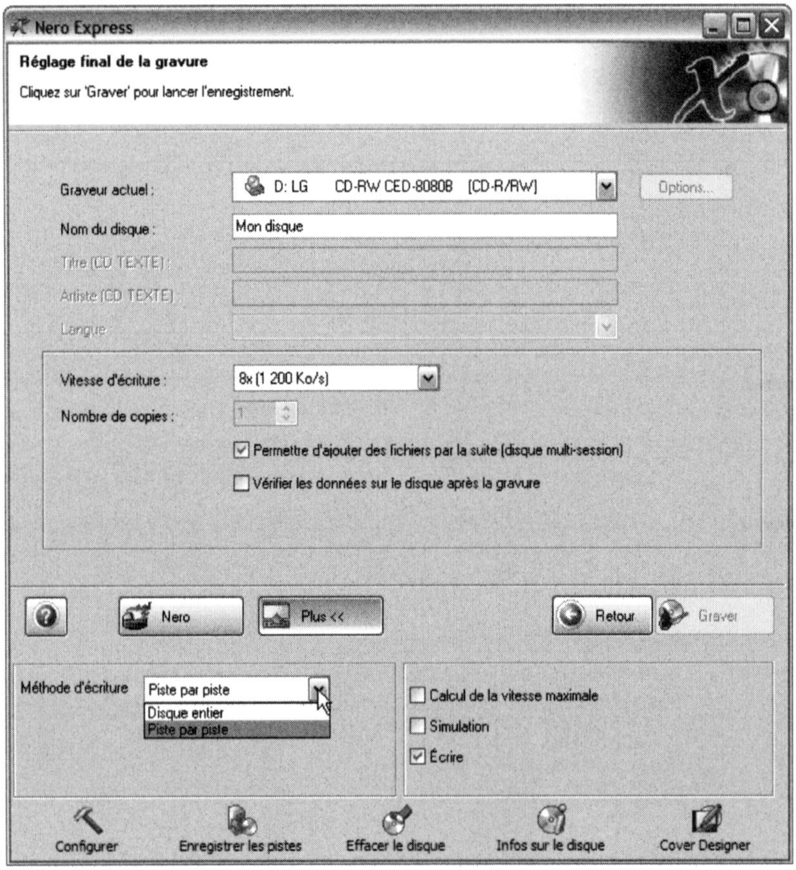

Figure 15.6 Derniers réglages avant la gravure.

Disc-At-Once : Ce procédé grave toutes les pistes du disque en une seule fois. Il est recommandé pour les CD audio.

Finaliser le disque : Cette option interdit toute nouvelle écriture sur le disque.

Enlever le silence à la fin des pistes : Un espace de deux secondes est généré par défaut entre les pistes, cette option permet de le supprimer.

6. **Cliquez maintenant sur le bouton Graver pour lancer la gravure, la gravure débute (Figure 15.7).**

   Lorsque la gravure est terminée, la boîte de dialogue de la Figure 15.8 s'affiche à l'écran. Cliquez sur le Bouton OK, puis sur Suivant.

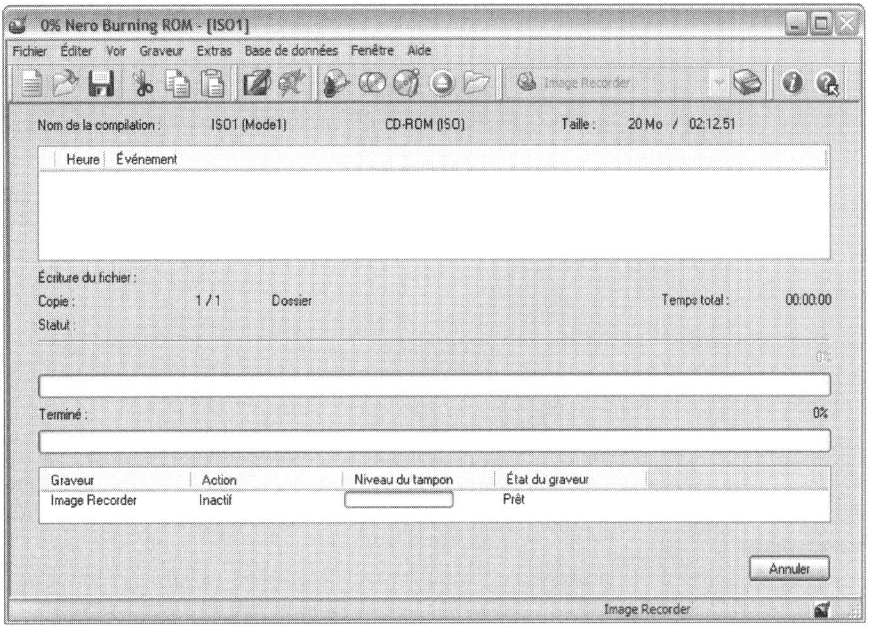

Figure 15.7 La gravure a commencé.

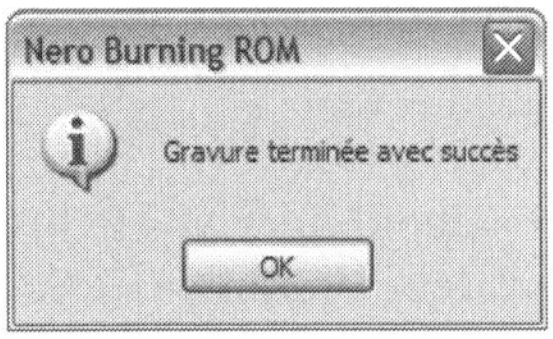

Figure 15.8 La gravure est terminée.

Créer un disque Musical

Nous allons voir dans cette section comment créer un CD audio, utilisable sur un lecteur de CD standard (lecteur de salon, lecteur auto), puis nous verrons comment réaliser un CD MP3.

Créer un CD audio

Voici la procédure à suivre pour réaliser un CD audio avec Nero :

1. **Dans la page de sélection de projet sélectionnez Musique CD audio (Figure 15.9).**

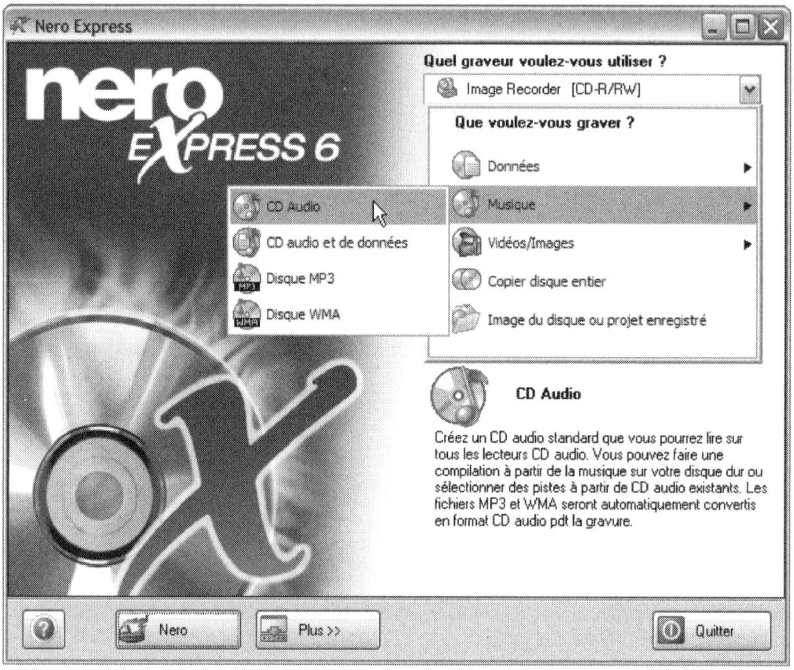

Figure 15.9 On démarre un projet audio.

La fenêtre de la Figure 15.10 s'affiche à l'écran.

2. **Cliquez sur le bouton Ajouter pour sélectionner vos fichiers. Une fenêtre identique à celle de l'Explorateur Windows s'affiche.**

3. **Sélectionnez vos fichiers dans les différents dossiers et cliquez sur le bouton Ajouter (Figure 15.11).**

   Vous pouvez également ouvrir l'explorateur Windows et faire glisser les fichiers directement dans la fenêtre de Nero Express (Figure 15.12).

   Vous pouvez dans la fenêtre suivante modifier les titres des chansons à votre gré (Figure 15.13).

4. **Cliquez sur le bouton Suivant, et effectuez les derniers réglages avant de lancer la gravure (Figure 15.14).**

5. **Cliquez ensuite sur Graver pour lancer la gravure.**

6. **Lorsque la gravure est terminée, cliquez sur OK, puis sur Suivant.**

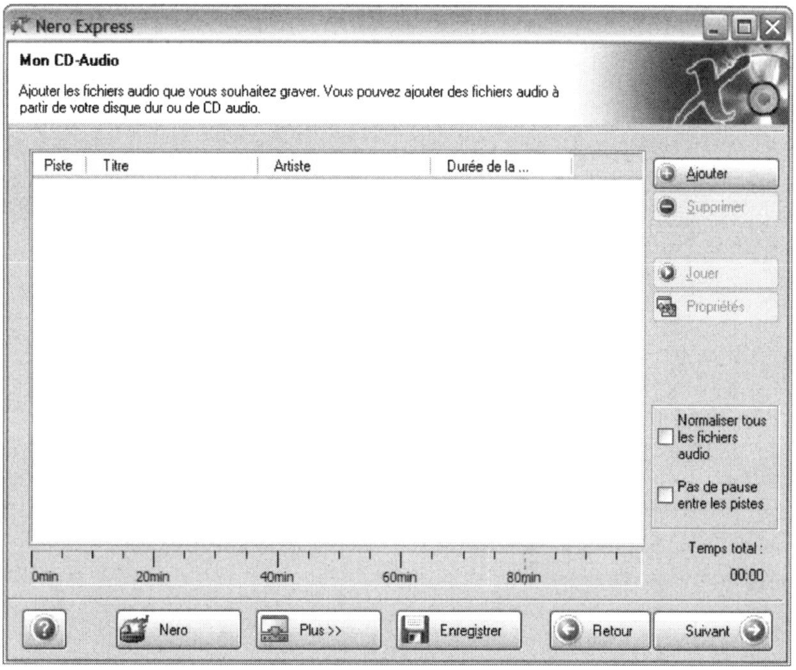

Figure 15.10 Cette fenêtre permet d'ajouter des données à votre projet.

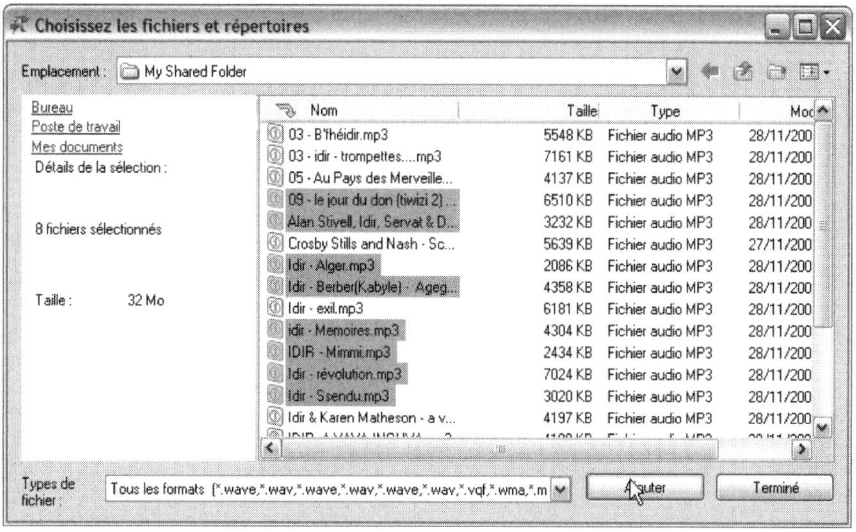

Figure 15.11 Les fichiers sélectionnés vont être ajoutés.

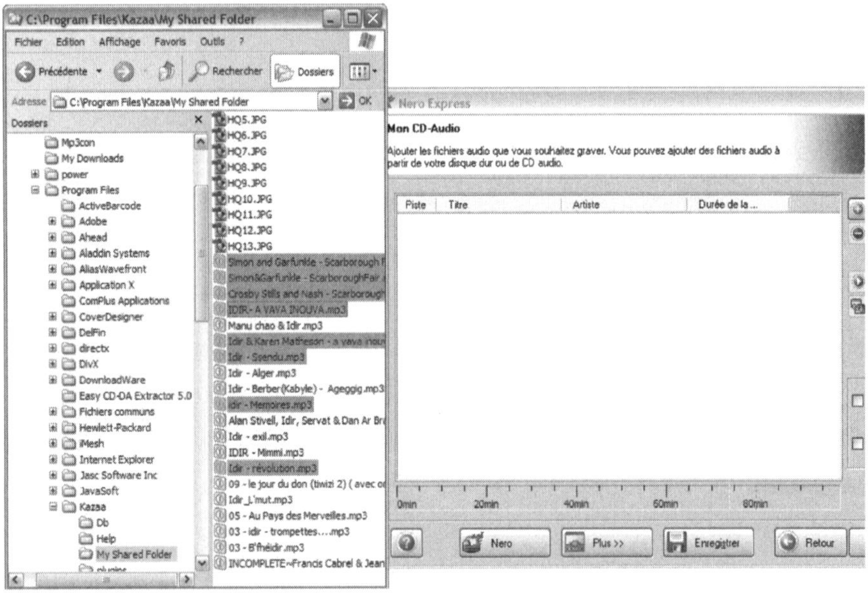

Figure 15.12 De l'Explorateur vers Nero.

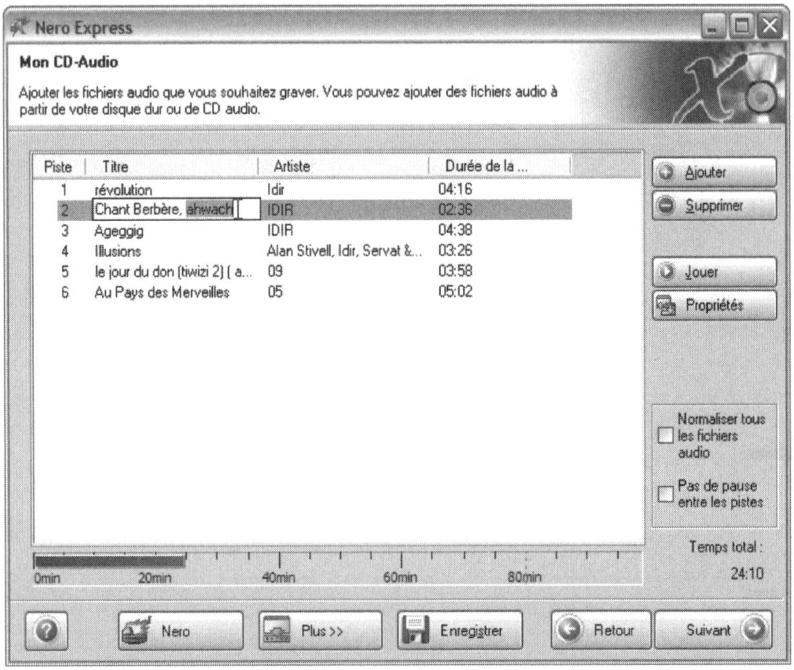

Figure 15.13 Quoi de plus simple que de modifier le titre d'une chanson.

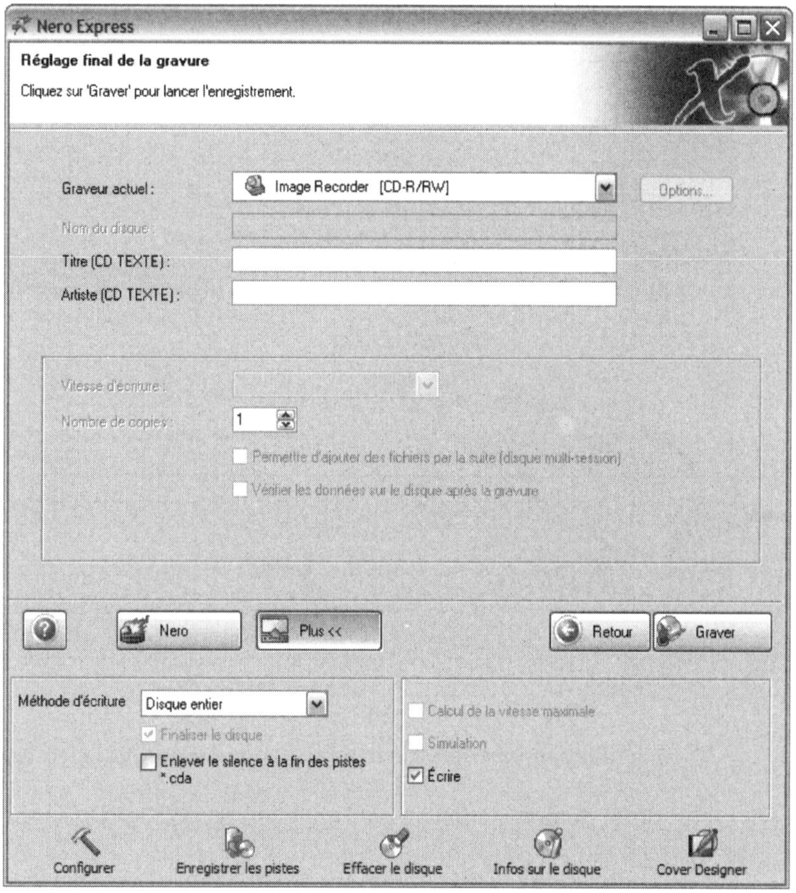

Figure 15.14 On peaufine les réglages.

Copier un disque entier

Dans cette section, nous allons voir comment copier un disque entier afin de faire une sauvegarde d'un logiciel ou d'un disque audio pour un usage personnel.

Voici la procédure à suivre :

1. **Dans la page de sélection de projet, sélectionnez Copier le disque entier (Figure 15.15).**

   Dans la boîte de dialogue qui s'affiche effectuez les réglages de votre choix (Figure 15.16) :

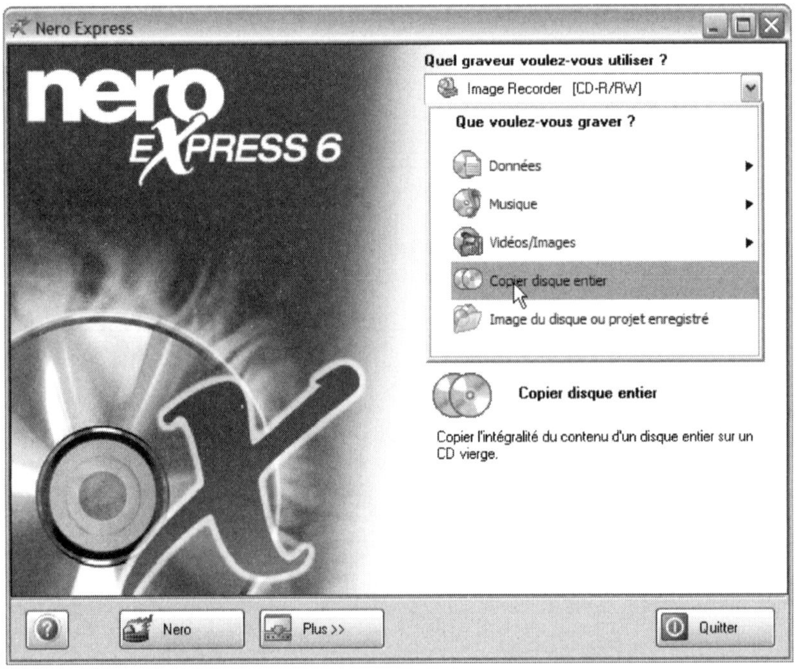

Figure 15.15 On crée un nouveau projet de copie.

Lecteur source : Spécifie le lecteur à partir duquel la lecture s'opérera.

Unité de destination : C'est l'unité qui recevra le CD vierge.

Copie rapide : Cette option permet de copier directement de CD à CD pour ceux qui disposent d'un lecteur et d'un graveur.

2. **Cliquez sur Graver pour lancer la gravure.**

3. **Lorsque c'est terminé, cliquez sur OK, puis sur Suivant.**

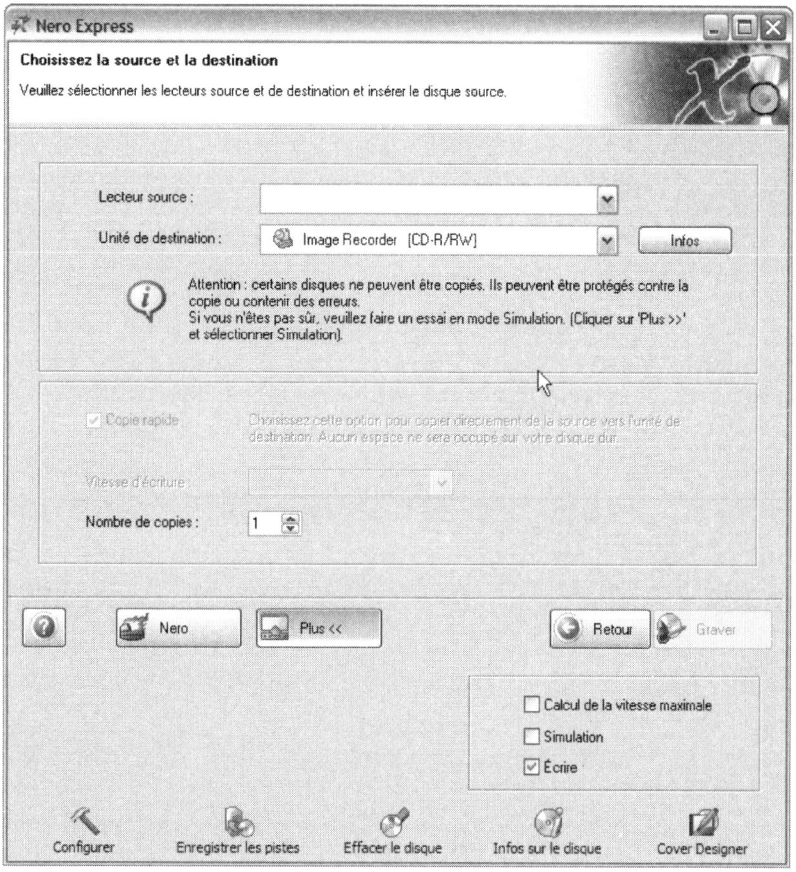

Figure 15.16 Les options de gravure.

Cinquième partie

A l'aide !

Dans cette partie...

Windows XP est capable d'exécuter des centaines de tâches de dizaines de façons. Autant dire qu'une kyrielle de choses peuvent vous tomber dessus en même temps.

Certains problèmes sont faciles à résoudre. Par exemple, un clic mal placé sur le Bureau peut faire disparaître toutes les icônes. Mais un autre clic bien placé les restituera toutes.

D'autres problèmes sont autrement plus complexes. Ils exigeront un savoir-faire d'informaticien pour les diagnostiquer et les résoudre, avec à la clé une facture en conséquence.

Cette partie du livre vous aide à distinguer les gros problèmes des petits incidents. Vous saurez s'il vous sera possible de corriger vous-même une petite misère en quelques clics et trucs ou, si la situation est grave, s'il vous faudra recourir à un "homme de l'art".

Chapitre 16

Personnaliser Windows XP (s'embrouiller dans le Panneau de configuration)

Dans ce chapitre :

- Explorer le Panneau de configuration.
- Personnaliser l'affichage.
- Modifier les couleurs.
- Changer de mode vidéo.
- Choisir un autre thème pour le Bureau.
- Comprendre les polices TrueType.
- Faire reconnaître le double-clic par Windows.
- Régler la date et l'heure de l'ordinateur.
- Changer pour une autre imprimante.
- Affecter des sons amusants aux diverses tâches de l'ordinateur.
- Installer de nouveaux éléments dans l'ordinateur.
- Installer ou supprimer des programmes.
- Eviter les icônes à risques.

Après avoir mis sur le marché plus d'une douzaine de versions de Windows, les gens de chez Microsoft se sont rendu compte qu'ils ne pouvaient plaire à tout le monde. Chaque fois qu'une nouvelle fonctionnalité était ajoutée à leur dernière version, de nombreux utilisateurs de Windows ne manquaient pas de se plaindre et de dire qu'ils préféraient l'ancienne.

Et les nouveaux utilisateurs ? Eux, ils se plaignaient de ce que la nouvelle version ne leur permettait pas de travailler à leur manière. Quelles que fussent les modifications apportées au logiciel, Microsoft avait le don d'agacer les anciens utilisateurs et de ne pas satisfaire les nouveaux.

Microsoft a donc décidé d'essayer autre chose avec Windows XP. Les utilisateurs qui préfèrent l'ancienne apparence de Windows peuvent choisir la présentation classique. Windows XP reprend aussitôt ses vieux oripeaux et se comporte comme auparavant. Pour satisfaire également les nouveaux utilisateurs, Microsoft a ajouté des *centaines* de nouveaux paramètres qui permettent à chacun de configurer Windows à sa guise.

Cela entraîne malheureusement un nouveau problème : Windows XP est doté de si nombreux commutateurs et options personnalisables que le faire fonctionner à votre manière est devenu plus ardu que jamais.

Tous ces commutateurs et options se cachent derrière les 24 icônes du Panneau de configuration. Ce chapitre indique ceux que vous devez connaître et signale ceux que vous pouvez éviter. Et, si vous avez par mégarde activé un commutateur qu'il ne fallait pas, il vous explique comment rattraper la situation.

Soyez toutefois très vigilant, car tous ces paramètres affectent profondément le fonctionnement de l'ordinateur. Beaucoup ne peuvent être modifiés que par le propriétaire de l'ordinateur, c'est-à-dire la personne bénéficiant d'un compte Administrateur.

Découvrir la bonne option dans le Panneau de configuration

A l'instar du panneau des disjoncteurs électriques d'une maison, le Panneau de configuration contient des commutateurs qui commandent les différents paramètres du système d'exploitation. Ouvrez le Panneau de configuration à partir du menu Démarrer, et vous pourrez passer une semaine entière à bidouiller les options variées de Windows XP.

Après avoir affiché le Panneau de configuration que montre la Figure 16.1, les icônes que connaissent bien les anciens utilisateurs de Windows ne sont plus visibles. A la place, Windows XP les regroupe en catégories, ce qui complique la recherche du bon commutateur.

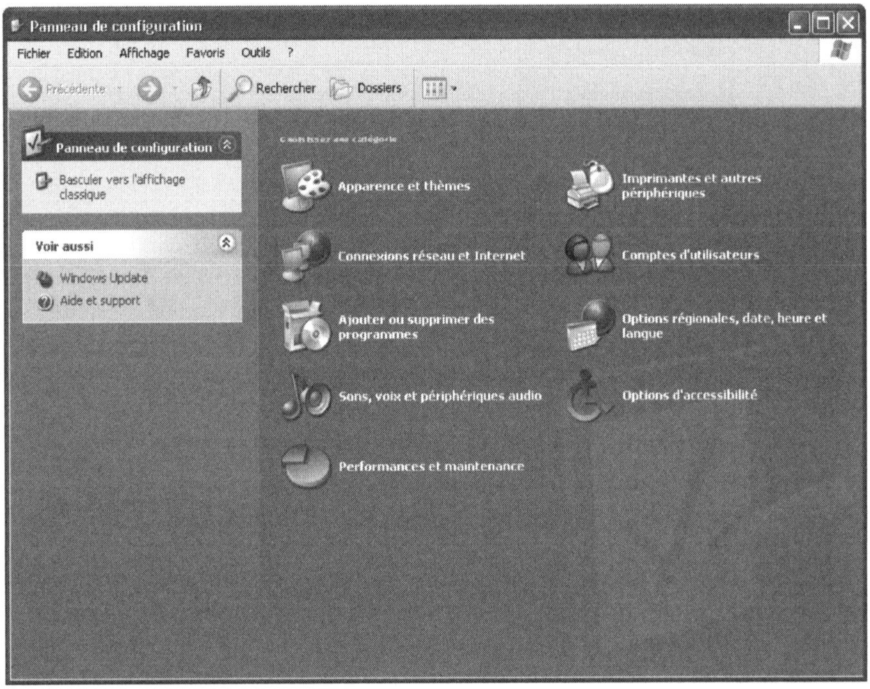

Figure 16.1 Cliquez sur les catégories du Panneau de configuration pour modifier les paramètres de telle ou telle partie de Windows.

Pour voir – ou retrouver – toutes les icônes du Panneau de configuration, cliquez sur le bouton Basculer vers l'affichage classique. Et voilà ! Toutes les icônes du Panneau de configuration sont désormais visibles, comme vous le constatez Figure 16.2 (s'il faut agrandir la fenêtre pour les voir toutes, reportez-vous au Chapitre 6 qui explique comment redimensionner les fenêtres).

Le Panneau de configuration diffère légèrement d'un ordinateur à l'autre, car l'équipement varie d'un modèle à un autre. Par exemple, le clavier de certains ordinateurs Gateway permet de contrôler le volume du lecteur de DVD. Son Panneau de configuration comporte de ce fait une icône servant à configurer cette fonctionnalité. Certains ordinateurs portables communiquent grâce à un faisceau infrarouge. Leur Panneau de configuration comporte une icône Infrarouge. Le Tableau 16.1 décrit les icônes qui figurent dans votre Panneau de configuration et leur utilisation.

Les options les plus importantes seront abordées en profondeur plus loin dans ce chapitre.

- Ne vous laissez pas impressionner par la quantité d'icônes du Panneau de configuration. Vous n'aurez sans doute jamais à les utiliser toutes.

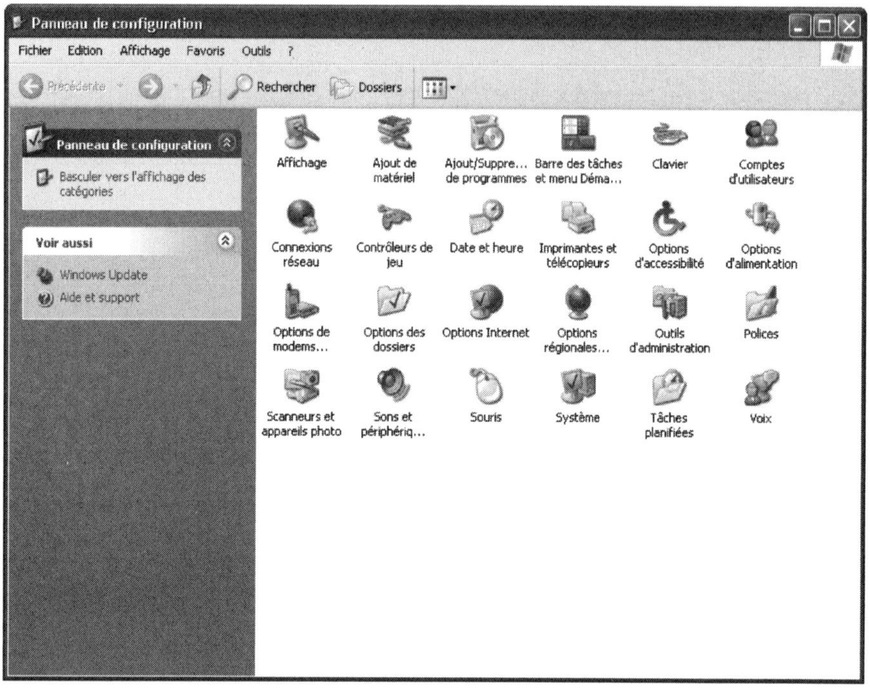

Figure 16.2 L'affichage classique montre toutes les icônes du Panneau de configuration. Cliquez sur le bouton Basculer vers l'affichage des catégories pour revenir à l'apparence "XP".

- Si votre Panneau de configuration ne ressemble pas à celui de la Figure 16.2, cliquez dans le menu sur Affichage/Icônes. Pour savoir à quoi servent ces icônes, cliquez sur Affichage/Détails. Les petites icônes sont alors suivies du nom de l'icône et d'un bref descriptif.

- Pour savoir ce qu'est telle ou telle icône, immobilisez un instant le pointeur de la souris dessus (sans cliquer). Une info-bulle indique la fonction de l'icône.

- Certains programmes tiers ajoutent des icônes au Panneau de configuration. En mode d'affichage Classique, ne soyez pas surpris de trouver l'icône de Real Player, par exemple.

- De nombreux menus du Panneau de configuration peuvent être atteints *sans* passer par le panneau. Double-cliquer sur l'horloge, dans la zone de notification de la barre des tâches, affiche la boîte de dialogue du réglage de l'heure et de la date. Ou encore, double-cliquer dans une partie vide de l'écran équivaut à double-cliquer sur l'icône Affichage.

Tableau 16.1 : Les icônes du Panneau de configuration.

	A quoi sert l'icône	Quand l'utiliser
	Grâce aux options d'accessibilité, Microsoft a fait un admirable travail en faveur des handicapés. Elles facilitent la lecture de l'écran, ajoutent des signaux sonores et permettent aux handicapés physiques de travailler dans de meilleures conditions.	Si vous avez besoin de ces options, vous serez à même de le savoir.
	Le bonheur des esthètes. L'icône Affichage donne accès à une foule d'arrière-plans, de couleurs, de polices et d'écrans de veille qui permettent de varier à l'infini les thèmes de Windows.	Un bon plan pour perdre son temps au lieu d'être productif.
	Vous venez d'installer ce *nouveau gadget incontournable que vous devez absolument posséder* ? Cliquez sur cette icône pour démarrer l'Assistant Ajout de matériel. Ce programme s'occupe de toutes les tâches rébarbatives lorsque vous installez de nouveaux éléments dans l'ordinateur.	Si Windows n'a pas automatiquement détecté le matériel que vous venez d'installer, démarrez cet assistant pour que Windows et l'élément nouveau fassent connaissance.
	Double-cliquez sur l'icône Ajout/Suppression de programmes pour installer un nouveau logiciel ou supprimer celui dont vous ne voulez plus. Cette icône permet aussi d'installer n'importe quel programme de Windows XP qui aurait été omis au moment de son installation.	Cliquez sur cette icône chaque fois que vous voulez installer un nouveau logiciel ou en supprimer un.
	L'icône Barre des tâches et menu Démarrer sert à personnaliser la barre des tâches, à ordonner alphabétiquement son contenu. Windows XP propose ici une foule d'options de personnalisation.	La plupart des utilisateurs double-cliquent sur cette icône pour trier le menu Démarrer en ordre alphabétique ou désactiver les menus "personnalisés" qui omettent certaines options.
	Utilisez l'icône Clavier pour modifier le délai de répétition d'une touche lorsque vous la maintenez enfoncée.	Rarement utilisée. Réglez votre clavier une fois pour toutes puis oubliez-la.

Tableau 16.1 : Les icônes du Panneau de configuration. (*suite*)

	A quoi sert l'icône	Quand l'utiliser
	Seuls les administrateurs ont le droit de s'occuper des comptes utilisateurs, d'en créer de nouveaux, de les modifier, notamment en changeant la petite vignette (portrait) attribuée aléatoirement par Windows.	Après avoir configuré les comptes, vous ne reviendrez plus très souvent ici.
	Utilisez l'icône Connexions réseau pour accéder à l'Assistant Connexion Internet ou à l'Assistant Nouvelle connexion qui permettent de vous connecter à l'Internet, à un autre réseau ou à un ordinateur au moyen d'un câble, et aussi de laisser d'autres ordinateurs se connecter au vôtre.	Utilisée par les allumés des réseaux et par ceux qui se connectent à Internet pour la première fois.
	Windows XP détecte généralement les manettes de jeu et les gamepads qui viennent d'être branchés et les installe automatiquement. Double-cliquez sur l'icône Contrôleurs de jeu pour résoudre d'éventuels problèmes. C'est là aussi que vous étalonnerez et testerez votre manette de jeu si elle réagit mal.	Les fanas de jeux vidéo configurent leur contrôleur à chaque nouveau jeu.
	Utilisez l'icône Date et Heure pour modifier la date indiquée par l'ordinateur, l'heure et le fuseau horaire. Une case permet de passer automatiquement de l'heure d'été à l'heure d'hiver et inversement.	Affichez cette boîte de dialogue lorsque vous voyagez et que vous changez de fuseau horaire.
	Utilisez l'icône Imprimantes et télécopieurs pour signaler une nouvelle imprimante à Windows XP, pour régler les paramètres d'une imprimante ou d'un fax, ou pour choisir quelle imprimante ou quel fax il doit utiliser.	Réglez ces options chaque fois que vous venez d'installer une nouvelle imprimante, ou pour modifier durablement les paramètres de celle que vous utilisez (pour changer sa configuration, cliquez avec le bouton droit de la souris sur l'icône d'une imprimante et choisissez Propriétés).

Tableau 16.1 : Les icônes du Panneau de configuration. (*suite*)

	A quoi sert l'icône	Quand l'utiliser
	Windows XP est très conscient des questions d'alimentation électrique des nouveaux ordinateurs et des ordinateurs portables. Utilisez l'icône Options d'alimentation pour couper le moniteur – voire l'ordinateur tout entier – lorsque vous ne l'utilisez pas pendant un certain temps.	Fréquemment utilisée par les possesseurs d'ordinateur portable. Sur les ordinateurs de bureau, il est recommandé de couper le moniteur après 30 minutes d'inactivité.
	Les Options de modem concernent notamment la téléphonie. C'est là que vous indiquez un changement de zone de téléphone lorsque vous voyagez avec votre ordinateur portable. Cliquez sur l'onglet Modem pour accéder aux paramètres du vôtre. Double-cliquez sur le nom du modem pour modifier ses commandes.	Fréquemment utilisée par les possesseurs d'ordinateur portable qui doivent régler leur modem en voyage, notamment dans un lieu (hôtel, entreprise...) équipé d'un standard téléphonique. Ignorée lorsque tout va bien.
	Utilisez l'icône Options des dossiers pour modifier la manière dont Windows affiche les dossiers et aussi leur comportement.	Généralement configurée une ou deux fois. Ensuite, on peut l'oublier.
	Dès que vous vous serez connecté à Internet, cette icône sera à votre disposition. Cliquez dessus pour ouvrir la boîte de Pandore contenant les innombrables boutons qui permettent de configurer la communication entre Windows XP et Internet.	Rarement utilisée, sauf la toute première fois, lorsqu'il faut tout configurer. Une fois que vous avez eu accès à Internet, vous n'avez plus grand-chose à faire.
	Les Options régionales et linguistiques modifient l'affichage des nombres (signe décimal), du symbole monétaire, de la date (jj/mm/aa ou mm/jj/aa) ou de l'heure (sur 12 ou 24 heures) selon les pays. Si vous avez changé de fuseau horaire, double-cliquez simplement sur l'horloge, dans la zone de notification de la barre des tâches.	Surtout utilisée par les possesseurs d'ordinateur portable polyglottes et voyageurs.

Tableau 16.1 : Les icônes du Panneau de configuration. (*suite*)

	A quoi sert l'icône	Quand l'utiliser
	Cliquer sur l'icône Outils administratifs affiche des statistiques détaillées sur l'utilisation de l'ordinateur que vous n'aurez sans doute jamais à connaître. Si vous pensez le contraire, vous allez plus loin que ce livre.	Laissez ça aux spécialistes et aux techniciens.
	Cette icône permet de choisir la police utilisée par l'interface de Windows. C'est sur elle aussi que vous double-cliquerez pour installer des polices supplémentaires.	La plupart des programmes installent automatiquement leurs polices. Astuce : double-cliquer sur le nom d'une police affiche l'apparence de sa typographie.
	Windows XP a consenti un gros effort pour gérer les scanneurs et les appareils photo numériques. Si Windows ne détecte pas automatiquement ces matériels, essayez de les installer grâce à l'icône Scanneurs et appareils photo.	Affichez la boîte de dialogue correspondante pour faciliter le transfert des images ou vérifier les connexions.
	L'icône Sons et périphériques audio sert non seulement à régler le volume, mais aussi à associer des sons à différents événements. Cliquez sur l'onglet Sons et essayez quelques-uns un des modèles proposés. Les possesseurs de carte son affichent la boîte de dialogue correspondante pour régler les paramètres audio, ceux des instruments MIDI, ou pour régler d'autres matériels comme les cartes d'acquisition vidéo ou les lecteurs de CD et de DVD.	Surtout utilisée à la maison ou dans les petits bureaux où le patron ne vient pas enquiquiner les gens lorsque l'ordinateur couine, bêle et ricane au gré de vos fausses manœuvres.
	Les options de l'icône Souris permettent d'accélérer le déplacement de son pointeur à travers l'écran, de la configurer pour les gauchers, de régler le double-clic et de modifier toutes sortes de paramètres.	Rarement utilisée. La crasse de la bille, des rouleaux et du tapis est à l'origine de la majorité des problèmes de souris. Mais allez quand même voir ces options, juste pour le plaisir.

Tableau 16.1 : Les icônes du Panneau de configuration. (*suite*)

	A quoi sert l'icône	Quand l'utiliser
	A l'instar des passionnés de mécanique, les allumés d'informatique passent des heures à régler et peaufiner leur machine. Ne bidouillez pas dans les paramètres Système à moins que vous ayez un dépanneur digne de ce nom sous la main.	Ce que l'on peut faire (et défaire) ici dépend étroitement des compétences de l'utilisateur.
	L'icône Tâches planifiées permet à Windows de fonctionner d'une manière fluide, car il exécute automatiquement des tâches de maintenance à intervalles réguliers.	Ignorez-la. Windows XP fait ce qu'il faut quand il le faut.
	Eh oui, Windows XP sait donner de la voix (NDT : mais avec une diction américaine). Cette fonction donne une petite idée de ce que l'on peut attendre d'un logiciel spécialisé dans la restitution vocale.	Pas très utile, même pour les non-voyants.

Apparence et thèmes

La première catégorie du Panneau de configuration, Apparence et thèmes, régit l'apparition de Windows XP à l'écran. Cliquez dessus pour accéder aux liens vers trois icônes : Affichage, Options des dossiers, Barre des tâches et menu Démarrer. Chacune de ces icônes permet de modifier l'affichage des informations d'une manière ou d'une autre.

Lorsque vous accédez à la catégorie Apparence et thèmes, plusieurs tâches vous sont proposées comme Choisir un écran de veille. Cliquer sur l'une d'elles équivaut à cliquer sur un raccourci qui vous amène directement à la boîte de dialogue permettant d'effectuer les choix.

Modifier l'arrière-plan, l'écran de veille et la résolution

La partie du Panneau de configuration la plus communément utilisée est sans aucun doute l'icône Affichage. Contrairement à beaucoup d'autres paramètres du Panneau de configuration, ceux de l'icône Affichage ne contrôlent rien qui puisse prêter à conséquence. Vous pouvez donc les bidouiller à votre gré sans aucun risque. Mais prenez quand même la précaution de noter sur papier les paramètres d'origine ; vous pourrez ainsi les rétablir si jamais vos tripatouillages donnent de mauvais résultats.

Modifier l'image d'arrière-plan du Bureau

Windows propose deux façons de changer d'arrière-plan (l'image qui recouvre le Bureau). La première s'obtient en double-cliquant sur l'icône Affichage et en sélectionnant l'onglet Thèmes (voir Figure 16.3).

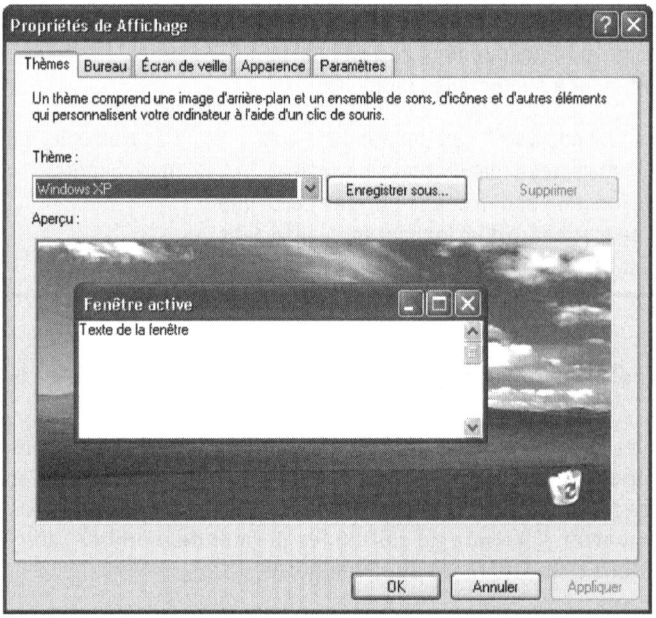

Figure 16.3 Choisissez un thème prédéfini pour modifier l'apparence de Windows, et aussi pour choisir des sons et des icônes.

La fenêtre Propriétés de l'affichage de la Figure 16.3 montre un aperçu du thème "Windows XP". Un *thème* est un ensemble de couleurs, de sons, d'icônes et d'images d'arrière-plan qui donnent à Windows XP une apparence toute personnelle. L'utilisation des paramètres sous l'onglet Thèmes est un moyen rapide de modifier en un seul clic le *look* de Windows : choisissez-en un, et Windows XP s'habille aussitôt de neuf.

Pour découvrir d'autres thèmes, cliquez sur la flèche pointant vers le bas, dans la zone de liste déroulante Thème, et choisissez Thèmes supplémentaires sur Internet. Vous pourrez ainsi en télécharger d'autres.

Pour ne changer que l'image d'arrière-plan, cliquez sur l'onglet Bureau. Choisissez l'un des fonds proposés ; il apparaît dans la fenêtre d'aperçu. Il vous plaît ? Cliquez sur le bouton Appliquer pour le placer en arrière-plan sur le Bureau.

Pour voir les autres possibilités, cliquez sur le bouton Parcourir puis sur un fichier, dans le dossier Mes images ou tout autre emplacement contenant des graphismes utilisables. Vous y verrez d'autres arrière-plans (voir Figure 16.4). L'un d'eux vous plaît ? Cliquez sur OK pour terminer la manipulation et fermez la fenêtre Affichage.

Figure 16.4 Choisissez une image dans votre photothèque pour en faire un arrière-plan pour le Bureau.

Voici quelques conseils pour personnaliser votre Bureau :

TRUC

- Windows XP tient compte de la taille de l'image et décide automatiquement s'il est préférable de la répéter en *mosaïque* sur tout l'écran, de la *centrer* ou, si elle est trop petite, de l'*étirer*. Pour imposer votre choix, dérouler le menu Position et sélectionnez l'option désirée.
- Seuls les fichiers d'images aux formats BMP ou JPG peuvent servir d'arrière-plan. La plupart des appareils photo numériques produisent des images en JPG, mais la plupart des arrière-plans livrés avec

Windows sont en BMP. En fait, toutes les images créées avec le logiciel Paint sont utilisables comme arrière-plan.

- Cliquez sur le bouton Personnalisation du Bureau puis sur l'onglet Web pour faire en sorte que Windows XP utilise un site Web comme arrière-plan. C'est amusant un moment, mais cela devient vite lassant. Car si vous cliquez par inadvertance sur un élément de la page Web au lieu d'une icône, Internet Explorer s'affiche aussitôt à l'écran et recherche l'élément.
- Il vous est arrivé d'être séduit par une fabuleuse image lors de vos pérégrinations sur le Web avec Internet Explorer ? Cliquez dessus avec le bouton droit de la souris et sélectionnez l'option Etablir en tant qu'élément d'arrière-plan. Le zélé Windows XP copie cette image sur le Bureau et en fait votre nouvel arrière-plan.

Choisir un écran de veille

A l'époque préhistorique de la micro-informatique, les moniteurs étaient rapidement abîmés par un usage prolongé d'un même programme. Les grandes lignes de ce programme finissaient par marquer le revêtement interne de l'écran et restaient visibles même après avoir éteint le moniteur.

Pour éviter cette rémanence, les programmeurs ont inventé l'économiseur d'écran, appelé de nos jours *écran de veille.* Après une certaine durée de non-utilisation, l'écran est occupé par un fond monochrome (généralement du noir) ou par un motif suffisamment mouvant pour ne pas marquer le revêtement.

Les moniteurs actuels ne connaissent plus ce problème, mais les gens continuent d'utiliser des écrans de veille parce qu'ils animent agréablement l'ordinateur pendant les pauses.

- Windows est livré avec plusieurs écrans de veille, mais aucun n'est actif par défaut. Pour en utiliser un, cliquez sur l'onglet Ecran de veille de la boîte de dialogue Paramètres de l'affichage. Cliquez ensuite sur la flèche pointée vers le bas de la zone de liste Ecran de veille et sélectionnez celui que vous désirez.
- Immédiatement après avoir choisi un écran de veille, cliquez sur le bouton Aperçu pour voir l'effet en plein écran. Actionnez la souris ou appuyez sur une touche – la barre Espace – pour arrêter l'aperçu et revenir à l'écran normal.

- Les bidouilleurs peuvent cliquer sur Paramètres pour accéder à des options supplémentaires comme changer les couleurs ou la vitesse des animations, par exemple.
- Pour améliorer la sécurité, cochez la case A la reprise, protéger par mot de passe. Ainsi, lorsque quelqu'un veut utiliser l'ordinateur, Windows XP affiche l'écran d'accueil où les comptes peuvent être protégés par un mot de passe (les mots de passe sont décrits dans le Chapitre 9).
- Cliquez sur les flèches haut et bas de la zone de texte Patienter pour indiquer à l'écran de veille au bout de combien de temps d'inactivité il doit se manifester. Si vous avez défini 5, par exemple, Windows XP attend que vous n'ayez touché ni au clavier ni à la souris pendant cinq minutes pour afficher l'écran de veille.
- TRUC Pour économiser l'électricité et augmenter la durée de vie de votre moniteur, cliquez sur le bouton Gestion de l'alimentation, en bas de la boîte de dialogue. C'est là que vous indiquerez à Windows XP qu'il pourra couper le moniteur au bout d'un certain temps d'inactivité.

Modifier les couleurs de Windows

Vous voulez voir la vie en rose ? Windows peut apparaître dans la couleur de votre choix. Pour cela, il suffit de cliquer sur l'onglet Apparence, dans la boîte de dialogue Paramètres de l'affichage. Windows XP ne propose qu'un choix limité de couleurs, mais en basculant en style Classique, vous en aurez beaucoup d'autres.

Basculer dans d'autres modes vidéo

De même qu'il peut supporter des centaines de modèles d'imprimantes, Windows XP s'accommode d'une foule de modèles de moniteurs. Il est même capable de s'afficher selon de nombreux modes vidéo.

Par exemple, Windows XP peut s'afficher avec un nombre de couleurs défini, ou réduire ou augmenter la taille apparente des éléments à l'écran afin d'afficher plus d'informations à la fois. Le nombre de couleurs affichées ainsi que la taille de l'affichage dépendent du *mode vidéo,* appelé aussi *résolution graphique.*

Certains programmes de Windows XP ne fonctionnent que dans un mode vidéo spécifique ; lorsque vous les utilisez, ils vous demandent de basculer dans ce mode graphique.

Voici ce qui se passe : le moniteur est branché à un endroit précis à l'arrière du boîtier de l'ordinateur. Cet endroit est la partie externe de la carte graphique. Cette dernière est un circuit imprimé avec des composants qui traduisent les signaux émis par l'ordinateur en informations affichées à l'écran. La carte graphique gère tous les commutateurs des modes vidéo. En permettant à la carte de passer d'un mode à un autre, il est possible d'afficher plus ou moins de couleurs, ou de faire varier la quantité d'informations que l'on peut y placer.

Pour faire en sorte que la carte graphique puisse basculer d'un mode vidéo à un autre, cliquez sur l'onglet Paramètres ; c'est l'un des cinq onglets de la boîte de dialogue Propriétés de l'affichage que montre la Figure 16.5. (Vous n'arrivez pas à afficher cette boîte de dialogue ? Cliquez avec le bouton droit de la souris dans une partie vide de l'écran puis, dans le menu contextuel qui apparaît, choisissez Propriétés.)

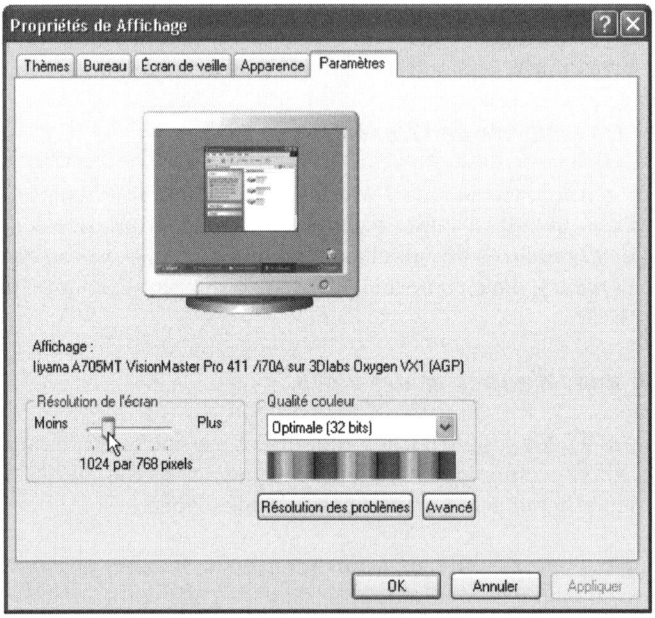

Figure 16.5 Configurez les options sous l'onglet Paramètres pour réduire ou agrandir la taille apparente des éléments affichés à l'écran.

Dans Paramètres, sélectionnez le mode vidéo à utiliser par Windows XP. Cliquez sur la petite flèche à droite de la zone de liste déroulante Qualité couleur pour choisir le nombre de couleurs affichées par Windows XP. Actionnez le curseur sous le défileur Résolution de l'écran pour faire varier le nombre de lignes et le nombre de pixels par ligne affichés à l'écran. Si l'ordinateur n'arrive pas à gérer correctement le mode choisi, Windows XP vous laisse une chance de revenir sur votre décision.

- Les moniteurs informatiques et les cartes graphiques ou vidéo sont capables d'afficher Windows XP sous différentes *résolutions*. Plus la résolution est élevée, plus il est possible de loger des informations à l'écran (et plus les éléments sont petits). Pour en savoir plus sur ces questions de moniteur, de carte et de résolution, reportez-vous au Chapitre 2 et lisez les sections consacrées aux différentes parties de l'ordinateur que je vous ai invité, dans ces pages, à ignorer.

- Pour passer à une résolution plus élevée, utilisez la souris pour actionner le curseur du défileur, dans la zone Résolution de l'écran. Observez ensuite les changements dans le petit aperçu. Plus vous décalez le curseur vers la droite, plus vous pouvez afficher d'éléments, mais corollairement plus ces informations sont affichées en petit. Cliquez sur le bouton Appliquer, après avoir sélectionné une nouvelle résolution, pour voir ce qu'elle donne en plein écran.

- Lorsque Windows XP bascule dans une nouvelle résolution, il vous accorde généralement 15 secondes pour cliquer sur un bouton indiquant que vous approuvez la modification. Si la carte graphique ou le moniteur ne parviennent pas à gérer la nouvelle résolution, le bouton n'est pas affiché et, comme vous n'avez pu cliquer dessus – et pour cause ! –, Windows revient automatiquement à la résolution précédente.

- Selon son humeur du moment, Windows XP préférera parfois redémarrer l'ordinateur lorsque vous changerez le nombre de couleurs affichées. Pour déterminer comment Windows XP gère les modifications de la vidéo, cliquez sur le bouton Avancé, en bas de la boîte de dialogue.

- Vous voulez modifier le nombre de couleurs que Windows XP peut afficher ? Cliquez sur la petite flèche de la zone de liste déroulante Qualité couleur. Sélectionnez le nombre de couleurs à afficher dans la liste.

- Pour visionner les photos que vous avez prises avec un appareil photo numérique, vous voudrez sans aucun doute que Windows XP affiche le maximum de couleurs possibles. L'option Moyenne (16 bits) affiche en tout 65 535 couleurs. L'option Optimale (32 bits) affiche plus de 16,7 millions de couleurs.

- Windows XP fonctionne parfaitement avec deux moniteurs à la fois ou plus, avec des résolutions différentes sur chaque moniteur. Une carte graphique PCI devra avoir été installée pour chacun des moniteurs. Reportez-vous à l'encadré "Deux écrans à la fois !" pour en savoir plus.

- Si Windows XP agit bizarrement avec la carte graphique ou le moniteur – ou si vous venez d'installer ce genre de matériel –, il faudra certainement le lui déclarer afin qu'il apprenne à communiquer avec.

Deux écrans à la fois

Installez une deuxième carte graphique dans votre ordinateur, branchez un deuxième moniteur, et Windows XP Professionnel sera sans doute capable d'afficher des données sur les deux écrans à la fois, voire même trois si vous ajoutez une autre carte.

Ça a l'air d'un gadget, mais cette nouvelle fonctionnalité peut en vérité se révéler très commode. Vous pourrez par exemple afficher un navigateur Web sur un écran tout en conservant un Bureau net, où vous pourrez travailler commodément. Ou encore, vous effectuerez très facilement des copier-coller entre deux applications.

Attention toutefois : cette fonctionnalité multiécran est relativement nouvelle. C'est pourquoi beaucoup de programmes ne savent pas la gérer. La carte vidéo TV Viewer ne peut afficher les images télévisées que sur le *moniteur principal*, c'est-à-dire le premier. Si vous essayez de faire glisser la fenêtre vers le deuxième moniteur, elle disparaît tout simplement. Quant à la version Windows XP Edition Familiale, elle est incapable de gérer plusieurs écrans à la fois. Cette fonctionnalité n'existe que dans Windows XP Professionnel.

Modifier l'affichage des dossiers

Certaines personnes enferment leurs dossiers dans une armoire à l'épreuve du feu et ne les sortent que pour les déposer sur un bureau en acajou ancien au poli irréprochable. D'autres retournent le tiroir qui contient les dossiers sur leur vieux bureau bancal en espérant qu'aucun papier ne s'envolera à travers la fenêtre ouverte. A chacun son style de travail... Pour s'accommoder de ces différentes manières de travailler, Windows XP propose différentes façons de visualiser vos dossiers.

Pour régler ces paramètres, choisissez le Panneau de configuration dans le menu Démarrer puis, dans la zone Apparence et thèmes, double-cliquez sur l'icône Options des dossiers (vous pouvez aussi choisir les Options des dossiers dans le menu Outils de n'importe quel dossier). Les options qui nous intéressent se trouvent sous l'onglet Général que montre la Figure 16.6.

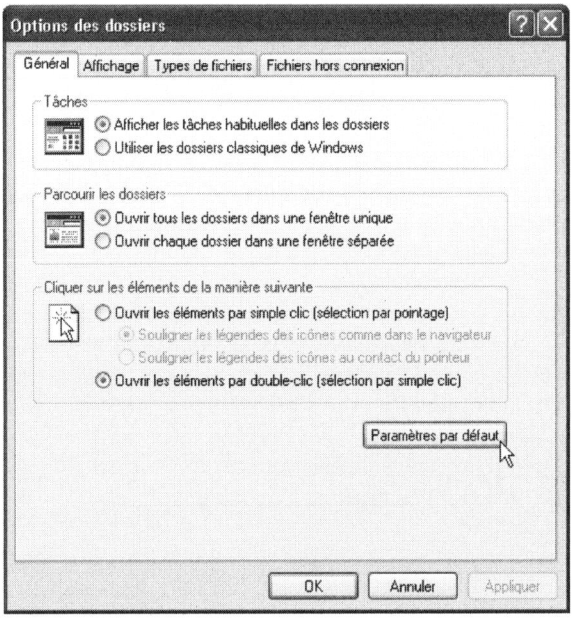

Figure 16.6 Windows vous permet de définir la manière d'ouvrir les dossiers, leur apparence intérieure, et aussi s'il faut cliquer ou double-cliquer sur les fichiers pour les ouvrir.

La zone Tâches propose deux moyens pour un dossier d'afficher son contenu. Si vous préférez qu'une longue barre bleue apparaisse à gauche des dossiers, contenant des liens vers des emplacements comme Mes documents, sélectionnez le bouton d'option Afficher les tâches habituelles dans les dossiers. Pour éliminer cette barre et laisser plus de place aux icônes, sélectionnez plutôt le bouton Utiliser les dossiers classiques de Windows.

La zone Parcourir les dossiers définit la manière dont un dossier est ouvert. Si vous ouvrez un dossier qui se trouve dans un autre, ce sous-dossier doit-il s'ouvrir dans sa propre fenêtre ? Ou doit-il tout bonnement remplacer le contenu du dossier qui l'héberge, ne laissant qu'un seul dossier ouvert ?

Enfin, la zone Cliquer sur les éléments de la manière suivante, en bas de la boîte de dialogue, définit les options du clic de la souris. C'est là que vous paramétrez l'ouverture d'un fichier par un clic ou par un double-clic.

Aucune de ces options n'est bonne ou mauvaise. Tout dépend de votre façon de travailler. Essayez les différents paramètres pour découvrir ceux qui vous conviennent le mieux.

Paramétrer les Options des dossiers n'est pas particulièrement risqué, mais certains choix peuvent entraîner un fonctionnement pour le moins curieux de Windows XP. Si son comportement vous semble particulièrement étrange, c'est là que vous trouverez la solution au problème. Cliquez sur le bouton Paramètres par défaut, sous l'onglet Général de la boîte de dialogue Options des dossiers (reportez-vous à la Figure 16.6). Vos dossiers et le Bureau se comporteront exactement comme au moment de l'installation de Windows XP.

L'onglet Affichage des Options de dossiers contient 18 paramètres avancés. N'y touchez pas à moins d'avoir bien compris à quoi ils servent. Et si d'aventure vous en avez modifié un et que quelque chose vous paraît bizarre, cliquez sur le bouton Paramètres par défaut.

Enfin, ne vous amusez pas avec le contenu de l'onglet Types de fichiers, du moins aussi longtemps que vous n'êtes pas familiarisé avec Windows. Si vous ne maîtrisez pas ces options, Windows pourra ne plus savoir avec quelle application il doit ouvrir un fichier.

TRUC

Ne vous en faites pas si certaines de ces options de Windows XP vous semblent déroutantes ou absurdes. Elles le sont.

- Les options des dossiers sont appréciées des gens qui adorent bidouiller leur ordinateur. Mais vous, vous pouvez vous en passer.
- Si vous étiez à l'aise avec Windows 95 ou 98, choisissez le style Classique. Si vous préférez Windows XP, ne touchez pas aux paramètres par défaut. N'en choisissez d'autres que si vous aimez personnaliser votre ordinateur et découvrir des fonctionnalités inédites.

Configurer la barre des tâches et le menu Démarrer

Cliquer sur l'icône Barre des tâches et menu Démarrer, dans le Panneau de configuration, affiche la même boîte de dialogue que celle décrite dans le Chapitre 10. Après avoir cliqué avec le bouton droit de la souris sur le bouton Démarrer ou dans la barre des tâches (celle qui se trouve au pied de l'écran) et choisi Propriétés, vous accédez à la boîte de dialogue Propriétés de la Barre des tâches et du menu Démarrer que montre la Figure 16.7).

N'OUBLIEZ PAS

La configuration de la barre des tâches est expliquée en détail dans le Chapitre 10. Nous aborderons ici certaines options du menu Démarrer qui peuvent être modifiées en affichant le contenu de l'onglet Menu Démarrer (la plupart des utilisateurs n'y touchent jamais).

Si vous avez pris vos habitudes avec les versions antérieures de Windows, sélectionnez le bouton d'option Menu Démarrer classique. Si vous voulez vous

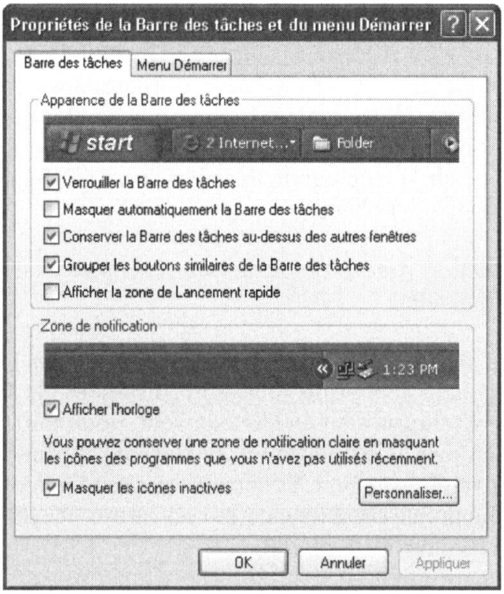

Figure 16.7 Modifiez l'apparence du menu Démarrer et de la barre des tâches.

en tenir au *look* Windows XP, restez sous l'onglet Menu Démarrer et cliquez sur Personnaliser pour commencer vos bidouillages.

Le choix de l'option Petites icônes ne réduit pas les dimensions du menu Démarrer, mais vous pourrez y placer davantage d'icônes de programmes récemment utilisés. En fait, l'option Petites icônes augmente la valeur du paramètre Nombre de programmes dans le menu Démarrer, juste en bas, puisque ces icônes occupent moins de place.

Choisissez enfin si le navigateur Internet et le logiciel de messagerie doivent apparaître dans le menu Démarrer.

Pour effectuer des personnalisations de grande envergure, cliquez sur l'onglet Avancé. Par exemple, pour vous débarrasser de la déplaisante étiquette qui s'affiche dans le menu Démarrer chaque fois que vous venez d'installer un nouveau logiciel, ôtez la coche devant l'option Afficher les programmes nouvellement installés en surbrillance.

TRUC

Le menu Démarrer n'est pas doté d'un bouton de restauration des paramètres par défaut. C'est pourquoi vous avez intérêt à noter tous les changements que vous effectuez, pour le cas où vous devriez revenir en arrière et rétablir Windows XP tel qu'il était auparavant.

Visualiser les polices installées

Les noms des polices apparaissent certes dans les programmes de Windows XP qui les utilisent, mais comment savoir à quoi elles ressemblent avant d'en choisir une ? Pour le savoir, cliquez sur Démarrer/Panneau de configuration, cliquez ensuite sur la commande Basculer vers l'affichage classique, puis double-cliquez sur l'icône Polices.

La fenêtre Polices permet de voir les noms de toutes les polices installées, et aussi d'en installer de nouvelles.

Par mesure de sécurité, ne supprimez jamais aucune des polices livrées avec Windows XP, mais seulement celles que vous aurez installées par la suite. Les programmes de Windows empruntent en effet souvent, pour leurs menus, les polices d'origine de Windows. C'est pourquoi, si vous en supprimez une, les menus disparaissent mystérieusement. Et surtout, au grand jamais, ne vous avisez de supprimer une police commençant par les lettres MS (ni d'ailleurs celles dont l'icône montre une lettre rouge).

Double-cliquez sur n'importe quelle icône de police pour voir sa typographie. Par exemple, si vous double-cliquez sur l'icône de la police Impact, Windows XP affiche un panneau typographique semblable à celui de la Figure 16.8 (cliquez sur le bouton Imprimer pour voir ce que la police donnera sur papier).

- Les icônes comportant les deux lettres TT sont des polices de type TrueType ; ce sont les meilleures car elles sont imprimées telles qu'elles apparaissent à l'écran.
- **Remarque** : Vous n'aurez peut-être jamais à consulter les icônes de polices. Sachez simplement où les trouver, au cas où...

Connexions réseau et Internet

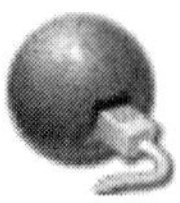

Cliquer sur cette icône démarre l'Assistant Connexion Internet qui vous aide à vous connecter au "réseau des réseaux" (ce sujet et tout ce qui y a trait a été abordé au Chapitre 12). Elle donne aussi accès à la zone Connexion réseau qui vous permet de configurer un petit réseau d'entreprise ou domestique. Ce sujet et tout ce qui l'entoure a été évoqué au Chapitre 9.

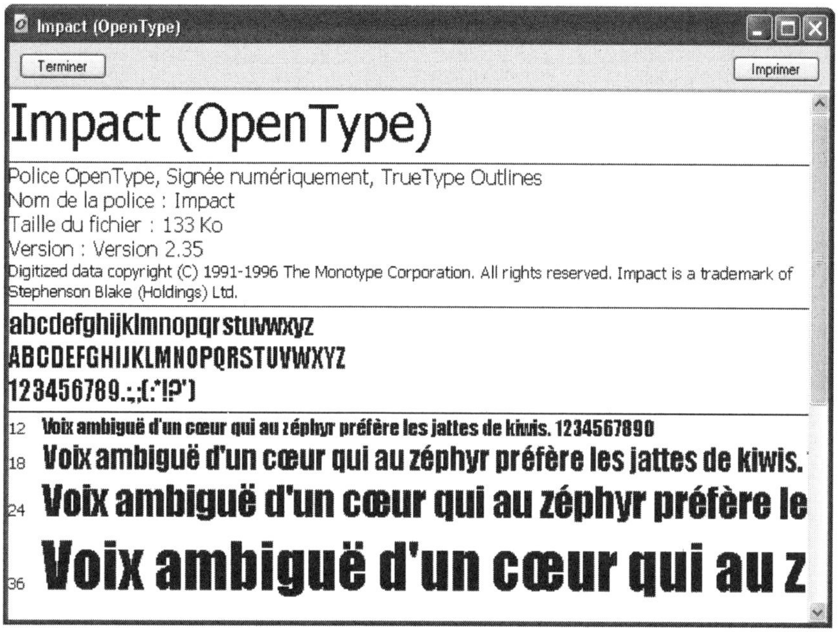

Figure 16.8 Double-cliquez sur l'icône d'une police pour voir sa typographie.

Ajouter ou supprimer des programmes

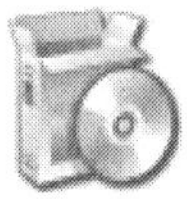

Windows XP facilite plus que jamais l'installation des programmes et leur mise à jour. Cliquer sur l'icône Ajout/Suppression de programmes ouvre la boîte de dialogue que montre la Figure 16.9. C'est elle qui vous permet d'installer ou de désinstaller des programmes tiers, mais aussi des composants de Windows XP.

Supprimer des programmes

La catégorie Ajouter ou supprimer des programmes ouvre le panneau de la Figure 16.9. La fenêtre contient la liste des logiciels actuellement installés et mentionne leur taille, la date de la dernière utilisation et indique s'ils sont utilisés souvent ou non.

Cliquez sur le programme dont vous ne voulez plus, puis sur le bouton Modifier/Supprimer. Windows vous demande si vous êtes bien sûr. Si vous cliquez sur Oui, il extirpe le programme des tripes de l'ordinateur. Attention toutefois, car il est supprimé définitivement ; si vous avez des remords, il vaut mieux avoir le disque original du programme sous la main. Un logiciel supprimé n'est pas envoyé dans la Corbeille.

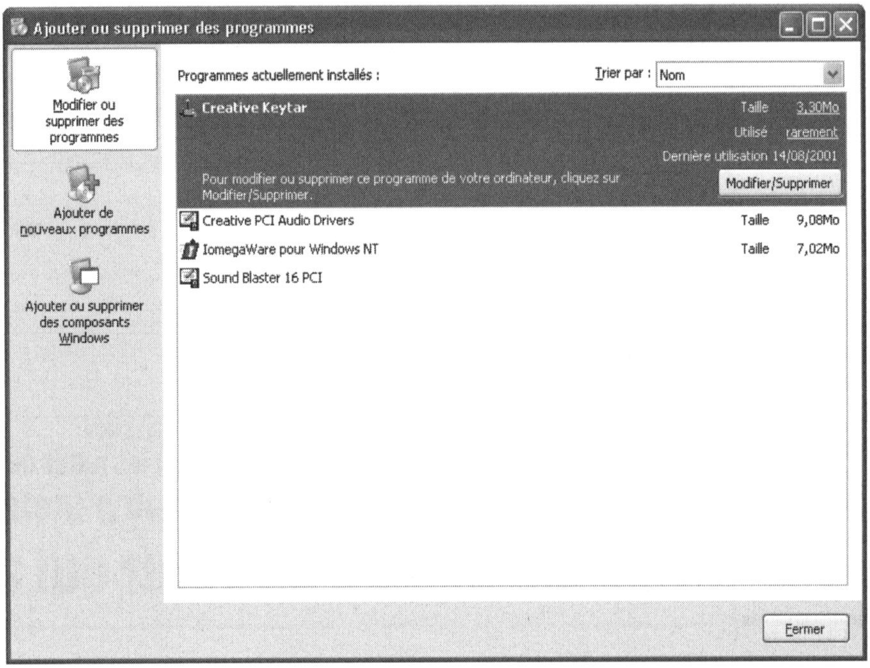

Figure 16.9 La boîte de dialogue Ajouter ou supprimer des programmes indique si vous utilisez fréquemment ou non un logiciel, ce qui vous permet de savoir si vraiment cela vaut la peine de l'éliminer.

Utilisez *systématiquement* la fonction Ajouter ou supprimer des programmes pour désinstaller les logiciels dont vous ne voulez plus. La simple suppression de leur dossier n'est pas suffisante. Procéder ainsi sème la pagaille dans votre ordinateur, provoquant l'apparition de messages inattendus. (NDT : l'installation d'un logiciel entraîne l'écriture de nombreuses informations très techniques dans un programme de gestion appelé "base de registres", ainsi que l'installation d'une foule de fichiers de configuration et d'utilitaires dans divers sous-dossiers de Windows. Lorsque la désinstallation n'est pas faite dans les règles, ces informations et ces fichiers qui ne correspondent plus à rien sont néanmoins utilisés par Windows.)

Installer un nouveau programme

Quand vous voulez installer un nouveau logiciel, cliquez sur le bouton Ajouter de nouveaux programmes (il se trouve à gauche, dans la barre verticale). La fenêtre change d'apparence et propose les deux options décrites ci-dessous :

Ajouter un programme à partir d'un CD ou d'une disquette. Pour ce faire, insérez le CD-ROM ou la première des disquettes du logiciel dans le lecteur, puis cliquez sur Suivant. Windows localise le programme d'installation et procède automatiquement à l'installation. Si vous installez un logiciel téléchargé depuis Internet, Windows risque de se plaindre qu'il n'arrive pas à le trouver. Dans ce cas, cliquez sur le bouton Parcourir et indiquez-lui l'emplacement du programme d'installation que vous venez de télécharger.

Pour effectuer la mise à jour de Windows, cliquez sur le bouton Windows Update. Windows se connecte à Internet et vous informe des composants qui nécessitent d'être changés pour correspondre à la dernière version en date. Suivez les instructions et téléchargez tous les éléments que Windows considère comme critiques.

TRUC

Les logiciels livrés sur CD-ROM s'installent souvent d'eux-mêmes, automatiquement. Il suffit alors de les insérer dans le lecteur et de suivre les instructions.

Ajouter ou supprimer des composants de Windows

Voici un petit secret : Windows XP s'installe rarement dans sa totalité. Il omet souvent d'installer un programme permettant d'envoyer ou de recevoir des télécopies, par exemple, ou encore des programmes spéciaux destinés aux utilisateurs d'ordinateurs portables. Pour voir ce que Windows n'a pas installé ou, au contraire, supprimer des fonctionnalités qu'il a installées, cliquez sur le bouton Ajouter ou supprimer des composants Windows (il se trouve dans la barre de gauche de la boîte de dialogue Ajouter et supprimer des programmes).

Windows affiche une liste de tous ses composants. Ceux qui sont cochés sont installés ; les autres ont été omis. Les cases en grisé indiquent que certains des programmes de cette catégorie n'ont pas été installés. Double-cliquez sur cette catégorie pour voir ce qui a été installé et ce qui ne l'a pas été.

Pour ajouter un programme, cochez la case vide. Pour ôter un programme installé, cliquez dans sa case afin d'ôter la coche. Cliquez ensuite sur le bouton Appliquer.

Sons, voix et périphériques audio

Vous recherchez la commande du volume ? C'est là qu'elle se cache, dans les profondeurs du Panneau de configuration. Mais vous avez un moyen de la trouver plus facilement. Cette catégorie du Panneau de configuration recèle deux icônes : Sons et périphériques audio, et Voix (eh oui, Windows peut vous causer, mais avec une diction américaine). Voici comment ça se passe.

Régler le volume sonore et émettre des sons

Assez bizarrement, Windows XP ne permet pas de modifier rapidement et facilement le volume sonore. Cette fonction est évidemment prévue, mais elle est cachée. Vous trouverez ici un moyen simple de placer la commande de volume sur le Bureau, où elle sera toujours visible. C'est peut-être la meilleure astuce de ce livre...

Dans le Panneau de configuration, cliquez sur l'icône Sons, voix et périphériques audio. Dans la boîte de dialogue des propriétés qui apparaît (voir Figure 16.10), cochez la case Placer l'icône de volume dans la barre des tâches. Cliquez ensuite sur Appliquer. Une petite icône avec un haut-parleur s'affiche dans la zone de notification de la barre des tâches, à proximité de l'horloge (Figure 16.11).

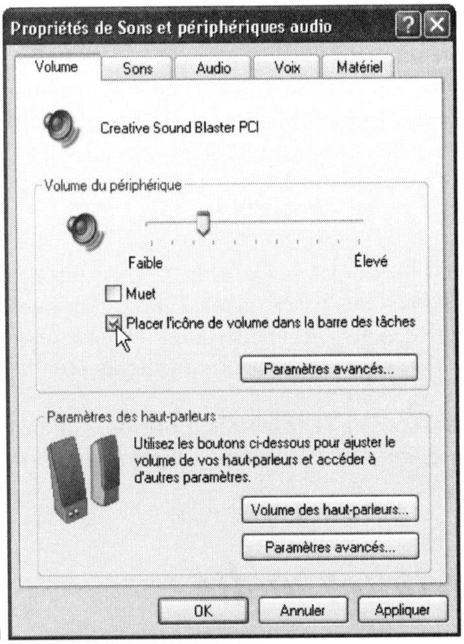

Figure 16.10 Cliquez sur l'icône Sons, voix et périphériques audio pour régler le volume sonore de l'ordinateur et modifier les paramètres des haut-parleurs et de la carte son.

Pour couper le son afin de ne pas être gêné pendant une conversation téléphonique, cliquez sur la petite icône avec le haut-parleur de la Figure 16.11 et

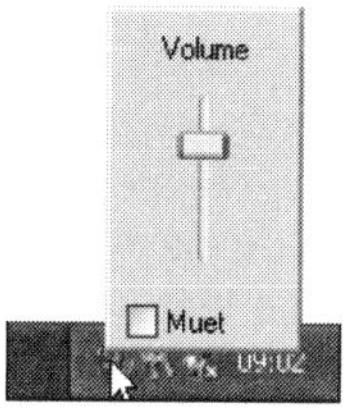

Figure 16.11 Cliquez sur le petit haut-parleur puis actionnez le curseur du défileur pour modifier le volume sonore de l'ordinateur.

cochez la case Muet. Cliquez de nouveau dessus lorsque votre client qui appelait de la Patagonie méridionale aura raccroché, et que vous pourrez de nouveau vous laisser bercer par la musique.

Ne manquez pas de cliquer sur le bouton Paramètres avancés, dans la zone Paramètres des haut-parleurs, pour indiquer à Windows quel type d'enceintes vous utilisez. Je ne saurais affirmer si cela change grand-chose à la qualité du son, mais il est bon de savoir que Windows se soucie tant de vos haut-parleurs.

Après avoir cliqué sur l'onglet Sons, Windows vous permet d'associer un son à divers événements (ouverture de Windows, arrêt critique, vidage de la Corbeille, etc.). La liste de ces événements figure dans la fenêtre Evénements et, plus bas, une zone de liste déroulante permet de choisir le fichier son à affecter à l'événement sélectionné. Cliquez sur le bouton Aperçu – le petit triangle noir à gauche du bouton Parcourir – pour tester le son.

NOTE TECHNIQUE

Seuls des sons au format WAV peuvent être affectés à des événements. Il n'est pas possible d'utiliser des fichiers MP3, MIDI ou tout autre format audio sympa.

Faire parler Windows

Cliquez sur l'icône Voix pour écouter Microsoft Sam. Lorsqu'il a été activé, Sam lit les données à l'écran, d'une voix malheureusement pas très audible. Cliquez sur le bouton Tester la voix pour avoir une idée du résultat.

NDT : en bon américain, Sam lit avec une diction anglaise. Si vous voulez vous amuser un peu, remplacez le texte d'exemple de la boîte de dialogue Propriétés de la reconnaissance vocale par un texte en français. Le résultat fait irrésistiblement penser à un touriste américain ayant appris le français dans un guide de voyage.

Les problèmes de configuration multimédia

Les gadgets du multimédia engendrent inévitablement leur lot de problèmes de configuration. Les formats de fichiers et les paramètres de configuration sont vraiment trop nombreux pour en faire aisément le tour. Bien que Windows XP réalise un remarquable travail en prenant automatiquement en charge l'installation du matériel, la boîte de dialogue des Propriétés de sons et de périphériques audio permet aux utilisateurs férus de technique de bidouiller différents paramètres. Comme les divers ordinateurs utilisent divers composants et éléments, ces paramètres varient d'un modèle à un autre. Voici cependant quelques généralités sur ce qu'offre cette boîte de dialogue :

- **Sons :** Comme nous l'avons mentionné dans ce chapitre, c'est sous cet onglet que vous affectez des sons aux différents événements de Windows.
- **Audio :** Cette page régit le matériel audio de votre ordinateur. C'est là que vous choisissez le périphérique à utiliser pour émettre des sons ainsi que celui pour l'enregistrement audio. A moins d'être musicien, vous ne toucherez pas à ces paramètres.
- **Voix :** Vous voulez écouter de la musique ? Converser avec d'autres fanas de jeux vidéo ? C'est là que vous pourrez vérifier si votre carte son est capable de diffuser de la musique tout en enregistrant votre voix. Assurez-vous d'avoir cliqué sur le bouton Test du matériel avant de passer à autre chose.
- **Matériel :** Windows XP recense ici tous les périphériques multimédias branchés à votre ordinateur. En cliquant sur l'un d'eux puis sur le bouton Propriétés, vous obtenez des informations à son sujet. Vous consulterez rarement cet onglet. Seuls les experts en son et vidéo, notamment les fanas de MP3, voudront voir quels codecs ont été installés.

Performances et maintenance

Cette catégorie du Panneau de configuration contient quatre icônes : Outils d'administration, Options d'alimentation, Tâches planifiées et Système. Il y a de fortes chances pour que vous n'ayez jamais à les voir de près. Voici cependant un bref descriptif.

Obtenir des informations sur votre ordinateur

Certaines personnes se contentent de conduire leur voiture, d'autres aiment voir ce qu'il y a sous le capot. Pour jeter un coup d'œil à la mécanique de Windows, cliquez sur l'icône Système. Comme le montre la Figure 16.12, elle donne accès à une information complète. Plus qu'il vous en faut...

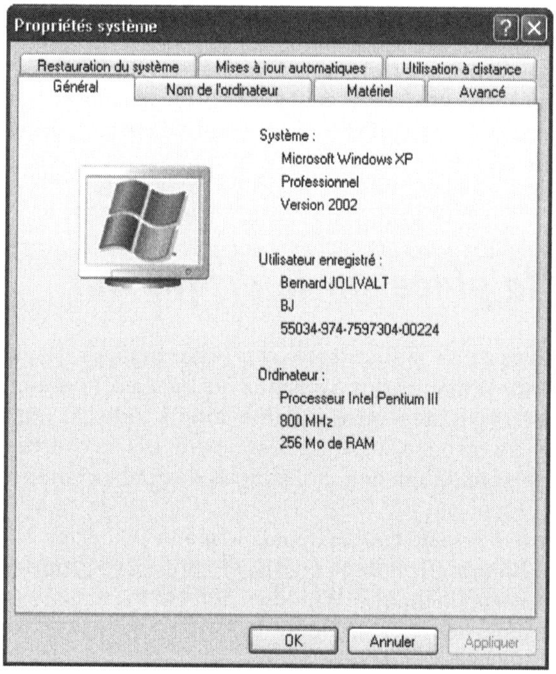

Figure 16.12 Cliquez sur l'icône Système pour obtenir des informations sur l'ordinateur, sur Windows XP et sur le comportement de Windows XP.

La fenêtre Propriétés système permet de configurer une foule de paramètres. L'onglet Matériel, par exemple, démarre l'Assistant Ajout de matériel. Sous ce même onglet, le bouton Gestionnaire de périphériques permet de voir toutes les parties de l'ordinateur et de vérifier si elles fonctionnent correctement ou non. Choisissez l'onglet Mises à jour automatiques pour décider de la fréquence à laquelle Windows XP doit télécharger les mises à jour.

Comme ce qui se trouve là est joliment compliqué, il est recommandé de ne pas y toucher à moins d'être sûr de ce que vous faites. Ces fonctions sont décrites dans des ouvrages plus spécialisés.

Activer ou désactiver les effets visuels

Windows XP s'efforce d'être cool, calme et zen. Et collectif. Ses fenêtres et ses menus apparaissent et s'effacent en douceur afin de préserver l'ambiance feutrée du travail. Mais parfois cette quiétude finit par devenir soporifique. Pour choisir entre le calme et la frénésie, cliquez sur l'icône Système puis sur l'onglet Avancé. Là, dans la zone Performances, cliquez sur Paramètres.

Pour que tout soit bien fluide, choisissez l'option Ajuster afin d'obtenir la meilleure apparence. Si vous voulez accélérer vos menus, sélectionnez Ajuster afin d'obtenir les meilleures performances, ou encore Paramètres personnalisés si vous ou n'importe qui d'autre veut se faire une idée de ce qui figure dans la liste. Vous n'aimez pas le résultat ? Cliquez sur le bouton Laisser Windows choisir la meilleure configuration pour mon ordinateur, et tout reviendra à la normale.

Libérer de la place sur le disque dur

Tôt ou tard, Windows XP se mettra à envoyer des messages, se plaignant de manquer de place sur le disque dur. Vous pouvez bien sûr toujours en installer un plus gros. Mais il existe une autre solution, moins radicale : faire appel à la commande Libérer de l'espace sur votre disque dur, qui se trouve dans la catégorie Performances et maintenance du Panneau de configuration.

Ou encore, ouvrez le Poste de travail depuis le menu Démarrer, cliquez sur le disque dur avec le bouton droit de la souris, et choisissez Propriétés. Cliquez sur le bouton Nettoyage de disque. Windows détecte les fichiers à supprimer et calcule l'espace ainsi libéré (voir Figure 16.13).

Veillez à sélectionner les Fichiers programmes téléchargés (s'il y en a), les Fichiers Internet temporaires, la Corbeille et les Fichiers temporaires. Cliquez sur OK puis sur Oui lorsqu'il vous sera demandé de confirmer. Windows efface ensuite les fichiers, libérant ainsi de la place.

Réarranger le disque dur pour accélérer les accès aux fichiers (défragmentation)

Lorsque des données sont écrites sur le disque dur, Windows se comporte comme le plus méticuleux des archivistes. Il divise parfois un fichier en plusieurs parties qu'il range dans des coins et recoins. Malheureusement, lorsque ces endroits sont éloignés les uns des autres, Windows met un temps

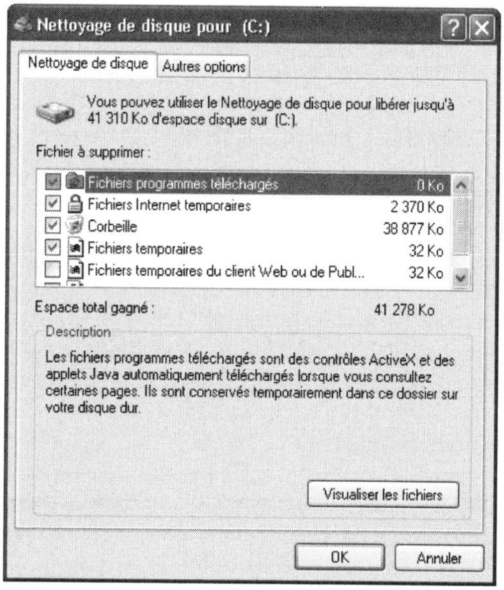

Figure 16.13 L'outil Nettoyage de disque supprime les fichiers devenus inutiles, libérant ainsi de l'espace de stockage.

plus long à récupérer l'intégralité des fichiers. Pour accélérer les choses, défragmentez de temps en temps les fichiers. Pour cela, ouvrez le Panneau de configuration, cliquez sur Performances et maintenance, et choisissez l'option Réarranger les éléments sur votre disque dur afin que les programmes s'exécutent plus rapidement.

Ou alors cliquez sur le bouton Démarrer puis sur Poste de travail. Cliquez ensuite avec le bouton droit de la souris sur le disque dur et choisissez Propriétés. Cliquez sur l'onglet Outils puis sur le bouton Défragmenter maintenant. Dans la boîte de dialogue Défragmenteur de disque, cliquez sur le bouton Analyser. Windows inspecte le disque dur et communique le résultat. Si son rapport préconise une défragmentation, cliquez sur le bouton Défragmenter. Si cette opération n'est pas nécessaire, cliquez sur le bouton avec un X, dans le coin supérieur droit de la fenêtre.

Défragmentez le disque dur régulièrement, notamment si vous avez l'impression que l'ordinateur est plus lent. Sinon, vous entendrez la tête de lecture du disque dur s'agiter frénétiquement en émettant des cliquetis caractéristiques.

Les autres icônes de performances et de maintenance

On ne touche pas aux Outils d'administration ! Il n'y a là rien qui puisse intéresser les utilisateurs peu désireux de bidouiller leur ordinateur. Cette icône ne s'adresse qu'aux techniciens.

Principalement conçues pour les ordinateurs portables, les Options d'alimentation permettent de configurer une minuterie qui éteint le moniteur, le disque dur ou l'ordinateur tout entier afin d'économiser l'énergie. Choisissez la configuration qui vous convient sous l'onglet Modes de gestion de l'alimentation puis cliquez sur le bouton OK. Utilisez les Options d'alimentation chaque fois que vous désirez indiquer à Windows XP comment il doit réagir après que quelqu'un a mis l'ordinateur en marche.

Les Tâches planifiées peuvent être oubliées. Windows XP les consulte lorsqu'il doit exécuter automatiquement certaines tâches. Il s'agit surtout de travaux de maintenance qu'il n'est pas nécessaire de modifier.

Imprimantes et autres périphériques

Dès que vous ajoutez un nouveau matériel à l'ordinateur, qu'il s'agisse d'une souris, d'une manette de jeu, d'un clavier ou d'une quelconque carte, vous devez utiliser l'Assistant Ajout de matériel. Sa petite icône se trouve dans la fenêtre Voir aussi, à gauche du panneau. Windows recherche le matériel nouvellement installé, le reconnaît et s'assure qu'il fonctionne correctement (du moins si tout se déroule comme prévu). Les autres icônes de cette catégorie servent essentiellement à configurer le matériel que vous venez d'installer.

Ajouter un nouveau matériel

Quand vous dévorez un sandwich, vous savez ce que vous mangez. Après tout, c'est vous qui l'avez choisi à la boulangerie du coin, mâché et avalé, puis qui avez essuyé les miettes de pain aux commissures de vos lèvres.

Mais quand vous ajoutez un nouvel élément à votre ordinateur, il est souvent éteint et Windows est en léthargie. Dès que vous l'allumez et que Windows XP revient à la vie, il se rend compte de la petite intervention chirurgicale qu'il a subie.

Voici la bonne nouvelle : si vous demandez à Windows XP de rechercher simplement le nouvel élément, il le découvrira probablement. En fait, Windows XP ne se contente pas de détecter le nouveau matériel ; il en prend connaissance puis entame avec lui une chaleureuse et profitable relation de travail en utilisant les paramètres corrects.

- Il arrive parfois que Windows XP détecte un nouveau matériel dès que l'ordinateur s'allume. Il recrute alors occasionnellement un assistant pour aider à le configurer.
- Windows XP est plutôt bon lorsqu'il s'agit d'identifier les éléments que les gens ont fourrés dans l'ordinateur, surtout si ce dernier est compatible Plug and Play. Vous trouverez plus d'informations sur la notion de Plug and Play dans le Chapitre 3.

Dans le Panneau de configuration, l'icône Ajout de matériel gère le processus de déclaration à Windows XP de tout nouveau périphérique que vous branchez à l'ordinateur :

1. **Double-cliquez sur l'icône Ajout de matériel, dans le Panneau de configuration, puis sur le bouton Suivant.**

   L'Assistant Ajout de matériel surgit comme un diable de sa boîte, prêt à déclarer à Windows XP tout ce que vous venez de fourrer dans le boîtier de l'ordinateur.

2. **Cliquez sur le bouton Suivant.**

   Windows XP recherche tout nouveau périphérique Plug and Play installé dans l'ordinateur.

C'est à partir d'ici que les choses deviennent un peu différentes. Windows XP a-t-il découvert un nouvel élément ? Si oui, cliquez sur le nom de ce nouvel élément dans la liste, puis cliquez sur Terminer et appliquez le restant des instructions de l'assistant.

Mais si l'assistant n'a rien trouvé, cliquez sur l'option Ajouter un nouveau périphérique matériel (elle se trouve tout en bas de la liste Matériel installé). Cliquez ensuite sur Suivant pour indiquer à Windows qu'il doit rechercher un périphérique supplémentaire. Suivez les instructions pour voir si Windows parvient à le détecter. S'il y arrive – il y a de quoi se réjouir –, cliquez sur le nom de ce périphérique afin que Windows l'installe.

Si Windows ne parvient pas malgré tout à localiser le nouveau matériel, vous devrez contacter le fabricant et demander un *pilote pour Windows XP*.

Configurer les imprimantes et les télécopieurs

La plupart du temps, votre imprimante fonctionne sans rechigner. Surtout si vous avez pensé à appuyer sur le bouton *Marche*. En vérité, la plupart des utilisateurs peuvent se dispenser de lire cette section. Même si vous avez installé une imprimante USB – c'est-à-dire connectée à un port USB, *Universal Serial Bus,* bus série universel –, vous n'avez pas à vous coltiner ce qui suit. Après avoir mis l'imprimante en marche et branché le câble dans le port USB, Windows la reconnaît automatiquement puis la configure.

Il vous arrivera néanmoins de devoir configurer certains paramètres, d'installer une nouvelle imprimante ou d'en ôter une ancienne. Dans tous les cas, commencez par ouvrir le Panneau de configuration, puis cliquez sur l'icône Imprimantes et autres périphériques et choisissez la catégorie Imprimantes et télécopieurs.

Si vous installez une nouvelle imprimante, insérez dans le lecteur la disquette ou le CD-ROM livré avec ; vous en aurez sûrement besoin pendant l'installation.

Sauf instruction contraire, choisissez toujours LPT1: comme port pour votre imprimante.

1. **Cliquez sur le bouton Ajouter une imprimante.**

   C'est magique ! Un assistant apparaît aussitôt, prêt à configurer la nouvelle imprimante.

2. **Cliquez sur le bouton Suivant et appliquez les instructions de l'Assistant Ajout d'imprimante.**

   Par exemple, cliquez pour indiquer à Windows si l'imprimante est physiquement connectée à l'ordinateur ou si elle est partagée par d'autres ordinateurs, sur un réseau.

3. **Cliquez sur Suivant et appliquez les instructions de l'assistant.**

   La zone de liste déroulante de l'Assistant Ajout d'imprimante contient à gauche les noms des fabricants d'imprimantes et à droite les noms des modèles d'imprimantes de ce fabricant.

4. **Double-cliquez sur le nom de votre imprimante, si elle figure dans la liste. Windows XP vous demande d'insérer le disque d'installation dans un lecteur. L'ordinateur mouline un petit moment.**

   Le nom de la nouvelle imprimante apparaît dans la boîte de dialogue.

5. **Cliquez sur l'icône de la nouvelle imprimante et, dans le menu Fichier, sélectionnez Oui pour l'option Voulez-vous utiliser cette imprimante comme imprimante par défaut ?**

   C'est le cas. Si vous faites partie du commun des mortels, votre imprimante fonctionnera comme un charme.

Si plus d'une imprimante est connectée à l'ordinateur, cliquez avec le bouton droit de la souris sur l'imprimante que vous utilisez le plus souvent et, dans le menu, sélectionnez Définir comme imprimante par défaut. Ce choix indique à Windows XP d'utiliser cette imprimante particulière, sauf si vous en choisissez expressément une autre.

- Pour ôter une imprimante que vous ne comptez plus utiliser, cliquez sur son nom avec le bouton droit de la souris puis, dans le menu, choisissez Supprimer. Le nom de cette imprimante disparaît de toutes les boîtes de dialogue Imprimer, lorsque vous imprimez à partir d'un programme basé sur Windows XP.

- Pour partager une imprimante sur un réseau, cliquez sur son icône avec le bouton droit de la souris et choisissez Partager. Sélectionnez l'option Partager cette imprimante puis cliquez sur OK. L'imprimante apparaît désormais dans les options de tous les ordinateurs du réseau.

- Il est possible de modifier les options d'impression à partir de nombreux programmes. Choisissez Fichier dans la barre de menus du programme en question, puis Configuration de l'impression ou Imprimer. A partir de là, vous accédez souvent au même panneau d'options que celui du Panneau de configuration. Vous y trouverez les commandes permettant de modifier des éléments tels que le format du papier, la police et le type de graphismes.

- Consultez le guide d'installation de votre imprimante. Certains fabricants préfèrent que vous utilisiez leur logiciel et tiennent à l'écart l'Assistant Ajout d'imprimante. A moins que le manuel recommande de procéder autrement, faites toujours appel à l'Assistant Ajout d'imprimante (vous remarquerez peut-être que la nouvelle imprimante a déjà été configurée, de sorte que vous n'aurez pas à aller plus loin).

- Travailler sur une imprimante peut s'avérer plus compliqué que capturer un hamster en cavale qui s'est planqué au plus profond de la vaisselle. N'hésitez pas à utiliser tous les boutons d'aide de la boîte de dialogue. Vous aurez de bonnes chances d'y trouver de lumineux conseils, souvent en rapport avec votre modèle d'imprimante. Si efficaces que votre hamster n'aura plus qu'à bien se tenir...

Les contrôleurs de jeu

Bien que le système d'exploitation Windows XP soit plutôt orienté vers la productivité en réseau, Microsoft a aussi pensé à ceux qui, pour une raison ou pour une autre, ne sont pas astreints à travailler.

Comme les actuelles manettes de jeu et les gamepads font bien plus que vous laisser les remuer et appuyer sur des boutons, la zone Contrôleur de jeu permet entre autres de les étalonner. Si vous utilisez différentes manettes pour différents jeux, c'est là que vous choisirez celle que vous voulez utiliser. Si vous n'arrêtez pas de perdre à cause de l'imprécision de votre manette, cliquez sur le bouton Résolution des problèmes afin de diagnostiquer ce qui ne va pas et trouver une solution.

Scanneurs et appareils photo

Windows détecte habituellement les scanneurs et les appareils photo numériques lorsqu'ils sont en marche et connectés à l'ordinateur. Dans d'autres cas, ce matériel est livré avec leurs propres logiciels d'installation qui placent leurs icônes ici. D'autres appareils photos doivent explicitement être déclarés à Windows. Cliquez simplement sur l'icône Scanneurs et appareils photo puis choisissez l'option Ajouter un périphérique d'acquisition d'image.

Windows lance un assistant d'installation qui ressemble beaucoup à l'Assistant d'Ajout d'imprimante. Cliquez sur le nom du fabricant dans la fenêtre de gauche, puis choisissez le modèle de matériel à droite. Choisissez le port COM correct si vous savez où vous avez connecté l'appareil. Sinon, choisissez Détection automatique du port. Si le scanneur ou l'appareil photo sont en marche et que le câble a correctement été branché, Windows devrait le reconnaître et placer son icône à la fois dans la zone Poste de travail et dans la zone Scanneurs et appareils photo du Panneau de configuration.

Malheureusement, l'installation des scanneurs et des appareils photo n'est pas toujours aussi facile. Si la vôtre n'est pas automatiquement mise en œuvre, utilisez le logiciel fourni avec votre matériel. Il devrait fonctionner ; simplement, vous vous abstiendrez d'utiliser le logiciel intégré à Windows XP.

Pour récupérer les images de l'appareil photo que vous venez d'installer, mettez-le en marche et ouvrez le dossier Mes images. Choisissez l'option Obtenir les photos. Windows reconnaît les images et affiche une miniature de ce qu'elles représentent.

Pour sélectionner et choisir dans le stock, maintenez la touche Ctrl enfoncée tout en cliquant sur les bonnes images. En vérité, comme beaucoup d'appareils photo sont très longs à transférer leurs images, cette astuce s'avère très commode pour des récupérations rapides. Enregistrez les photos dans le dossier Mes images.

Faire reconnaître le double-clic

Cliquer deux fois avec la souris à intervalle très rapproché s'appelle un *double-clic* ; la plupart des utilisateurs en font dans Windows XP. Mais parfois vous n'arrivez pas à double-cliquer assez vite pour satisfaire Windows. Il s'imagine alors que vous avez effectué deux clics simples. Si vous rencontrez ce problème, cliquez sur l'icône Souris du Panneau de configuration. Elle se trouve dans la catégorie Imprimantes et autres périphériques.

Double-cliquer sur l'icône Souris donne accès à ses paramètres, comme le montre la Figure 16.14. Du fait que les différents ordinateurs sont livrés avec différents types de souris, les instructions qui suivent ne s'appliqueront peut-être pas au vôtre Les options des différentes souris sont cependant souvent les mêmes. Appuyez sur F1 pour obtenir de l'aide sur une option qui vous semblerait obscure.

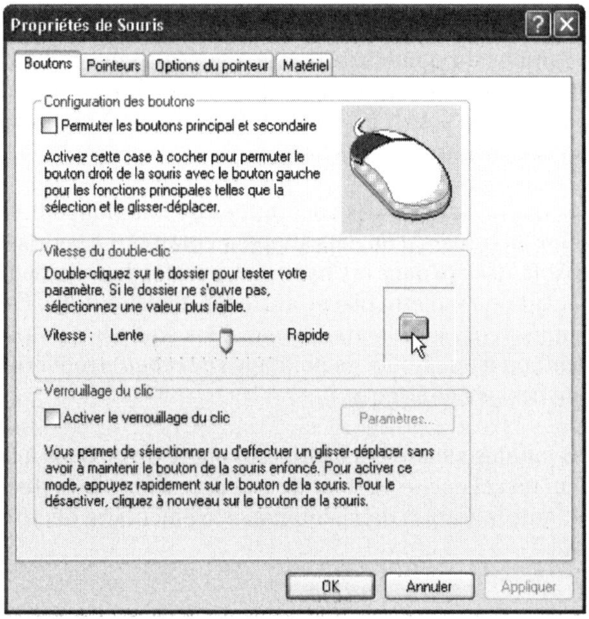

Figure 16.14 Modifiez ici la vitesse du double-clic.

Pour vérifier la vitesse du double-clic, double-cliquez dans la zone montrant un dossier. Si Windows XP reconnaît le double-clic, le dossier s'ouvre. Recommencez et le dossier se ferme.

Si cela ne fonctionne pas, actionnez le défileur à gauche vers Lent jusqu'à ce que Windows XP reconnaisse vos louables efforts pour produire un double-clic, puis cliquez sur le bouton OK pour vous remettre à l'ouvrage.

- Vous n'arrivez pas à double-cliquer sur une icône avec suffisamment de vélocité pour que Windows XP ouvre ce satané élément ? Cliquez une seule fois seulement et appuyez ensuite sur la touche Entrée. Ou alors, cliquez une seule fois dessus avec le bouton droit de la souris et, dans le menu contextuel qui ne manque pas d'apparaître, choisissez Ouvrir. Eh oui, il existe dans Windows XP plusieurs façons d'effectuer la même chose.

- TRUC : Si vous êtes gaucher, cochez la case Permuter les boutons principal et secondaire (visible en haut, dans la Figure 16.14), puis cliquez sur le bouton Appliquer. Vous pourrez ainsi manier la souris de la main gauche et utiliser l'index pour appuyer sur le bouton principal.

- Il n'est pas indispensable que le pointeur de la souris se déplace à la même vitesse que la souris elle-même. Pour lui faire traverser l'écran à la vitesse de l'éclair en n'actionnant que très peu la souris, cliquez sur l'onglet Options du pointeur. Ensuite, dans la zone Mouvement du pointeur, faites glisser le curseur du défileur vers Rapide. Pour ralentir le déplacement de la souris à l'écran, autorisant ainsi un pointage plus précis, glissez le curseur vers Lent.

- TRUC : Certaines marques de souris sont dotées de fonctionnalités originales accessibles au travers d'onglets supplémentaires. La souris IntelliMouse de Microsoft, décrite dans le Chapitre 2, permet de contrôler des actions en déplaçant une molette placée entre les deux boutons. C'est aussi là que les utilisateurs d'ordinateurs portables équipés d'un pavé tactile (*touch pad*) ou d'une boule de pointage (*trackball*) trouveront les paramètres de ces périphériques.

- La souris fait des siennes ? Le pointeur saute de-ci, de-là à l'écran comme un teckel excité au bout de sa laisse ? Peut-être devez-vous la nettoyer, une opération de maintenance élémentaire décrite dans le Chapitre 17.

Options de modems et téléphonie

Vous aurez rarement recours à ces options de modems et de téléphonie, à moins que vous utilisiez un ordinateur portable et que vous changiez fréquemment de zone téléphonique. Dans ce cas, cliquez sur l'icône de ces options, puis sur l'onglet Règles de numérotation, enfin sur Nouveau pour ajouter un nouveau site d'appel.

Si votre modem réagit bizarrement, cliquez sur l'onglet Modems puis sur le bouton Dépannage pour voir si Windows saura déterminer ce qui ne va pas.

Comptes utilisateurs

Allez à cet emplacement pour modifier les comptes des personnes que vous autorisez à utiliser l'ordinateur. Vous pouvez définir des mots de passe, créer de nouveaux comptes, changer l'image – le portrait – d'un utilisateur dans l'écran d'accueil, et aussi modifier la manière dont les différents utilisateurs accèdent à Windows. Tous ces sujets ont été abordés dans le Chapitre 9.

Options régionales, date, heure et langue

Principalement conçue pour les possesseurs d'ordinateurs portables qui voyagent, cette zone permet de modifier la date et l'heure de l'ordinateur et propose la prise en charge d'autres langues. Vous n'interviendrez ici qu'une seule fois, après quoi vous pourrez oublier ces paramètres.

Options régionales et linguistiques

Vous emmenez votre ordinateur aux Etats-Unis ? Cliquez sur cette icône et choisissez Anglais (Etats-Unis). Windows se configure automatiquement pour utiliser les formats de date et monétaire propres à ce pays. Vous trouverez ici une grande quantité de pays.

Configurer la date et l'heure

De nombreux utilisateurs ne se fatiguent pas à régler l'horloge de leur ordinateur. Ils se contentent de consulter leur montre-bracelet pour connaître l'heure. Ils oublient cependant un point important concernant l'ordinateur : il attribue toujours une date et une heure de création aux fichiers. Si ces paramètres sont erronés, les fichiers sont mal datés. Comment ferez-vous alors pour retrouver ceux que vous avez créés la veille ou la semaine dernière ? De plus, les courriers électroniques seront envoyés avec une date erronée, ce qui déroutera leur destinataires (NDT : et augmentera considérablement le risque qu'ils ne soient pas lus s'ils sont antidatés, car ils n'apparaîtront plus parmi les derniers courriers reçus, mais dans la partie ancienne de la liste, hors de vue).

De plus, Windows XP se base lui aussi sur l'horloge interne de l'ordinateur. Vous devrez régler la date et l'heure si l'ordinateur a fait un saut dans le passé ou s'il vit déjà dans le futur.

Pour régler la date et l'heure de l'ordinateur, choisissez l'icône Date et heure. Un petit calendrier s'affiche à l'écran, où vous pourrez choisir le jour et l'heure en cliquant.

Vous avez changé de fuseau horaire ? Cliquez sur l'onglet Fuseau horaire et sélectionnez dans la liste déroulante celui où vous vous trouvez.

Enfin, pour que Windows soit toujours à l'heure à la fraction de seconde près, cliquez sur l'onglet Temps Internet. Cochez la case Synchroniser automatiquement avec un serveur de temps Internet.

- Windows XP est doté d'un programme Rechercher, décrit dans le Chapitre 7, capable de retrouver des fichiers selon leur date et l'heure où ils ont été créés, modifiés ou consultés pour la dernière fois. Cette fonction n'est fiable que si la date et l'heure de l'ordinateur sont correctes.

- Pour accéder plus rapidement aux paramètres de date et d'heure, double-cliquez sur la petite horloge qui se trouve dans la zone de notification de la barre des tâches. Windows XP affiche les mêmes boîtes de dialogue que si vous aviez ouvert le Panneau de configuration et double-cliqué sur l'icône Date et heure.

Chapitre 17

Quand Windows fait des siennes

Dans ce chapitre :

- Ramener l'ordinateur à une époque où il se portait mieux.
- Ramener une souris erratique dans le droit chemin.
- Corriger d'anciens logiciels qui ne tournent pas sous Windows XP.
- Comprendre les privilèges des comptes d'administrateurs.
- Sortir d'un menu où vous êtes bloqué.
- Maintenir Windows à jour.
- Retrouver les icônes du Bureau qui avaient disparu.
- Installer un pilote pour un nouvel élément de l'ordinateur.
- Installer d'autres parties de Windows XP.
- Que faire si l'on a cliqué sur le mauvais bouton.
- Dépanner un ordinateur bloqué.
- Découvrir pourquoi l'imprimante ne fonctionne pas correctement.
- Echanger le double-clic pour le clic et inversement.

Il y a des jours comme ça où rien ne va, et l'ordinateur n'y est parfois pas étranger. Il se met tout à coup à gronder, où alors Windows XP est plus poussif qu'une limace essoufflée. D'autres fois, quelque chose ne tourne manifestement pas rond. Appuyer sur les touches déclenche un bip, les menus ne réagissent pas ou bien Windows vous accueille dès le démarrage par un message d'erreur peu avenant.

La plupart de ces problèmes apparemment ardus sont résolus par des solutions faciles à mettre en œuvre. Ce chapitre vous en présente quelques-unes.

Restaurer le passé grâce à la Restauration du système

Ça arrive à tout le monde : Windows fonctionne parfaitement jusqu'à un certain moment. Celui par exemple où, après avoir supprimé un fichier, Windows affiche sans cesse au démarrage un affreux message d'erreur.

Ou alors, vous avez installé un nouveau programme qui s'est dépêché de couper la communication avec votre scanneur, votre appareil photo numérique, le modem, voire les trois à la fois.

C'est dans de tels moments que vous voudriez bien retourner dans le passé, lorsque Windows fonctionnait bien. Fort heureusement, Windows est capable de remonter dans le temps grâce à quelques clics et à un programme nommé Restauration du système.

Chaque jour, Windows enregistre sur le disque dur une "image" de la configuration de votre ordinateur. Dès qu'il commence à se comporter de façon étrange, chargez la Restauration du système et cliquez sur le dernier jour où l'ordinateur fonctionnait bien : la Restauration du système remonte dans le temps afin de configurer l'ordinateur tel qu'il était lorsqu'il fonctionnait à merveille. Sauvé ! Voici comment faire pour se retrouver en des temps meilleurs :

1. **Enregistrez tous les fichiers ouverts, fermez tous les programmes puis chargez la Restauration du système.**

   Cliquez sur Démarrage/Tous les autres programmes, puis allez dans Accessoires/Outils système et cliquez sur Restauration du système.

2. **Cliquez sur Restaurer mon ordinateur à une heure antérieure. Cliquez ensuite sur Suivant.**

3. **Choisissez dans le calendrier une date à laquelle l'ordinateur fonctionnait bien puis cliquez sur Suivant.**

   TRUC

   La veille est le meilleur choix. Mais si les symptômes remontent à plus loin, choisissez la journée qui *précède* la date à laquelle des dysfonctionnements se sont manifestés.

4. **Assurez-vous d'avoir bien enregistré tous les fichiers ouverts puis cliquez sur OK.**

   L'ordinateur mouline un moment puis il redémarre.

La Restauration du système rétablit l'ordinateur à une époque où sa configuration ne posait aucun problème. Vous ne perdez rien de ce que vous avez enregistré.

Si l'ordinateur fonctionne bien, ouvrez la Restauration du système ; ensuite, à l'Etape 2 ci-dessus, sélectionnez le bouton Créer un point de restauration. Vous indiquez ainsi à Windows qu'il doit prendre un instantané de sa configuration courante afin d'y revenir par la suite, si les choses se dégradent.

La Restauration du système est totalement réversible. Si l'ordinateur se comporte encore plus mal, chargez la Restauration du système et choisissez une autre date.

Avant d'installer un programme ou tout autre nouveau joujou informatique, chargez la Restauration du système et créez un point de restauration, au cas où l'installation s'avérerait désastreuse. Nommez ce point d'une façon évocatrice, comme *Avant l'installation de la Webcam.* Vous saurez ainsi où vous en étiez avant que les choses aillent de travers.

Il est possible d'enregistrer de nombreuses restaurations dont chacune contient un instantané de la configuration de votre ordinateur.

Si vous restaurez l'ordinateur à un point antérieur où vous avez installé un logiciel ou un matériel, ces éléments risquent de ne pas fonctionner correctement. Dans ce cas, vous devrez les réinstaller.

Ma souris ne fonctionne pas bien

Il arrive parfois que la souris ne fonctionne pas du tout. Dans d'autres cas, le pointeur saute à l'écran de façon erratique, comme une puce folle. Voici quelques points à vérifier :

- Si aucun pointeur n'est visible à l'écran après avoir démarré Windows, assurez-vous que la prise de la souris est enfoncée bien à fond à l'arrière de l'ordinateur. Ensuite, quittez puis redémarrez Windows XP.
- Si le pointeur est visible mais qu'il ne bouge pas, c'est peut-être parce que Windows a confondu votre modèle de souris avec un autre. Vous pouvez vérifier que Windows XP reconnaît le type correct de la souris en appliquant les étapes de l'ajout de nouveau matériel décrites dans le Chapitre 16.

TRUC

- Le pointeur peut sauter d'un endroit à l'autre de l'écran si le mécanisme de la souris est encrassé. Commencez par retourner la souris et nettoyer la saleté accumulée sur le dessous (NDT : profitez-en aussi pour vérifier la propreté du tapis de souris). Faites ensuite pivoter la rondelle en matière plastique pour libérer la boule. Otez les poussières, cheveux et poils de chat. A l'intérieur de la trappe, grattez la crasse sur les rouleaux sans les rayer (avec la partie non phosphorée d'une allumette, par exemple). Veillez à ce qu'elle ne tombe pas dans le mécanisme. Si vous travaillez en pull de laine ou si le chat a pris l'habitude de piétiner le tapis de la souris, vous devrez effectuer ce nettoyage toutes les semaines environ.

- Si la souris fonctionnait bien et que maintenant les boutons semblent inversés, c'est peut-être parce que quelqu'un les a permutés dans le Panneau de configuration. Allez dans ce panneau, cliquez sur l'icône Souris et vérifiez si sa configuration est bien celle que vous désirez (ce sujet a été couvert dans le Chapitre 16).

Faire tourner des programmes anciens sous Windows XP

Les programmeurs écrivent leurs logiciels pour des versions spécifiques de Windows. Ensuite, lorsqu'une nouvelle version apparaît, comme Windows XP, certains de ces logiciels ne s'accommodent pas de leur nouvel environnement et refusent de fonctionner.

Si un jeu vidéo ou tout autre programme refuse de tourner sous Windows XP, il reste une chance en utilisant le Mode de compatibilité. Cette fonctionnalité leurre les programmes en leur faisant croire qu'ils tournent sous la version de Windows pour laquelle ils ont été conçus, de sorte que tout se passe bien.

Si un programme vous fait des misères, cliquez sur son icône avec le bouton droit de la souris et choisissez Propriétés. Dans la boîte de dialogue qui apparaît, cliquez sur l'onglet Compatibilité. Après avoir vérifié sur l'emballage ou sur le disque d'installation pour quelle version ce programme a été conçu, sélectionnez-la dans le menu déroulant Exécuter ce programme en mode de compatibilité pour (voir Figure 17.1).

Pour avoir plus d'informations sur cette fonctionnalité et obtenir une liste de compatibilité des programmes installés dans l'ordinateur, cliquez sur le lien En savoir plus sur la compatibilité des programmes (tout en bas de la boîte de dialogue, dans la Figure 17.1).

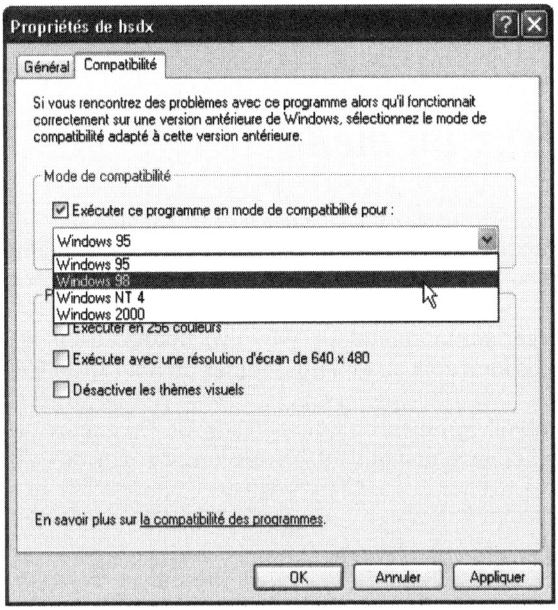

Figure 17.1 En cas de problème, le mode de compatibilité permet de sélectionner la version de Windows pour laquelle un programme a été conçu.

L'ordinateur me dit que je dois être Administrateur !

Vous *devez* être Administrateur pour effectuer la plupart des choses intéressantes dans Windows XP. Ce système d'exploitation a en effet été conçu pour que plusieurs utilisateurs puissent ouvrir une session de travail pour eux seuls. Windows XP enregistre séparément les paramètres de chacune de ces personnes, ce qui leur donne l'impression d'utiliser un ordinateur qui leur est propre.

Mais quelqu'un doit toutefois être en charge de l'installation d'un nouveau logiciel, de la modification des paramètres de réseau ou de l'ajout de matériel. Cette personne est l'Administrateur. Généralement, c'est le propriétaire de l'ordinateur qui détient le compte Administrateur ; les autres personnes ont des comptes limités ou visiteurs.

Si un message signale que vous devez être Administrateur pour effectuer telle ou telle tâche sur l'ordinateur, vous devrez vous adresser au propriétaire de la machine pour obtenir de l'aide (si vous le harcelez assez souvent par vos demandes, il acceptera peut-être de transformer votre compte limité en compte administrateur pour être tranquille). Ce sujet a été abordé dans le Chapitre 9.

Je suis coincé dans un menu

Si vos frappes au clavier ne produisent pas des caractères mais déroulent à chaque fois des menus, c'est que vous êtes coincé dans les menus. Vous avez dû appuyer sur la touche Alt par inadvertance, ce qui arrive très facilement.

Quand vous appuyez sur la touche Alt, Windows détourne son attention du travail en cours et s'intéresse aux menus alignés en haut de la fenêtre.

Pour revenir au travail, appuyez de nouveau sur Alt. Ou encore, appuyez deux fois sur la touche Échap. L'une et l'autre vous feront sortir de ce mauvais pas.

Maintenir Windows à jour

Si vous avez une connexion Internet, vous n'avez en fait pas à vous soucier de maintenir Windows à jour, car il effectue lui-même cette opération grâce à son programme Windows Update. De temps en temps, vous verrez apparaître un petit message dans la zone de notification de la barre des tâches. Il signale que des mises à jour ont été téléchargées en tâche de fond et vous invite à terminer leur installation.

Lorsqu'un message apparaît dans la zone de notification, cliquez dessus. La fenêtre qui apparaît explique que Windows veut procéder à une installation afin d'être à jour. Donnez systématiquement votre accord en cliquant sur Oui. La mise à jour s'installe automatiquement ; Windows demandera ensuite à être redémarré.

Peu de temps après que l'Administrateur a commencé à utiliser l'ordinateur, Windows demande l'autorisation de souscrire à la mise à jour automatique. Cliquez sur Oui. Windows Update est le meilleur moyen, pour Microsoft, de corriger des erreurs de programmation et de garantir que Windows tournera sans encombre.

Toutes les icônes de mon Bureau ont disparu

Windows XP fait quelquefois des erreurs. Normalement, lorsque vous placez un fichier ou un raccourci sur le Bureau, vous le voyez. Mais comment réagiriez-vous si tout à coup toutes les icônes disparaissaient du Bureau ? Il se trouve que, dans un légitime désir de plaire à tout le monde, Windows XP propose une curieuse option qui rend les icônes du Bureau invisibles.

Si vous cliquez sur le Bureau avec le bouton droit de la souris, que vous choisissez Réorganiser les icônes par, puis Afficher les icônes du Bureau, vous désactivez l'option qui rend les icônes visibles. La coche de cette option disparaît, et avec elle toutes les icônes du Bureau !

C'est sûr, pour être net, votre Bureau est net. Mais il est terriblement difficile de cliquer sur des icônes que l'on ne voit pas. Pour les faire réapparaître, cliquez avec le bouton droit de la souris dans le Bureau et choisissez Réorganiser les icônes par/Afficher les icônes du Bureau. L'option est de nouveau active et toutes vos icônes réapparaissent.

Il paraît que je dois installer un nouveau pilote

Quand vous achetez un nouvel équipement pour votre ordinateur, il est généralement livré avec un logiciel appelé "pilote". Un *pilote* est une sorte d'intermédiaire qui indique à Windows comment il doit se débrouiller avec le nouvel élément. Quand vous achetez un nouveau clavier, une carte son, un lecteur de CD, une imprimante, une souris, un moniteur ou n'importe quel autre périphérique, vous devez en principe installer un pilote dans Windows. Son installation est heureusement des plus faciles, comme nous l'avons vu dans le Chapitre 3.

- Les éditeurs et les fabricants mettent constamment leurs pilotes à jour afin de corriger des problèmes internes ou de faire en sorte qu'ils communiquent mieux avec leur environnement. Si le périphérique ne se comporte pas bien, un nouveau pilote le ramènera à la raison. Appelez le fabricant et demandez la dernière version du pilote ou, si vous faites partie des internautes, allumez votre modem et filez sur sa page Web afin de télécharger gratuitement le pilote.

- TRUC — Pour trouver la page Web d'un éditeur ou d'un fabricant, faites appel à Internet Explorer. Allez sur le site `www.yahoo.fr` puis tapez le nom de la société. Il y a de fortes chances pour que Yahoo! vous y amène d'un seul clic de souris.

- Tous les périphériques ne fonctionnent pas avec Windows XP. Certains jeux ne reconnaissent même pas certaines cartes son, et certains logiciels ne fonctionnent pas avec certains lecteurs de CD. Amenez la liste des différents matériels dont se compose votre PC à la boutique informatique et, avant de sortir votre porte-monnaie, voyez avec le vendeur si le logiciel ou le périphérique que vous désirez acquérir est compatible.

- Pour obtenir la liste du matériel installé dans votre ordinateur, cliquez sur l'icône Poste de travail avec le bouton droit de la souris et choisissez l'onglet Gestionnaire de périphériques. Cliquez sur le bouton Imprimer puis sur OK. Ce qui figure sur la feuille sera sans doute assez obscur pour vous, mais les types de la boutique sauront déchiffrer ces informations.

- Après avoir enregistré Windows XP, le programme Windows Update gère différentes tâches de mise à jour. Il se connecte à une page Web particulière d'où il télécharge les données dont l'ordinateur pourrait avoir besoin.

Sa version de Windows contient plus de programmes que la mienne !

Windows XP s'installe de lui-même différemment sur différents types d'ordinateurs. Lors de l'installation sur le disque dur, il transfère différents fichiers. Si l'ordinateur est un portable, par exemple, Windows XP installera des programmes qui facilitent le transfert des fichiers et qui surveillent la charge de la batterie.

Les ordinateurs équipés d'un disque dur de petite capacité recevront le minimum des fichiers requis pour que Windows XP fonctionne correctement. Dans le Chapitre 10, nous avons décrit certains des programmes et accessoires livrés avec Windows XP. Reportez-vous au Chapitre14 pour en savoir plus, notamment pour apprendre comment ajouter ou supprimer des programmes en cliquant sur le bouton Démarrer et en allant dans le Panneau de configuration.

Windows XP est fourni avec un grand nombre de programmes parfois assez surprenants. Ne surchargez pas l'ordinateur en les installant tous ; il est inutile de l'encombrer de composants dont vous n'aurez pas besoin.

J'ai cliqué sur le mauvais bouton (mais je ne l'ai pas encore relâché)

Cliquer avec la souris s'effectue en deux étapes : une pression, un relâchement. Si vous venez de cliquer sur le mauvais bouton à l'écran, et que vous n'avez pas encore relâché le bouton de la souris, appuyez sur la touche Échap puis déplacez doucement le pointeur hors du bouton erroné.

Le bouton à l'écran reprend son apparence initiale et Windows XP fait comme si rien ne s'était passé. Heureusement.

Mon ordinateur est complètement bloqué

De temps en temps, Windows laisse tout tomber et fait le mort. Vous vous retrouvez avec un ordinateur bloqué ; vous aurez beau cliquer frénétiquement ou appuyer sur toutes les touches du clavier, rien n'y fera. Tout au plus, émettra-t-il des bips chaque fois que vous appuierez sur une touche.

Quand rien ne bouge à l'écran hormis le pointeur de la souris, c'est que l'ordinateur est bel et bien bloqué (c'est-à-dire "planté", dans le jargon des utilisateurs). Essayez ces différentes méthodes pour corriger le problème :

- **Méthode n° 1 :** Appuyez deux fois sur la touche Échap.

  Cette action ne résout généralement rien, mais essayez quand même.

- **Méthode n° 2 :** Appuyez en même temps sur les touches Ctrl+Alt+Suppr.

  Avec un peu de chance, le Gestionnaire des tâches de Windows apparaîtra avec un message qui dit que "cette application ne répond plus". Il affiche la liste des programmes actuellement en cours d'exécution, y compris celui qui ne répond plus. Cliquez sur le nom du programme qui pose problème puis sur le bouton Terminer le processus. Vous perdrez bien sûr toutes les données non enregistrées contenues dans le programme, comme vous le savez (si quelqu'un a appuyé sur Ctrl+Alt+Suppr par accident, appuyez sur Échap lorsque le message de non-réponse de l'application apparaît afin de retourner dans Windows).

  Si cette manipulation ne donne rien, essayez de cliquer, dans le Gestionnaire des tâches de Windows, sur le menu Arrêter et choisissez Redémarrer. L'ordinateur devrait s'éteindre et redémarrer dans – espérons-le – de meilleures dispositions.

- **Méthode n° 3 :** Si les méthodes précédentes ont échoué, appuyez sur le bouton de réinitialisation de l'ordinateur (NDT : ce bouton, souvent identifié par le mot "Reset", se trouve généralement sur la façade du boîtier).

  Lorsque le panneau Arrêter l'ordinateur apparaît, cliquez sur le bouton Redémarrer.

L'imprimante ne fonctionne pas bien

Si l'imprimante vous cause bien des soucis, commencez par le plus simple : assurez-vous qu'elle est branchée à la prise de courant et qu'elle est sous tension. Incroyable mais vrai, cette simple vérification résout la moitié des problèmes d'imprimantes. Assurez-vous ensuite que le câble d'imprimante est solidement fixé au port de l'imprimante et aussi à celui de l'ordinateur. Vérifiez ensuite qu'elle est suffisamment alimentée en papier et qu'aucun bourrage de feuille ne s'est produit.

Essayez ensuite d'imprimer à partir de différents programmes comme Wordpad ou le Bloc-notes pour voir si le problème provient de l'imprimante, de Windows XP ou d'un programme Windows particulier. Essayez d'imprimer un document avec différentes polices. Ces tests devraient vous aider à découvrir le coupable.

Votre imprimante est peut-être à court d'encre ou de toner ? Il n'en faut parfois pas plus pour empêcher une imprimante de fonctionner.

TRUC

Pour effectuer un rapide test d'imprimante, cliquez sur le bouton Démarrer, choisissez le Panneau de configuration puis sélectionnez Imprimantes et autres périphériques. Cliquez sur Imprimantes et télécopieurs afin de voir quelles sont les imprimantes connectées à votre ordinateur. Cliquez sur l'icône d'une imprimante avec le bouton droit de la souris, choisissez Propriétés puis cliquez sur le bouton Imprimer une page de test. Si l'imprimante sort une jolie page correctement imprimée, le problème est sans doute dû au logiciel que vous utilisez et non à l'imprimante.

Pendant que nous sommes dans la fenêtre Imprimantes et télécopieurs, appuyez sur la touche F1 pour afficher la fenêtre d'aide sur l'impression. Essayez le programme de dépannage de l'imprimante pour voir s'il est possible de déterminer ce qui ne va pas.

Mes doubles-clics sont maintenant des clics simples !

Dans son désir de tout faciliter, Windows XP permet aux utilisateurs de choisir si un fichier ou un dossier doit être ouvert par un double ou par un simple clic.

Si vous n'êtes pas satisfait de la méthode utilisée par Windows, voici comment en changer :

1. **Ouvrez n'importe quel dossier, comme par exemple le dossier Mes documents, dans le menu Démarrer.**

2. **Dans le menu Outils, choisissez Options des dossiers.**

3. **Choisissez votre préférence de clic dans la zone Cliquer sur les éléments de la manière suivante.**

4. **Cliquez sur OK pour enregistrer vos préférences.**

TRUC

Vous n'aimez pas le résultat ? Cliquez simplement sur le bouton Paramètres par défaut, dans les Options des dossiers, et Windows rétablit le double-clic.

Chapitre 18

Comprendre ces ennuyeux messages

Dans ce chapitre :

- Accès refusé.
- Cliquer ici pour activer maintenant.
- Connecté à...
- Nouveau matériel détecté.
- Masquer les icônes de notification inactives.
- Si vous supprimez ce fichier, vous ne pourrez plus utiliser ce programme.
- Raccourci manquant.
- Programmes récemment installés.
- Ouvrir avec...
- Alerte de confidentialité : enregistrement de cookies.
- Renommer.
- Suppression de matériel sûre.
- Tenez-vous au courant des mises à jour automatiques.
- Il existe des icônes inutilisées sur le Bureau.
- Alerte de sécurité.

La plupart des utilisateurs comprennent aisément les messages d'erreur. Dans une voiture, de plaisants petits bips indiquent que vous avez oublié la clef de contact sur le tableau de bord ou que les phares sont restés allumés. Sur une chaîne stéréo, un son bégayant indique que le disque compact a des problèmes.

Il en va toutefois autrement avec Windows XP. Les messages qui y apparaissent auraient pu être écrits par une sous-commission du Sénat américain, s'ils n'étaient pas si brefs. Sont-ce des messages d'erreur ? Y a-t-il de quoi se réjouir ? Les messages que Windows vous envoie à la figure se limitent généralement à une seule phrase assez laconique. Windows XP prend rarement la peine de décrire ce qui a causé son apparition et, pis, indique encore plus rarement ce que vous devez faire.

Vous trouverez dans ce chapitre quelques phrases qui vous indiqueront les messages les plus communs que Windows se plaît à afficher. Recherchez le mot-clé le plus évident du message – les deux premiers mots, le plus souvent – puis consultez l'entrée "Message", dans l'index figurant à la fin de ce livre, pour trouver la page dans laquelle ce message est décrit.

Dans ce chapitre, nous nous efforcerons d'expliquer ce que Windows XP essaie de dire, pourquoi il le dit et ce que diable il a bien voulu dire.

Accès refusé

Figure 18.1 Vous devez vous adresser au propriétaire de l'ordinateur et demander la permission d'ouvrir ce fichier ou ce dossier.

Signification : Vous n'êtes pas autorisé à accéder à ce document ou à regarder dans ce dossier.

Cause probable : Le propriétaire ne vous a pas donné la permission.

Solutions : Allez voir l'administrateur de l'ordinateur et demandez-lui la permission. Si vous essayez d'ouvrir un dossier sur un ordinateur d'un réseau, allez tranquillement voir le responsable du réseau et demandez-lui l'accès au dossier, si bien sûr il est autorisé à vous l'octroyer.

Pour activer Windows maintenant

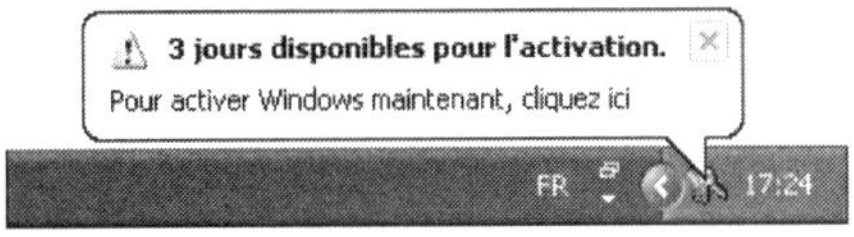

Figure 18.2
Si vous laissez passer le délai d'activation, Windows XP ne fonctionnera plus.

Signification : Il vous reste le nombre de jours indiqué pour activer Windows. Au-delà de ce délai, Windows XP ne fonctionnera plus.

Cause probable : Le nouveau dispositif de Windows XP contre la copie illégale oblige chaque utilisateur à activer son exemplaire du logiciel afin que personne – y compris vous – ne puisse le recopier sur un autre ordinateur.

Solutions : Cliquez sur ce message et laissez Windows se connecter à Internet afin de procéder à son activation. Si vous ne disposez pas d'une connexion Internet, composez le numéro de téléphone du service chargé de l'activation et communiquez directement avec un technicien.

Se connecter à

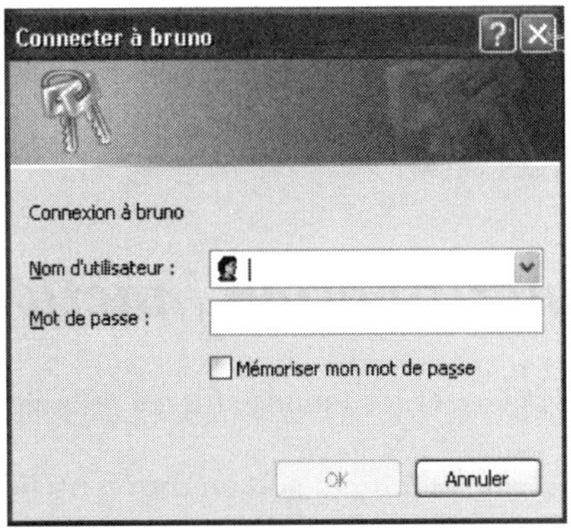

Figure 18.3
Si vous n'avez pas de mot de passe pour cet ordinateur, vous ne pourrez pas y entrer.

Signification : Windows veut savoir si vous avez l'autorisation d'entrer dans cette zone.

Cause probable : Vous essayez d'entrer par le réseau dans un ordinateur ou un dossier connecté à votre machine.

Solutions : Tapez votre mot de passe, s'il vous a été communiqué. Si vous n'en avez pas, demandez-le au propriétaire de l'ordinateur ou à l'administrateur.

TRUC

Cochez la case qui demande de mémoriser le mot de passe. Vous n'aurez ainsi plus à le taper par la suite. L'inconvénient de cette option, c'est que *n'importe qui* peut désormais accéder à votre ordinateur.

Nouveau matériel détecté

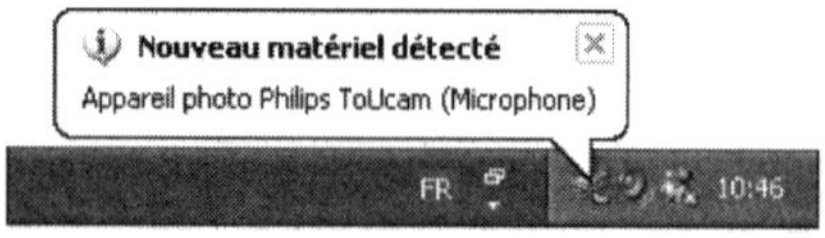

Figure 18.4 Windows détecte tout nouveau matériel branché à l'ordinateur et l'installe automatiquement.

Signification : Windows reconnaît tout élément matériel ajouté à l'ordinateur et l'installe automatiquement.

Cause probable : Ce message apparaît généralement après avoir branché un nouveau périphérique sur le port USB.

Solutions : Cool, calme et zen. Windows sait ce qui se passe et s'occupe de tout.

Masquer les icônes de notification inactives

Signification : Windows désire masquer les icônes situées près de l'horloge.

Cause probable : Windows veut que le Bureau soit en ordre. Au lieu d'accumuler des icônes dans la zone de notification, il préfère les cacher.

Figure 18.5 Windows désire masquer les icônes qui se trouvent dans la zone de notification de la barre des tâches, près de l'horloge.

Solutions : Cliquez sur le petit bouton fléché à gauche de l'horloge pour révéler les icônes lorsque vous en avez besoin. Si vous voulez qu'elles soient toujours visibles, cliquez dans une partie vide de la barre des tâches, choisissez Propriétés puis cliquez sur le bouton Personnaliser. Choisissez ensuite les icônes qui doivent être affichées en permanence et celles qui doivent être cachées.

Si vous le supprimez, l'exécution (...) sera impossible

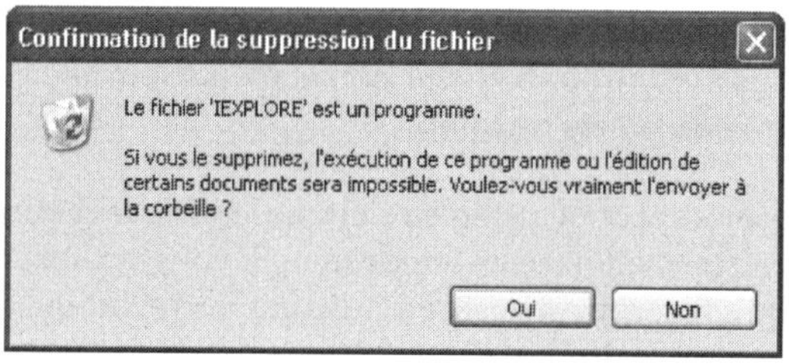

Figure 18.6 Utilisez la fonction Ajouter ou supprimer des programmes du Panneau de configuration pour supprimer des fichiers de programmes. Ne le faites jamais manuellement.

Signification : Vous essayez de supprimer un fichier utilisé par un ou plusieurs programmes.

Cause probable : Vous voulez faire de la place sur le disque dur pour installer d'autres programmes. Vous avez accidentellement tenté de supprimer un élément auquel il ne fallait pas toucher.

Solutions : Cliquez sur le bouton Non pour empêcher la suppression du fichier. A l'avenir, essayez de savoir ce que vous voulez supprimer avant d'envoyer tout ça à l'abattoir. Ne supprimez que les fichiers dont vous êtes sûr de l'inutilité. Et, par-dessus tout, souvenez-vous du conseil qui suit.

Lorsque vous comptez supprimer un programme, utilisez toujours la fonction Ajouter ou supprimer des programmes, dans le Panneau de configuration. C'est le moyen le plus sûr de faire le ménage. Si votre programme comporte son propre logiciel de désinstallation, utilisez-le.

Raccourci manquant

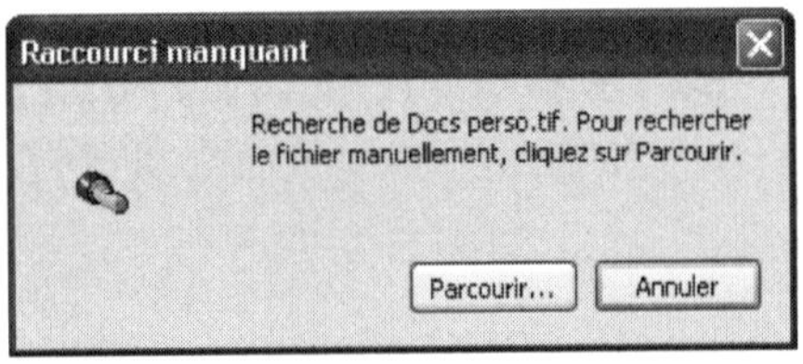

Figure 18.7 Windows n'arrive pas à localiser l'élément auquel se rapporte le raccourci.

Signification : Vous avez cliqué sur un raccourci, mais Windows ne trouve pas le programme ou le fichier vers lequel il pointe.

Cause probable : Vous avez probablement déplacé ou supprimé l'élément cible ; le raccourci est désormais obsolète.

Solutions : Si vous avez supprimé l'élément, cliquez sur le raccourci avec le bouton droit de la souris et choisissez Supprimer. Si vous voulez rétablir la liaison avec l'élément cible, retrouvez-le en utilisant les techniques de recherche expliquées dans le Chapitre 7 et créez un nouveau raccourci pour lui (NDT : dans la plupart des cas, quand la cible d'un raccourci a seulement été déplacée, Windows arrive à la localiser, quitte à fouiller dans la Corbeille).

Programmes récemment installés

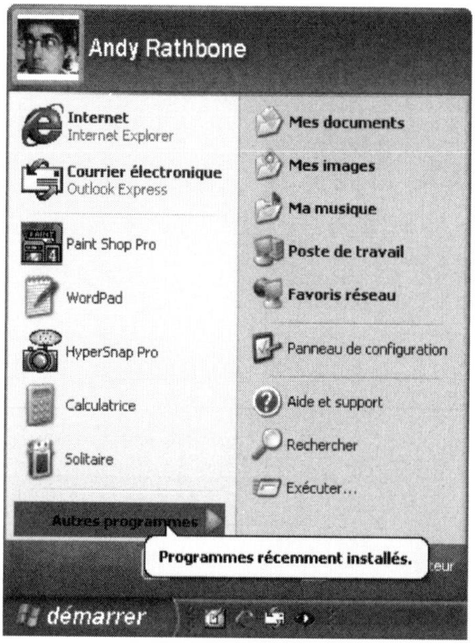

Figure 18.8 Windows signale dans le menu Démarrer que vous avez installé un nouveau programme.

Signification : Windows indique dans le menu Démarrer qu'un nouveau programme vient d'être installé.

Cause probable : Quelqu'un a installé un programme. Windows affiche ce message aussi longtemps que vous n'êtes pas allé voir dans le menu Démarrer.

Solutions : Pour que ce message n'apparaisse plus, recherchez l'icône du programme dans le menu Démarrer ou désactivez la fonction d'affichage de ce message. Pour ce faire, cliquez sur le bouton Démarrer avec le bouton droit de la souris, choisissez Propriétés puis cliquez sur le bouton Personnaliser. Sous l'onglet Avancés, ôtez la coche de l'option Afficher les documents ouverts récemment.

Ouvrir avec

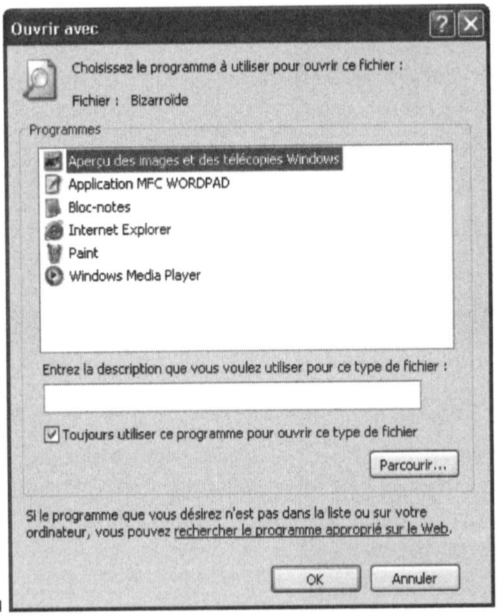

Figure 18.9 Windows voudrait savoir avec quel programme il doit ouvrir ce fichier.

Signification : Windows ne sait pas quel logiciel a créé le fichier sur lequel vous avez double-cliqué. C'est pourquoi il affiche une liste de programmes parmi lesquels vous devez lui indiquer lequel choisir.

Cause probable : Windows se base sur une sorte de code secret, connu sous le nom d'*extension du fichier ;* ce sont les dernières lettres du nom du fichier, placées après le point de séparation, généralement au nombre de trois. Par exemple, quand vous double-cliquez sur un fichier créé avec le Bloc-notes, Windows XP détecte l'extension .txt et ouvre aussitôt le fichier dans le Bloc-notes. Mais s'il ne parvient pas à reconnaître l'extension, il affiche un message d'erreur.

Solutions : Ce problème est un peu ardu ; vous devrez donc faire des essais. Si vous savez avec quel logiciel le fichier a été créé, choisissez-le dans la liste des programmes. Cochez ensuite la case Toujours utiliser ce programme pour ouvrir ce type de fichier. Enfin, cliquez sur le bouton OK ; le problème devrait être résolu. A l'avenir, Windows saura qu'il doit ouvrir les fichiers ayant cette même extension avec le programme qui lui a été indiqué.

TRUC

Vous n'avez pas la moindre idée du programme qui a bien pu générer un tel fichier ? Le Bloc-notes est toujours un bon choix pour commencer. Choisissez-le, cliquez sur OK puis double-cliquez sur chaque fichier qui pose problème. Si vous voyez apparaître un texte lisible, vous êtes sauvé. Refermez le Bloc-notes et double-cliquez sur le malicieux fichier ; mais cette fois, cochez la case Toujours utiliser ce programme pour ouvrir ce type de fichier. Windows saura ainsi qu'avec les autres fichiers de ce type, il devra utiliser le Bloc-notes.

Le Bloc-notes est un test sûr, mais les fichiers dépourvus d'extension ne sont pas toujours censés être ouverts. Soyez toujours très prudent.

Alerte de confidentialité : enregistrement des cookies

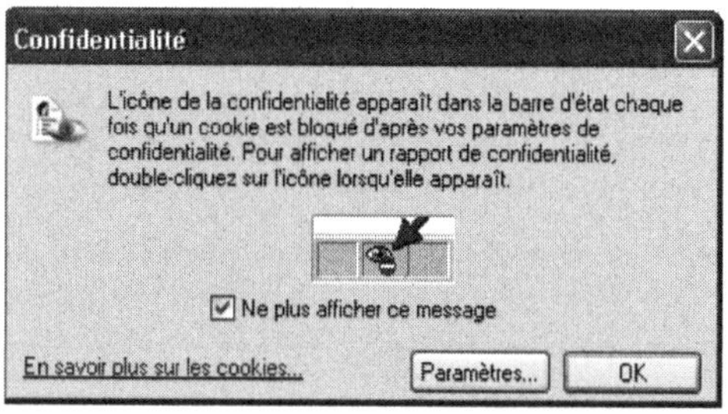

Figure 18.10 A cause du niveau de confidentialité que vous avez défini, Windows vous fait savoir qu'Internet Explorer ne laissera pas des sites placer des cookies à votre insu.

Signification : Le site que vous visitez actuellement ne répond pas au niveau de confidentialité que vous avez défini dans Internet Explorer ; le navigateur n'a pas laissé le site placer des cookies.

Cause probable : Le cookie provenait sûrement d'un site publicitaire ou marchand. A moins d'avoir modifié les paramètres par défaut, Internet Explorer accepte les cookies les moins envahissants.

Solutions : Internet Explorer vous permet de définir votre propre niveau de confidentialité pendant vos visites sur le Web. Pour le voir, cliquez sur Outils/ Propriétés puis choisissez l'onglet Confidentialité. Si ces messages deviennent gênants ou si Internet Explorer refuse d'ouvrir certains sites Web, mettez le défileur sur Moyen ou Basse.

Renommer

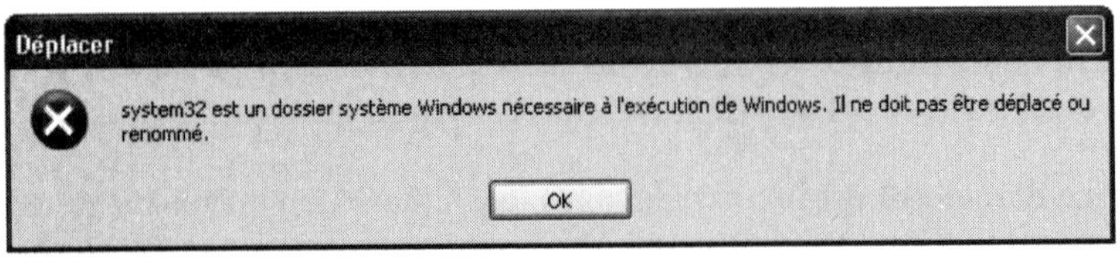

Figure 18.11 Vous essayez de renommer ou de déplacer un dossier protégé.

Signification : Ce dossier appartient à Windows. Vous n'avez pas le droit d'y toucher.

Cause probable : Vous essayez de renommer le dossier ou de le déplacer (Windows affiche un message similaire lorsque vous tentez de renommer un fichier pendant qu'il est ouvert).

Solutions : Laissez tomber. Windows ne vous permettra en aucun cas de renommer ou de déplacer ce dossier.

Suppression d'un périphérique

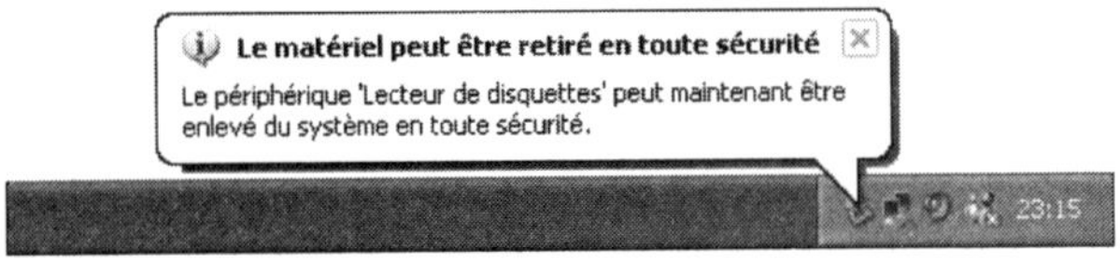

Figure 18.12 Vous pouvez maintenant débrancher l'élément matériel de l'ordinateur. Il s'agit probablement d'un périphérique USB.

Signification : Windows est prêt à subir le débranchement d'un élément de l'ordinateur.

Cause probable : Vous avez signalé à Windows que vous désirez ôter un élément matériel.

Solutions : Vous pouvez débrancher l'élément en toute sécurité. Avant de déconnecter un élément USB – appareil photo numérique, imprimante, lecteur de cartes mémoire ou tout autre accessoire –, vous devez cliquer avec le bouton droit de la souris sur la petite icône près de l'horloge et choisir Arrêt.

Tenez-vous au courant des mises à jour automatiques

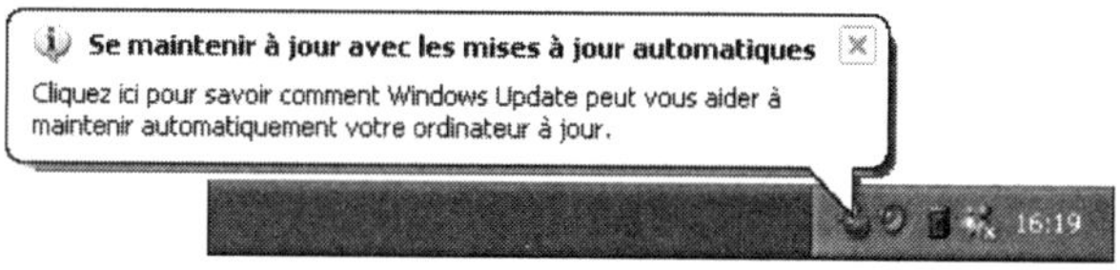

Figure 18.13 Cliquez ici pour que Windows se tienne automatiquement au courant des derniers correctifs.

Signification : Windows désire que vous l'autorisiez à télécharger des mises à jour par Internet.

Cause probable : Windows a été récemment installé.

Solutions : Cliquez ici et suivez les instructions pour autoriser Windows à se mettre automatiquement à jour.

Il y a des icônes non utilisées sur le Bureau

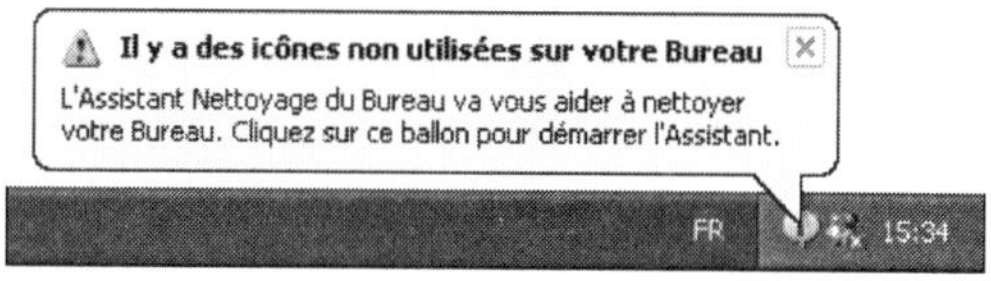

Figure 18.14 Windows propose d'éliminer les icônes inutilisées.

Signification : Dans son insatiable désir de mettre de l'ordre sur le Bureau, Windows surveille la fréquence de l'utilisation des icônes. Il sait quelles sont celles que vous n'utilisez pas et propose de vous en débarrasser.

Cause probable : Tous les soixante jours, Windows démarre automatiquement l'Assistant Nettoyage du Bureau ; il enlève toutes les icônes sur lesquelles vous n'avez pas cliqué et les place dans un dossier particulier appelé Unused Desktop Shortcuts (raccourcis du Bureau inutilisés). Vous pouvez éventuellement récupérer des raccourcis dans ce dossier.

Solutions : Répondez Non. Si vous voulez mettre de l'ordre sur votre Bureau, faites-le vous-même ; vous saurez ainsi où vous en êtes. Pour désactiver cette fonction, cliquez avec le bouton droit de la souris sur le Bureau, choisissez Propriétés puis sélectionnez l'onglet Bureau. Cliquez sur le bouton Personnalisation du Bureau et ôtez la coche de l'option Exécuter l'Assistant Nettoyage du Bureau tous les 60 jours.

Alerte de sécurité

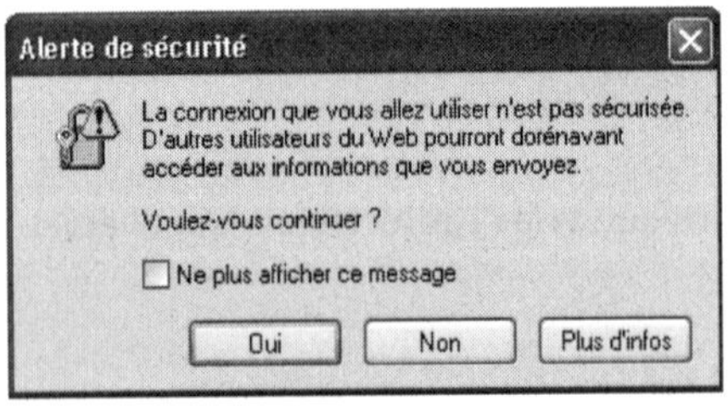

Figure 18.15 Windows vous rappelle que rien n'est totalement sûr, pas même Internet.

Signification : Windows vous prévient que d'autres personnes sont susceptibles de lire les informations que vous envoyez sur Internet.

Cause probable : Rien n'est sûr, Internet moins que toute autre chose. Par exemple, le personnel de votre fournisseur d'accès Internet peut lire les données qui transitent chez lui. Les pirates informatiques utilisent des logiciels qui lisent les messages pendant l'acheminement sur Internet. Même le FBI peut se permettre de surveiller les communications par courrier électronique lorsque les circonstances l'exigent (en vérité, Microsoft a essentiellement placé ce panneau afin de se décharger de toute responsabilité pénale si un utilisateur portait plainte parce que ses données ont été lues par autrui).

Solutions : N'en faites pas tout un plat. Après tout, rien n'empêche les employés des Postes de lire vos cartes postales s'ils en ont envie. Quand je travaillais au rayon photo d'un drugstore, une fille qui s'ennuyait ferme passait son temps à regarder les enveloppes pleines de tirages qui revenaient du labo. *Rien* de ce qui va d'un endroit à un autre n'est sûr.

Que faire ? Si vous tenez à une confidentialité totale, envoyez vos données via un *site Web sécurisé.* Une fenêtre Alerte de sécurité avec un dessin de cadenas indiquera que vous êtes en train de regarder des pages sur une connexion sécurisée. Cela signifie que vos informations sont cryptées durant leur voyage sur Internet ; vous pouvez en toute confiance communiquer un numéro de carte bancaire ou autres données sensibles.

Chapitre 19

Le système d'aide de Windows XP

Dans ce chapitre :

- Obtenir rapidement de l'aide et des conseils.
- Utiliser le système d'aide de Windows XP.
- Trouver une aide sur un problème particulier.
- Se déplacer dans le système d'aide.
- Rechercher dans l'intégralité de l'aide.
- Utiliser l'Aide par Internet.

Quand vous avez besoin d'aide, Windows XP se montre très prévenant et écoute vos doléances.

Cependant, certaines fois, il refuse de répondre clairement et vous mène en bateau, au gré d'une succession de questions en jargon informatique qui souvent ne mènent à rien.

Ce chapitre explique comment extraire l'information utile du système d'aide de Windows du peu convivial, voire inutile, système Aide et support.

De l'aide, et vite !

N'ingurgitez pas la totalité de ce chapitre si vous estimez cela inutile. Mais si vous le jugez utile, vous trouverez ici tout ce qu'il faut savoir pour exploiter le système d'aide de Windows XP.

Appuyez sur F1

Dès que quelque chose vous pose problème dans Windows XP, appuyez sur la touche F1. Ou alors cliquez sur le bouton Démarrer puis choisissez l'option Aide et support. Dans Windows et dans la plupart des logiciels tournant sous Windows, cette touche F1 est réservée à l'aide. Le plus souvent, Windows XP essaie de déterminer quel programme vous utilisez, après quoi il propose une aide propre à ce programme ou au contexte actuel. D'autres fois, l'appui sur F1 affiche le vaste Centre d'aide et de support, qui fait l'objet d'une prochaine section.

Cliquez avec le bouton droit sur l'élément qui pose problème

Windows affiche constamment des questions déroutantes en espérant que vous donnerez une réponse sensée. Si vous avez une idée de ce qui pose problème, vous aurez de bonnes chances d'obtenir des informations intéressantes.

Lorsqu'un bouton, un paramètre, une boîte de dialogue ou une option de menu vous titille, cliquez dessus avec le bouton droit de la souris. Une info-bulle Qu'est-ce que c'est ? apparaît, comme le montre la Figure 19.1 ; elle donne accès à une aide spécifique à cet élément. Cliquez sur l'info-bulle "Qu'est-ce que c'est ?", et Windows affiche les informations complémentaires (voir Figure 19.2) sur la région de l'écran qui vous intrigue.

Si quelque chose vous intrigue, demandez des explications à Windows XP. Cliquez sur cet élément avec le bouton droit de la souris, puis cliquez sur l'info-bulle "Qu'est-ce que c'est ?"

Choisir de l'aide dans le menu principal

Si l'appui sur la touche F1 ne donne rien, recherchez le mot Aide dans la barre de menus du programme en question, ou encore le point d'interrogation (?). Il se trouve généralement à droite des autres options du menu. Cliquez sur Aide ou sur ? donne usuellement accès à deux options : Rubriques d'aide et A propos de. Cliquez sur Rubrique d'aide pour accéder immédiatement au programme d'aide de Windows XP et y trouver la solution à vos interrogations (cliquer sur A propos de ne fait qu'afficher la version du logiciel, ce qui n'est que de peu de secours en cas de problème).

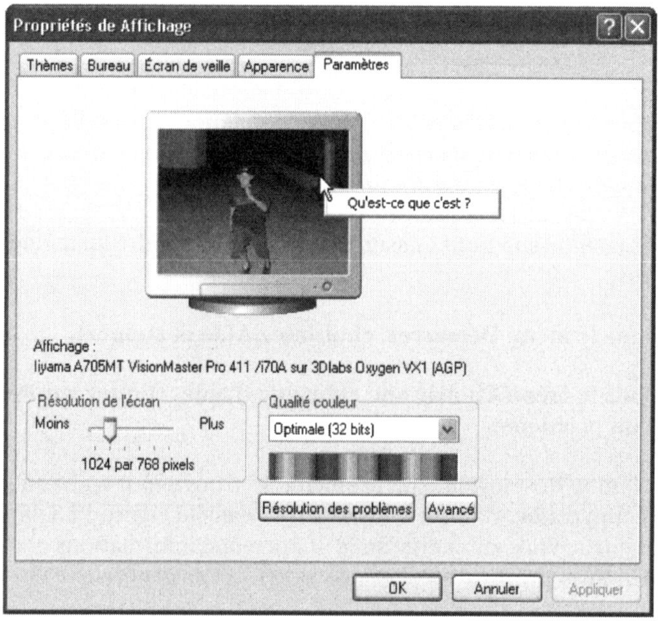

Figure 19.1 Cliquez avec le bouton droit de la souris sur un élément qui vous intrigue pour accéder à l'info-bulle "Qu'est-ce que c'est ?" qui précède les explications détaillées.

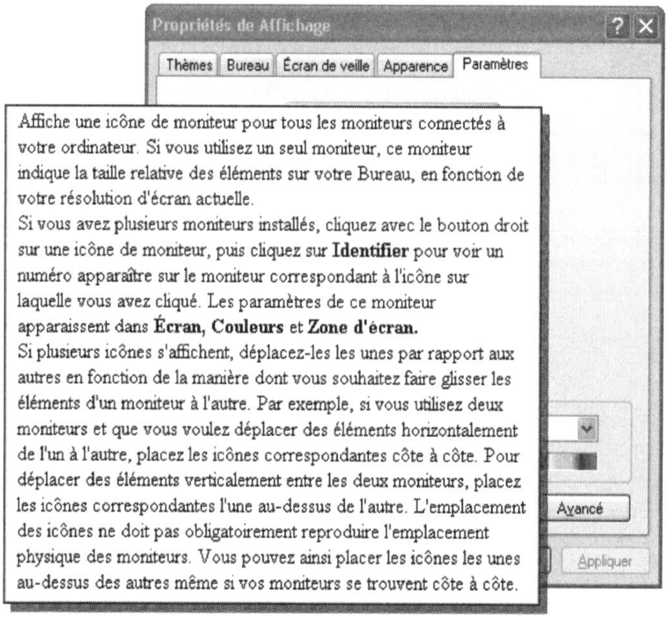

Figure 19.2 Cliquer sur l'info-bulle "Qu'est-ce que c'est ?" affiche des informations supplémentaires.

Demander un dépannage

Il arrive parfois que le programme Aide et support de Windows XP fasse très fort : il vous explique très précisément comment résoudre votre problème. Mais malheureusement, il arrive aussi que le programme d'aide vous dise qu'il faut pour cela charger un *autre* programme.

Procédez comme suit pour laisser Windows XP résoudre lui-même ses propres problèmes :

1. **Dans le menu Démarrer, choisissez Aide et support.**

2. **Dans le menu Choisir une rubrique d'aide, cliquez sur Résolution d'un problème.**

   L'option Résolution d'un problème se trouve tout en bas à gauche de l'écran d'aide. Comme vous le voyez dans la Figure 19.3, la boîte de dialogue vous submerge sous un torrent d'informations et de questions. Windows propose en effet une aide à la fois généraliste et spécifique.

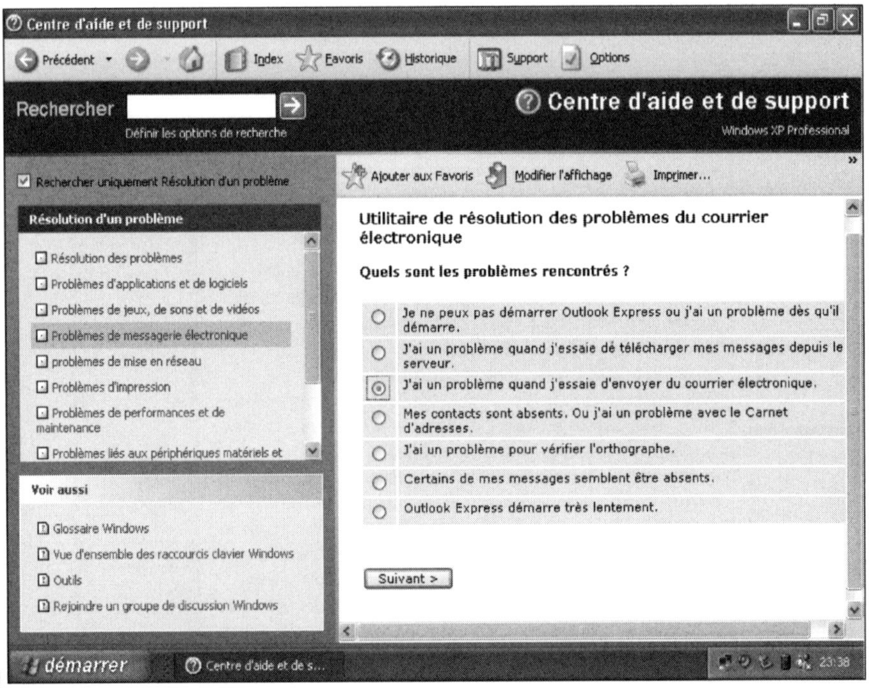

Figure 19.3 Le programme de dépannage vous aide à résoudre une foule de problèmes.

3. **Cliquez sur le sujet qui vous tourmente.**

   Cliquez par exemple sur Problèmes de messagerie électronique si votre logiciel de messagerie ne fonctionne pas correctement. Windows réveillera ses "robots" conçus pour résoudre différents types de problèmes. Choisissez Utilitaire de résolution des problèmes du courrier électronique si c'est là que réside votre problème. Notez que le dépannage d'Internet Explorer et modems peut aussi s'avérer efficace.

4. **Répondez aux questions du dépannage.**

   Au fur et à mesure que vous répondez aux questions (voir Figure 19.4), Windows resserre la recherche de l'origine du problème jusqu'à ce qu'il puisse déterminer s'il arrivera à le résoudre par lui-même ou si la situation exige une intervention extérieure. Dans ce cas, vous devrez vous adresser à la boutique informatique ou au fabricant du matériel, ou à un passionné d'ordinateurs, ou au "petit-jeune-à-l'autre-bout-de-la-ville-qu'est-doué-en-informatique" pour vous tirer d'affaire.

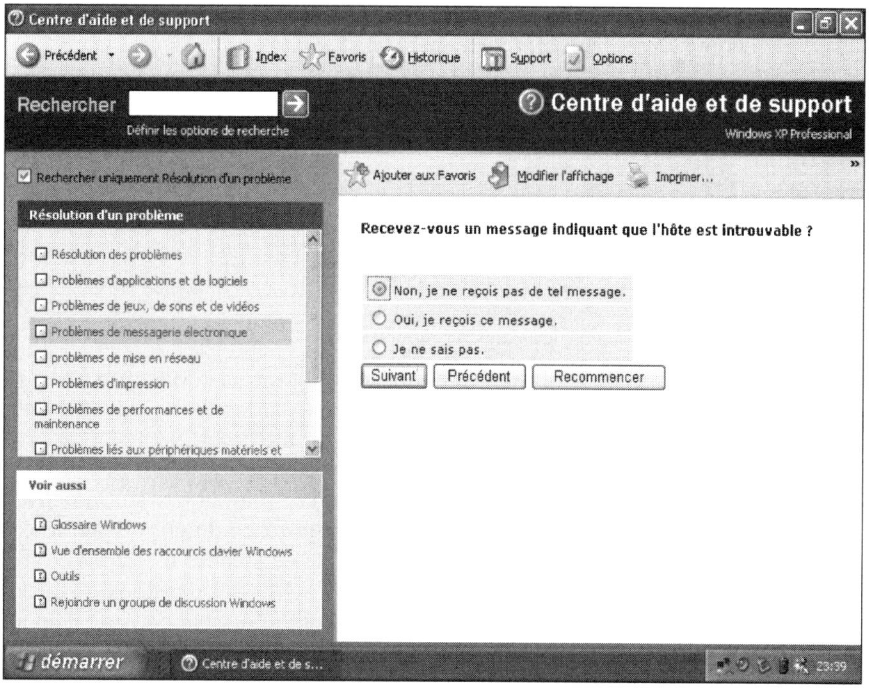

Figure 19.4 Au fil des questions, Windows finit souvent par diagnostiquer l'origine du problème et suggérer une solution.

Rechercher : laisser Windows se débrouiller seul

Quand il vous faut une réponse sans tarder, laissez Windows la trouver à votre place. Tapez quelques mots décrivant vos misères dans la zone de texte Rechercher, en haut de la boîte de dialogue. Cliquez sur la flèche verte qui se trouve juste à côté et Windows se fera un plaisir de lister toutes les informations utiles plus ou moins liées à votre problème. La procédure est rapide, facile, et c'est souvent le meilleur moyen de trouver la petite information utile qui vous manquait.

Faire appel au gourou informatique qui sommeille dans Windows XP

Le menu de quasiment tous les programmes contient l'option Aide ou son équivalent, le point d'interrogation (?). Cliquez dessus et le gourou informatique sort de son antre (NDT : eh oui...) pour vous venir en aide. Par exemple, cliquez sur ? dans Paint affiche le menu de la Figure 19.5.

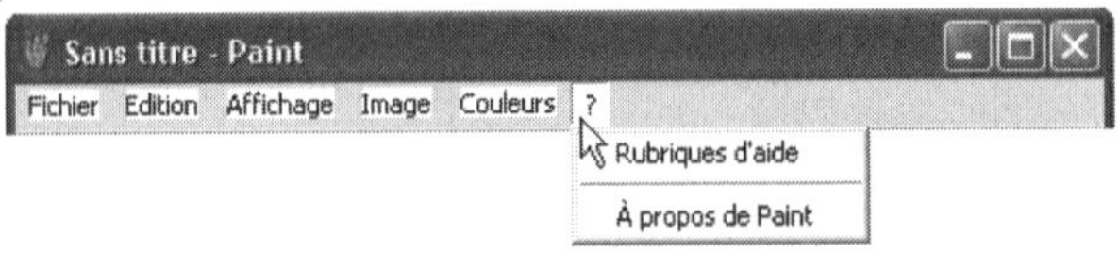

Figure 19.5 Cliquez sur ? pour obtenir de l'aide.

Pour mettre en branle les neurones du gourou, cliquez sur Rubriques d'aide. Windows XP affiche la boîte de dialogue de la Figure 19.6. Elle contient toute l'aide de Windows à propos du programme Paint.

Pour voir une liste de sujets, commencez par cliquer sur la petite icône à gauche du mot Paint. Vous vous demandez comment utiliser les couleurs ? Cliquez sur la petite icône en regard de ce sujet et un livre s'ouvre à la bonne page, affichant une aide sur toutes les méthodes d'utilisation des couleurs. Par exemple, si vous voulez savoir comment choisir la couleur d'un pinceau, cliquez sur les mots *Peindre à la broche.* Le programme d'aide montre alors les informations supplémentaires à ce sujet, comme l'illustre la Figure 19.7.

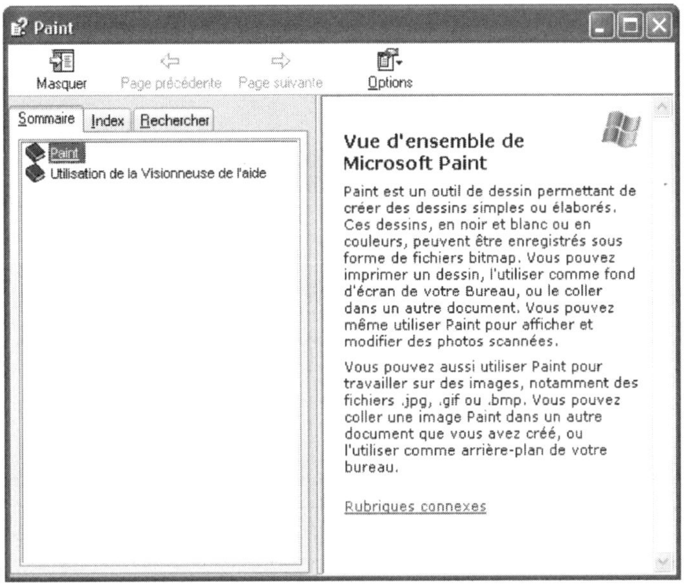

Figure 19.6 En cliquant sur l'icône en regard de chaque sujet, vous finirez par trouver l'aide demandée.

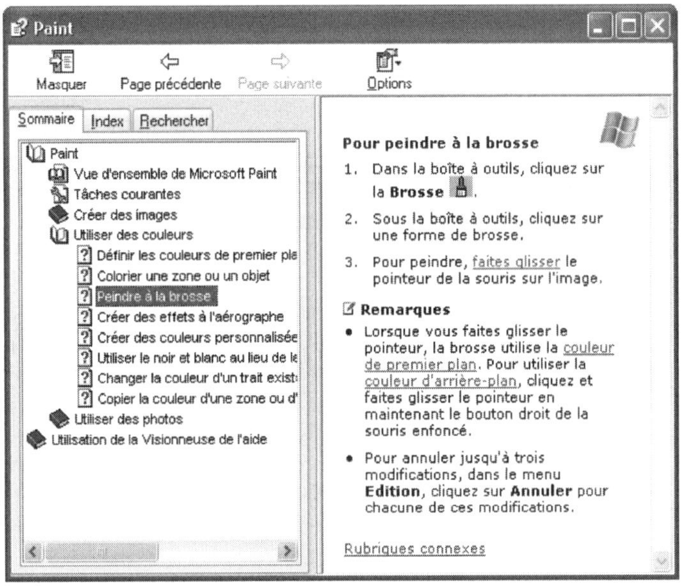

Figure 19.7 Choisissez une rubrique pour en savoir plus sur tel ou tel sujet.

Intrigué par un terme utilisé dans l'Aide ? S'il est souligné (voir Figure 19.7), cliquez dessus et une nouvelle fenêtre s'ouvre, semblable à celle de la Figure 19.8. Elle contient une définition du terme obscur.

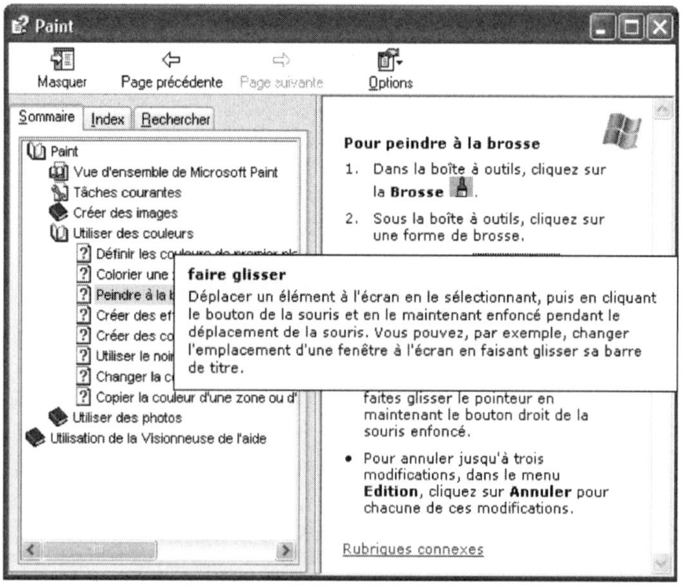

Figure 19.8 Cliquez sur un terme souligné pour en savoir plus à son sujet.

Le système d'aide de Windows XP est parfois fastidieux, car il vous oblige à errer parmi des menus toujours plus détaillés pour trouver une information spécifique. L'aide est cependant plus rapide que feuilleter le bien peu commode manuel de Windows. Et il est souvent plus rapide que de faire appel à "quelqu'un qui s'y connaît".

- Le moyen le plus rapide de trouver une aide dans un programme de Windows XP consiste à appuyer sur la touche F1. Windows affiche aussitôt la table des matières de l'aide au sujet de ce programme.

- Les boîtes de dialogue de l'aide contiennent une grande quantité d'informations. Il vous faudra parfois faire défiler la fenêtre pour tout lire. L'utilisation des barres de défilement (ou des touches PageHaut et PageBas) est décrite dans le Chapitre 5.

- Si vous cliquez sur le mauvais sujet, Windows XP affiche des propos hors sujet. Cliquez sur l'onglet Sommaire, en haut de la fenêtre, pour revenir à la table des matières. Choisissez ensuite un autre sujet.

- Si vous désirez imprimer une page d'aide, cliquez dedans avec le bouton droit de la souris et, dans le menu contextuel, choisissez Imprimer. Vous en aurez ainsi un exemplaire sur papier.
- Pour récupérer un message d'aide et le placer dans votre propre travail, sélectionnez le texte à la souris puis, dans le menu, choisissez Copier. Windows permet de coller ces informations dans d'autres programmes. Je n'en vois pas trop l'utilité, mais bon, c'est faisable.

Trouver l'aide sur un point précis

S'il n'est nulle part fait allusion à votre problème dans la table des matières de la page à laquelle vous avez accédé, vous disposez d'autres moyens pour obtenir de l'aide ; la procédure est cependant un peu plus longue. Cliquez sur l'onglet Rechercher, en haut de n'importe quelle fenêtre d'aide (voir Figure 19.9). Décrivez votre problème en quelques mots puis cliquez sur le bouton Liste des rubriques. Windows XP se met en chasse pour ramener toute l'aide concernant le sujet que vous lui avez indiqué.

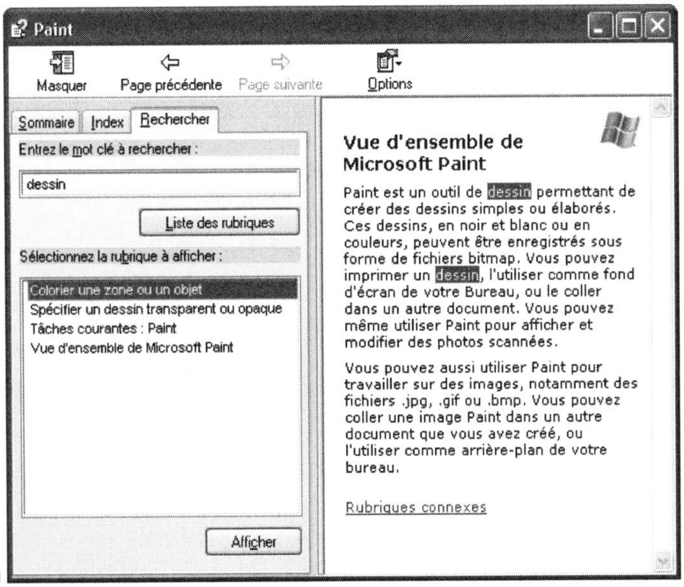

Figure 19.9 Windows XP localise toutes les pages d'aide où il est question du mot "Dessin".

Si vous découvrez dans les trouvailles de Windows une rubrique qui correspond à ce que vous attendiez, cliquez dessus puis cliquez sur le bouton Afficher. Windows va directement à la page contenant les informations qui décrivent au mieux ce sujet particulier.

Un moyen plus rapide d'obtenir de l'aide consiste à cliquer sur l'onglet Index. Vous y trouverez la liste de tous les sujets que Windows veut bien aborder. La boîte de dialogue sous l'onglet Index fonctionne à la manière de l'index d'un livre : vous cliquez pour accéder à une liste alphabétique de sujets. Si l'un d'eux correspond même de loin à ce qui vous pose problème, double-cliquez dessus. Windows XP affiche la page dans l'Aide.

A partir de là, vous pouvez aller où bon vous semble en cliquant sur les mots ou les phrases soulignées. Tôt ou tard, vous finirez bien par tomber sur la bonne page d'informations.

Windows effectue une recherche alphabétique ; elle n'est, hélas ! pas très futée. C'est pourquoi, si vous recherchez une aide sur les marges, ne tapez pas **Ajouter des marges** ou **Modifier les marges**, mais contentez-vous de taper **marges** afin que Windows affiche tous les mots commençant par la lettre *M*.

Le Centre d'aide et de support de Windows XP

Bien que la plupart des programmes de Windows soient dotés d'une aide qui leur est propre, à laquelle vous accédez en cliquant sur l'option de menu Aide ou ?, Windows XP est aussi équipé d'une aide globale. Elle répond aux questions sur Windows en général, mais aussi sur l'ordinateur. Pour la mettre en œuvre, cliquez sur Démarrer/Aide et support. Le programme s'affiche à l'écran, comme le montre la Figure 19.10.

Il propose une aide multiforme, comme nous le verrons d'ici peu.

Le Centre d'aide et de support de Windows XP fonctionne un peu à la manière d'un site Web. Pour aller d'une page en arrière, cliquez sur la flèche Précédent, en haut à gauche. Elle vous tirera d'affaire si vous vous êtes fourvoyé dans une impasse.

Le Centre d'aide et de support vous offre une assistance dans les domaines suivants :

- **Choisir une rubrique d'aide :** Cliquez sur cette option pour obtenir des informations générales sur un sujet. Cliquer sur Personnalisation de votre ordinateur, par exemple, affiche une liste des paramètres que vous pouvez modifier. Choisissez dans cette liste Menu Démarrer et le système d'aide vous explique comment ajouter des éléments au menu Démarrer, comment modifier la manière dont ces derniers s'ouvrent

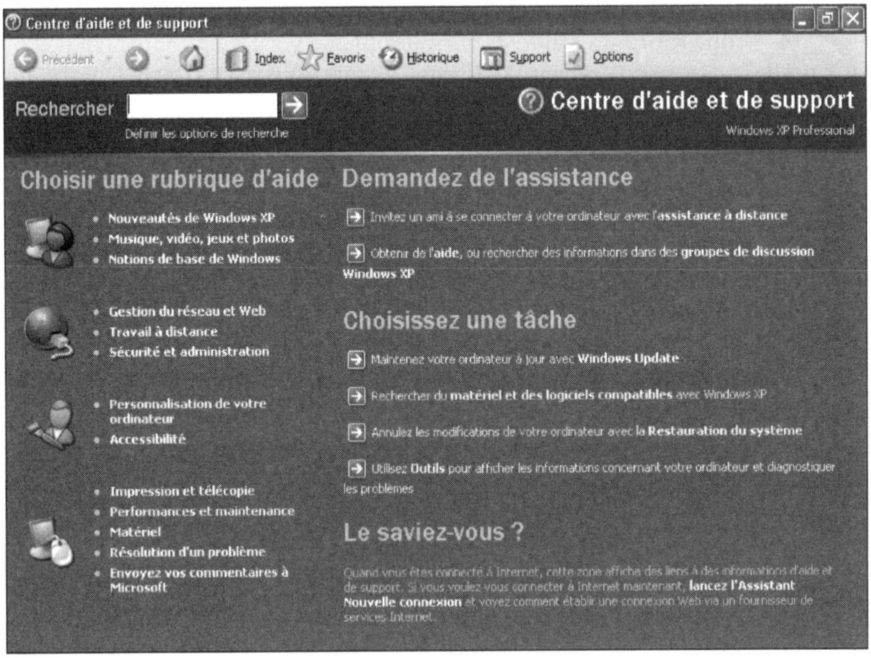

Figure 19.10 Le Centre d'aide et de support offre une assistance concernant Windows et votre ordinateur.

quand vous cliquez dessus, ou comment configurer dans les menus la liste des fichiers ou des documents récemment utilisés.

- **Demandez de l'assistance :** Coincé ? Voici deux moyens d'obtenir une aide extérieure : le programme Assistance à distance permet à l'utilisateur de Windows XP qui s'y connaît mieux que vous de se connecter à votre ordinateur par Internet. Ceci fait, le "bidouilleur fou" voit votre Bureau comme s'il s'était installé devant. Il pourra diagnostiquer votre problème, proposer un didacticiel, et se comporter comme s'il se tenait derrière vous.

- **Choisissez une tâche :** Microsoft a placé là les sujets les plus communément utilisés. Un seul clic est suffisant pour maintenir votre ordinateur à jour, trouver des composants compatibles Windows XP pour votre ordinateur, restaurer l'ordinateur à une date antérieure à laquelle il fonctionnait bien, et démarrer des outils de diagnostic afin d'obtenir des informations sur l'ordinateur et le tester.

- **Le saviez-vous ?** Vous trouverez ici quelques astuces et conseils placés là au dernier moment. Avec un peu de chance, vous en trouverez un ou une qui vous sera utile.

Pour obtenir les meilleurs résultats, commencez votre périple dans Choisir une rubrique d'aide. Si votre problème y est mentionné, cliquez dessus et resserrez la recherche jusqu'à ce que vous ayez trouvé l'information la plus pertinente.

Si ça ne marche pas, utilisez la commande Rechercher, en haut de la page. Décrivez le problème par un ou deux mots-clés puis cliquez sur la flèche, juste à droite de Rechercher. Taper *courrier électronique* par exemple, comme dans la Figure 19.11, affiche une liste assez considérable de sujets. Cliquez sur l'un d'eux pour voir si la solution à votre problème s'y trouve.

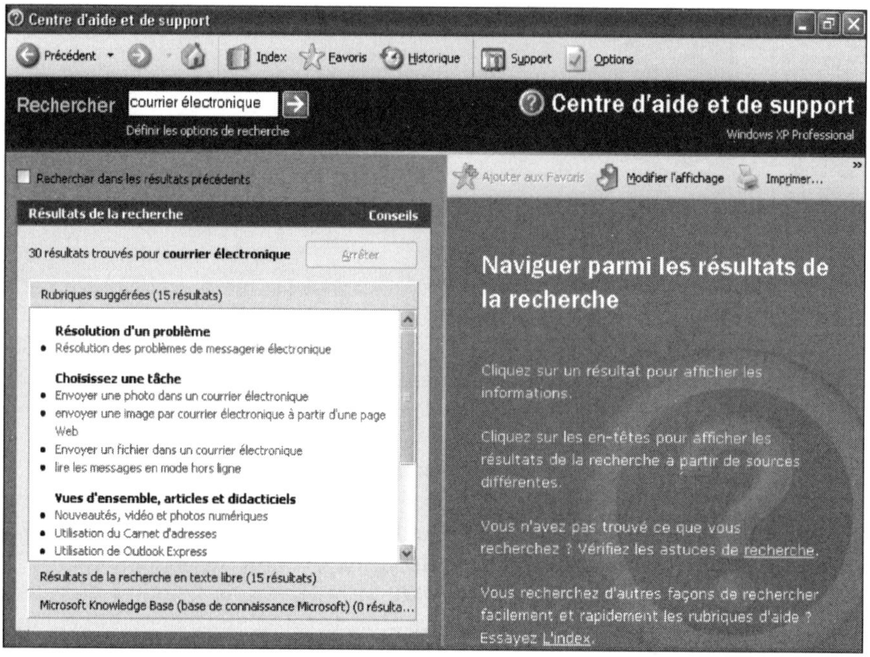

Figure 19.11 Taper courrier électronique dans la zone de texte Rechercher puis cliquer sur la flèche permet à Windows d'afficher une liste de sujets susceptibles de receler la solution.

Comme vous le voyez dans la Figure 19.11, la commande Rechercher regroupe ses résultats dans trois zones. La première, *Résultats de la recherche*, est la plus intéressante ; elle propose des dépannages, des didacticiels étape par étape, et des informations générales. La zone *Résultats de la recherche en texte libre* liste toutes les parties contenant le mot recherché. La dernière, *Microsoft Knowledge Base (base de connaissance Microsoft)*, affiche tous les résultats découverts dans une base de données regroupant tous les produits Microsoft.

Je ne sais où est cette aide si utile !

Vous avez découvert un sujet particulièrement intéressant dans l'aide ? Enregistrez-le pour vous y référer ultérieurement. Pour ce faire, cliquez sur le bouton Ajouter aux Favoris, en haut de la page. Par la suite, quand vous cliquerez sur le bouton Favoris du Centre d'aide et de support, le nom de la liste où figure ce sujet intéressant réapparaîtra.

Si vous avez oublié de créer un favori pour cette page si précieuse, il vous reste un moyen de la retrouver. Cliquez sur le bouton Historique, juste à côté. Vous verrez aussitôt s'afficher la liste des pages que vous avez visitées. Avec un peu de chance, vous trouverez celle que vous aviez tant appréciée.

Sixième partie

Les dix commandements

"Bon, c'est la troisième qui part depuis que tu cliques sur n'importe quoi. Je suis sûr que ce n'est qu'une coïncidence, mais je préférerais que tu n'utilises plus le bouton Lancement aussi longtemps qu'on ne sait pas au juste à quoi il sert."

Dans cette partie...

Tout le monde aime bien savoir ce que sont les dix meilleurs succès du disque, les dix meilleures ventes de livres, les dix meilleures promotions chez l'épicier, etc.

Contrairement à ce qui se passe à l'épicerie, où l'on perd souvent du temps à faire la queue à cause d'un type qui compte et recompte ses bons de réduction, cette partie devrait vous en faire gagner. Vous trouverez ici une liste de suggestions pour rendre Windows XP plus efficace, ou au moins pour l'apprivoiser, notamment des conseils, des astuces ainsi que des explications sur les icônes de Windows XP et à quoi elles servent.

Certaines listes ont plus de dix points. D'autres en ont moins. Mais qui compte encore, hormis le type à l'épicerie avec ses bons de réduction ?

Chapitre 20

Dix nouvelles fonctions remarquables de Windows XP

Dans ce chapitre :

- Décorer les dossiers.
- Permettre à quelqu'un de dépanner l'ordinateur à distance.
- Copier des informations sur un disque compact.
- Transférer facilement des informations dans votre nouvel ordinateur.
- Configurer un compte sécurisé pour chaque utilisateur.
- Eviter les plantages.
- Protéger l'ordinateur des pirates informatiques grâce à un pare-feu.
- Régler l'horloge automatiquement.
- Demander l'activation.
- Travailler avec Windows XP comme avec une version précédente de Windows.

Vous venez d'acquérir un nouvel ordinateur ? Dans ce cas, vous y avez sans doute trouvé Windows XP, puisqu'il est préinstallé sur presque toutes les machines.

Ceux qui possèdent déjà un PC bénéficient d'un choix : après avoir lu ce qui est écrit sur l'emballage de Windows XP, dans la boutique informatique, ils peuvent décider de procéder à la mise à niveau ou non.

Pour vous éviter d'avoir à chercher dans la boutique si cela vaut la peine de passer à Windows XP, vous trouverez dans ce chapitre les dix fonctionnalités les plus intéressantes que recèle ce logiciel.

De beaux dossiers

Pendant des années, les informations ont été entrées dans l'ordinateur selon une méthode bien fruste : la frappe. Aujourd'hui, les utilisateurs transfèrent des informations dans leur ordinateur d'une foule de manières : ils les téléchargent depuis Internet, les acquièrent au moyen d'un scanneur, les recopient depuis leurs CD audio ou les transfèrent depuis leur appareil photo numérique.

Windows XP est non seulement capable d'importer toutes ces informations, mais il sait aussi vous indiquer où il les a stockées. Lorsque vous insérez un CD audio et que vous recopiez les plages sous la forme de fichiers MP3 ou WMA, comme nous l'avons décrit dans le Chapitre 13, Windows se charge non seulement d'inscrire le titre des airs, mais il ajoute aussi automatiquement l'image de la jaquette, comme le montre la Figure 20.1.

Figure 20.1 Windows XP place automatiquement la couverture du CD sur le dossier.

Malheureusement, ce truc ne fonctionne que si la conversion du CD s'effectue dans Windows. Si vous récupérez les fichiers MP3 à partir d'un autre ordinateur, l'illustration n'apparaît pas sur le dossier.

Vous recherchez des images ? Stockez-les dans le dossier Mes images. Chacun des sous-dossiers placés dans le dossier Mes images montre quatre images juxtaposées, ce qui permet d'identifier plus rapidement ce que ce sous-dossier contient. Après avoir ouvert le dossier, chacun des fichiers qui s'y trouvent est affiché sous la forme d'une miniature. Vous pouvez aussi choisir l'option Pellicule pour afficher chaque image l'une après l'autre, comme sur un film ; l'image sélectionnée apparaît en haut de la fenêtre, comme le montre la Figure 20.2 (cliquez sur une image pour ses propriétés).

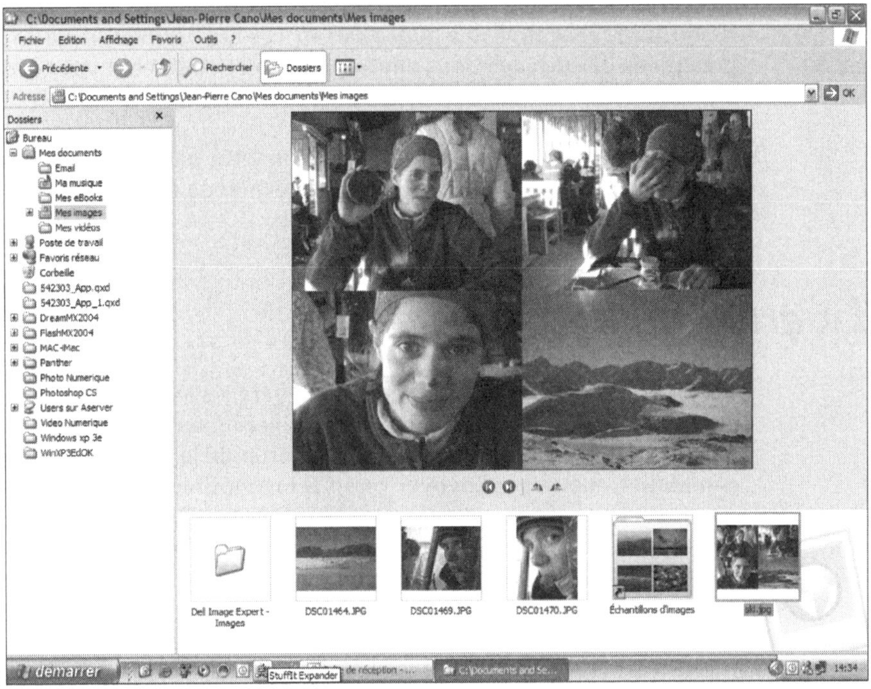

Figure 20.2 Windows XP affiche les images ce qui vous permet de les identifier facilement.

L'Assistance à distance

Il se fait tard, la maisonnée dort et votre ordinateur donne d'étranges signes de fatigue. Que lui arrive-t-il ? Fort heureusement, le "petit-jeune-à-l'autre-bout-de-la-ville-qu'est-doué-en-informatique" vient d'installer Windows XP dans sa bécane et il le maîtrise déjà fort bien. Cependant, vu l'heure, il ne faut pas compter sur ses parents pour le lâcher dans les rues désertes. Or, lui seul peut vous tirer d'embarras...

Avec l'Assistance à distance, il peut vous dépanner. Lorsque cette fonctionnalité est activée, une autre personne peut se connecter à votre ordinateur et le contrôler comme s'il était assis face à son clavier. Il peut bidouiller dedans, configurer ce qui doit l'être et faire en sorte qu'il tourne aussi rond que quand il était tout neuf (enfin, théoriquement du moins).

Pour charger l'Assistance à distance, cliquez sur le bouton Démarrer, choisissez Aide et support puis cliquez sur Assistance à distance. Choisissez ensuite l'option Invitez quelqu'un pour vous aider avec l'assistance à distance. Envoyez-lui ensuite un message avec Outlook Express ou MSN Messenger. Si le destinataire accepte votre requête, il verra le contenu de votre ordinateur sur son écran. Vous communiquerez l'un avec l'autre en tapant des messages et, si la souris est réceptive aux ondes salvatrices qui émanent de la souris sœur, ponctuées de clics aux bons endroits, la situation devrait vite revenir à la normale.

Ce procédé sera peut-être adopté, dans un futur pas trop lointain, par les équipes techniques de l'aide en ligne (et espérons que les pirates ne sauront pas le détourner à vos dépens).

La gravure des CD

Windows XP s'est mis au goût du jour : il gère les lecteurs-graveurs de CD intégrés à la plupart des PC récents. Pour copier un ou des fichiers sur un disque compact, cliquez dessus avec le bouton droit de la souris puis, dans le menu contextuel, choisissez Envoyer vers/CD inscriptible.

Une petite fenêtre signale que des fichiers attendent d'être copiés sur le CD. Insérez-en un dans le lecteur, cliquez sur le bouton Démarrer et choisissez Poste de travail. Ouvrez le CD inscriptible d'un double-clic puis sélectionnez l'option Ecrire ces fichiers sur le CD. La copie s'effectue.

Le Lecteur Windows Media copie lui aussi de la musique sur des CD vierges, ce qui vous permet de créer vos propres compilations. Il reconvertit les fichiers MP3 ou WMA au format des CD audio, ce qui permet de placer 10 ou 12 chansons sur ce type de support.

Pour enregistrer des fichiers MP3 ou WMA sur un CD, vous devez utiliser la première méthode de copie. Ainsi, le Lecteur Windows Media ne convertira pas ces fichiers en plages plus encombrantes, propres aux CD audio.

L'Assistant Transfert de fichiers et de paramètres

Ce petit assistant s'avère très commode lorsque vous venez d'acheter un nouvel ordinateur, lorsqu'il s'agit de transférer tout ce qui se trouve dans l'ancien vers le nouveau.

Pour que Windows XP se charge de toutes les tâches, mettez l'assistant au travail en cliquant sur Démarrer/Tous les programmes/Accessoires/Outils système et enfin Assistant Transfert de fichiers et de paramètres.

L'assistant est plus rapide sur un réseau. Indiquez-lui la nature des informations à déplacer : fichiers, paramètres de configuration, connexions Internet et autres éléments pertinents. Lancez l'assistant sur les deux ordinateurs et il orchestrera les transferts d'une machine à une autre.

Cet assistant est également décrit dans le Chapitre 10.

Les Comptes d'utilisateurs

Si vous êtes la seule personne qui utilise l'ordinateur, vous n'aurez que faire d'un compte. Mais si votre famille fait la queue pour l'utiliser – comme la longue file d'hippopotames devant la baignoire du Concombre masqué –, vous devrez apprendre ce qu'est un compte utilisateur.

Windows XP permet à chacun d'avoir son propre compte utilisateur. Chacun clique sur son nom, dans l'écran d'accueil, pour retrouver les dossiers et informations qui lui sont propres. L'écran est tel que l'utilisateur l'avait laissé. Windows XP permet même à chacun de définir son arrière-plan préféré.

Une fois que chacun s'est vu octroyer son propre compte utilisateur, c'est comme si chacun avait son propre ordinateur. Windows XP traite chacun différemment ; il ne les regroupe pas dans un même Bureau. Si quelqu'un modifie des menus dans son compte, il ne les change que *dans son propre compte*. Le prochain utilisateur retrouvera les menus auxquels il s'est habitué.

Les comptes sont décrits dans le Chapitre 9.

Une stabilité améliorée

Si vous avez utilisé d'autres versions de Windows, vous avez sans doute connu l'Ecran Bleu de la Mort : l'écran devient tout bleu et Windows affiche un message ésotérique à propos d'une Erreur fatale suivie d'une obscure incantation chiffrée. Personne ne saurait dire ce qu'elle signifie ni d'où elle provient. Mais chacun sait que c'est vraiment casse-pieds.

Windows XP a jeté aux orties le vieux moteur utilisé pour Windows Me, Windows 98 et les versions plus anciennes. Il utilise le moteur beaucoup plus stable de Windows 2000, une version conçue pour les entreprises qui n'ont que faire des ordinateurs fantasques qui plantent sans crier gare.

Un programme plantera néanmoins de temps en temps, mais sans bloquer l'ordinateur tout entier. Dès qu'un logiciel plante, appuyez en même temps sur les trois touches Ctrl+Alt+Suppr. Le Gestionnaire des tâches de Windows XP apparaît, comme l'illustre la Figure 20.3, prêt à éliminer le programme planté de sa mémoire. Cliquez sur le programme rétif puis sur le bouton Fin de tâche pour l'enlever de là.

Figure 20.3 Appuyez simultanément sur les touches Ctrl+Alt+Del pour éliminer de la mémoire un programme planté, sans avoir à quitter Windows.

Windows XP fait autre chose de marrant : appuyer sur le bouton Arrêt n'éteint pas l'ordinateur ! Cette action affiche l'écran Arrêter l'ordinateur, dans lequel vous choisirez de le mettre en veille, de l'arrêter ou de le redémarrer.

Un pare-feu intégré pour se protéger des pirates

Mon modem par câble est constamment connecté à Internet. Il n'est donc pas surprenant que des malfaisants essaient d'y pénétrer une douzaine de fois par jour. Eh non, ces gens ne sont pas assis devant leur ordinateur, tapant sur le clavier dans l'espoir de trouver un moyen de pénétrer dans le mien. Ils utilisent des logiciels assez faciles à obtenir qui analysent des milliers d'ordinateurs à la fois, à la recherche de ceux dont la sécurité est défaillante.

Dès que vous êtes sur Internet, ces pirates peuvent sauter à l'abordage, surtout si vous êtes sur un réseau ou si vous avez une liaison par câble. Pour maintenir ces teigneux à distance tout en laissant entrer les amis, vous devez utiliser un *pare-feu*. Windows XP en a un dans sa besace. Le pare-feu filtre les données qui pénètrent dans votre ordinateur et rend ce dernier invisible aux logiciels qui analysent le réseau à la recherche d'une proie facile.

La mise en œuvre d'un pare-feu est expliquée dans le Chapitre 12.

Régler l'heure automatiquement

Windows XP règle automatiquement l'horloge de votre ordinateur et la garde à l'heure, à condition de lui demander de le faire. Double-cliquez sur l'horloge qui se trouve dans la zone de notification, dans le coin en bas à droite de l'écran. Cliquez ensuite sur l'onglet Temps Internet puis cochez la case Synchroniser automatiquement avec un serveur de temps Internet. Après avoir établit la connexion Internet, l'ordinateur compare son heure avec celle du serveur et la règle à la fraction de seconde près.

Windows XP doit être activé

C'est vrai. Windows XP est protégé contre la copie, de sorte que vous ne pouvez l'installer que sur un seul ordinateur. Si vous voulez aussi l'installer sur votre ordinateur portable, vous devez acheter un autre exemplaire. Cet alarmant état de fait est décrit en détail dans le Chapitre 3.

Faire tourner Windows XP comme votre ancienne version de Windows

Certains utilisateurs passéistes n'aiment pas Windows XP parce qu'il est très différent, pour ainsi dire, de leur bonne vieille version de Windows. Mais, dans son irrépressible désir de plaire, Windows XP peut se vêtir des oripeaux de la version "classique". Il ressemblera de très près aux anciennes versions et agira de même. Voici comment il faut faire :

- **Activer le menu Démarrer classique :** Cliquez avec le bouton droit de la souris sur le menu Démarrer, choisissez Propriétés puis sélectionnez l'option Menu Démarrer classique. Le vaste menu arrondi Démarrer, de

Windows XP est remplacé par celui, plus austère, des anciennes versions.

- **Activer le thème de Bureau classique :** Cliquez avec le bouton droit de la souris sur le Bureau, sélectionnez Propriétés puis, dans le menu déroulant Thème, choisissez Windows classique. Et hop ! D'arrondies, les fenêtres deviennent rectangulaires et le bouton Démarrer, d'un beau vert chartreuse, devient gris et rectangulaire. Qui plus est, quelques bonnes vieilles icônes qui nous étaient familières réapparaissent sur le Bureau : celles du Poste de travail, Mes documents, Mes favoris réseau et Internet Explorer.

- **Rétablir les raccourcis clavier :** Dans les anciennes versions de Windows, certaines lettres des menus étaient soulignées. Au lieu de cliquer sur les options de menu, il était possible d'appuyer sur Alt+lettre soulignée. Bien que Windows XP ait abandonné ce système de raccourcis clavier, il est possible de le réactiver. Pour ce faire, cliquez sur le Bureau avec le bouton droit de la souris, choisissez Propriétés puis sélectionnez l'onglet Apparence. Cliquez sur le bouton Effets puis ôtez la coche de l'option Masquer les lettres soulignées pour la navigation au clavier jusqu'à ce que j'appuie sur la touche Alt. Les soulignements réapparaissent, prêts pour les raccourcis clavier (NDT : notez que, dans la configuration normale, le seul fait d'appuyer sur la touche Alt fait apparaître les lettres soulignées).

- **Accélérer les menus :** Windows XP sacrifie parfois l'apparence à la vitesse. Par exemple, les menus apparaissent et disparaissent progressivement, ce qui est certes beau mais ralentit la productivité. Pour vous passer de ces effets séduisants et privilégier la vitesse, procédez ainsi : cliquez avec le bouton droit de la souris sur l'icône Poste de travail, choisissez Propriétés puis cliquez sur l'onglet Avancé. Ensuite, dans la zone Performances, cliquez sur le bouton Paramètres et sélectionnez l'option Ajuster afin d'obtenir les meilleures performances. Cliquez sur OK et appréciez le gain de rapidité.

Chapitre 21

Dix points exaspérants de Windows XP (et comment y remédier)

Dans ce chapitre :

- Régler le volume sonore.
- Trouver la version de Windows.
- Préférer le double-clic au clic (et inversement).
- Repositionner les barres de boutons détachées.
- Gérer de multiples fenêtres.
- Récupérer la barre des tâches.
- Pouvoir utiliser la touche Impr. Ecran.
- Aligner deux fenêtres.
- Réactualiser le contenu d'un dossier.
- Comprendre pourquoi vous ne pouvez pas faire tout ce que peut faire un administrateur.

Windows serait génial si... (placez ici vos doléances). S'il vous arrive souvent de vous dire ça, ou de le penser, ce chapitre est pour vous. Il ne se contente pas d'énumérer les aspects exaspérants de Windows, mais propose aussi des solutions.

Comment régler le volume ?

Bien que Microsoft se soit efforcé de rendre Windows XP plus facile que jamais à utiliser, les programmeurs se sont mélangés les pinceaux sur l'une des fonctionnalités les plus importantes : le réglage du volume.

Comment ferez-vous si, en visitant un site Web tard la nuit, vous entendez soudain une tonitruante musique ? Aurez-vous le temps de bondir sur le potentiomètre des enceintes avant que la famille et le chien se réveillent ?

Voici comment placer la commande du volume là où elle doit être : juste à côté de l'horloge, dans la zone de notification de la barre des tâches, en bas à droite de l'écran.

1. **Cliquez sur le bouton Démarrer, ouvrez le Panneau de configuration puis, cliquez sur l'icône Sons, voix et périphériques audio.**

2. **Cliquez sur l'icône Sons et périphériques audio et cochez la case Placer l'icône de volume dans la barre des tâches.**

   Un petit haut-parleur apparaît près de l'horloge.

3. **Cliquez sur OK pour fermer la fenêtre.**

   Désormais, pour régler le son en catastrophe, cliquez sur le petit haut-parleur près de l'horloge. Un défileur vertical permet de régler le volume sonore de l'ordinateur. Pour couper complètement le son, cochez la case Muet.

Quelle est ma version de Windows ?

Depuis sa sortie en novembre 1985, Windows a connu une douzaine de versions. Comment savoir laquelle est celle de ordinateur ? Windows XP est-il *véritablement* installé dedans ?

Ouvrez le menu Démarrer, cliquez avec le bouton droit de la souris sur Poste de travail et choisissez Propriétés. Cliquez sur l'onglet Général, si cette page n'est pas déjà affichée.

Sous le mot *Système,* vous découvrirez la version de Windows ainsi que son numéro de version.

Je veux cliquer au lieu de double-cliquer (et inversement)

Lentement mais sûrement, Windows XP migre du Bureau vers la Toile d'Internet, qui n'est rien d'autre qu'un vaste réseau planétaire d'ordinateurs truffés d'une quantité phénoménale de données, qu'il s'agisse de bandes-annonces de films ou de forums qui discutent des meilleures recettes du lait de poule.

Les internautes ne cliquent qu'une seule fois sur une icône, et non deux fois, comme s'y sont habitués les utilisateurs de Windows. Pour voir comment votre ordinateur est actuellement configuré, ouvrez n'importe quel dossier puis, dans la barre de menus, cliquez sur Outils/Options des dossiers.

Dans la dernière zone, intitulée Cliquer sur les éléments de la manière suivante, vous pourrez choisir entre le clic simple et le double-clic. Sélectionnez l'option qui vous convient puis cliquez sur OK.

Quand vous naviguez parmi les options du menu Démarrer, il suffit de cliquer une seule fois sur une option, quelle que soit la manière dont la souris est configurée. Un clic simple suffit pour activer le menu Démarrer. Tous les autres menus qui s'y trouvent se déploient automatiquement lorsque le curseur de la souris les survole. Après avoir repéré le programme qui vous intéresse, cliquez dessus et le menu Démarrer le charge.

Ma barre pleine de boutons s'est détachée !

Ça arrive aux meilleurs d'entre nous. Vous vous apprêtez à cliquer sur un bouton dans la barre d'outils qui se trouve en haut d'un programme, ou dans la barre des tâches, quand tout à coup il se produit quelque chose de surprenant.

La barre tout entière tombe et se retrouve au milieu de l'écran, parfois ramenée à un panneau rectangulaire. Quelle fausse manœuvre avez-vous faite ? Aucune, c'est comme ça. Microsoft présume que certaines personnes apprécient la possibilité de placer les boutons en plein milieu de leur travail. C'est pourquoi Windows offre la possibilité de faire glisser les barres de boutons afin de les placer ailleurs.

Pour ramener une barre de boutons là où elle était, amenez le pointeur de la souris dessus puis, bouton enfoncé, faites-la glisser à son emplacement d'origine. Relâchez le bouton ; la barre s'ancre d'elle-même. Ou, si ça ne fonctionne pas bien, essayez de double-cliquer sur la barre. Très souvent, elle s'ancre d'elle-même à son emplacement habituel.

Si une barre d'outils se détache de la barre des tâches, cliquez dans cette dernière avec le bouton droit de la souris et choisissez Barres d'outils. Remarquez celle qui est précédée par une coche puis cliquez sur son nom. La barre d'outils disparaît. Cliquez de nouveau dans la barre des tâches avec le bouton droit et cliquez sur le même nom de barre d'outils. Elle réapparaît, mais cette fois à son emplacement habituel.

Difficile de savoir où sont toutes ces fenêtres

Vous *n'avez pas* à savoir où sont toutes ces fenêtres. Windows XP le sait, et il est prêt à vous aider à les retrouver grâce à une combinaison de touches secrètes : la touche Alt enfoncée, appuyez sur la touche Tab. Une petite barre apparaît alors au milieu de l'écran. Elle contient les icônes propres à toutes les fenêtres ouvertes. Continuez à appuyer sur Tab. Dès que l'icône de la fenêtre que vous recherchez est sélectionnée, relâchez les touches. La fenêtre apparaît au premier plan.

Ou encore, utilisez la barre des tâches que nous avons étudiée dans le Chapitre 10 (elle se trouve tout en bas de l'écran). La barre des tâches contient les noms de toutes les fenêtres actuellement ouvertes. Cliquez sur celle que vous désirez ouvrir, et elle se déploie à l'écran, au-dessus des autres.

Dans le Chapitre 7, vous trouverez d'autres informations concernant les fenêtres, les fichiers et les programmes planqués dans les profondeurs de Windows.

La barre des tâches n'apparaît plus !

La barre des tâches est un fort commode programme de Windows qui fonctionne en permanence. Elle se trouve habituellement en bas de l'écran, mais il lui arrive de disparaître. Voici quelques manipulations pour la ramener en vue.

Si vous n'apercevez plus qu'une mince ligne de la barre des tâches (le reste est sous l'écran), placez le pointeur de la souris sur cette étroite partie visible. Dès qu'il s'est transformé en flèche à double pointe, appuyez continûment sur le bouton de la souris et faites glisser la barre des tâches vers le haut pour la ramener en vue.

- Si la barre des tâches disparaît lorsque le pointeur ne se trouve pas spécifiquement dessus, vous devez désactiver la fonction Masquer automatiquement. Cliquez avec le bouton droit de la souris sur une partie vide de la barre des tâches et, dans le menu contextuel, choisissez Propriétés. Dans la boîte de dialogue Propriétés de la Barre des tâches et du menu Démarrer, cliquez sur la case Masquer automatiquement la Barre des tâches. La coche d'activation disparaît (pour activer cette fonction, cliquez dans la case afin de la cocher).

- Pendant que vous êtes dans les propriétés de la barre des tâches, assurez-vous que l'option Conserver la Barre des tâches au-dessus des autres fenêtres est cochée. Elle sera ainsi toujours visible au premier plan, ce qui facilite l'accès à ses boutons.

- Afin que la barre des tâches reste en place sans possibilité de la mouvoir, cliquez dedans avec le bouton droit de la souris, choisissez Propriétés puis, sélectionnez l'option Verrouiller la Barre des tâches. Mais rappelez-vous cependant que, avant de procéder à la moindre modification sur la barre des tâches, vous devez d'abord la déverrouiller.

- Vous travaillez avec deux moniteurs sous Windows XP Professionnel (la version Edition Familiale ne reconnaît pas cette fonctionnalité) ? N'oubliez pas que la barre des tâches peut se trouver en bas de n'importe lequel des deux moniteurs. Assurez-vous d'avoir essayé sur chaque moniteur avant d'abandonner.

La touche Impr écran ne fonctionne pas

Windows XP intercepte la touche Impr écran (parfois étiquetée ImprEcran, Impécran ou autre sur certains claviers). Au lieu d'envoyer vers l'imprimante tout ce qui se trouve à l'écran, cette touche envoie les données vers la mémoire de Windows XP d'où vous pouvez les coller dans d'autres fenêtres.

- Si vous maintenez la touche Alt enfoncée tout en appuyant sur Impr écran, Windows XP envoie dans le Presse-papiers l'image de la *fenêtre courante,* et non celle de la totalité de l'écran.

- Si vous voulez *véritablement* une sortie imprimante de l'écran, appuyez sur le bouton Impr écran afin de mémoriser l'image de l'écran. Ouvrez ensuite Paint ou WordPad, cliquez sur Edition/Coller puis procédez à l'impression à partir de ce programme.

Pas facile d'aligner deux fenêtres !

Avec tous ces couper-coller, Windows facilite considérablement le transfert des informations d'un programme à un autre. Et avec le glisser-déposer, il vous est facile de récupérer une adresse dans une base de données et de la placer dans un traitement de texte.

Le plus dur dans Windows XP, c'est de placer deux fenêtres côte à côte. C'est là que la barre des tâches vous sera utile. Ouvrez d'abord les deux fenêtres et placez-les quelque part à l'écran. Transformez ensuite ces fenêtres en icônes, en les réduisant dans la barre des tâches (pour ce faire, cliquez sur le petit bouton avec un soulignement, à droite de la barre de titre).

Maintenant, cliquez avec le bouton droit de la souris dans une partie vide de la barre des tâches, puis choisissez une des commandes Mosaïque. Les deux fenêtres se superposent ou se juxtaposent parfaitement.

Ce que montre le dossier de la disquette n'est pas ce qu'elle contient

Windows est parfois pris en défaut : il ne montre pas toujours les fichiers qui se trouvent réellement dans un dossier ou dans une disquette. Pour lui rafraîchir les idées et lui faire reconsidérer ce que contient le dossier ou la disquette, appuyez sur F5, qui est la touche d'actualisation. Il affichera ensuite le contenu réel.

Il ne me laisse rien faire car je ne suis pas Administrateur

Windows XP est très regardant sur qui fait quoi. Le propriétaire de l'ordinateur reçoit un compte Administrateur. Tous les autres utilisateurs reçoivent un compte Limité. Qu'est-ce que tout cela signifie ? Eh bien, seul un administrateur est autorisé à procéder à ces tâches :

- Graver des CD.
- Installer des programmes et du matériel.
- Créer des comptes pour d'autres utilisateurs ou les modifier.

- Installer du matériel de type Plug and Play, comme certains appareils photo numériques ou des lecteurs MP3.
- Désactiver le compte Invité.
- Accéder aux fichiers privés de tous les autres utilisateurs.

La plupart des autres utilisateurs ont des comptes Limités. Généralement ouverts au nom de chacun des utilisateurs, ils ont été créés par l'Administrateur expressément pour ces personnes. Les utilisateurs bénéficiant d'un compte Limité peuvent :

- Accéder aux programmes installés.
- Modifier le portrait de leur compte ainsi que leur mot de passe.

Les comptes Invités servent à la baby-sitter ou à quiconque n'utilise pas habituellement l'ordinateur. Un Invité peut se connecter à Internet et consulter son courrier électronique, ou utiliser des programmes déjà installés.

Chapitre 22

Une dizaine d'icônes Windows XP (et même plus) et à quoi elles servent

Dans ce chapitre :

- A quoi ressemblent certaines icônes de Windows XP.
- Ce que font ces icônes.

Windows XP utilise différentes icônes selon les différents types de fichiers. Ce qui laisse à penser que le logiciel est truffé de suffisamment d'icônes pour faire le bonheur de tout iconologue expérimenté.

Le Tableau 22.1 montre les icônes les plus communément utilisées dans Windows XP et ce qu'elles sont censées représenter. Double-cliquez dessus pour les mettre en action.

Tableau 22.1 : Les icônes de Windows XP.

	Signification	Commentaires
	Lecteur de disquettes 3"½	Insérez une disquette dans le lecteur puis cliquez sur cette icône pour voir ce qu'elle contient.
	Lecteur de disquettes 3"½ partagé sur un réseau	Presque tous les utilisateurs du réseau peuvent accéder à la disquette insérée dans le lecteur.

Tableau 22.1 : Les icônes de Windows XP. (*suite*)

	Signification	Commentaires
	Disque dur	La quasi-totalité de vos fichiers s'y trouvent.
	Disque dur partagé sur un réseau	Presque tous les utilisateurs du réseau peuvent accéder à ce disque dur.
	Lecteur de disques compacts	Insérez un CD dans le lecteur puis double-cliquez sur cette icône pour voir son contenu.
	Lecteur de disques compacts partagé sur un réseau	Les ordinateurs du réseau ont accès à ce lecteur.
	CD audio	Un CD audio est actuellement présent dans le lecteur de CD-ROM.
	CD audio en réseau	N'importe qui sur le réseau peut écouter ce CD, mais un seul utilisateur à la fois.
	Fichier d'image point à point (ou bitmap)	Graphismes usuellement produits par Paint.
	Fichiers d'archives	Ensemble de fichiers compressés que Windows XP prend l'initiative d'ouvrir.
	Appareil photo	Indique qu'un appareil photo numérique est connecté au port série, USB ou Firewire.
	Programme DOS	Un bien vieux programme tournant sous le système d'exploitation DOS (*Disk Operating System*).
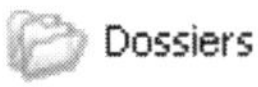	Dossier ou répertoire	Zone de stockage des fichiers, sur un disque ou une disquette.

Tableau 22.1 : Les icônes de Windows XP. (*suite*)

	Signification	Commentaires
	Fichier d'aide	Cette icône donne accès à des instructions stockées dans un format spécial, propre au système d'aide de Windows XP.
	Fichier caché	Son apparence délavée, diaphane, indique bien qu'il s'agit d'un fichier de données caché. Windows n'affiche pas ces fichiers sensibles, à moins que l'utilisateur connaisse le commutateur qui les rend visibles.
	Raccourci vers un site Internet	Double-cliquez dessus pour qu'Internet ouvre ce site.
	Page Internet enregistrée dans l'ordinateur sous la forme d'un fichier HTML	Ouverts par Internet Explorer, ces fichiers ont la même apparence qu'une page Web, même si vous n'êtes pas connecté à Internet.
	Fichier de média	Fichier contenant une séquence vidéo, un son MP3, une musique MIDI ou en vérité n'importe quelle donnée lisible par le Lecteur Windows Media.
	Courrier Outlook Express	Courrier électronique qui a été coupé ou copié dans Outlook Express puis collé sur le Bureau ou dans un autre dossier.
	Libérer le Bureau	Cliquez sur cette icône de la barre des tâches pour réduire toutes les fenêtres ouvertes (pour afficher cette icône dans la barre des tâches, cliquez sur cette dernière avec le bouton droit de la souris, puis choisissez Barres d'outils/Lancement rapide).
	Mes documents	La majorité de vos documents sont stockés dans ce dossier. Pour être plus rationnel, des dossiers distincts sont créés pour chaque projet.

Tableau 22.1 : Les icônes de Windows XP. (*suite*)

	Signification	Commentaires
	Ma musique	Stockez vos fichiers audio dans ce dossier afin d'y accéder facilement (c'est là que le Lecteur Windows Media stocke les sons).
	Mes images	Stockez vos images numériques dans ce dossier afin de les visionner plus facilement (c'est là que votre appareil photo transfère ses images).
	Corbeille	Les fichiers supprimés se retrouvent dans la Corbeille. Ils sont récupérables si vous changez d'avis.
	Bribe	Les bribes sont des extraits d'informations qui ont été placées sur le Bureau : un paragraphe de WordPad, par exemple.
	Installation	Double-cliquez dessus pour installer un programme.
	Fichier système	Fichier technique utilisé par Windows XP.
	Fichier de texte technique	Contient des informations concernant la configuration ou le paramétrage d'un logiciel ou d'une partie de l'ordinateur.
	Fichier de texte	Fichier généralement créé par le Bloc-notes. Il contient du texte sans mise en page.
	Fichier de traitement de texte	Fichier de texte mis en page, généralement créé par WordPad ou Microsoft Word.
	Groupe de travail en réseau	Ensemble d'ordinateurs d'un réseau.

Tableau 22.1 : Les icônes de Windows XP. (*suite*)

	Signification	Commentaires
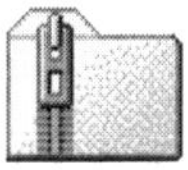	Fichier compressé	Plusieurs fichiers compressés en un seul. Double-cliquez dessus pour voir son contenu.
	Fichier non reconnaissable	Fichier non reconnu par l'un des programmes installés dans Windows XP.

Chapitre 23

Les dix questions les plus souvent posées sur Windows XP

Dans ce chapitre :

- Se souvenir de ce que l'on peut faire d'un fichier.
- Choisir entre Windows XP Edition Familiale ou Windows XP Professionnel.
- Mettre un portrait de vous dans la page d'accueil.
- Faire jouer vos DVD par Windows XP.
- Améliorer le son des fichiers MP3.
- Supprimer l'écran d'accueil.
- Voir de petites miniatures de vos photos et images dans un dossier.
- Ouvrir Internet Explorer en plein écran, et non dans une fenêtre.
- Ce que vous manquez en n'ayant pas Internet.

Et les voici, toutes réunies en un seul lieu : les dix questions les plus souvent posées concernant Windows XP.

Comment me souvenir de tout ce que l'on peut faire d'un fichier ?

Windows XP vous permet de faire une kyrielle de choses avec vos fichiers, et d'une myriade de façons différentes. Comment se souvenir de tout ça lors de la manipulation des fichiers ? En vous rappelant seulement cette unique action :

Cliquez avec le bouton droit de la souris sur le fichier. Un menu contextuel apparaît, contenant toutes les options disponibles, comme le montre la Figure 23.1.

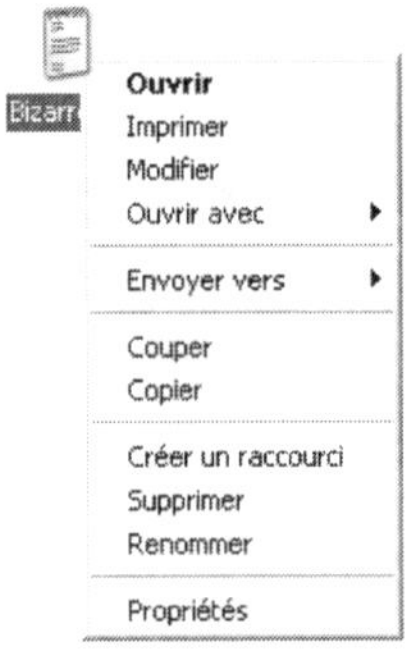

Figure 23.1 Cliquez sur un fichier avec le bouton droit de la souris. Un menu contextuel montre les options disponibles.

Voici une brève explication de ces commandes :

- **Ouvrir :** Cette option ouvre le programme lié au fichier. Elle place ensuite le contenu du fichier dans le programme, prêt à être utilisé. Vous avez remarqué qu'Ouvrir est en gras ? Cela signifie que c'est l'option par défaut ; c'est elle qui sera automatiquement mise en œuvre lorsque vous double-cliquerez sur l'icône ou lorsque, après avoir sélectionné cette dernière, vous appuierez sur le bouton Entrée.

- **Imprimer :** Envoie le fichier vers l'imprimante.

- **Ouvrir avec :** Si vous sélectionnez cette option, Windows présente une liste des programmes les plus susceptibles d'ouvrir ce fichier. Choisissez-en un. Vous ne voyez pas le programme que vous désirez utiliser ? Cliquez sur le bouton Choisir le programme et parcourez les dossiers pour le localiser.

- **Envoyer vers :** Sélectionner cette option fait apparaître une liste de plusieurs programmes communément utilisés. Vous pouvez envoyer le fichier directement vers le lecteur de disquettes, le mettre dans un dossier compressé, placer un raccourci sur le Bureau, le transmettre à quelqu'un par courrier électronique ou le graver sur un CD.

- **Couper :** Cette option place le fichier dans la mémoire de l'ordinateur. Il est prêt à être collé ailleurs.

- **Copier :** Cette option place une copie du fichier dans la mémoire de l'ordinateur, prête à être collée ailleurs.
- **Créer un raccourci :** Cliquez ici pour créer un raccourci dans le même dossier. Vous pourrez ensuite le copier à un autre emplacement.
- **Supprimer :** *Pfuit !* Votre fichier vient d'être jeté dans la Corbeille !
- **Renommer :** Cette option met le nom du fichier en surbrillance. Il ne vous reste plus qu'à taper un nouveau nom.
- **Propriétés :** Cliquez sur cette option pour connaître la taille du fichier, sa date de création ainsi que d'autres statistiques.

TRUC

Si vous faites glisser un fichier avec le bouton droit de la souris enfoncé, un menu identique apparaît. Il permet de choisir si vous voulez copier le fichier, le déplacer, créer un raccourci ou annuler son actuel déplacement.

Dois-je effectuer une mise à niveau vers Windows XP Edition Familiale ou vers Windows XP Professionnel ?

Windows XP existe en deux versions : Edition Familiale et Professionnel. Il n'y a pas de très grandes différences dans leur apparence et leur comportement.

Une partie des différences est technique. Windows XP Professionnel est capable de travailler avec deux microprocesseurs à la fois, ce qui le rend plus rapide et plus puissant.

Les autres différences se situent au niveau du travail en réseau et de la sécurité. Windows XP Edition Professionnel comporte toutes les fonctionnalités de Windows XP Familiale, plus un logiciel de sauvegarde, un niveau de sécurité plus élevé lors du travail en réseau, le support plurilingue et d'autres fonctions plus avancées.

Si vous achetez Windows XP Edition Familiale et vous rendez compte que ses fonctionnalités de réseau sont insuffisantes pour couvrir vos besoins, vous pouvez envisager de passer à Windows XP Professionnel. Cette version s'installe par-dessus la précédente sans aucun problème.

Il n'est toutefois pas possible d'effectuer le contraire : l'Edition Familiale ne peut pas être installée sur la version Professionnelle. Vous devez d'abord libérer entièrement le disque dur par un *formatage* intégral puis redémarrer l'installation de Windows sur un disque net comme un sou neuf.

Comment placer mon portrait dans mon compte utilisateur ?

Vous en avez assez de l'image de l'astronaute ou du ballon de football qui illustre votre compte utilisateur ? La remplacer par une photo de vous n'est pas très difficile, à condition bien sûr que vous ayez une photo numérique de votre portrait.

Vous n'en avez pas ? Un ami autour de vous a peut-être un appareil photo numérique. Demandez-lui de vous photographier et transférez l'image au format JPG dans le dossier Mes images de votre ordinateur (NDT : ou numérisez une photo de vous avec un scanneur). Appliquez ensuite les étapes suivantes pour placer l'image dans votre compte utilisateur :

1. **Cliquez sur le bouton Démarrer, choisissez Panneau de configuration et sélectionnez Comptes d'utilisateurs.**

2. **Cliquez sur Changer mon image.**

   Si vous êtes Administrateur, vous devrez cliquer sur Modifier un compte/Modifier l'image.

3. **Choisissez une des images proposées ou cliquez sur Rechercher d'autres images.**

   Vous pouvez vous en tenir aux images proposées par Windows XP ou, si vous voulez une image plus personnelle, parcourir les dossiers à sa recherche.

4. **Localisez l'image que vous désirez utiliser, cliquez sur son nom puis cliquez sur Ouvrir.**

   Windows récupère l'image et la place dans votre compte. Elle apparaît de plus comme option dans la liste des images disponibles.

   Windows réduit l'image à la taille d'une vignette qui illustre votre compte utilisateur.

TRUC

Voici quelques autres astuces concernant l'image de votre compte :

- Si vous avez une image numérique de vous dans un groupe de personnes, ouvrez-la avec le programme Paint, sélectionnez votre portrait et enregistrez-le dans le dossier Mes images. Lorsque Windows ouvrira cette image, il récupérera seulement votre portrait, et non la photo de groupe.
- Pour votre compte utilisateur, récupérez des images sur Internet. Si vous avez vu dans une page Web une photo de Bart Simpson que vous voudriez utiliser comme portrait, cliquez dessus avec le bouton droit de la souris, choisissez Enregistrer l'image sous, nommez-la, puis cliquez sur Enregistrer. L'image est automatiquement enregistrée à toutes fins utiles dans le dossier Mes images.

Pourquoi Windows XP est-il incapable de lire mes DVD ?

De nombreux ordinateurs sont aujourd'hui équipés de lecteurs de CD-ROM capables de lire toutes sortes de disques compacts, dont les DVD. Lorsque vous insérez un CD audio, le Lecteur Windows Media se met à jouer les morceaux qu'il contient. Mais si vous insérez un DVD, Windows XP ne montre aucune image. Qu'est-ce qui se passe ?

Il y a un truc. Pour qu'un ordinateur puisse lire un DVD, il lui faut un logiciel ou un matériel spécial, un *décodeur de DVD* qui traduit les données gravées sur le DVD en données compréhensibles par le système d'exploitation, en l'occurrence Windows XP.

Ce décodeur est intégré à certains lecteurs de DVD. Mais beaucoup dépendent d'un logiciel ; or, ce dernier ne figure pas dans Windows XP. Alors, comment regarder des DVD ?

Eh bien, la seule solution consiste à installer un logiciel de lecture de DVD d'un autre fabricant (les ordinateurs équipés d'un lecteur de DVD possèdent le logiciel de lecture qui va avec). Windows XP emprunte alors la partie "décodeur" de ce logiciel tiers, ce qui permet au Lecteur Windows Media de lire désormais les DVD.

En clair, même si Microsoft clame haut et fort que Windows XP lit les DVD, il omet un point important : ce n'est possible qu'à la condition qu'un logiciel de lecture des DVD soit installé dans l'ordinateur.

Il y a un autre piège : si vous avez effectué une mise à niveau vers Windows XP depuis Windows 98 ou Windows Me, votre ancien logiciel de lecture de DVD ne fonctionnera probablement plus sous Windows XP. Vous devrez peut-être procéder à sa mise à jour aux standards XP, ou acheter un nouveau logiciel de lecture de DVD compatible DVD. La poisse...

Pourquoi Windows XP ne peut-il pas créer de fichiers MP3 ?

La réponse est un peu compliquée... La société qui a développé la technologie MP3 exige une redevance pour les logiciels d'encodage appelés *codec.* Microsoft n'a pas cru bon de fournir des codecs pour les DVD, comme nous l'avons vu dans la section précédente. Il n'a pas cru bon non plus de fournir les codecs pour les fichiers MP3.

Voilà pourquoi, quand vous demandez au Lecteur Windows Media de créer un fichier de son numérique à partir de votre CD audio, il affiche deux options : WMA (*Windows Music Audio,* le format audio de Microsoft) et MP3. L'option MP3 est toutefois en grisé et ne peut être sélectionnée.

Windows XP peut créer des fichiers MP3 en recourant à la même astuce que pour la lecture des DVD : l'emprunt des codecs à un autre logiciel. Si vous avez installé un logiciel de création de fichiers MP3 approuvé par Microsoft, Windows XP utilise ses codecs, d'où la possibilité de sélectionner l'option MP3 dans le Lecteur Windows Media.

Comment me débarrasser de l'écran d'accueil ?

Microsoft a conçu l'écran d'accueil pour faciliter l'accès à l'ordinateur à différentes personnes. Il affiche les noms de tous les comptes utilisateurs et permet de passer de l'un à l'autre. Une personne clique sur son nom de compte, tape éventuellement son mot de passe, et commence sa session de travail.

Certaines personnes désireuses d'augmenter la sécurité informatique ne tiennent pas à ce que les noms des différents comptes utilisateurs apparaissent à l'écran. A condition d'être détenteur d'un compte administrateur, il est très facile de ne plus afficher l'écran d'accueil :

1. **Cliquez sur le bouton Démarrer, choisissez le Panneau de configuration puis sélectionnez Comptes d'utilisateurs.**

2. **Sélectionnez Modifier la manière dont les utilisateurs ouvrent et ferment une session.**

3. Otez la coche de l'option Utiliser l'écran d'accueil.

Le simple panneau Ouverture de session Windows remplace l'écran d'accueil. Tout utilisateur doit désormais taper son nom et son mot de passe.

Les professionnels : Comme l'écran d'accueil qui mentionnait les noms des utilisateurs a disparu, plus personne ne sait qui utilise cet ordinateur. Si les utilisateurs sont nombreux, il est inutile d'encombrer l'écran d'accueil avec une foule de noms. Quand quelqu'un ouvre une nouvelle session, Windows XP enregistre automatiquement tout le travail effectué ainsi que les paramètres personnels, laissant le champ libre pour la prochaine personne.

Les amateurs : Certaines personnes préfèrent voir s'afficher le convivial écran d'accueil et n'avoir pas à taper leur nom. La suppression de l'écran d'accueil empêche aussi la permutation rapide d'un utilisateur à un autre, bien pratique quand quelqu'un veut juste jeter un coup d'œil sur son courrier électronique.

Comment voir les miniatures de Mes images ?

Windows XP a considérablement amélioré la visualisation des fichiers graphiques. Au lieu d'afficher un dossier bourré d'insipides icônes, il transforme chacune d'elles en miniature montrant le contenu du fichier. Mieux : ces miniatures sont produites automatiquement.

Il est ainsi beaucoup plus facile de retrouver la photo du chaton en train de s'empiffrer de feuilles de bambou parmi les soixante-trois images de chat engrangées dans le même dossier.

Bien que Windows XP affiche automatiquement des miniatures dès qu'il a détecté des fichiers d'images dans un dossier, il est préférable que ces images se trouvent dans le dossier Mes images. Elles seront plus faciles à localiser par la suite et ne seront pas mélangées avec les images appartenant aux autres utilisateurs.

TRUC

Si vous voulez que tout le monde puisse accéder aux images, stockez-les dans le dossier Images partagées.

Comment les pages Web peuvent-elles s'ouvrir en plein écran ?

Internet Explorer ouvre toujours les pages Web à la taille de la dernière page lors de l'utilisation précédente. Ouvrez Internet Explorer et double-cliquez sur la barre de titre. La fenêtre occupe tout l'écran. Ou encore, faites glisser les bords jusqu'à la taille désirée (le redimensionnement des fenêtres a été expliqué dans le Chapitre 6). Une fois qu'Internet Explorer est à la taille désirée, quittez-le en cliquant sur le petit bouton X, dans le coin en haut à droite.

Quand vous redémarrez Internet Explorer, il s'ouvre toujours à la même taille que précédemment (cette astuce fonctionne aussi avec beaucoup d'autres programmes).

Qu'est-ce que je manque si je n'utilise pas Internet avec Windows XP ?

En dépit de l'engouement pour ce moyen de communication, beaucoup de gens ne vont pas sur Internet. Ce n'est pas mon cas ; je l'utilise à tout bout de champ pour me documenter sur des sujets aussi sérieux que les coordonnées d'un fabricant de potentiomètres ou pour savoir si le geai bleu du voisin doit être nourri avec des cacahouètes crues ou grillées.

J'utilise aussi Internet pour lire les journaux, consulter la météo et écouter la radio. Eh oui, Internet est une remarquable source d'informations, mais il n'est pas forcément la priorité pour tout le monde.

Ce que j'en pense ? Vous pouvez être certain que Windows XP fonctionne au mieux lorsqu'il est connecté à Internet. Vous pouvez pendant ce temps toujours écrire des lettres, effectuer des calculs avec votre tableur ou créer des bases de données. Vous pouvez aussi participer à la vie sur le réseau, y compris le réseau local de votre bureau. Ou même envoyer des télécopies avec votre modem.

Quoi qu'il en soit, Windows XP a été conçu pour fonctionner exceptionnellement bien sur Internet. Si vous n'avez pas souscrit un accès au "réseau des réseaux", vous passerez à côté de tous ces avantages de Windows XP :

- Le premier concerne l'activation de Windows XP, qui doit être faite dans les trente premiers jours après son installation. Bien qu'elle puisse être faite par téléphone, il suffit d'un seul clic si vous êtes connecté à Internet.

- Windows Update, un emplacement spécial sur Internet, transmet automatiquement les fichiers qui maintiendront votre ordinateur au mieux de ses performances grâce aux améliorations constamment apportées à Windows. Pendant que vous êtes connecté, un assistant de mise à jour regarde ce qui se passe sous le capot de votre machine et observe le fonctionnement des différents éléments. Au besoin, il recommande le téléchargement des nouvelles mises à jour.

- Windows XP est livré avec Outlook Express, un logiciel de messagerie gratuit qui permet d'envoyer et de recevoir du courrier électronique via Internet.

- Le système d'exploitation Windows XP est doté du Lecteur Windows Media qui permet d'écouter de la musique ou de visionner des vidéos sur Internet. Vous pouvez recevoir des émissions de radio du monde entier, de l'Argentine au Zimbabwe, ou regarder les bandes-annonces des derniers films, les vidéos des journaux ou des émissions de télévision.

- Vous pouvez consulter le programme hebdomadaire des émissions télévisées et savoir à quel moment vos séries préférées sont diffusées. Il est même possible de définir des alarmes qui vous préviennent quand *Survivor* ou *The Sopranos* commencent.

- Vous n'osez pas vous connecter à Internet parce que la configuration de la connexion vous paraît compliquée ? L'Assistant Connexion Internet rend cette opération plus facile que la souscription de l'abonnement au fournisseur d'accès Internet. Toutes les étapes de la configuration de la connexion sont automatiquement prises en charge (l'assistant pose quelques questions qui sont décrites dans le Chapitre 12).

Annexe

Glossaire

Le glossaire de Windows XP est accessible de deux manières. La première est mise en œuvre dès que vous butez dans l'Aide sur un terme technique souligné. Cliquez dessus et Windows affiche sa définition.

La seconde méthode est plus compliquée. Cliquez sur le bouton Démarrer puis choisissez Aide et support. Tapez **Glossaire de Windows** dans la zone de texte Rechercher, puis cliquez sur la flèche. Dans la liste d'occurrences qui apparaît, cliquez sur Glossaire de Windows pour obtenir les définitions des termes les plus curieux.

Si Windows ne vous vient pas en aide, recherchez une définition dans la liste ci-après :

Agrandir : Action par laquelle une fenêtre occupe la totalité de l'écran. Une fenêtre peut être agrandie en double-cliquant sur sa barre de titre, ou en cliquant sur le bouton qui, à droite de la barre de titre, contient un rectangle (double-cliquer de nouveau dans la barre de titre ramène la fenêtre à sa taille précédente). Voir **Réduire**.

Application : Synonyme de logiciel et de programme.

Appliquer : Cliquez sur ce bouton et Windows XP applique et enregistre tous les changements apportés aux options.

Arrière-plan : Autrefois appelé "papier peint", l'arrière-plan est une image qui recouvre le fond du Bureau. Le Panneau de configuration de Windows XP permet d'en choisir un dans une longue liste. Il est aussi possible d'utiliser une photographie ou un dessin personnel comme arrière-plan.

Assistant : Programme d'aide de Windows qui prend en charge toutes les tâches compliquées ou rébarbatives lors de l'installation d'un programme ou d'un matériel, ou pour configurer un élément de Windows.

Barre des tâches : Barre située en bas de l'écran. Elle contient, de gauche à droite : le bouton Démarrer, les icônes du Lancement rapide, les boutons des fenêtres réduites et une zone de notification. Voir **Zone de notification**.

Barre d'insertion : Voir **Curseur**.

Bitmap : Un des nombreux formats d'image. Le programme Paint, qui est un accessoire de Windows, produit des images BMP (bitmap). Voir *Point à point*.

Bordure : Bord d'une fenêtre. Les bordures peuvent être déplacées afin de redimensionner la fenêtre.

Bouton de raccourci : Bouton qui, dans le menu Aide, mène directement à l'emplacement à configurer.

Bouton Démarrer : Bouton situé en bas à gauche de l'écran. Il contient des menus servant à charger des programmes et des options. Cliquer sur le bouton Démarrer affiche le menu Démarrer. Voir **Menu Démarrer**.

Bribe : Lorsque vous sélectionnez du texte ou des images dans un programme et que vous déposez cet élément sur le Bureau, Windows en fait une "bribe", c'est-à-dire un fichier de données contenant des informations. Cette bribe peut être enregistrée ou déposée dans d'autres programmes.

Bureau : Zone de l'écran qui héberge les fenêtres et les icônes. La plupart des utilisateurs recouvrent le Bureau d'un *arrière-plan* (une jolie image ou la photo des enfants), appelé aussi *papier peint*.

Cache : Zone de stockage dans laquelle Windows mémorise temporairement les fichiers récemment utilisés afin d'accélérer leur chargement, au besoin.

Carte PC : Principalement utilisée sur les ordinateurs portables, une carte PC peut contenir un modem, de la mémoire, une carte réseau ou tout autre accessoire fort commode. Les cartes PC sont aussi appelées "cartes PCMCIA".

Casse : Terme emprunté à l'époque de la typographie au plomb. Il sert en informatique à indiquer la nature d'un caractère : majuscule ou minuscule. Dans un logiciel sensible à la casse, *concombre* et *Concombre* sont deux mots différents.

Chemin : Phrase sibylline pour le novice qui décrit la succession des dossiers et des sous-dossiers qui mène à l'emplacement d'un fichier. Le nom de ce fichier fait partie du chemin.

Classique : Style propre aux versions antérieures de Windows XP, notamment Windows 95. En activant le style Classique dans Windows XP, les utilisateurs passéistes ou encroûtés dans leurs habitudes continueront d'apprécier l'interface austère qui fait leur bonheur.

Clic : Action consistant à appuyer sur le bouton de la souris et à le relâcher. Cliquer avec le bouton gauche sert à sélectionner un élément. Cliquer avec le bouton droit affiche des informations concernant l'élément.

Connexion à distance : Technique de connexion à Internet au moyen d'un modem et d'une ligne téléphonique.

Curseur : Petite ligne clignotante qui indique l'emplacement où un caractère typographique apparaîtra lorsque vous aurez appuyé sur une touche. Synonyme : *barre d'insertion*.

Défragmentation : Réorganisation des fichiers présents sur le disque dur afin d'accélérer leur lecture.

Document : Fichier contenant une information telle que du texte, un son ou une image. Les documents sont produits et modifiés par les programmes. Voir **Programme**.

DOS : Initiales de *Disk Operating System,* système d'exploitation de disque. Système d'exploitation obsolète. Windows XP est cependant capable de faire tourner des programmes écrits pour MS-DOS (*Microsoft-DOS*).

Dossier : Organisation thématique des fichiers dans des zones bien définies. Autrefois appelés "répertoires", les dossiers peuvent eux-mêmes contenir des dossiers. Voir **Répertoire**, **Sous-dossier**.

Double-clic : Action consistant à appuyer et à relâcher le bouton gauche de la souris deux fois, à intervalle très rapproché (le double-clic avec le bouton droit est sans effet). Les gauchers peuvent permuter les boutons de la souris afin d'améliorer leur confort de travail.

Elastique : Technique de sélection d'un ensemble d'éléments avec la souris : cliquez à un endroit de l'écran puis, le bouton gauche de la souris enfoncé, tirez un rectangle englobant les éléments à sélectionner. Relâchez le bouton pour sélectionner tous les éléments (ils apparaissent en surbrillance).

FAQ : À l'origine, initiales de *Frequently Asked Questions,* questions fréquemment posées. Nos amis Canadiens, plus soucieux que nous de la langue française, ont trouvé une astucieuse traduction qui préserve les initiales FAQ : Foire aux questions. Il s'agit en général d'un fichier de texte ou d'une page Web qui recense les questions des utilisateurs et les réponses qui y ont été apportées.

Fenêtre active : La dernière fenêtre dans laquelle vous avez cliqué, reconnaissable à sa barre de titre bleue, est considérée comme active. Toute action sur une touche du clavier la concernera.

Fenêtre : Rectangle affiché à l'écran ; il contient les données sur lesquelles vous travaillez. Les programmes s'ouvrent chacun dans une fenêtre.

Fichier : Ensemble de données cohérentes réunies dans un format lisible par les ordinateurs.

Formatage : Opération consistant à préparer un support magnétique (disque ou disquette) de manière qu'il puisse recevoir des données. Un disque doit être organisé en pistes concentriques divisées en secteurs. Le formatage d'un disque efface toutes les données qui s'y trouvent.

Glisser-déposer : Manipulation en quatre phases permettant de déplacer un objet sur le Bureau. La première phase consiste à pointer sur l'objet (une icône, un paragraphe sélectionné...). La deuxième phase consiste à appuyer sur le bouton gauche de la souris et à le maintenir enfoncé. Dans la troisième phase, le pointeur de la souris est déplacé là où l'objet doit être déposé. La quatrième phase consiste à relâcher le bouton de la souris : l'objet se trouve au nouvel emplacement.

Icône : Pictogramme représentant un objet (programme, fichier, commande...). Il facilite l'identification de cet objet et sa fonction.

Infrarouge : Moyen de communication particulier entre des ordinateurs ou avec des périphériques. Il repose sur le transport des données par faisceau de lumière infrarouge. Les *ports infrarouges* (ports IR) équipent souvent les ordinateurs portables, les ordinateurs de poche, les appareils photo numériques et les imprimantes.

Internet : Vaste regroupement d'ordinateurs à l'échelle planétaire. Le World Wide Web est, parmi d'autres éléments, la partie grand public d'Internet. La connexion à Internet s'effectue par l'intermédiaire d'un fournisseur d'accès.

Logiciel : Synonyme d'application et de programme.

Mémoire vive : Ensemble de composants dans lesquels l'ordinateur stocke les données en cours d'utilisation et/ou de traitement.

Menu Démarrer : Menu d'options qui apparaît après avoir cliqué sur le bouton Démarrer. Il permet de charger des programmes ou des fichiers, de modifier la configuration de Windows, de rechercher des programmes, d'obtenir de l'aide ou d'arrêter l'ordinateur.

Multitâche : Capacité pour un système d'exploitation de gérer plusieurs programmes simultanément.

Navigateur Web : Logiciel permettant de circuler dans le labyrinthe qu'est le World Wide Web, de visiter des pages Web et d'examiner ce qu'elles contiennent. Windows XP est équipé de son propre navigateur : Internet Explorer.

Page Web : Le Web contient des dizaines de millions de pages sur tous les sujets et tous les thèmes. Chacun a la possibilité de créer les siennes et de les "mettre sur le Web".

Par défaut : Le choix d'une option par défaut évite d'avoir à prendre une décision plus compliquée. L'option *par défaut* est celle que vous adopterez quand vous ne saurez pas quelle autre choisir. Il suffit d'appuyer sur Entrée pour la mettre en œuvre.

Pare-feu : Matériel ou logiciel spécialisé, installé sur un réseau. Il empêche les intrus provenant notamment d'Internet d'accéder aux fichiers des ordinateurs. Certains pare-feux empêchent les employés d'une société de télécharger du matériel non autorisé. Windows XP est équipé d'un pare-feu qui doit parfois être activé manuellement.

PDA : Initiales de *Personal Digital Assistant,* assistant numérique personnel. Un PDA est un tout petit ordinateur équipé d'un carnet d'adresses, d'un logiciel de gestion du temps et, parfois, d'une messagerie.

Pilote : Fichier permettant à Windows de communiquer avec des périphériques tels qu'une carte graphique ou vidéo, un lecteur de CD, etc. Windows XP exige des pilotes programmés pour la version XP de Windows. Autrement, la communication ne s'établit pas.

Plug and Play : (PnP) Technologie de reconnaissance automatique par Windows des périphériques nouvellement installés.

Point à point : Technique de représentation d'une image par une matrice de points organisés en lignes et en colonnes.

Presse-papiers : Partie de Windows XP qui conserve les éléments qui ont été coupés ou copiés dans un programme ou dans un fichier. Ces éléments peuvent ensuite être collés dans d'autres programmes.

Programme : Synonyme d'application et de logiciel. Fichier ou ensemble de fichiers programmés pour effectuer une tâche spécifique. Un traitement de texte, un tableur ou un jeu vidéo sont des programmes. Les fichiers produits par les programmes (courrier, feuilles de calcul, scores) sont des *fichiers de données*.

Raccourci : Icône qui exécute une action externe : chargement d'un fichier, lancement d'un programme ou émission d'un son, par exemple. Un raccourci se reconnaît à la petite flèche en bas à gauche du pictogramme. Elle différencie l'icône d'un raccourci (qui peut être supprimée) de l'icône d'un programme (qui ne doit pas être supprimée). Voir **Bouton de raccourci**.

Raccourci clavier : Contrairement au raccourci, un raccourci clavier est une lettre soulignée dans une option de menu ; elle permet d'utiliser le clavier au lieu de la souris. Par exemple, dans le mot Affichage, le "h" souligné signifie que ce menu sera déroulé si vous appuyez sur Alt+H (pour voir ces lettres soulignées, maintenez la touche Alt enfoncée).

RAM : Initiales de *Random Access Memory,* mémoire à accès aléatoire. Terme technique pour "mémoire vive". Voir ce mot.

Réduire : Réduction d'une fenêtre à la taille d'une petite icône placée dans la barre des tâches. Pour ce faire, cliquez sur le petit bouton qui, dans la barre de titre de la fenêtre, montre un tiret. Voir **Agrandir**.

Répertoire : Dossier de stockage de fichiers. Le stockage des fichiers dans des dossiers thématiques les rend plus faciles à trouver. Windows XP n'utilise plus le terme "répertoire", qui date de l'époque des systèmes d'exploitation révolus comme CP/M, DR-DOS ou MS-DOS, et lui préfère le terme "dossier". Voir **Dossier**.

Réseau : Connexion entre eux de plusieurs ordinateurs afin que les utilisateurs puissent se partager des données sans avoir à quitter leur poste de travail.

Réseau téléphonique commuté : Réseau téléphonique principalement utilisé pour les communications vocales, mais aussi par le Web.

RTC : Voir **Réseau téléphonique commuté**.

Sous-dossier : Répertoire en aval d'un autre ou, mieux, un dossier contenu dans un autre. Une bonne organisation d'un disque dur repose sur des dossiers et des sous-dossiers. Par exemple, le dossier Malbouffe contiendra des sous-dossiers Fastfood, Colorants et Hormones. Bon appétit et voyez aussi **Dossier**.

Surbrillance : Néologisme dont le sens équivaut à "surligné". Un élément en surbrillance est un élément sélectionné.

SVGA : L'un des standards d'affichage des données sur un moniteur. L'affichage SVGA gère une grande variété de couleurs et de résolutions. Voir **VGA**.

Système d'exploitation : Logiciel qui contrôle la manière dont un ordinateur s'acquitte des tâches les plus élémentaires : démarrage des programmes, stockage des fichiers, communication avec l'imprimante, et autres opérations internes propres à la machine. Windows XP est un système d'exploitation.

Téléchargement : Transfert de fichiers depuis Internet vers l'ordinateur et inversement (NDT : les Américains utilisent deux termes distincts selon le sens du transfert : *downloading,* pour le téléchargement vers l'ordinateur, *uploading* pour le téléchargement vers l'Internet [ou vers un serveur Internet]).

VGA : Initiales de *Video Graphic Array,* matrice graphique vidéo. Standard d'affichage assez ancien. Il a été remplacé par le SVGA et d'autres standards encore plus performants. Voir **SVGA**.

Virtuel : Un mot très "tendance" recouvrant notamment la simulation informatique. Dans le langage courant, est virtuel ce qui *semble* réel mais ne l'est pas. Par exemple, lorsque Windows utilise de la mémoire virtuelle, il utilise une partie du disque dur pour la simuler, et non des barrettes de mémoire.

World Wide Web : "La toile d'araignée mondiale". Elle étend ses ramifications (câbles téléphoniques, faisceaux hertziens...) sur l'ensemble du monde. Des myriades de données transitent en permanence d'un bout du monde à l'autre. (NDT : le Web a été inventé au début des années 90 par Tim Berners Lee, un ingénieur du Centre européen de recherches nucléaires, à Genève).

Zone de notification : Partie de la barre des tâches située à droite. Elle contient l'horloge ainsi que des icônes de programmes. Voir **Barre des tâches**.

Index

T

U

V

W

X

Z

" ENFIN DES LIVRES QUI VOUS RESSEMBLENT ! "

Titre	Auteur	ISBN	Code
3ds max 5 pour les Nuls	S. Mortier, phD	2-84427-454-4	653603 1
Access 2000 pour les Nuls	J. Kaufeld	2-84427-238-X	65 3077 8
Access 2002 pour les Nuls	J. Kaufeld	2-84427-969-4	65 3234 5
Access 2003 Pour les Nuls	J. Kaufield	2-84427-506-0	65 3642 9
Apprendre à programmer pour les Nuls 3e éd.	Wallace Wang	2-84427-577-6	65 3775 7
ASP.NET pour les Nuls	B. Hatfield	2-84427-331-9	65 3381 4
AutoCAD 2004 Pour les Nuls	M. Middlebrook	2-84427-512-5	65 3648 6
C# pour les Nuls	S. R. Davis	2-84427-259-2	65 3303 8
C++ pour les Nuls	S. R. Davis	2-84427-896-5	65 3159 4
Créer des pages Web pour les Nuls 6e éd.	B. Smith, A. Bebak	2-84427-261-4	65 3305 3
Créer un réseau sans fil pour les Nuls	Danny Briere, Walter R. Bruce III, Pat Hurley	2-84427-457-9	65 3606 4
Créer un site Web pour les Nuls 4e éd.	D. & R. Crowder	2-84427-262-2	65 3306 1
Dépanner et optimiser Windows pour les Nuls	D. Gookin	2-84427-452-8	65 3601 5
Design web pour les Nuls	L. Lopuck	2-84427-932-5	65 3168 5
Devenir Webmaster pour les Nuls	B. Kienan, D. A. Tauber	2-84427-930-9	65 3166 9
Dreamweaver MX 2004 pour les Nuls	J. Warner, S. Gardner	2-84427-553-2	65 3769 0
eCommerce pour les Nuls	G. Holden	2-84427-240-1	65 3079 4
Excel 2000 pour les Nuls	G. Harvey	2-84427-237-1	65 3076 0
Excel 2002 pour les Nuls	G. Harvey	2-84427-947-3	65 3194 1
Excel 2003 pour les Nuls	G. Harvey	2-84427-456-0	65 3605 6
Final Cut Express Pour les Nuls	H. Kobler	2-84427-507-9	65 3643 7
Fireworks 4 pour les Nuls	D. Sahlin	2-84427-888-4	65 3151 1
Flash MX 2004 pour les Nuls	G. Leete, E. Finkelstein	2-84427-555-9	65 3771 6
FrontPage 2002 pour les Nuls	A. Dornfest	2-84427-973-2	65 3227 9
GoLive 5 pour les Nuls	B. Sanders	2-84427-885-X	65 3113 1
Gravure des CD et DVD pour les Nuls 3e éd.	M. L. Chambers	2-84427-549-4	65 3764 8
HTML 4 pour les Nuls 3e éd.	E. Tittel, N. Pitts, C. Valentine	2-84427-890-6	65 3153 7
Illustrator 9 pour les Nuls	T. Alspach, M. LeClair	2-84427-935-X	65 3184 2
iMac pour les Nuls 3e éd.	D. Pogue	2-84427-258-4	65 3302 0
Internet Explorer 5.5 pour les Nuls	D. Lowe	2-84427-244-4	65 3083 6
Internet Explorer 6 pour les Nuls	D. Lowe	2-84427-251-6	65 3295 6
Internet pour les Nuls 10e éd.	J. R. Levine, C. Baroudi, M. Levine Young	2-84427-550-8	65 3766 6
Java 2 pour les Nuls	B. Burd	2-84427-940-6	65 3192 5
JavaScript pour les Nuls	E. Van der Veer	2-84427-887-6	65 3115 6
Le Mac pour les Nuls 8e éd.	D. Pogue	2-84427-260-6	65 3304 6
Les réseaux pour les Nuls	D. Lowe	2-84427-886-8	65 3114 9
Linux pour les Nuls 5e éd.	Dee-Ann LeBlanc	2-84427-589-3	65 3786 4
Mac et iMac		2-84427-557-5	65 3772 4
Mac OS/X Pour les Nuls	B. Levitus	2-84427-892-2	65 3155 2
Mac OSX v 10.2 pour les Nuls	B. Levitus	2-84427-390-4	65 3499 4
Mac OS X Panther Pour les Nuls	B. LeVitus	2-84427-552-4	65 3768 2
Money 2003 pour les Nuls	P. Weverka	2-84427-388-2	65 3497 8
Office 2000 pour les Nuls	W. Wang, R. C. Parker	2-84427-235-5	65 3074 5
Office 2003 pour les Nuls	Wallace Wang	2-84427-505-2	65 3641 1
Office v. X Mac pour les Nuls	T. Negrino	2-84427-311-4	65 3340 0
Office XP pour les Nuls	W. Wang	2-84427-967-8	65 3232 9
Outlook 2002 pour les Nuls	B. Dyszel	2-84427-974-0	65 3228 7
Outlook 2003 Pour les Nuls	B. Dyszel	2-84427-509-5	65 3645 2
PC pour les Nuls 10e éd.	D. Gookin	2-84427-551-6	65 3767 4
Photographie numérique pour les Nuls 5e éd.	Julie Adair King	284427-579-6	65 3777 3
Photoshop 7 pour les Nuls	D. McClelland	2-84427-344-0	65 3404 4
Photoshop CS Pour les Nuls	D. McClelland, Ph. Davis	2-84427-511-7	65 3647 8
Photoshop Elements 2 pour les Nuls	D. McClelland, G. Fott	2-84427-387-4	65 3496 0

Windows XP pour les Nuls 3e édition

Mon opinion sur ce livre :

❒ Excellent ❒ Moyen
❒ Satisfaisant ❒ Insuffisant

Ce que j'aime dans ce livre :

____
____
____
____
____
____
____
____

Mes suggestions pour l'améliorer :

____
____
____
____
____
____
____
____

En informatique, je me considère comme :

❒ Débutant ❒ Expérimenté
❒ Initié ❒ Professionnel

Mon équipement :

- Matériel : ____________________
- Système d'exploitation : ____________________

J'utilise mon ordinateur :

❒ Au bureau ❒ À l'école
❒ À la maison ❒ Autre : __________

Lieu d'achat du livre :

- Pays : ____________________
- Ville : ____________________

❒ Grande librairie ❒ Petite librairie
❒ Grande surface ❒ Hypermarché
❒ Magasin spécialisé ❒ Autre : __________

Mon adresse :

Nom : ____________________
Prénom : ____________________
Adresse : ____________________
____
Code postal : ____________________
Ville : ____________________
Pays : ____________________

J'ai vraiment adoré ce livre !

Vous pouvez citer mon témoignage dans vos documents promotionnels. Voici mon numéro de téléphone en journée :

Fiche lecteur à découper ou à photocopier, et à nous retourner à :

FIRST
Interactive

27, rue Cassette
F-75006 Paris - France
Tél. : 01 45 49 60 00 – Fax : 01 45 49 60 01

Découvrez en exclusivité nos prochaines parutions sur internet :
http://www.efirst.com

Achevé d'imprimer par Corlet, Imprimeur, S.A. - 14110 Condé-sur-Noireau
N° d'Imprimeur : 77046 - Dépôt légal : avril 2004 - *Imprimé en France*